मृत्यु

“जीवन का प्रकाश और मृत्यु की परछाई।”

श्री शामबव

नीता राठौड़ द्वारा अंग्रेजी से अनुवादित

मृत्यु

"जीवन का प्रकाश और मृत्यु की परछाई।"

(Mrityu - Jeevan Ka Prakash Aur Mrityu Ki Parchhaai- Volume One)

Shree Shambav

Published by Shree Shambav, Tamil Nadu, India
Shree Shambav Ink & Imagination "Where Words Breathe and Imagination Soars"

First Edition, 2025

The English edition of Death - Light of Life and the Shadow of Death, originally published on November 15, 2023, has now been translated into Gujarati.

ISBN: 978-93-5592-966-2

Email:shreeshambav@gmail.com
Web:www.shambav.org

समर्पण

"ईशावास्यम इदम सर्वम यात किम चा जगत्यम जगत,

तेना त्यक्तेना भुंजीथा, मा गृधः कस्यसविद धनम"

हे मेरे सर्वशक्तिमान,

दिव्य स्वामी,

वह परिवार जो सुनता है और

मेरे माता-पिता जो देखते हैं.

" ईशावास्यम इदम सर्वम यात किम चा जगत्यम जगत"

अर्थ: "ईश्वर उन सभी चीज़ों को समाहित करता है जिन्हें आप अपनी इंद्रियों से देखते, समझते या छूते हैं।"

परम उल्लास

हे भोले आत्मा! अपनी लंबी, लम्बी नींद से जागो। सत्य को देखने के लिए अपनी आँखें खोलो। अपने जन्म के समय ही मुक्ति के चार मार्गों को अपनाओ और इसी क्षण सर्वोच्च कल्याण, अस्तित्व के परम उद्देश्य को प्राप्त करो। इस मांस-और-खून के पिंजरे से मुक्त हो जाओ। तुम समय की शुरुआत से ही इस मांस-और-हड्डी के कारागार में कैद हो। तुमने गर्भ में काफी समय बिताया है, बार-बार जीते हुए। दासता के बंधनों से मुक्त हो जाओ, अविद्या की गाँठ को काटो, माया को देखो, समझो कि यह संसार मिथ्या है, जीवन को पूरी तरह जियो, और अनन्त आनन्द की उत्कृष्ट ऊँचाइयों पर उड़ो - जो शाश्वत, प्रबुद्ध और शुद्ध है।

अस्वीकरण

इस ग्रंथ में मेरी धारणा, मेरी व्यक्तिगत सत्यता है। आप जो भी सीखेंगे, वह आपकी सहज सत्यता होगी। जहाँ तक परम सत्य की खोज का सवाल है, पवित्र भगवद गीता में, भगवान कृष्ण अध्याय २, श्लोक २७ में अर्जुन को सलाह देते हैं कि मृत्यु सभी सजीव प्राणियों के लिए एक निश्चितता है और, जन्म और मृत्यु जीवन चक्र का एक अभिन्न अंग हैं। वह अर्जुन को मृत्यु की अवधारणा पर शोक करने या उस पर अड़े रहने के बजाय एक योद्‌धा के रूप में अपने कर्तव्यों का निर्वहन करने पर ध्यान केंद्रित करने के लिए प्रोत्साहित करते हैं।

"जातस्य हि ध्रुवो मृत्युर्ध्रुवं जन्म मृतस्य च।

तस्मादपरिहार्येऽर्थे न त्वं शोचितुमर्हसि ||"

अर्थ: "जन्म लेता है उसकी मृत्यु निश्चित है और मृत्यु के पश्चात् पुनर्जन्म भी अवश्यंभावी है। अतः तुम्हें अपरिहार्य के लिए शोक नहीं करना।"

"जीवन एक क्षणभंगुर क्षण है, समय के कैनवास पर एक गुज़रती हुई छाया। जन्म और मृत्यु अस्तित्व के दो स्तंभ हैं, ब्रह्मांडीय नृत्य के यिन और यांग। इसलिए, अपने अपरिहार्य कर्तव्य की पूर्ति में, शोक मत करो। जीवन की क्षणभंगुरता को गले लगाओ और अपना ध्यान वर्तमान पर, उन कार्यों और कर्तव्यों पर केंद्रित करो जो तुम्हें अभी बुला रहे हैं। क्योंकि जो बीत गया वह चला गया, और जो अभी आना बाकी है वह एक छाया है, लेकिन वर्तमान ही एकमात्र वास्तविकता है जो वास्तव में मौजूद है।"

नोट - यदि पुस्तक का कोई भी भाग, किसी भी क्रम में, पाठक की भावनाओं को ठेस पहुंचाता है, तो यह महज एक दुर्घटना होगी, जानबूझकर नहीं।

मृत्यु

“जीवन का प्रकाश और मृत्यु की परछाई”

श्री शामबव, ४५ बार सर्वश्रेष्ठ और सबसे अधिक किताबे बिकने वाले लेखक श्रेणी में हैं, जो अपने व्यक्तिगत विकास और आध्यात्मिक विकास में परिवर्तनकारी कार्य के लिए जाने जाते हैं।

प्रिय पोषित पाठकों

जैसा कि मैंने इस नई साहित्यिक यात्रा को शुरू किया है, मेरा दिल गहरी कृतज्ञता और लगाव की भारी भावना से भर जाता है। जो इस यात्रा में मेरे साथ शामिल हुए हैं, गहरी भावना के साथ, मैं आप में से प्रत्येक की हार्दिक प्रशंसा करता।

ईमानदारी से गर्मजोशी के साथ, मैं आपको अपने पहले की कृतिओ के पन्नों के माध्यम से साथ उठाए गए कदमों पर फिर से विचार करने के लिए आमंत्रित करता हूं। हमारा ओडिसी "जर्नी ऑफ सोल - कर्म" के साथ शुरू हुआ, एक किताब जिसने शब्दों की दुनिया में मेरा पहला प्रयास था और कच्चे जुनून के लिए एक वसीयतनामा जिसने मेरे लेखन साहसिक कार्य को प्रज्वलित किया।

हमारी साझा यात्रा के बाद के अध्याय "ट्वेंटी + वन" श्रृंखला के करामती टेपेस्ट्री के माध्यम से सामने आए। प्रत्येक पृष्ठ को चालू करने के साथ, ऐसा लगा जैसे हमारी सामूहिक कल्पना के कैनवास में एक तुलिकप्रहार जोड़ा गया था - कहानियां और भावनाएं आपके दिल के शांत कोनों के भीतर गूंजने के लिए बुनी गई थीं। ये सिर्फ शब्द नहीं थे; वे महसूस करने, प्रतिबिंबित करने और याद रखने के लिए निमंत्रण थे कि वास्तव में क्या मायने रखता है।

और मैं "लाइफ चेंजिंग जर्नी - इंस्पिरेशनल कोट्स सीरीज़" के माध्यम से शुरू की गई परिवर्तनकारी यात्रा को कैसे भूल सकता हूं? दिन-ब-दिन, उद्धरणों पर उद्धरणों को उद्धृत करते हुए, हम उन प्रतिबिंबों में डूब गए जो हमें उत्साहित और प्रेरित करते थे और हमारी आत्माओं में प्रकाश की एक किरण लाने की कोशिश करते थे।

"डेथ - लाइट ऑफ लाइफ एंड ध शेडों ऑफ डेथ" की प्रस्तुति मृत्यु के शाश्वत रहस्य पर नई रोशनी डालने

का वादा करती है। इसी तरह, "पायथन- ऑप्टिम- पायथन: अल्टीमेट गाइड फॉर बिगिनर्स सीरीज १" के साथ प्रोग्रामिंग की अतुलनीय क्षमता को उजागर करना, पाठकों को नए ज्ञान के साथ सशक्त बनाने के लिए तैयार है।

इसके अलावा, मेरी तकनीकी पुस्तक, ऑप्टिमम पायथन श्रृंखला ॥ - डेटा संरचनाओं और एल्गोरिदम की खोज, पायथन प्रोग्रामिंग में उन्नत अवधारणाओं को देखती है, जो उन लोगों के लिए एक व्यापक मार्गदर्शिका प्रदान करती है जो अपनी समझ को गहरा करना चाहते हैं।

श्री शामबव ने अपने कलात्मक संग्रह का विस्तार "व्हिस्पर्स ऑफ अटॉर्नी: १५० प्लस - ए सिम्फनी ऑफ सोलफुल वर्सेज" के साथ किया, जो मानव अनुभव का हार्दिक अन्वेषण है। साथ ही, उनकी "व्हिस्पर्स ऑफ ध सॉल: अ जर्नी थ्रु हाइकु" के माध्यम से एक यात्रा मार्मिक छंदों की गहन अंतर्दृष्टि को दूर करती है। साथ में, ये कार्य अपनी विविधता और अंतरंग अभिव्यक्ति की महारत को प्रदर्शित करते हैं, पाठकों को आत्म-खोज की यात्रा पर आमंत्रित करती हैं। अपनी कविता के माध्यम से, वह

भावनाओं का एक समृद्ध चाक बुनता है जो दिल में गहराई से गूंजता है।

श्री शामबव के हाल के काम- लर्न टू लव योरसेल्फ: अ जर्नी ऑफ डिस्कवरिंग इनर ब्यूटी एंड स्ट्रेंथ थ्रू १० ट्रांसफॉर्मेटिव रूल्स, द पावर ऑफ लैटिंगो: एम्ब्रेस फ्रीडम एंड हैप्पीनेस, ए जर्नी ऑफ लास्टिंग पीस- आर ट्रू ट्रेजर्स ऑफ सेल्फ डिस्कवरी, द एनलाइटनमेंट ट्रैप: गेट ओवर इट, गेट ऑन, व्हिस्पर्स ऑफ ध डाइंग सॉल - अन स्पोकन रिगरेट्स एण्ड अन लिवड ड्रीम्स, ध पवार ऑफ वर्ड्स: ट्रांसफॉर्मीन्ग स्पीच, ट्रांसफॉर्मीन्ग लाइवस, ध आर्ट ऑफ इंटेशनल लिविंग: मिनीमालिजम फॉर अ लाइफ ऑफ परपझ, अवेकनिंग ध इन्फिनिटी: ध पवार ऑफ कॉनसीयसनेस इन ट्रासफॉर्मीग लाइफ, बियोन्ड द वेइल: अ जर्नी थ्रु लाइफ आफ्टर डेथ सीरीज, बोन्ड्स बियोन्ड ब्लड: वेर लव बिल्डस, ब्रीजईज एण्ड बोन्ड्स डिफ़ाई ब्लड, और अ जर्नी इनटु स्पिरिच्युल मेच्युरीटी: १२ गोल्डन रूल्स फॉर इनर ट्रांसफॉर्मेशन। प्रत्येक पुस्तक व्यक्तिगत विकास और कल्याण की गहरी समझ प्रदान करती है, पाठकों को आंतरिक शांति और पूर्ति की दिशा में परिवर्तनकारी यात्रा पर मार्गदर्शन करती है।

इन कार्यों के अलावा, श्री शामबव ने हाल ही में ज्योतिषी में कदम रखा है, एस्ट्रोलॉजी अनवेईल्ड - फाउंडेशन ऑफ एन्सियंट विसड्म सीरीज 1 से 6 की नींव के साथ, जो तत्व मीमांसा के क्षेत्र में विस्तार कर रहा है। ये पुस्तकें वैदिक ज्योतिष के मूल सिद्धांतों का पता लगाती हैं, जिससे पाठकों को प्राचीन ज्ञान की समृद्ध और व्यावहारिक समझ मिलती है।

आपका अटूट समर्थन, मेरे लेखन को विसर्जित करने का उत्साह और मेरे साथ इन यात्राओं को शुरू करने की तत्कालिकता, मेरी प्रेरणा का सबसे बड़ा स्रोत रहा है। आपकी सलाह मेरी रचनात्मक प्रक्रिया का मार्गदर्शन करने वाली एक प्रकाश रही है, इन कहानियों को जुनून, भावना, ज्ञान और प्रतिध्वनि के पात्रों में ढालती है।

जब मैं आपके लिए इस नई कहानी का अनावरण करता हूं, तो जान लें कि आपकी उपस्थिति, अंतर्दृष्टि और साझा क्षण मेरे साथ रहे हैं। जिस रास्ते पर हम साथ चले, वह मेरे रचनात्मक विकास के इतिहास में अंकित है और एक बार फिर आपको मेरे साथ देखना शब्दों से परे सम्मान की बात है।

यह उन पाठकों के लिए है जिन्होंने अपनी उपस्थिति से मेरा रास्ता रोशन किया है, जिन्होंने खुले दिल से मेरी कहानियों को अपनाया है, और जिन्होंने खुद को मेरे साहित्यिक दुनिया के ताने-बाने में बुना है। हमारे लेखक और पाठक की यात्रा एक सहजीवी नृत्य रही है, कहानियों को कहने के जादू द्वारा एक साथ लाई गई आत्माओं का सामंजस्य हैं।

प्रशंसा से भरे दिल और उम्मीदों से भरे दिल के साथ, मैं आपके निरंतर समर्थन के लिए अपनी गहरी कृतज्ञता व्यक्त करता हूं। यादों, साझा भावनाओं और दुनिया में बिताए अनगिनत घंटों के लिए धन्यवाद जो हमने एक साथ बनाया है। जैसा कि हम इस नए उद्यम में आगे बढ़ते हैं, आइए हम उन अनंत क्षितिजों का पता लगाना, महसूस करना और उनका पता लगाना जारी रखें जिन्हें शब्द अनावरण कर सकते हैं।

प्रशंसा और प्यार से भरे दिल के साथ।

स्नेह से।

श्री शामबव।

सुचित वाचन

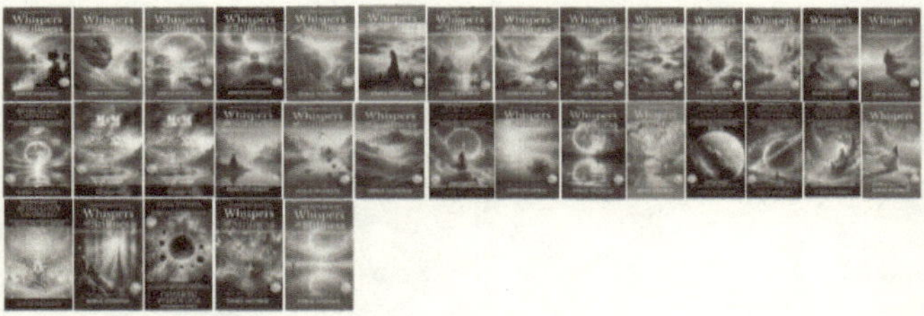

FROM BEST-SELLING AUTHOR

लेखक परिचय

श्री शामबव एक अंतरराष्ट्रीय स्तर पर प्रशंसित बेस्ट-सेलिंग लेखक, प्रेरणादायक वक्ता, कलाकार, परोपकारी, जीवन कोच और उद्यमी हैं। एक विश्व रिकॉर्ड धारक, संगीत के लिए उनके गहरे जुनून ने उन्हें आत्मा-सरगर्मी एल्बम बनाने के लिए प्रेरित किया, जो उनके प्रसिद्ध कविता संग्रह, व्हिस्पर्स ऑफ इटरनिटी से प्रेरित हैं। उनकी गहन अंतर्दृष्टि ने गहरे व्यक्तिगत परिवर्तनों को जन्म

दिया है, जो अनगिनत व्यक्तियों को आत्म-खोज, उद्देश्यपूर्ण जीवन और प्रामाणिकता की ओर मार्गदर्शन करते हैं।

मानव क्षमता को उजागर करने की असाधारण क्षमता के साथ, श्री शामबव व्यक्तियों को सीमाओं को तोड़ने और अपने उच्चतम स्वयं को गले लगाने का अधिकार देते है। उनके लेखन, व्याख्यान और दयालु मार्गदर्शन जीवन को ऊपर उठाने, लचीलापन, दिमागी पन और व्यक्तिगत विकास को बढ़ावा देने के लिए जारी रखते हैं।

श्री शामबव एक ४५ बार सबसे अधिक बिकने वाले श्रेणी के लेखक हैं जिन्हें व्यक्तिगत विकास और आध्यात्मिक विकास में उनके गहन योगदान के लिए जाना जाता है। श्री शामबव की साहित्यिक यात्रा ने आत्मा की सफर - कर्म के साथ उड़ान भरी, जहां उन्होंने अंतर्दृष्टि का अनावरण करने के लिए मानव अनुभव की गहराई में तल्लीन किया। कई साहित्य पुरस्कारों के माध्यम से मान्यता प्राप्त करते हुए, उनके प्रदर्शनों की सूची में "ट्वेंटी + वन सीरीज़" जैसे सम्मानित कार्य शामिल हैं और "लाइफ चेंजिंग जर्नी - इंस्पिरेशनल कोट्स सीरीज़" जैसे सम्मानित कार्य शामिल हैं

भारतीय प्रबंधन संस्थान और राष्ट्रीय प्रौद्योगिकी संस्थान के एक प्रतिष्ठित पूर्व छात्र के रूप में, श्री शामबव बहुराष्ट्रीय निगमों में अपने कार्यकाल से कॉर्पोरेट कौशल का खजाना लाते हैं। उनके सबसे हालिया प्रकाशन, जिनमें अनवीलिंग द एनिग्मा, डेथ - लाइट ऑफ लाइफ एंड द शैडो ऑफ डेथ एंड ऑप्टिमम - पावर पायथन सीरीज I, सीरीज II और सीरीज III शामिल हैं, साहित्यिक और तकनीकी दोनों क्षेत्रों में उनकी महारत को प्रदर्शित करते हैं।

श्री शामबव ने अपने कलात्मक प्रदर्शनों की सूची का विस्तार "विस्पर्स ऑफ सिमफनी : १५० प्लस - ए सिम्फनी ऑफ सोलफुल वर्सेज" के साथ किया, जो मानव अनुभव का एक हार्दिक अन्वेषण है। इसके साथ ही, उनकी "विस्पर्स ऑफ सॉल : अ जर्नी थ्रु हाइकु" मार्मिक छंदों में गहन अंतर्दृष्टि प्रदान करती है। साथ में, ये कार्य उनकी बहुमुखी प्रतिभा और भावपूर्ण अभिव्यक्ति की महारत का प्रदर्शन करती हैं, पाठकों को आत्म-खोज की यात्रा पर आमंत्रित करती हैं। अपनी कविता के माध्यम से, वह भावनाओं की एक समृद्ध चित्रपट बुनती है जो दिल के साथ गहराई से गूंजती है।

श्री शामबव के हाल के काम- लर्न टू लव योरसेल्फ: ए जर्नी ऑफ डिस्कवरिंग इनर ब्यूटी एंड स्ट्रेंथ थ्रू १० ट्रांसफॉर्मेटिव रूल्स, द पावर ऑफ लैटिंगो: एम्ब्रेस फ्रीडम एंड हैप्पीनेस, ए जर्नी ऑफ लास्टिंग पीस- आर ट्रू ट्रेजर्स ऑफ सेल्फ डिस्कवरी, द एनलाइटनमेंट ट्रैप: गेट ओवर इट, गेट ऑन, व्हिस्पर्स ऑफ ध डाइंग सॉल - अन स्पोकन रिगरेट्स एण्ड अन लिवड ड्रीम्स, ध पवार ऑफ वर्ड्स: ट्रांसफॉर्मीन्ग स्पीच, ट्रांसफॉर्मीन्ग लाइवस, ध आर्ट ऑफ इंटेशनल लिविंग: मिनीमालिजम फॉर अ लाइफ ऑफ परपझ, अवेकनिंग ध इन्फिनिटी: ध पवार ऑफ कॉन्सीयसनेस इन ट्रासफॉर्मीग लाइफ, बियोन्ड ध वेइल: अ जर्नी थ्रु लाइफ आफ्टर डेथ सीरीज, बोन्ड्स बियोन्ड ब्लड: वेर लव बिल्डस ब्रीजईज एण्ड बोन्ड्स डिफ़ाई ब्लड, और अ जर्नी इनटु स्पिरिच्युल मेच्युरीटी: १२ गोल्डन रूल्स फॉर इनर ट्रांसफॉर्मेशन।

इन कार्यों के अलावा, श्री शामबव ने हाल ही में ज्योतिषी में कदम रखा है, एस्ट्रोलॉजी अनवेईल्ड - फाउंडेशन ऑफ एन्सियंट विसड़म सीरीज 1 से 6 की नींव के साथ, जो तत्वमीमांसा के क्षेत्र में विस्तार कर रहा है। ये पुस्तकें वैदिक ज्योतिष के मूल सिद्धांतों का पता लगाती हैं,

जिससे पाठकों को प्राचीन ज्ञान की समृद्ध और व्यावहारिक समझ मिलती है।

श्री शामबव ने आयुर रक्षिता फाउंडेशन की स्थापना की, जो असीम विकास, सार्वभौमिक बंधुत्व और पर्यावरण संरक्षण को बढ़ावा देने के लिए समर्पित है। यह दानी संस्था सामाजिक प्रगति के लिए काम करते हुए विविध समुदायों की मदद करती है।

श्री शामबव और उनके कार्यों के बारे में अधिक जानने के लिए, उनकी वेबसाइट पर जाएँ www.shambav.org. आयुर रक्षिता फाउंडेशन और उसकी पहलों के बारे में जानकारी के लिए, www.shambav-ayurrakshita.org पर जाएं।

आइए सोशल मीडिया पर उनका अनुसरण करें:

@shreeshambav

Main: https://linktr.ee/shreeshambav

Website: https://www.shambav.org/

LinkedIn: https://www.linkedin.com/in/shreeshambav/

Blog: https://blog.shambav.org/

Instagram: https://www.instagram.com/shreeshambav/

YouTube: https://www.youtube.com/@shreeshambav

Amazon:https://www.amazon.com/author/shreeshambav

Goodreads: https://www.goodreads.com/author/show/22367436.Shree_Shambav

प्रस्तावना

"मृत्यु, अस्तित्व की अंतिम पहेली है, जिसने सदियों से मानवता को उलझन में डाल रखा है। इसके रहस्य को सुलझाने के सभी प्रयासों के बावजूद, यह आज भी उतना ही अबूझ है जितना कि पहले के समय में था। इसका रहस्यपूर्ण सार आज भी हमें रहस्यपूर्ण बनाता है, हमें अपने क्षणभंगुर अस्तित्व की अकथनीय प्रकृति पर विचार करने के लिए प्रेरित करता है।"

श्री शामबव ने कई पुस्तकें लिखी हैं, जिनमें से "द जर्नी ऑफ द सोल: कर्म" उत्कृष्ट रही है। जो लोग जीवन के सौंदर्यशास्त्र और सार को समझने के लिए

उत्सुक हैं, उनके लिए उनकी लघु कथाओं का संग्रह प्रेरणादायक है, एक सरल मार्गदर्शिका हैं।

अब, "डेथ - लाइट ऑफ लाइफ एंड शैडो ऑफ डेथ" के बारे में लिखते हुए, श्री शामबव ने एक बार फिर एक ऐसे विषय को संबोधित किया है जो कई जिज्ञासु पाठकों को आश्चर्यचकित कर सकता है।

जीवन चक्र में शरीर और आत्मा एक ही सिक्के के दो पहलू हैं। मृत्यु, खेल के अंत का आगमन है। कोई अन्य खेल होगा या अधिक खेलना है, यह पुस्तक उसी के बारे में है!

क्या मृत्यु, आत्मा का शरीर से प्रस्थान है? यह सवाल अपने आप में संदिग्ध है। जब हम इस पुस्तक के पन्नों को पढ़ते हैं, तो हम देखेंगे कि लेखक, जैसा कि सुसमाचारों और शास्त्रों में उल्लेख किया गया है और प्रचार किया गया है, मृत्यु के विभिन्न अर्थों को कुशलता से संभाल रहा है।

कुछ लोग आत्मा के अस्तित्व पर भी सवाल उठा सकते हैं, जबकि अन्य पुनर्जन्म की अवधारणा और विश्वास से सहमत नहीं हो सकते हैं। पुनर्जन्म की अवधारणा को ज्यादातर आनंद के बजाय अवमानना के साथ स्वीकार किया जा सकता है क्योंकि यह अपने साथ थोड़ा दर्द लाता है। उन्होंने बस इतना कहा कि एक अच्छा जीवन ही काफी है।

यदि हम अपना ध्यान नश्वरता की अवधारणा की ओर लगाते हैं, तो इस निर्विवाद सत्य को अपनाना अनिवार्य है कि मृत्यु एक जन्मजात घटना है जिससे कोई भी बच नहीं सकता है।

इन पन्नों के ताने-बाने में बुने हुए, हमें वास्तविक जीवन की मार्मिक झलक भी मिलती है। कहानियों में से एक बहू की कहानी बताती है जो अपने पति के परिवार में एक पति या पत्नी की भूमिका से परे जाती है और अपनी मुख्य भूमिका को बहुत देर से महसूस करती है। यह नया अहसास उसे अपनी सास और ससुर के जाने के बाद ही मिलता है। इस प्रकार, किसी प्रियजन की मृत्यु किसी विशेष अध्याय के समापन को चिह्नित कर सकती है, हालांकि बाकी पृष्ठ शोक में बचे लोगों

को उजागर करते हैं। हम इस तरह के जटिल मोड़ को कैसे मार्गनिर्देशन करते हैं, यह बहुत महत्वपूर्ण है।

विज्ञान की दुनिया कुछ आध्यात्मिक मान्यताओं और परंपराओं से सहमत नहीं हो सकती है, जो दर्शाती हैं कि आत्मा कई जीवनों की यात्रा में एक अलग रूप धारण करती है। इसे प्रचलित संदर्भ के अनुरूप पुनर्जन्म या पुनरुत्थान के रूप में भी जाना जाता है। हम इसके बारे में सोच सकते हैं! लेकिन इससे भी महत्वपूर्ण बात यह है कि मृत्यु के बाद हम जो रास्ता अपनाते हैं, वह इस बात से निर्धारित होता है कि हमने जीवित रहते हुए क्या किया।

जैसे-जैसे हम पढ़ने के साथ-साथ आगे बढ़ते हैं, मृत्यु पर सिद्धांतों के सार को समझने की कोशिश करते हैं, हमें चुटकुलों, प्रासंगिक उदाहरणों और लघु कथाओं का छिड़काव भी मिलता है। यह उल्लेख किया गया है कि भगवान शिव, अपने रुद्र तांडव (ब्रह्मांडीय नृत्य) रूप में, जन्म और मृत्यु के चक्र से मोक्ष और मुक्ति प्राप्त करने के लिए एक प्रवर्तक के रूप में कार्य करते हैं। तो मृत्यु के बाद दूसरे जीवन के बारे में हमारी धारणा

लगातार भटक रही है! लेकिन, हम अच्छाई के रूप में जो कुछ भी छोड़ते हैं, उस पर युवा पीढ़ी की नजर रहेगी और प्रासंगिक भी होगी।

कर्म योग तब चलन में आता है जब हम खुद को इच्छाओं से अलग कर लेते हैं और वांछित परिणामों पर ध्यान नहीं देते हैं। जब हम कर्मयोग को अपने दैनिक जीवन में अपनाते हैं, तो आधी लड़ाई जीत ली जाती है। कर्म की छाप में काम, अभिमान, अहंकार, ईर्ष्या, क्रोध, लोभ और आसक्ति जैसी किसी भी कमजोरी के बिना एक साधारण जीवन जीना शामिल है। इसके बाद आने वाले जीवन को हम सफलता कहते हैं!

हमें 'धर्म' से भी परिचित कराया जाता है। और, युधिष्ठिर के अलावा और कौन हो सकता है, जो धर्म का व्यक्तित्व है, यक्ष (प्रकृति आत्मा) के प्रश्नों के उत्तर प्रदान कर सकता है? युधिष्ठिर के उत्तर हम लोगों के लिए जीवन के सबक हैं जो किसी भी अन्य चीज की तुलना में धर्म की शिक्षा के बारे में अधिक ध्यान देते

हैं। यह प्रकरण सच्चे आत्म-सुधार के लिए एक मार्गदर्शिका है।

एक और सोच यह है कि मृत्यु अधिक पूर्ण जीवन के बेहतर रूप का प्रवेश द्वार है। जब समय समाप्त हो जाता है, तो कोई भी पृथ्वी पर अपने प्रवास को लम्बा नहीं खींच सकता है। नियति की घड़ी पूर्व निर्धारित है और इसमें कोई पुन: स्थापित बटन नहीं है। लेकिन, हम सुनते हैं कि सृष्टिकर्ता ने कुछ लोगों को दूसरा या तीसरा या चौथा जीवन दिया है जिन्हें समय पर बचाया गया है। इसका मतलब केवल यह है कि उनका समय अभी तक नहीं आया था! मृत्यु की घटना पर, अदृश्य आत्मा से व्यक्ति के नश्वर अवशेषों को छोड़ने की उम्मीद की जाती है। मौत से डरना नहीं चाहिए क्योंकि यह अलग-अलग लोगों के लिए पूर्वनिर्धारित क्षणों में होता है। इसके विपरीत, करीबी प्रियजन और दोस्त बीमार व्यक्ति के लिए प्रार्थना करते हैं, न केवल इसलिए कि वे उस व्यक्ति के लिए अधिक समय चाहते हैं, बल्कि इसलिए भी कि वे अपना साथी खो रहे हैं और दिवंगत व्यक्ति के जाने के बाद अपनी स्थिति और स्थिति से डरते हैं।

इस पुस्तक के माध्यम से, जैसा कि हम मृत्यु के बारे में सीखते हैं, लेखक ने शरीर में रहने वाले नकारात्मक प्रभावों को भी संबोधित किया है। श्री आदि शंकराचार्य को उद्धृत करते हुए, इच्छा, क्रोध, लोभ, अभिमान, गर्व, लालच, वासना और स्वार्थ मनुष्य को अधिक भौतिक धन से चिपके हुए रखते हैं। सौदेबाजी में स्वास्थ्य और ज्ञान पीछे हट जाते हैं। और, जब मृत्यु हमारे दरवाजे पर है, तो भौतिक धन का कोई मतलब नहीं है। अपने स्वयं के आत्म-मूल्यांकन के लिए, यदि हम अपने जीवन की बैलेंस शीट का अध्ययन करते हैं, तो सब कुछ स्पष्ट हो जाएगा। यदि आध्यात्मिक कल्याण के संदर्भ में हमारी पूंजी, जैसे कि दूसरों की सेवा करना, हमारे नकारात्मक प्रभावों सहित भौतिक संवर्धन की हमारी जिम्मेदारियों से अधिक है, तो हम कह सकते हैं कि यह हमारे लिए चिंता का विषय है या नहीं, अर्थात मृत्यु के बाद हमारा जीवन भाग्य की तरह होगा और आत्मा एक नया स्थान लेगी।

हम एक कम सुना या लगभग अनसुना शब्द 'उपलब्धियों की निराशा' भी देखते हैं। जैसा कि पुस्तक में बताया गया है, यह वह स्थिति है जब व्यक्ति,

भौतिक संपत्ति और भावनात्मक प्रचुरता के कब्जे में होने के बावजूद, अभी भी असंतुष्ट रहते हैं। इसलिए, यह कहा जाता है कि मृत्यु के भय पर विजय पाने के लिए, भौतिक धन संचय करने के लिए सांसारिक इच्छाओं से भरे जीवन की तुलना में जीने का एक सरल तरीका अधिक मुक्तिदायक होगा। हो सकता है कि स्व-विकसित बड़प्पन को अपनाकर और जीवन की सर्वोत्तम प्रथाओं को अपनाकर, कोई भी जन्म और मृत्यु के चक्र से मुक्त हो सकता है। इन सबसे ऊपर, एक विश्वास प्रणाली है जो जीवन की चुनौतियों को बनाए रखेगी।

श्राद्ध (अंतिम संस्कार) और तर्पण (पूर्वजों को जल चढ़ाना) और पितरों (पूर्वजों) के महत्व को जानने में रुचि रखने वाले पाठक इन अनुष्ठानों का अच्छा ज्ञान रखने के लिए भाग्यशाली होंगे। हमारे सर्वांगीण पोषण और विकास के लिए अपना 'सर्वस्व' देने वाले बुजुर्गों को नमन, उन्हें याद किया जाता है और हमारे जीवन को समृद्ध बनाने के लिए धन्यवाद दिया जाता है। पितृ पक्ष और श्राद्ध पक्ष 'पूर्वजों की पखवाड़ी' हैं। 'तिथि' (मृत्यु समारोह) के दौरान, चावल के लड्डू पक्षियों और कीड़ों को प्रसाद के रूप में रखे जाते हैं जो उनकी मदद

करते हैं। इस प्रकार यह माना जाता है कि हमारे पूर्वज अपनी यात्रा जारी रखते हैं, उन्हें भोजन और अन्य आवश्यकताएं प्रदान करते हैं। अच्छी सभ्यताएं फलती-फूलती हैं क्योंकि वे पूर्वजों और माता-पिता के प्रति आभार व्यक्त करती हैं जिन्होंने सभ्यता के विचार की कल्पना की थी।

लेखक ने अध्याय ६ में विभिन्न लोक पर हिंदू कैलेंडर को स्पष्ट रूप से समझाया है। उन सभी ने समय अवधि और समयसीमा की गणना करने में एक लंबा रास्ता तय किया है। यह उन लोगों के लिए आंखें खोलने वाला है जो कैलेंडर के अर्थ और व्याख्या का पता लगाना चाहते हैं।

अध्याय सात में - मृत्यु के बाद, गुरुजी स्वर्ग और नरक के बीच अंतर बताते हैं। सीधे शब्दों में कहें तो स्वर्ग उन लोगों के लिए चुना गया भविष्य का निवास है जो अपना वर्तमान जीवन सदाचार और गरिमा के साथ जीते हैं। नरक एक वैकल्पिक निवास है। ऐसा कहा जाता है कि हम अपने आवास खुद चुनते हैं। आइए भाग्य को दोष न दें! जब हम केवल अच्छा करते हैं और बुराई से बचते

हैं, तो हमारी दस्तक सुनकर स्वर्ग के द्वार अपने आप खुल जाते हैं।

इसके अलावा, मानव आत्मा के उत्थान में गुरु की भूमिका की एक मंत्रमुग्ध कर देने वाली व्याख्या इसके बाद होती है। सद्गुरु वह है जिसके बारे में माना जाता है कि उन्होंने ईश्वर के साथ एकता प्राप्त की है। जीवन में सद्गुरु का सिद्धांत भोली आत्माओं को दिव्यता के साथ एकता प्राप्त करने के लिए मार्गदर्शन करना है। और अंत में, गुरु एक उत्साही भक्त को मोक्ष के प्रति सक्षम बनाता है और आध्यात्मिक अनुशासन के माध्यम से अनंत के साथ एकाकार हो जाता है।

जब आप किसी काल्पनिक कृति में डूब जाते हैं, तो आप कथानक की जटिलताओं, कहानी को बांधने वाले अप्रत्याशित मोड़ और धागे और कई अन्य खुलासे को उजागर करते हैं। गैर-साहित्य के क्षेत्र में, हालांकि, ज्ञान का खजाना है। यहां, आप अज्ञात के दायरे में उतरते हैं, अपने ज्ञान को अविश्वसनीय आयामों तक विस्तारित करते हैं, जो अक्सर आपको 'विश्वास करें या न करें' कहने के लिए उकसाता है।

जब आप 'डेथ - लाइट ऑफ लाइफ एंड शैडो ऑफ डेथ' नामक पुस्तक के साथ जुड़ते हैं, तो आप केवल शब्दों को नहीं पढ़ते हैं; आप अपनी आत्मा के दिल की खोज कर रहे हैं। इस पुस्तक में आपकी आत्मा को समय पर ज्ञान प्रदान करने की शक्ति है जो उसे ठीक करने, सीखने और अस्तित्व की बारीकियों को फिर से सीखने के लिए आवश्यक है। ऐसा लगता है कि यह आपको वह जीवन जीने का मौका देता है जिसकी आप हमेशा से लालसा करते रहे हैं। वास्तव में, हमारे जीवन की यात्रा को नया आकार देने में कभी देर नहीं होती।

कर्नल एन शैलेंद्र राव (सेवानिवृत्त)।

जय हिंद।

आमुख

"मृत्यु, अस्तित्व की अंतिम पहेली है, जिसने सदियों से मानवता को उलझन में डाल रखा है। इसके रहस्य को सुलझाने के सभी प्रयासों के बावजूद, यह आज भी उतना ही अबूझ है जितना कि पहले के समय में था। इसका रहस्यपूर्ण सार आज भी हमें रहस्यपूर्ण बनाता है, हमें अपने क्षणभंगुर अस्तित्व की अकथनीय प्रकृति पर विचार करने के लिए प्रेरित करता है।"

मृत्यु का भय सभी मानव जीवन में व्याप्त है, जो अनावश्यक दर्द, पीड़ा और चिंता पैदा करता है। यह एक अनुत्तरित प्रश्न के भय को भी जन्म देता है: जो लोग मर चुके हैं उनकी आत्माओं का क्या होगा? इसी तरह के प्रश्नों ने कुछ वैज्ञानिक हलकों में रुचि और बहस को जन्म दिया है, जिसका उद्देश्य यह निर्धारित करना

है कि भौतिक शरीर के विलीन होने के बाद भी कोई जीवित रहता है या नहीं। कुछ लोगों ने सकारात्मक उत्तर देकर अपनी बात साबित की है, 'हाँ'। आत्मा की दुनिया से संवाद करने के लिए विज्ञान या माध्यम का उपयोग करना।

उच्चतर कंपन और अस्तित्व के स्तरों से जुड़े प्रबुद्ध पूर्ण गुरु, मृत्यु के रहस्यपूर्ण सार को समझते हैं। उन्होंने हमें बताया कि मृत्यु वह नहीं है जो दिखती है, न ही वह जो हमारा सीमित दृष्टिकोण समझता है। इसके बजाय, यह एक आनंदमय मार्ग है, एक उल्लासपूर्ण उत्सव है जब सूर्य एक क्षितिज पर अस्त होता है और दूसरे पर उदय होता है। महान ऋषियों ने मृत्यु के भयावह और भयावह भूत को हराने के लिए मार्ग का पता लगाया और उसे प्रकाशित किया, इस प्रकार हमें भय और नश्वरता की बेड़ियों से मुक्त किया।

भगवद गीता अध्याय २.२२ - श्री कृष्ण पुनर्जन्म पर जोर देते हुए इसकी तुलना हमारी दैनिक गतिविधियों

से करते हैं। हम फटे हुए कपड़े उतारकर नए कपड़े पहन लेते हैं, लेकिन हम खुद को नहीं बदलते। इसी तरह, अगर आत्मा अपने पुराने शरीर को त्यागकर दूसरे शरीर में आती है, तो भी वह अपरिवर्तित रहती है।

वासांसि जीर्णानि यथा विहाय
नवानि गृहणाति नरोऽपराणि ।
तथा शरीराणि विहाय जीर्णा
न्यन्यानि संयाति नवानि देही ॥ 22॥

अर्थ: "जिस प्रकार से मनुष्य अपने फटे पुराने वस्त्रों को त्याग कर नये वस्त्र धारण करता है, उसी प्रकार मृत्यु होने पर आत्मा पुराने तथा जीर्ण शरीर को त्याग कर नया शरीर धारण करती है।"

महान ऋषियों ने हमें यह आश्वासन दिया है कि जन्म और मृत्यु का चक्र प्रारब्ध कर्म के जाल से जुड़ा हुआ है। अपने कर्मों को शुद्ध करने के लिए, हम मांस और रक्त का एक नया वस्त्र, अपने शारीरिक बर्तन (देहा) पहनते हैं, और एक बार जब हमारा निर्दिष्ट कर्म पूरा हो जाता है, तो हम अपने नश्वर शरीर को त्याग देते हैं। यह शाश्वत चक्र तब

तक खुद को दोहराता रहता है जब तक कि हम अपनी दिव्य प्रकृति या सार के प्रति जागृत नहीं हो जाते और सर्वोच्च के साथ अपनी एकता को नहीं समझ लेते। असीम चेतना और आनंद जो सभी सृष्टि में व्याप्त है - 'सभी चेतना और आनंद।'

अस्पष्टता के बादल और उलझी हुई पहेली को दूर करने का एक ईमानदार प्रयास जो हम सभी के मन में है। श्री शामबव, शरीर (देह) और आत्मा (आत्मा) के जटिल और गूढ़ सिद्धांतों के साथ-साथ दोनों के बीच के संबंध को भी स्पष्ट करते है।

मन पर नियंत्रण करने और उसे भौतिक चेतना से परे जाने के लिए एक लचीले उपकरण में बदलने की तकनीकें हमें उस परम अनुभव की झलक दे सकती हैं जो हमारे लिए मृत्यु का परम सत्य है। अपने विचारों और भावनाओं को नियंत्रित करके, हम भौतिक दुनिया के भ्रमों से मुक्त होकर, समभाव और दृष्टि की स्पष्टता के साथ इस अंतिम यात्रा का

सामना करने के लिए खुद को तैयार कर सकते हैं, "परम सत्य।"

महान गुरुओं और ऋषियों का ज्ञान मात्र बौद्धिक समझ के दायरे से परे है, जो हमें उनकी शिक्षाओं में प्रत्यक्ष और तत्काल समझ की ओर आकर्षित करता है। वे हमें शरीर से बाहर के अनुभव के रहस्यों को खोलने की दिशा में मार्गदर्शन करते हैं, आध्यात्मिक रोशनी के एक ऐसे परिदृश्य का अनावरण करते हैं जो अवर्णनीय चमक के साथ झिलमिलाता है। उल्लेखनीय रूप से, यह सब हमारे नश्वर शरीर या देह में रहते हुए भी प्राप्त किया जा सकता है ।

भगवद गीता के अध्याय २ के श्लोक १३ में श्री कृष्ण ने आत्मा के विभिन्न जन्मों में आवागमन के शाश्वत सिद्धांत की व्याख्या की है। ऋतुओं के परिवर्तन की तरह, एक जीवन युवावस्था, परिपक्वता और अंततः बुढ़ापे के चरणों से गुजरता है, जो समय बीतने का संकेत देता है क्योंकि युगों के माध्यम से हमारी यात्रा जारी रहती है।

देहिनोऽस्मिन्यथा देहे कौमारं यौवनं जरा।

तथा देहान्तरप्राप्तिर्धीरस्तत्र न मुह्यति॥13॥

अर्थ: "जैसे देहधारी आत्मा इस शरीर में बाल्यावस्था से तरुणावस्था और वृद्धावस्था की ओर निरन्तर अग्रसर होती है, वैसे ही मृत्यु के समय आत्मा दूसरे शरीर में चली जाती है। बुद्धिमान मनुष्य ऐसे परिवर्तन से मोहित नहीं होते।"

"आधुनिक वैज्ञानिक शोध से पता चलता है कि मानव शरीर में हर कोशिका पुनर्जीवित हो सकती है। जैसे-जैसे पुरानी कोशिकाएँ मरती हैं, नई कोशिकाएँ उनकी जगह ले लेती हैं और अध्ययनों से पता चलता है कि शरीर की पूरी कोशिका संरचना सात साल के भीतर बदल जाती है। यह देखा गया है कि इस प्रक्रिया के दौरान शरीर में कोशिकाओं का एक महत्वपूर्ण हिस्सा परिवर्तन और पुनर्जनन से गुजरता है।"

पिछली समझ को आगे बढ़ाते हुए, मानव शरीर के भीतर आणविक स्तर पर परिवर्तन की दर और भी

तेज़ है। वैज्ञानिक अनुमानों के अनुसार, शरीर के भीतर ९८% अणु एक वर्ष के भीतर बदल सकते हैं।

इन परिवर्तनों के बावजूद, हम अपनी पहचान और निरंतरता की भावना बनाए रखते हैं। हम अभी भी खुद को वही व्यक्ति मानते हैं, भले ही हमारी कोशिकाएँ और अणु लगातार पुनर्जीवित और रूपांतरित हो रहे हों।

इससे पहचान और आत्म-बोध के बारे में दिलचस्प सवाल उठते हैं। शरीर लगातार बदल रहा है और खुद को नवीनीकृत कर रहा है, लेकिन कुछ और भी है जो हमारे भीतर स्थिर और स्थायी प्रतीत होता है। कुछ लोग तर्क दे सकते हैं कि यह आत्मा या चेतना है, जो भौतिक स्तर पर होने वाले परिवर्तनों से अछूती रहती है। दूसरों की इस बारे में अलग-अलग व्याख्याएँ या मान्यताएँ हो सकती हैं कि हमारी पहचान और निरंतरता की भावना को क्या जन्म देता है।

“अक्सर कहा जाता है कि हम हर साँस के साथ जीते हैं और हर साँस के साथ मरते हैं, और यह प्रक्रिया

हर दिन अनगिनत बार दोहराई जाती है। साँस लेने के इस निरंतर चक्र के बावजूद, कुछ लोग सोच सकते हैं कि क्या हमारे भीतर मृत्यु का डर छिपा है।"

प्रत्येक साँस ऑक्सीजन के अणुओं को अंदर लाती है, जो चयापचय प्रक्रियाओं के माध्यम से शरीर की कोशिकाओं में अवशोषित हो जाते हैं, जबकि कार्बन डाइऑक्साइड बाहर निकलती है। गैसों का यह निरंतर आदान-प्रदान हमारे अस्तित्व का अभिन्न अंग है, और हमारा शरीर निरंतर परिवर्तन की स्थिति में रहता है। हालाँकि, इन परिवर्तनों के बावजूद, हम सोचते हैं कि हम वही व्यक्ति हैं। हमें ऐसा क्यों लगता है?

भगवद गीता अध्याय २.१३ में, श्री कृष्ण, आत्मा के पुनर्जन्म के सिद्धांत की स्थापना करते हैं, जिसके अनुसार आत्मा जीवन भर एक शरीर से दूसरे शरीर में जाती रहती है। श्री कृष्ण अर्जुन को याद दिलाते हैं कि आत्मा भौतिक शरीर से परे जाती है, जो लगातार बदल रहा है और अपनी यात्रा के दौरान नए

शरीर धारण करता है। इसलिए, जिसे हम 'मृत्यु' कहते हैं, वह केवल आत्मा द्वारा एक पुराने, निष्क्रिय शरीर को त्यागना है, जबकि 'जन्म' आत्मा द्वारा एक नया शरीर धारण करना है। यह अवधारणा इस सवाल को जन्म देती है कि क्या यह पुनर्जन्म का मामला है।

'द शिप ऑफ थेसियस' के नाम से जाने जाने वाले इस विचार प्रयोग पर विचार करें। किंवदंती के अनुसार, नाविक थेसियस के पास नया जहाज खरीदने का पैसा नहीं था, इसलिए उसने एक चतुर योजना बनाई। जब भी थेसियस अपने जहाज पर लकड़ी के तख्ते की जगह धातु का हिस्सा लगाता, तो नाविक चुपके से उस फेंके हुए तख्ते को उठाकर छिपा देता। आखिरकार, उसने मूल जहाज को फिर से जोड़ने के लिए पर्याप्त लकड़ी के तख्ते एकत्र कर लिए।

इस प्रयोग से यह सवाल उठता है कि क्या सभी नए तख्तों वाला धातु का जहाज़ मूल लकड़ी के जहाज़ जैसा ही है। हम विचार कर सकते हैं कि थिसियस का असली और मूल जहाज़ कौन-सा है।

“पुनर्जन्म के अस्तित्व की निश्चितता से पुष्टि नहीं की जा सकती, क्योंकि इस दावे का समर्थन करने के लिए कोई अनुभवजन्य साक्ष्य नहीं है कि हमारा पूर्वजन्म हुआ है या भविष्य में होगा।”

न्याय दर्शन अपने ३.१.१८ श्लोक में पुनर्जन्म की अवधारणा को प्रमाणित करने के लिए एक तर्क प्रस्तुत करता है:

“जातस्य हर्षा भया शोका सम्प्रतिपत्तः”

न्याय दर्शन ३.१.१८ में पुनर्जन्म के अस्तित्व का समर्थन करने के लिए एक सम्मोहक तर्क प्रस्तुत किया गया है। यदि आप किसी शिशु का निरीक्षण करते हैं, तो आप देख सकते हैं कि वे अलग-अलग भावनाएँ प्रदर्शित करते हैं, जैसे कि उदासी, खुशी और भय, भले ही इन भावनाओं का कोई स्पष्ट कारण न हो। न्याय दर्शन के अनुसार, शिशु अपने पिछले जीवन को याद करता है और इस प्रकार, विभिन्न भावनाओं का अनुभव करता है। जैसे-जैसे बच्चा बड़ा होता है, नए अनुभव उसके दिमाग पर एक मजबूत

छाप छोड़ते हैं, जिससे उसके पिछले जीवन की यादें धुंधली हो जाती हैं और अंततः फीकी पड़ जाती हैं। हालाँकि, मृत्यु और जन्म की प्रक्रिया से जुड़े दर्द और आघात के कारण पिछले जीवन की कई यादें दब सकती हैं या मिट सकती हैं।

मनुष्यों के बीच असमानता को स्पष्ट करना अस्पष्ट और तर्कहीन होगा। उदाहरण के लिए, एक व्यक्ति जो लाइलाज बीमारी से पीड़ित है, एक व्यक्ति जो जन्म से अंधा है, या एक व्यक्ति जो गरीब पैदा हुआ है। अगर वे पूछें - 'उन्हें सज़ा क्यों दी गई?' तो उन्हें क्या तर्कसंगत जवाब दिया जा सकता है?

जब किसी व्यक्ति को दुख का सामना करना पड़ता है, तो उसे यह समझाना मुश्किल हो सकता है कि यह उसके प्रारब्ध कर्म का परिणाम है। वे तर्क दे सकते हैं कि ऐसा लगता नहीं है कि एक दयालु ईश्वर उनके एकमात्र जीवन में उनके दुख की इच्छा करेगा। हालाँकि, पुनर्जन्म की अवधारणा को स्वीकार किए बिना, दुनिया में हम जो अराजकता, दर्द और अपूर्णता देखते हैं, उसे समझना चुनौतीपूर्ण है। एकमात्र

प्रशंसनीय व्याख्या यह है कि हम अपने पिछले जीवन के कर्मों के परिणामों का अनुभव कर रहे हैं। कुछ लोगों के लिए, इसी जीवन में मोक्ष प्राप्त करने का विचार उनके अस्तित्व को अर्थ देने का एकमात्र तरीका लग सकता है।

परिचय

सदियों से दार्शनिक, जीवन और मृत्यु के अर्थ पर विचार-विमर्श करते रहे हैं। यह अस्तित्व और मानव जीवन के अर्थ के बारे में एक बुनियादी सवाल है।

विभिन्न धार्मिक और आध्यात्मिक परंपराएँ जीवन के उद्देश्य पर अलग-अलग दृष्टिकोण प्रस्तुत करती हैं। वे सुझाव देते हैं कि जीवन का अर्थ उच्च शक्ति या देवता की इच्छा को पूरा करना और परलोक या शाश्वत पुरस्कार प्राप्त करना है। उदाहरण के लिए, ईसाई धर्म सिखाता है कि व्यक्ति को ईश्वर से प्रेम करना चाहिए और उसकी सेवा करनी चाहिए, उसकी आज्ञाओं का पालन करना चाहिए और अंततः स्वर्ग में अनंत जीवन प्राप्त करना चाहिए। हिंदू धर्म का मानना है कि मानव जीवन का लक्ष्य, जन्म और मृत्यु के सतत चक्र से खुद

को मुक्त करना और परम वास्तविकता, ब्रह्म के साथ एकता प्राप्त करना है।

एक वैकल्पिक दृष्टिकोण यह है कि जीवन का महत्व कुछ ऐसा है जिसे हमें स्वयं खोजना या स्थापित करना चाहिए। वे अक्सर इस दृष्टिकोण को मानवतावादी और अस्तित्ववादी दर्शन से जोड़ते हैं, जो इस बात पर जोर देता है कि जीवन में कोई अंतर्निहित अर्थ नहीं है और हमें जीवन में अपना उद्देश्य और मार्ग बनाना ही चाहिए। अस्तित्ववादियों का तर्क है कि मनुष्यों के पास परम स्वतंत्रता है और उन्हें अपने जीवन को अर्थपूर्ण बनाने के लिए जिम्मेदारी लेनी चाहिए। इसी तरह, अब्राहम मास्लो जैसे मानवतावादी दार्शनिकों का मानना था कि जीवन का लक्ष्य हमारी जन्मजात क्षमता तक पहुँचना और आत्म-साक्षात्कार प्राप्त करना है।

मृत्यु का अर्थ जीवन के अर्थ से अभिन्न रूप से जुड़ा हुआ है। धार्मिक दृष्टिकोण से, मृत्यु को इस दुनिया से अगली दुनिया में संक्रमण के रूप में देखा जाता है, जहाँ

आत्मा का न्याय किया जाएगा और संभवतः उसे अनंत जीवन से पुरस्कृत किया जाएगा। हालाँकि, एक धर्मनिरपेक्ष दृष्टिकोण से, मृत्यु अस्तित्व की समाप्ति और व्यक्तिगत आत्म का पूर्ण विनाश है। जो लोग धर्म में विश्वास करते हैं, उनके लिए मृत्यु एक नए रूप में जीवन की निरंतरता है, जबकि नास्तिकों के लिए, मृत्यु किसी व्यक्ति की जागरूकता और अस्तित्व के अंत का प्रतीक है।

"मृत्यु का भय" की अवधारणा एक महत्वपूर्ण दार्शनिक विचार है जो जीवन और मृत्यु के अर्थ को गहराई से समझाता है। यह शब्द बेचैनी और घबराहट की भावना को दर्शाता है जिसे लोग अक्सर अपनी मृत्यु का सामना करते समय महसूस करते हैं। कुछ दार्शनिकों का मानना है कि मृत्यु का भय मानवीय स्थिति का एक सहज और अपरिहार्य पहलू है, जबकि अन्य सुझाव देते हैं कि यह एक सीखी हुई प्रतिक्रिया है जिसे दूर किया जा सकता है। उदाहरण के लिए, एपिकुरस ने तर्क दिया कि मृत्यु का भय इसके सार की गलत धारणा से उत्पन्न

होता है और एक बार जब हम वास्तव में समझ जाते हैं कि मृत्यु हमारी चेतना की समाप्ति का प्रतिनिधित्व करती है और इससे डरने की कोई बात नहीं है, तो हम मृत्यु के अपने डर पर विजय प्राप्त कर सकते हैं।

जीवन और मृत्यु का महत्व एक जटिल और बहुआयामी विषय रहा है जिस पर दार्शनिकों ने पूरे इतिहास में चर्चा की है। कुछ लोग तर्क देते हैं कि एक उच्च शक्ति ने जीवन को अर्थ दिया है, जबकि अन्य मानते हैं कि किसी को इसे खोजना या बनाना चाहिए। अन्य लोग तर्क देते हैं कि जीवन का कोई अंतर्निहित अर्थ नहीं है। इसी तरह, मृत्यु का भय एक दार्शनिक अवधारणा है जिस पर चर्चा की गई है, कुछ विचारों के अनुसार यह मानव अस्तित्व का एक स्वाभाविक और अपरिहार्य पहलू है, जबकि अन्य मानते हैं कि वे इसे दूर कर सकते हैं। इन विभिन्न दार्शनिक दृष्टिकोणों को समझने से हमें जीवन और मृत्यु की गहरी समझ हासिल करने में और हमें इन मौलिक प्रश्नों को कैसे हल करना चाहिए उसकी मदद मिल सकती है । यह स्वीकार करना

महत्वपूर्ण है कि जीवन और मृत्यु के अर्थ को समझना अंततः व्यक्तिपरक और व्यक्तिगत है, जो किसी के व्यक्तिगत अनुभवों, सांस्कृतिक पृष्ठभूमि और विश्वासों से आकार लेता है।

"जीवन का प्रकाश" की दार्शनिक धारणा विभिन्न परंपराओं में महत्वपूर्ण महत्व रखती है और इसकी विभिन्न व्याख्याएँ की गई हैं। इस चर्चा में, हम इस अवधारणा के बारे में विभिन्न दार्शनिक दृष्टिकोणों का पता लगाएंगे और इस विचार की मायावी प्रकृति पर प्रकाश डालेंगे।

हम प्राचीन यूनानियों के दर्शन में जीवन के प्रकाश पर सबसे प्रमुख दृष्टिकोणों में से एक पा सकते हैं। प्लेटो की फ़िलसुफ़ी का मानना था कि जीवन के प्रकाश का सार परम सत्य और सभी जीवो का स्रोत है। उन्होंने यह भी माना कि जीवन का प्रकाश सभी ज्ञान और बुद्धि का स्रोत है, जिसे चिंतन और तर्क के माध्यम से प्राप्त किया जा सकता है। जीवन के प्रकाश के बारे में प्लेटो की समझ उनके 'रूप सिद्धांत' से निकटता से

जुड़ी हुई थी, जिसने माना कि भौतिक दुनिया, रूपों के शाश्वत और अपरिवर्तनीय क्षेत्र का केवल एक प्रतिबिंब है।

स्टोइक की शिक्षाएँ जीवन के प्रकाश पर एक महत्वपूर्ण दार्शनिक दृष्टिकोण प्रदान करती हैं। स्टोइक का मानना था कि जीवन का प्रकाश प्रत्येक व्यक्ति के भीतर दिव्यता की चिनगारी है और इसे सद्‌गुण और ज्ञान के संवर्धन खेती के माध्यम से प्राप्त किया जा सकता है। स्टोइक जीवन के प्रकाश को सभी अस्तित्व का मूल या स्रोत और मानव जीवन का अंतिम उद्‌देश्य मानते थे

जीवन का प्रकाश पूर्वी दर्शन में भी महत्वपूर्ण स्थान रखता है। हिंदू धर्म और बौद्‌ध धर्म में, इसे सभी प्राणियों का स्रोत और पूर्ण वास्तविकता माना जाता है। हिंदू धर्म में, इसे ब्रह्म कहा जाता है, जो आध्यात्मिक अभ्यास का अंतिम लक्ष्य है, जबकि बौद्‌ध धर्म में, यह परम वास्तविकता और आध्यात्मिक अभ्यास का उद्‌देश्य है। हिंदू धर्म और बौद्‌ध धर्म दोनों का मानना है कि जीवन

का प्रकाश, ध्यान और इच्छा के उन्मूलन के माध्यम से प्राप्त किया जा सकता है।

जीवन के प्रकाश की व्याख्या आधुनिक फ़िलसुफ़ी में भी की गई है। फ्रांसीसी दार्शनिक रेने डेसकार्टेस का मानना था कि जीवन का प्रकाश सभी ज्ञान का स्रोत है और इसे तर्क और संदेह के माध्यम से प्राप्त किया जा सकता है। उनका मानना था कि जीवन का प्रकाश प्रत्येक व्यक्ति के भीतर दिव्यता की चिनगारी है और इसे सद्गुण और साधना के ज्ञान के माध्यम से प्राप्त किया जा सकता है।

जीवन के प्रकाश की अवधारणा ने पूरे इतिहास में दार्शनिकों, धार्मिक नेताओं और वैज्ञानिकों सहित विभिन्न व्यक्तियों को आकर्षित और प्रेरित किया है। प्रत्येक दृष्टिकोण सभी अस्तित्व की पूर्ण वास्तविकता और उत्पत्ति में विशिष्ट और मूल्यवान अंतर्दृष्टि प्रदान करता है। उनके मतभेदों के बावजूद, जीवन का प्रकाश एक पहेली बना हुआ है, जो अपनी जटिलता और गहनता से मानव मन को मोहित करता है।

यह ध्यान देने योग्य है कि जीवन के प्रकाश का विचार न केवल दार्शनिक संदर्भों में, बल्कि आध्यात्मिक और धार्मिक प्रथाओं में भी महत्वपूर्ण महत्व रखता है। दुनिया भर में कई आध्यात्मिक और धार्मिक परंपराओं में जीवन के प्रकाश का संदर्भ शामिल है, जिसे अक्सर आध्यात्मिक जागृति, ज्ञान और दिव्य के साथ मिलन की प्राप्ति के साथ जोड़ा जाता है।

जीवन का प्रकाश

हम मानव अस्तित्व के गहन महत्व और उद्देश्य की खोज करने के कार्य को एक तकनीक के रूप में मान सकते हैं। दार्शनिक, सदियों से इस धारणा का अध्ययन कर रहे हैं, और इसे विभिन्न दृष्टिकोणों, जैसे तत्वमीमांसा, ज्ञानमीमांसा, नैतिकता और अस्तित्ववाद के माध्यम से जांचा जा सकता है।

आध्यात्मिक दृष्टिकोण से देखने पर, जीवन के प्रकाश को सर्वोच्च वास्तविकता या अस्तित्व की उत्पत्ति के रूप में, ठीक वैसे ही जैसे कुछ आध्यात्मिक और धार्मिक

रीति-रिवाजों में 'सभी अस्तित्व का आधार' के रूप में देखा जा सकता है । प्लेटो और एरिस्टोटल जैसे दार्शनिकों ने वास्तविकता के एक उच्च क्षेत्र की धारणा को बरकरार रखा जो भौतिक दुनिया से परे है, जहाँ जीवन के प्रकाश को सभी सृष्टि की उत्पत्ति के रूप में माना जाता है। प्लेटो ने सुझाव दिया कि यह परम वास्तविकता, जो सभी ज्ञान और समझ का मूल है, भौतिक दुनिया से परे है और इसे अपने रूपों के सिद्धांत में 'अच्छाई का रूप' कहा। इसी तरह, एरिस्टोटल ने 'अचल गतिमान' अवधारणा पेश की, जो सभी गति और अस्तित्व का अंतिम स्रोत है।

जीवन के प्रकाश को ज्ञानमीमांसा के नजरिए से परखते हुए, हम इसे ज्ञान और समझ की उत्पत्ति के रूप में मान सकते हैं। रेने डेसकार्टेस जैसे दार्शनिकों ने माना है कि सच्चा ज्ञान जीवन के प्रकाश से प्राप्त होता है, और वे अन्य सभी प्रकार के ज्ञान को इसमें निहित करते हैं। डेसकार्टेस अपने प्रसिद्ध कथन, 'कोगिटो, एर्गो सम' (मैं सोचता हूँ, इसलिए मैं हूँ) के लिए प्रसिद्ध हैं,

जिसमें उन्होंने तर्क दिया कि हमारे पास एकमात्र निश्चितता हमारा अस्तित्व है और सोचने की क्षमता सभी ज्ञान और समझ का आधार है।

नैतिक दृष्टिकोण से देखा जाए तो जीवन के प्रकाश को नैतिक मूल्यों और सिद्धांतों की उत्पत्ति के रूप में देखा जा सकता है। इमैनुअल कांट जैसे दार्शनिकों का मानना था कि जीवन का प्रकाश नैतिक कानून की नींव है, जिससे अन्य सभी नैतिक सिद्धांत निकलते हैं। कांट ने 'श्रेणीबद्ध अनिवार्यता' को अंतिम नैतिक सिद्धांत के रूप में प्रस्तावित किया, जो यह निर्देश देता है कि हमारे कार्य हमेशा सार्वभौमिक कानूनों के अनुरूप होने चाहिए। हमें इस तरह से कार्य करना चाहिए कि हम चाहते हैं कि हर कोई उसी स्थिति में कार्य करे।

अस्तित्ववादियों का मानना है कि जीवन का प्रकाश मानव अस्तित्व में महत्व और वस्तुनिष्ठता का मूल है। फ्रेडरिक नीत्शे और जीन-पॉल सार्त्र जैसे दार्शनिकों ने प्रस्तावित किया कि मानव जीवन में कोई

अंतर्निहित अर्थ नहीं होता है, और जीवन में अपना उद्देश्य और महत्व बनाना व्यक्ति की जिम्मेदारी है। उन्होंने इस बात पर जोर दिया कि लोगों को अपने जीवन का स्वामित्व लेना चाहिए और अपने लक्ष्यों और उद्देश्यों का निर्माण करना चाहिए।

निष्कर्ष में, 'जीवन का प्रकाश' एक ऐसी अवधारणा है जो मानव अस्तित्व के विभिन्न पहलुओं को शामिल करती है, जिसमें अस्तित्व की उत्पत्ति, ज्ञान, नैतिक मूल्य और उद्देश्य शामिल हैं। यह मानव अस्तित्व में सर्वोच्च वास्तविकता या जीवन शक्ति का स्रोत है। प्रत्येक दार्शनिक का इस बारे में एक अलग दृष्टिकोण है कि जीवन का प्रकाश क्या दर्शाता है और इसे कैसे माना जाता है। हालाँकि, जीवन के प्रकाश को एक परम वास्तविकता के रूप में देखा जाता है जो सभी दृष्टिकोणों से मानव अस्तित्व को अर्थ और उद्देश्य देता है।

मृत्यु और जीवन का अर्थ:

मृत्यु मानव अनुभव का एक सार्वभौमिक और अपरिहार्य हिस्सा है, और यह सदियों से दार्शनिक जांच का विषय रहा है। इसके मूल में, मृत्यु और जीवन के अर्थ का प्रश्न जीवन के उद्देश्य को समझने और मरने के बाद क्या घटित होता है, इसके बारे में है।

जीवन के अर्थ पर धार्मिक दृष्टिकोण यह मानता है कि जीवन का एक दिव्य उद्देश्य है, और मृत्यु एक ऐसे जीवन की ओर संक्रमण का कार्य करती है, जहां हमारी आत्माएं अस्तित्व में रहेंगी।

अस्तित्ववादी दृष्टिकोण के अनुसार, जीवन का कोई सहज महत्व नहीं है, और प्रत्येक व्यक्ति की जिम्मेदारी है कि वह अपना उद्देश्य निर्धारित करे। उनका तर्क है कि मृत्यु जीवन की नश्वरता की अंतिम याद दिलाती है, और यह हम पर निर्भर है कि हम अपने पास मौजूद समय का पूरा उपयोग करें।

मानवतावादी दृष्टिकोण से, जीवन का महत्व इसलिए है क्योंकि हम दूसरों के साथ संबंध बनाते हैं और

दुनिया पर हमारा सकारात्मक प्रभाव पड़ता है। मृत्यु जीवन चक्र का एक स्वाभाविक घटक है, और जीवन का उद्देश्य हमारे द्वारा बनाए गए संबंधों और हमारे द्वारा किए गए रचनात्मक योगदान में निहित है।

जीवन और मृत्यु के अर्थ की जटिलता को कम करके नहीं आंका जा सकता, क्योंकि इसमें कई तरह के दृष्टिकोण और व्याख्याएँ शामिल हैं। चाहे यह धार्मिक मान्यताओं, व्यक्तिगत निर्णयों या मानवीय रिश्तों में निहित हो, मृत्यु के महत्व और जीवन के अर्थ की जांच मानवीय अनुभव के मूल में निहित है। यह चिंतन और विकास के लिए एक अवसर प्रस्तुत करता है।

हालाँकि मृत्यु जीवन का एक अपरिहार्य पहलू है, फिर भी यह हमारे सामने आने वाले सबसे चुनौतीपूर्ण और रहस्यमय अनुभवों में से एक है। पूरे इतिहास में, दार्शनिकों, धर्मशास्त्रियों और वैज्ञानिकों ने मृत्यु की अवधारणा पर विचार किया है और इसकी जांच की है, लेकिन हमें अभी भी इसके सार और उद्देश्य के बारे में बहुत कुछ समझना बाकी है।

जैविक दृष्टिकोण से, मृत्यु शरीर में सभी महत्वपूर्ण कार्यों की स्थायी समाप्ति को संदर्भित करती है, जो किसी व्यक्ति के भौतिक अस्तित्व के अंत और क्षय प्रक्रिया की शुरुआत को चिह्नित करती है। मनोवैज्ञानिक रूप से, मृत्यु अक्सर भय, चिंता और दुःख से जुड़ी होती है, क्योंकि यह प्रियजनों के नुकसान, किसी के अस्तित्व की समाप्ति और अज्ञात भविष्य का प्रतिनिधित्व करती है।

मृत्यु का सबसे गहरा पहलू इसकी अंतिमता है। एक बार जब कोई व्यक्ति मर जाता है तो उसके लिए पीछे मुड़ना संभव नहीं होता। इस अहसास को स्वीकार करना बेहद मुश्किल हो सकता है क्योंकि यह हमें अपनी नश्वरता और जीवन की नाजुकता का सामना करने के लिए मजबूर करता है। यह हमें याद दिलाता है कि हर दिन कीमती है और हमें अपने पास मौजूद समय का पूरा-पूरा इस्तेमाल करना चाहिए।

मृत्यु मानव अस्तित्व के सार और महत्व के बारे में गहन अस्तित्वगत प्रश्न उठाती है। बहुत से लोग इस

विश्वास में सांत्वना पाते हैं कि एक ऐसा जीवन है जहाँ आत्मा किसी न किसी रूप में मौजूद रहती है। अन्य सभी इसका अर्थ इसलिए ढूढ़ते है क्योंकि मृत्यु जीवन चक्र का एक स्वाभाविक हिस्सा है और हमारा भौतिक शरीर भविष्य की पीढ़ियों को पोषण देने के लिए पृथ्वी पर वापस आएगा।

मृत्यु से जुड़े कई सवाल और रहस्य चाहे जो भी हों, यह जीवन का एक ऐसा तथ्य है जिसका सामना हमें किसी न किसी मोड़ पर करना ही पड़ता है। यह याद रखना महत्वपूर्ण है कि मृत्यु ऐसी चीज़ नहीं है जिससे डरना चाहिए, बल्कि यह हमारे जीवन के अर्थ और उद्देश्य पर विचार करने का एक अवसर है। यह हमें याद दिलाता है कि हमारे पास जो समय है उसका सदुपयोग करें और हर दिन का भरपूर आनंद लें।

मौत की परछाई

मृत्यु की परछाई एक शक्तिशाली और भयावह अवधारणा है, लेकिन वास्तव में यह क्या है? क्या यह एक भौतिक अस्तित्व है, भय और चिंता की

अभिव्यक्ति है, या कुछ और है? मृत्यु की परछाई को समझने के लिए, हमें पहले इसे मनोवैज्ञानिक रूप से जांचना होगा।

मूल रूप से, मृत्यु की छाया मृत्यु के प्रति मानवीय भय की अभिव्यक्ति है। यह भय सार्वभौमिक है और हमारी प्राकृतिक उत्तरजीविता प्रवृत्ति के कारण हमारे मानस में गहराई से समाया हुआ है। मृत्यु ने पूरे इतिहास में मनुष्यों को परेशान किया है, और इस भय ने धार्मिक विश्वासों से लेकर सांस्कृतिक मिथकों और किंवदंतियों तक कई रूप धारण किए हैं।

'मृत्यु की परछाई' भय की मूर्त अभिव्यक्ति है, जो मृत्यु की अज्ञात और अप्रत्याशित प्रकृति का प्रतीक है। यह उन लोगों के लिए विशेष रूप से भयावह हो सकता है जिन्हें मृत्यु का गहरा भय है, क्योंकि यह आसन्न खतरे और पीछा करने की भावना पैदा करता है।

मृत्यु की परछाई शक्तिहीनता और भय का प्रतीक है। जब लोग जीवन की घटनाओं के सामने असहाय

महसूस करते हैं, तो वे अपने भय का एक बाहरी प्रतीक बना सकते हैं, जैसे कि मृत्यु की परछाई। इससे उन्हें शक्ति मिलती है क्योंकि वे अपने डर को परछाई की ओर मोड़ सकते हैं और खुद को बचाने के लिए कार्रवाई कर सकते हैं।

मृत्यु की परछाई को हमारी नश्वरता के रूपक के रूप में भी समझा जा सकता है। जैसे-जैसे हम बड़े होते हैं और अपनी मृत्यु की वास्तविकता का सामना करते हैं, हमें डर, चिंता और अवसाद का अनुभव हो सकता है। इन भावनाओं से निपटने के तरीके के रूप में, मृत्यु की परछाई बनाई जा सकती है।

मृत्यु की छाया की अवधारणा जटिल और बहुआयामी है, और इसे मनोवैज्ञानिक दृष्टिकोण से समझा जा सकता है। यह मृत्यु के प्रति हमारे सार्वभौमिक भय का प्रतिनिधित्व करता है, साथ ही शक्तिहीनता और नश्वरता का प्रतीक भी है। इस तरह से मृत्यु की छाया को समझकर और उनसे निपटकर हम अपने डर और भावनाओं की गहरी समझ हासिल कर सकते हैं।

धर्म, जीवन का प्रकाश और मृत्यु की छाया:

धर्म लंबे समय से जीवन और मृत्यु का सामना कर रहे लोगों के लिए सांत्वना और मार्गदर्शन का स्रोत रहा है। विभिन्न धार्मिक परंपराएँ 'जीवन का प्रकाश' और 'मृत्यु की परछाई' के रूप में आशा की एक झलक प्रदान करके अस्तित्व की जटिलताओं को समझने के लिए एक रूपरेखा प्रदान करती हैं।

'जीवन का प्रकाश' की अवधारणा विभिन्न धार्मिक परंपराओं में महत्वपूर्ण अर्थ रखती है, जो आशा और अनंत जीवन के वादे का प्रतीक है। ईसाई धर्म जीवन के प्रकाश को स्वर्ग और मृत्यु के बाद आत्मा की अमरता के विचार से जोड़ता है। हिंदू धर्म में, इसे पुनर्जन्म की अवधारणा से जोड़ा जाता है, जो इस विश्वास को दर्शाता है कि मृत्यु के बाद आत्मा एक नए देह (शरीर) में पुनर्जन्म लेती है।

इसके विपरीत, मृत्यु की परछाई अक्सर भय और अज्ञात से जुड़ी होती है। कई धार्मिक परंपराएँ मृत्यु की परछाई को एक अंधकारमय और अशुभ उपस्थिति

के रूप में दर्शाती हैं, जो अज्ञात और आसन्न मृत्यु के भय का प्रतिनिधित्व करती है।

धर्म, हमें मोक्ष और अनंत जीवन के वादे के माध्यम से मृत्यु के भय पर काबू पाने का एक तरीका प्रदान करता है। उदाहरण के लिए, हिंदू धर्म के अनुसार योग और ध्यान, आध्यात्मिक ज्ञान, जन्म और मृत्यु के चक्र से मुक्ति की ओर ले जा सकते हैं।

धर्म, जीवन और मृत्यु की पेचीदगियों को समझने के

लिए एक मजबूत ढांचा प्रदान करता है, जो नश्वरता के सामने सांत्वना और आश्वासन प्रदान करता है। धार्मिक मान्यताएँ और प्रथाओं के माध्यम से, लोग शाश्वत जीवन के आश्वासन और जीवन के प्रकाश के प्रतीक वाद में आराम पा सकते हैं, जिससे उन्हें साहस और आशा के साथ मृत्यु की छाया का सामना करने की अनुमति मिलती है।

अंत में, 'जीवन का प्रकाश' और 'मृत्यु की परछाई' कई धार्मिक परंपराओं का केंद्र हैं, जो अस्तित्व की जटिलताओं को समझने और उनसे निपटने का एक

तरीका प्रदान करते हैं। लोग धार्मिक मान्यताएँ और प्रथाओं के माध्यम से अपने जीवन में अर्थ और उद्देश्य पा सकते हैं और मृत्यु के सामने आशा पा सकते हैं।

कला: जीवन का प्रकाश और मृत्यु की परछाई

कलाकार लंबे समय से जीवन और मृत्यु की जटिलताओं को व्यक्त करने के लिए कला का उपयोग करते आ रहे हैं, जिसमें जीवन का प्रकाश और मृत्यु की परछाई भी शामिल है। कलाकारों ने कलात्मक अभिव्यक्ति के विभिन्न रूपों के माध्यम से इन विरोधी शक्तियों के सार को पकड़ने का प्रयास किया है, जो मानव अनुभव पर एक अद्वितीय और शक्तिशाली परिप्रेक्ष्य प्रदान करता है।

जीवन के प्रकाश को अक्सर कला में आशा, नवीनीकरण और मानवीय विजय के प्रतीक के रूप में दर्शाया जाता है। चित्रों में, जीवन के प्रकाश को चमकते सूरज, एक चमकदार तारे या एक चमकती हुई लौ के रूप में दर्शाया जा सकता है। ये चित्र

जीवन और जीवन शक्ति के विचार को व्यक्त करके एक उज्ज्वल भविष्य की आशा और वादे का प्रतिनिधित्व करते हैं।

मृत्यु की परछाई को अक्सर भय, अंधकार और अज्ञात के प्रतीक के रूप में दर्शाया जाता है। मृत्यु की परछाई को चित्रों और मूर्तियों में एक अंधेरे और अशुभ आकृति के रूप में दर्शाया जा सकता है, जो रहस्य में लिपटी हुई है और अज्ञात के भय का प्रतिनिधित्व करती है। ये चित्रण मृत्यु की अवधारणा और उससे जुड़े भय के साथ-साथ आगे बढ़ने के लिए इन भय का सामना करने की आवश्यकता को भी व्यक्त करते हैं।

कला 'जीवन के प्रकाश' और 'मृत्यु की छाया' के बीच के संबंधों की भी जांच कर सकती है। उदाहरण के लिए, कुछ कलाकार प्रकाश और परछाई का उपयोग करके ऐसी कृतियाँ बनाते हैं जो जीवन और मृत्यु के परस्पर संबंधों के साथ-साथ उसके साथ जुड़ी भावनाओं का भी पता लगाती हैं। कलाकार अपनी कलाकृतियों का उपयोग मानवीय अनुभव की जटिल

प्रकृति को पकड़ने और जीवन और मृत्यु के महत्व पर एक अलग दृष्टिकोण प्रदान करने के लिए करते हैं।

अंत में, कला का उपयोग लंबे समय से 'जीवन और मृत्यु' की जटिलताओं का पता लगाने के लिए किया जाता रहा है, जिसमें जीवन का प्रकाश और मृत्यु की परछाई शामिल है। कलाकारों ने कलात्मक अभिव्यक्ति के विभिन्न रूपों के माध्यम से इन विरोधी शक्तियों के सार को पकड़ने का प्रयास किया है, जो मानव अनुभव पर एक अद्वितीय और शक्तिशाली परिप्रेक्ष्य प्रदान करता है। यह जांच करके कि कलाकारों ने अपने कार्यों में जीवन और मृत्यु के विषयों का पता कैसे लगाया है, हम मानवीय स्थिति और हमारे अस्तित्व के अर्थ की गहरी समझ प्राप्त कर सकते हैं।

पौराणिक कथाएँ और धर्मग्रंथ: जीवन का प्रकाश और मृत्यु की परछाई।

मिथकों और लिपियों का इस्तेमाल, जीवन और मृत्यु की जटिलताओं को व्यक्त करने के लिए लंबे समय से किया जाता रहा है, जैसे कि जीवन का प्रकाश और मृत्यु की परछाई। उन्होंने अस्तित्व के रहस्यों को समझाया है और संस्कृतियों और सभ्यताओं में मानवीय अनुभव को समझने के लिए एक रूपरेखा प्रदान की है।

मिथक और किंवदंतियाँ अक्सर जीवन के प्रकाश को सृजन की शक्तियों और ब्रह्मांड की उत्पत्ति से जोड़ती हैं। उदाहरण के लिए, ग्रीक पौराणिक कथाओं में जीवन के प्रकाश को सूर्य देवता हेलिओस से जोड़ा गया है, जो अपने प्रकाश और गर्मी के माध्यम से दुनिया में ऊर्जा और जीवन शक्ति लाते हैं। इसी तरह, हिंदू धर्म में, जीवन के प्रकाश को ब्रह्म द्वारा मूर्त रूप दिया गया है।

इसके विपरीत, मृत्यु की परछाई को अक्सर विनाशकारी और अराजक शक्ति के रूप में दर्शाया जाता है। कई लिपियों और मिथकों में, मृत्यु को एक खतरनाक और भयावह व्यक्ति के रूप में दर्शाया गया

है जो अज्ञात के भय और अस्पष्टता का प्रतीक है। उदाहरण के लिए, ग्रीक में, देवता हेड्स, जो अंडरवर्ल्ड को नियंत्रित करता है और सभी जीवित चीजों के लिए मौत लाता है, मृत्यु की छाया का प्रतिनिधित्व करता है। हिंदू में, मृत्यु के देवता यम मृत्यु की परछाई के अवतार का एक उदाहरण है।

मिथक, जीवन के प्रकाश और मृत्यु की परछाई के बीच के संबंध के साथ-साथ उनसे जुड़े भावनात्मक और अनुभवात्मक पहलुओं का भी पता लगाते हैं। मिथकों की कहानियों और किंवदंतियों में गहराई से उतरकर, व्यक्ति अस्तित्व की पहेलियों को समझ सकता है और जीवन और मृत्यु में महत्व और दिशा की खोज कर सकता है।

अंत में, मिथकों और लिपियों का उपयोग जीवन और मृत्यु की जटिलताओं को व्यक्त करने के लिए लंबे समय से किया जाता रहा है, जिसमें जीवन का प्रकाश और मृत्यु की परछाई शामिल है। मानवीय अनुभव और जीवन और मृत्यु के महत्व की गहरी समझ इस

बात की जांच करके प्राप्त की जा सकती है कि लिपियों और मिथकों ने इन विषयों पर कैसे गहराई से विचार किया है। हम मिथकों के माध्यम से अज्ञात के सामने आराम और मार्गदर्शन पा सकते हैं और मृत्यु की परछाई के बीच आशा और उद्देश्य की भावना प्राप्त कर सकते हैं।

पाश्चात्य दर्शन: जीवन का प्रकाश और मृत्यु की परछाई

प्राचीन यूनानी दर्शन से लेकर आधुनिक अस्तित्ववादी विचार तक फैली पश्चिमी दार्शनिक परंपरा ने जीवन के प्रकाश और मृत्यु की परछाई की अवधारणाओं में गहराई से खोज की है। कई शताब्दियों से, पश्चिमी दार्शनिक जीवन के महत्व, मृत्यु की प्रकृति और जीवन में अर्थ और उद्देश्य की खोज के तरीकों के बारे में गहन बहस में लगे हुए हैं।

प्राचीन यूनानी दर्शन में, जीवन के प्रकाश को सत्य, न्याय और सौंदर्य के आदर्शों में व्यक्त किया गया

था, जो प्लेटो और एरिस्टोटल जैसे दार्शनिकों के मौलिक कार्यों में सन्निहित थे। इन विचारकों के अनुसार, जीवन, ज्ञान और बुद्धि प्राप्त करने और उच्चतम आदर्शों के तहत जीने का अवसर था।

प्राचीन यूनानी दार्शनिकों ने मृत्यु की परछाई को जीवन की क्षणभंगुरता और अप्रत्याशितता को स्वीकार करने और पल को जब्त करने के लिए एक संकेत के रूप में देखा। मृत्यु के चिंतन के माध्यम से, इन विचारकों ने जीवन के मूल्य और हमारे उच्चतम मूल्यों के तहत जीने के महत्व की गहरी समझ विकसित की।

आधुनिक पश्चिमी दर्शन में अस्तित्ववादी विचार अक्सर जीवन के प्रकाश और मृत्यु की छाया की अवधारणाओं की खोज करता है। जीन-पॉल सार्त्र, फ्रेडरिक नीत्शे और मार्टिन हाइडेगर जैसे दार्शनिक, मृत्यु में अस्तित्व के अर्थ और उद्देश्य पर विचार करके और चुनाव करके अपने जीवन की जिम्मेदारी लेने के महत्व पर जोर देते हैं।

इन दार्शनिकों के लेखन का अन्वेषण करके, हम जीवन के प्रकाश और मृत्यु की छाया के बारे में अपनी समझ को गहरा कर सकते हैं और अज्ञात के चेहरे में सांत्वना और आशावाद की खोज कर सकते हैं। हम जीवन की अनिश्चितता और क्षणभंगुरता को स्वीकार करके, उद्‌देश्यपूर्ण निर्णय लेकर और मृत्यु की परछाई में अपने जीवन की जिम्मेदारी लेकर जीवन में महत्व और दिशा खोज सकते हैं।

पूर्वी दर्शन: जीवन का प्रकाश और मृत्यु की परछाई

बौद्‌ध धर्म की शिक्षाओं और ताओवाद के ज्ञान सहित पूर्वी दर्शन में जीवन के प्रकाश और मृत्यु की परछाई की अवधारणाओं की खोज करने की एक समृद्‌ध परंपरा है। यह जीवन के महत्व और उद्‌देश्यों के साथ-साथ मृत्यु और उसके बाद के जीवन के सार पर एक विशिष्ट दृष्टिकोण प्रस्तुत करता है।

बौद्‌ध धर्म जीवन के प्रकाश को ज्ञान प्राप्ति का मार्ग मानता है, जो दुखों के अंत और, शांति और खुशी की प्राप्ति की ओर ले जाता है। इस लक्ष्य को प्राप्त

करने के लिए, बौद्ध धर्म ध्यान, करुणा और ज्ञान के महत्व पर जोर देता है और एक पूर्ण और सार्थक जीवन जीने के लिए एक व्यावहारिक संरचना प्रदान करता है।

बौद्ध धर्म की शिक्षाएँ मृत्यु की परछाई को जीवन की नश्वरता और अनिश्चितता की याद दिलाती हैं। वे लोगों को मृत्यु को जन्म और पुनर्जन्म के चक्र का एक स्वाभाविक हिस्सा मानने और ज्ञानोदय के मार्ग के रूप में मृत्यु की अनिवार्यता को स्वीकार करने में मदद करती हैं।

ताओवाद में, ताओ की अवधारणा, जिसका सामान्य रूप से 'मार्ग' या 'पथ' के रूप में अनुवाद किया जाता है, जीवन के प्रकाश का प्रतिनिधित्व करती है। हम ताओ को मौलिक वास्तविकता और सभी जीवन और ऊर्जा का मूल मानते हैं। ताओ का पालन करके, व्यक्ति अपने जीवन में संतुलन, सद्भाव और शांति प्राप्त कर सकते हैं।

ताओवादी दर्शन में, वे मृत्यु की परछाई को जीवन की नश्वरता की याद दिलाने वाला मानते हैं। यह लोगों को हर दिन उद्देश्य और अर्थ के साथ जीने के लिए प्रोत्साहित करता है। 'मृत्यु की अपरिहार्यता को स्वीकार करने से व्यक्ति दुनिया की सुंदरता और जीवन के उपहारों की गहरी सराहना कर सकता है।'

हिंदू धर्म जीवन के प्रकाश को सत्व की ज्ञानवर्धक शक्ति के रूप में देखता है, जो आध्यात्मिक जागृति और स्वयं तथा ब्रह्मांड की गहन समझ को सुगम बनाता है। इसके विपरीत, मृत्यु की परछाई तमस के विनाशकारी प्रभाव का प्रतिनिधित्व करती है, जो आध्यात्मिक अज्ञानता और स्वयं तथा दुनिया से अलगाव की भावना को जन्म देती है। हिंदू धर्म इस बात पर जोर देता है कि जीवन का उद्देश्य आध्यात्मिक ज्ञान प्राप्त करना और जीवन के प्रकाश को अपनाकर मृत्यु की परछाई को पार करना है। योग, ध्यान और निस्वार्थ सेवा जैसी कई आध्यात्मिक प्रथाएँ हमें इस लक्ष्य को प्राप्त करने में सहायता करती हैं।

पूर्वी फ़िलसुफ़ी, एक संपूर्ण और सार्थक जीवन जीने के लिए एक व्यावहारिक रूपरेखा प्रदान करती है, साथ ही लोगों को मृत्यु की परछाई को स्वीकार करने और जीवन के प्रकाश का स्वागत करने में सहायता करती है।

प्राचीन दार्शनिक परंपरा ने हमें जीवन के प्रकाश और मृत्यु की छाया जैसे विषयों का पता लगाने के लिए संसाधनों का खजाना दिया है। प्राचीन ग्रंथों और आधुनिक अस्तित्ववादी दार्शनिकों दोनों के कार्यों को पढ़ने से हमें जीवन के महत्व और दिशा की गहन समझ प्राप्त करने में मदद मिल सकती है, और मृत्यु के सामने आश्वासन और आशावाद मिल सकता है। पहले की फ़िलसुफ़ी, एक संतोषजनक और उद्देश्यपूर्ण जीवन जीने के लिए एक व्यावहारिक संरचना प्रदान करती है, साथ ही व्यक्तियों को जीवन के प्रकाश को अपनाने और मृत्यु की छाया को स्वीकार करने में सहायता करता है।

जीवन, मृत्यु और मृत्यु के बाद का जीवन

जीवन, मृत्यु और मृत्यु के बाद का जीवन कई संस्कृतियों और विश्वास प्रणालियों के लिए केंद्रीय हैं, और वे सदियों से दार्शनिक जांच और बहस का विषय रहे हैं। पूरे इतिहास में, लोगों ने जीवन और मृत्यु के अर्थ को समझने के साथ-साथ मृत्यु के बाद आत्मा की नियति को समझने के लिए संघर्ष किया है।

विभिन्न संस्कृतियों और विश्वास प्रणालियों में जीवन, मृत्यु और मृत्यु के बाद के जीवन के बारे में अलग-अलग मान्यताएँ और समझ है। उदाहरण के लिए, कुछ धर्म मृत्यु के किसी न किसी रूप में जीवन की निरंतरता में विश्वास करते हैं, जैसे मृत्यु के बाद का जीवन, स्वर्ग या पुनर्जन्म। वहीं, अन्य धर्मों का मानना है कि मृत्यु चेतन अस्तित्व के अंत का प्रतिनिधित्व करती है, जिसके बाद कोई मृत्यु के बाद का जीवन या निरंतरता नहीं होती।

मृत्यु के बाद के जीवन को अक्सर आत्मा और मृत्यु के बाद उसके भाग्य के बारे में मान्यताओं से जोड़ा जाता है। कुछ धार्मिक परंपराओं के अनुसार, आत्मा अमर है और मृत्यु के बाद भी जीवित रहती है, या

तो पुरस्कार या दंड की स्थिति में या पुनर्जन्म के चक्र में। दूसरों का मानना है कि आत्मा मर जाती है और मृत्यु, चेतन अस्तित्व के अंत का प्रतीक है।

मृत्यु के बाद के जीवन के बारे में किसी व्यक्ति की धारणा चाहे जो भी हो, मृत्यु मानव अस्तित्व का एक अनिवार्य पहलू है। यह जीवन का एक अपरिहार्य और स्वाभाविक हिस्सा है जो हमें अपने जीवन के महत्व और दुनिया में हमारे योगदान पर विचार करने में सक्षम बनाता है। मृत्यु और मृत्यु के बाद के जीवन पर विचार करके, हम दुनिया में अपनी स्थिति और हमारे द्वारा किए जाने वाले प्रभाव के बारे में बेहतर दृष्टिकोण प्राप्त कर सकते हैं।

एक व्यक्तिगत यात्रा: मृत्यु के प्रकाश और परछाई के माध्यम से

जीवन का प्रकाश और मृत्यु की परछाई सर्वव्यापी घटनाएँ हैं जिनका सामना हमें अपने जीवन में किसी न किसी मोड़ पर करना ही पड़ता है। यह शक्तिशाली प्रभाव हैं जो दुनिया के प्रति हमारे दृष्टिकोण को

आकार दे सकता हैं और हमारे व्यक्तिगत जीवन पर गहरा प्रभाव डाल सकता हैं। कई व्यक्तियों के लिए, अस्तित्व का आनंद और भव्यता, स्नेह और आत्मीयता के उदाहरण, और उन्नति और आत्म-साक्षात्कार की अनुभूति जीवन के प्रकाश का प्रतिनिधित्व करती है। यह ऐसे क्षण हैं जो हमें आशा से भर देते हैं और हमें दुनिया को अधिक आशावादी नज़रिए से देखने के लिए प्रेरित करते हैं।

मृत्यु जीवन का एक अभिन्न अंग है और अक्सर आशंका और संदेह का कारण बन सकती है। चाहे वह किसी प्रियजन की मृत्यु हो या हमारी नश्वरता की चिंता, मृत्यु हमारे जीवन पर हावी हो सकती है, जिससे हमें भ्रम और झिझक का एहसास होता है।

जीवन का प्रकाश और मृत्यु की परछाई की खोज हमें अस्तित्व की जटिलताओं को समझने और इसकी बाधाओं और अनिश्चितताओं का सामना करने में सहायता कर सकती है। आत्मनिरीक्षण, आध्यात्मिक अभ्यास या सार्थक संबंधों के माध्यम से, हम जीवन

में महत्व और दिशा प्राप्त कर सकते हैं और मृत्यु की छाया से निपट सकते हैं।

हमारे जीवन के सारे पथ अनिवार्य रूप से जीवन के प्रकाश और मृत्यु की परछाई से टकराते हैं, जो मानव अनुभव के दो अभिन्न पहलू हैं। जीवन के प्रकाश का स्वागत करके और मृत्यु की परछाई को स्वीकार करके, हम महत्व और व्यक्तिगत विकास की खोज कर सकते हैं। हालाँकि यह एक व्यक्तिगत यात्रा है जिसे हममें से प्रत्येक को अपने अलग तरीके से करनी चाहिए, इस यात्रा के दौरान हमें जो ज्ञान और अनुभव प्राप्त होता हैं, वो सभी को प्रेरित और प्रोत्साहित कर सकता हैं।

एक आकर्षक परिचय जो 'जीवन का प्रकाश' और 'मृत्यु की छाया' के महत्व पर चर्चा करता है, यह पुस्तक - मृत्यु के लिए प्रभावी ढंग से स्वर निर्धारित कर सकता है, इसके प्रमुख विषयों और विचारों को समेट सकता है। जीवन और मृत्यु के अर्थ की खोज के साथ-साथ, पुस्तक मृत्यु और व्यक्तियों, समाज

और संस्कृति पर इसके प्रभाव के विभिन्न दृष्टिकोणों पर गहराई से विचार कर सकती है। परिचय में विषय पर पृष्ठभूमि भी प्रदान करनी चाहिए और इस बात पर जोर देना चाहिए कि जीवन के प्रकाश और मृत्यु की परछाई के बीच परस्पर क्रिया को समझना क्यों महत्वपूर्ण है।

प्रस्तावना

कुछ भी कभी सचमुच नहीं मरता

"वास्तव में कोई भी चीज़ कभी नहीं मरती; यह बस अगले रूप में पुनः अस्तित्व में आये इससे पहले, अगले रूप में अस्तित्व में नहीं रहेती।"

मृत्यु के बारे में चिंतन दार्शनिक मुद्‌दों को उठाता है। सबसे गहन मुद्‌दों में से एक मृत्यु की प्रकृति है। कई लोगों के पास मृत्यु के बारे में अलग-अलग दृष्टिकोण हैं। कुछ लोग, उदाहरण के लिए, मृत्यु को देह (शरीर) से आत्मा के प्रस्थान के रूप में परिभाषित करते हैं। हालाँकि, यह परिभाषा उन लोगों को स्वीकार्य नहीं हो

सकती है जो मानते हैं कि आत्माएँ नहीं होती हैं। यह उन लोगों के लिए भी समझ से परे है जो मानते हैं कि पौधों और छोटे जानवरों में आत्माएँ नहीं होती हैं, लेकिन फिर भी वे मर सकते हैं।

दूसरों ने मृत्यु को केवल जीवन के अंत के रूप में परिभाषित किया है। मृत्यु को रहस्यमय के रूप में परिभाषित किया गया है, लेकिन यह स्पष्ट नहीं है कि इसका क्या अर्थ है। इसे समझने के हमारे प्रयासों के बावजूद, मृत्यु की अवधारणा शायद हमेशा रहस्य में लिपटी रहेगी।

कुछ लोगों का मानना है कि 'हम नहीं जानते कि मृत्यु कैसी होगी' यह तथ्य इसकी रहस्यपूर्णता और आतंक को और बढ़ा देता है। वे आम तौर पर मृत्यु को एक भयानक बुराई मानते हैं, खासकर जब यह समय से पहले हो जाती है। हालांकि, कुछ लोग तर्क देते हैं कि मृत्यु मरने वाले व्यक्तियों को नुकसान नहीं पहुंचा सकती क्योंकि जब लोग मरते हैं, तो उनका अस्तित्व

समाप्त हो जाता है, और जब वे मौजूद नहीं होते हैं तो यह लोगों को नुकसान नहीं पहुंचा सकती। दूसरों ने तर्क दिया है कि मृत्यु की दुष्टता इस तथ्य से उपजी है कि यह हमें उन लाभों से वंचित करती है जो हमें जीवित रहने पर प्राप्त होते। इस दृष्टिकोण के अनुसार, मृत्यु किसी व्यक्ति के लिए एक भयानक बुराई हो सकती है, भले ही मृत्यु के समय उनका अस्तित्व समाप्त हो जाए।

हम सभी एक दिन मरेंगे; यह जीवन का एक अपरिहार्य तथ्य है। हालाँकि हम सभी इस सत्य से अवगत हैं, लेकिन मृत्यु का भय सभी मानव जीवन में व्याप्त है। मनुष्य मृत्यु से भयभीत है, इसलिए वह इससे बचने के तरीके खोजता है और अनिश्चित काल तक जीना चाहता है। इस वजह से, बहुत अधिक दुःख, पीड़ा, चिंता और वेदना होती है, और वे आमतौर पर उन आत्माओं के भाग्य के बारे में चिंतित होते हैं जो मर चुकी हैं।

कई महान सम्राट, नेता, धनी लोग, महान स्वामी, इत्यादि आए और चले गए। हर किसी के मन में यह सवाल बना रहता है: वे क्या बन गए? क्या वे अभी भी जीवित हैं? कब्र की दूसरी तरफ हमारे लिए क्या है? क्या यह सही है कि वे पाँच तत्वों (पंचभूतों) में बदल गए? किसी को क्यों मरना चाहिए? क्या पुनर्जन्म जैसी कोई चीज़ होती है? ऐसे विचार रोज़ाना लाखों लोगों के मन में आते हैं, और यही सोच के सवाल हज़ारों साल पहले उठे थे, और यह भविष्य में भी जारी रहेगा।

व्यक्ति मृत्यु को सहन कर सकता है या नहीं, यह बात दार्शनिकों के लिए लंबे समय से चिंता का विषय रही है, तथा इसकी व्याख्या व्यक्ति की इस समझ पर निर्भर करती है कि वह व्यक्ति किस प्रकार का है तथा 'जीवित' रहने से हमारा क्या तात्पर्य है।

द्वैतवादियों का मानना है कि प्रत्येक व्यक्ति के पास शरीर और आत्मा दोनों होते हैं। उनका तर्क है कि मृत्यु के समय आत्मा शरीर से अलग हो जाती है, जिससे

भौतिक शरीर के नष्ट हो जाने के बाद भी उसे कई तरह के अनुभव होते रहते हैं।

कुछ उत्तरजीवितावादियों का मानना है कि शारीरिक मृत्यु के बाद आत्मा का अनंत जीवन पृथ्वी पर जीवन से बेहतर हो सकता है। हालांकि, कुछ लोगों का मानना है कि अनंत जीवन बेहद अप्रिय होगा। अगर हम खुद को अनिश्चित काल के लिए एक निश्चित उम्र में बंद करने की कल्पना करते हैं, तो हमें यह डर स्वाभाविक रूप से होगा कि अनंत जीवन अंततः उबाऊ हो जाएगा। दूसरी ओर, अगर हम खुद को अलग-अलग 'जीवन' की एक अंतहीन श्रृंखला में जीते हुए कल्पना करते हैं, जिनमें से प्रत्येक दूसरे से अलग है, तो यह बहस का विषय है कि क्या 'एक व्यक्ति' वास्तव में हमेशा के लिए जीवित रहेगा।

पंचाग्नि विध्या के नाम से जाना जाने वाला पुनर्जन्म का विज्ञान, दिवंगत आत्माओं के विज्ञान से निकटता से जुड़ा हुआ है, जिसे परलोक विध्या कहा जाता है। छांदोग्य उपनिषद इस विषय पर विस्तार से बताता है

और पुनर्जन्म, देहांतरण, आत्मा का पुनर्जन्म और अध्यात्मवाद की अवधारणाओं सहित कई रहस्यों को उजागर करता है।

महान गुरुओं ने हमें सिखाया है कि मृत्यु की अवधारणा को समझकर हमें अपना जीवन कैसे जीना चाहिए। उन्होंने दावा किया कि हमें मृत्यु को समझना चाहिए, इसमें क्या शामिल है और इस प्रक्रिया के बाद क्या होता है। वे सुझाव देते हैं कि सार्थक जीवन जीने के लिए मृत्यु की स्पष्ट समझ आवश्यक है – 'अपना जीवन कैसे जिया जाए।'

महान गुरुओं का दर्शन कहता है, 'तुम मर नहीं सकते क्योंकि तुम कभी पैदा ही नहीं हुए।' मनुष्य पाँच तत्वों का एक संयोजन है, और उसका लगाव उसके भौतिक शरीर से है। जन्म और मृत्यु केवल विश्वास हैं, और महान गुरुओं का दावा है कि 'तुम अजेय हो।' सार्थक जीवन जीने के लिए इस दर्शन को समझना महत्वपूर्ण है।

"कोई भी व्यक्ति जो मर चुका है, अपनी कहानी बताने के लिए वापस नहीं आता, क्योंकि जो लोग कहानी सुनाते हैं, वे स्वयं मृत्यु के आवरण में समा जाते हैं।"

प्रबुद्ध आत्माएँ मर चुकी हैं और अपने साथियों के प्रति शुद्ध करुणा और प्रेम के कारण अपने अनुभव साझा करने के लिए वापस लौटी हैं। हमें बस उनके मधुर गीतों को सुनना है।

अध्याय ८ के श्लोक १५ में श्री कृष्ण इस विचार को विस्तार से बताते हैं कि जो लोग भक्ति के साथ उनके पास आते हैं और आध्यात्मिक पूर्णता के उच्चतम स्तर को प्राप्त करते हैं, वे जन्म और मृत्यु के सतत चक्र से मुक्त हो जाएंगे, जो दुख से भरा है और भौतिक जगत में सब कुछ क्षणभंगुर है। श्लोक का अनुवाद है, 'मुझे प्राप्त करने के बाद, वे पुनर्जन्म नहीं लेते हैं, जो दर्द का स्थान है और जो अस्थायी है।'

मामुपेत्य पुनर्जन्म दु:खालयमशाश्वतम्।
नाप्नुवन्ति महात्मान: संसिद्धिं परमां गता:||15||

अर्थ: "मुझे प्राप्त कर महान आत्माएँ फिर कभी इस संसार में पुनः जन्म नहीं लेतीं जो अनित्यऔर दुखों से भरा है क्योंकि वे पूर्ण सिद्धि प्राप्त कर चुकी होती हैं।"

जीवन एक ऐसा सफ़र है जिसमें दर्द, चिंता और पीड़ा भरी होती है, जो जन्म से शुरू होकर मृत्यु पर खत्म होती है। गर्भ में रहने के समय से ही हम बेचैनी का अनुभव करते हैं, क्योंकि हम नौ महीने तक उल्टे रहते हैं। जन्म के बाद, हम एक अपरिचित दुनिया में धकेल दिए जाते हैं जहाँ हमें अपनी ज़रूरतों को बताने के लिए रोना पड़ता है। जैसे-जैसे हम बड़े होते हैं, हमें बोलना, खाना और चलना जैसे ज़रूरी कौशल सीखने पड़ते हैं, उसके बाद किशोरावस्था का मानसिक रूप से थका देने वाला दौर आता है। विवाह और रिश्ते हमारे मतभेदों को सहन करने और स्वीकार करने की क्षमता का परीक्षण करते हैं, और हम सामाजिक ज़िम्मेदारियाँ लेते हैं जो हमारे जीवन भर चलती हैं। बुढ़ापे में, हम अकेलेपन, बीमारी और रोग का अनुभव कर सकते हैं। चिंता, दर्द और पीड़ा हमारे

शरीर, दिमाग, प्रियजनों और परिस्थितियों के कारण लगातार साथी हैं। अंत में, मृत्यु आती है, एक और बहुत ही दर्दनाक अनुभव।

किसी को इतना कष्ट और पीड़ा क्यों सहनी पड़ती है?

इस भव्य रचना में दुख और व्यथा का उद्देश्य व्यक्तियों को यह एहसास कराना है कि भौतिक क्षेत्र आत्मा का शाश्वत घर नहीं है, बल्कि एक ऐसा स्थान है जहाँ लोग माया और भौतिकवाद के गुलाम हैं। यह व्यक्तियों को सत्य को पहचानने में मदद करता है।

इस परिदृश्य पर विचार करें: जब कोई बच्चा मोमबत्ती की लौ को छूता है, तो तत्काल सहज प्रवृत्ति लौ से हाथ हटाने की होती है। लेकिन इस स्थिति में क्या होता है? जब त्वचा के रिसेप्टर्स लौ के संपर्क में आते हैं, तो वे संवेदी न्यूरॉन्स के माध्यम से रीढ़ की हड्डी तक विद्युत तंत्रिका आवेगों को संचारित करते हैं, जो प्रतिक्रिया को संसाधित करता है और वापस भेजता है, जिससे हाथ पीछे हट जाता है। हम

उत्तेजनाओं के प्रति इस तात्कालिक और अनैच्छिक प्रतिक्रिया को एक प्रतिवर्ती क्रिया के रूप में जानते हैं, जो जीवों को खतरनाक स्थितियों के लिए तेज़ी से अनुकूल होने में मदद करती है, जो शारीरिक नुकसान या यहाँ तक कि मृत्यु का कारण बन सकती हैं। दर्द एक संकेत के रूप में कार्य करता है कि कुछ सही नहीं है और तत्काल ध्यान और सुधार की आवश्यकता है।

इसी तरह, हम भौतिक दुनिया में हमारे द्वारा सामना किए जाने वाले दुःख और पीड़ा को एक उत्प्रेरक के रूप में देख सकते हैं जो हमें आत्मज्ञान के मार्ग की ओर प्रेरित करता है। ये संघर्ष एक प्रेरक शक्ति के रूप में कार्य करते हैं, जो उन लोगों को प्रेरित करते हैं जो सर्वोच्च सत्य के ज्ञान को प्राप्त करने के अपने अंतिम लक्ष्य के लिए प्रयास करते हैं।

जो व्यक्ति आत्मा के शाश्वत सत्य का ज्ञान प्राप्त कर लेता है, वह जन्म-मृत्यु के अंतहीन चक्र से मुक्त हो जाता है। इसके विपरीत, जो लोग भौतिक सम्पत्ति

पर ही अड़े रहते हैं, वे खुद को जीवन-मृत्यु के चक्र में फँसा हुआ पाते हैं। हम अपने कर्मों और अपने प्रयासों में की गई कड़ी मेहनत के परिणाम अंततः भुगतेंगे।

अस्तित्व और नश्वरता के अर्थ के बारे में अभी भी अनुत्तरित प्रश्न हैं। यदि मृत्यु का अर्थ सभी सचेत अनुभवों का समाप्त होना है, तो क्या इसका अर्थ यह है कि हमारा जीवन अर्थहीन है? वैकल्पिक रूप से, क्या मृत्यु की संभावना हमें अपने जीवन के मूल्य की सराहना करने और इस प्रकार उन्हें अधिक महत्व प्रदान करने में मदद कर सकती है?

भौतिक संसार में उलझा हुआ व्यक्ति मृत्यु से भयभीत और व्यथित अवश्य होता है। लेकिन, इच्छाओं से मुक्त व्यक्ति को मृत्यु का कोई भय नहीं होता; बल्कि, वह उत्सुकता से उसकी प्रतीक्षा करता है। पूर्णतः ज्ञानी व्यक्ति मृत्यु को गले लगाने के लिए तैयार रहता है, और भक्ति में पूरी तरह लीन समर्पित व्यक्ति खुशी से नाचता है और उसका स्वागत करता है। आध्यात्मिक उपलब्धि का शिखर

मृत्यु के भय पर विजय प्राप्त करना है, साथ ही मृत्यु पर भी विजय प्राप्त करना है। स्थायी सुख का अनुभव करने के लिए, व्यक्ति को आत्मा से आगे बढ़ना होगा। (व्यक्तिगत आत्मा) से परम आत्मा (परम वास्तविकता) तक।

मृत्यु एक प्राकृतिक घटना है जो हमारे जीवनकाल में घटित होती है और इसका एक अनिवार्य हिस्सा है। यह हमें हमारे वर्तमान भौतिक शरीर से मुक्त करके और हमें एक नया शरीर धारण करने की अनुमति देकर हमारी उन्नति में सहायता करती है, जिससे हमारे प्रारब्ध कर्म का प्रभावी रूप से अंत होता है, जो हमारे कर्मों को शुद्ध करता है। हमें मृत्यु से क्यों डरना चाहिए?

हिंदू पौराणिक कथाओं के अनुसार, केवल कुछ चुनिंदा लोगों को ही अनंत जीवन का वरदान या श्राप मिलता है, जिन्हें अष्ट-चिरंजीवी के नाम से जाना जाता है। अष्ट-चिरंजीवी, जिसका अर्थ है 'आठ अमर', माना जाता है कि वे कलियुग के अंत तक जीवित रहते हैं।

‘चिरंजीवी’ शब्द संस्कृत के शब्दों ‘चिरम’ से लिया गया है जिसका अर्थ है लंबा और ‘जीवित’ जिसका अर्थ है जीवित रहना, और यह उन लोगों को संदर्भित करता है जो लंबे समय तक जीवित रहते हैं। अष्ट-चिरंजीवी को ‘अमरत्व’ या अमर के रूप में भी जाना जाता है, लेकिन यह अमरता अस्थायी है, क्योंकि वे केवल कल्प के अंत तक जीवित रहते हैं, जो ४.३२ बिलियन वर्षों के बराबर है। और कलियुग, जो ४.३२,००० वर्षों तक रहता है, को ‘ब्रह्मा का दिन’ या एक हजार महायुग माना जाता है।

हिंदू धर्मग्रंथों में, आठ अमर व्यक्तियों के बारे में एक मंत्र या जाप मौजूद है, जिन्हें अष्ट-चिरंजीवी के नाम से जाना जाता है। इस पूजनीय समूह में अश्वत्थामा, राजा बलि, वेद व्यास, हनुमान, विभीषण, कृपाचार्य, परशुराम और मार्कंडेय शामिल हैं। इन असाधारण व्यक्तियों ने समय की सीमाओं को पार कर लिया है, एक के बाद एक सत्य युग जीते हैं, और उनकी उपस्थिति वर्तमान कलियुग के दौरान भी हमारी दुनिया को सुशोभित करती है।

"अश्वत्थामा बलिर्व्यासो हनुमानश्च विभीषणः
कृपाहा परशुरामश्च सप्तैतेय चिरंजीविनाः
सप्तैतन संस्मरेन्नित्यम् मार्कण्डेयमाताष्टमम्
जीवेद्वर्षातम् सोपि सर्वव्याधिविवर्जित।"

भीष्म पितामहने अपनी इच्छा से मृत्यु (इच्छा- मृत्यु) को गले लगा लिया। सावित्री अपनी शुद्ध और सच्ची भक्ति के माध्यम से अपने पति सत्यवान को वापस जीवित कर सकी। इसी तरह, ऋषि मार्कंडेय ने भगवान शिव के प्रति अपनी गहरी श्रद्धा और भक्ति के माध्यम से मृत्यु पर विजय प्राप्त की।

कई लोग आए और चले गए। इतिहास में कई व्यक्ति हुए हैं, लेकिन मौलिक सत्य यही है कि मृत्यु अंत नहीं, बल्कि शुरुआत है। यह शोक मनाने का समय नहीं है, बल्कि जश्न मनाने का समय है। यह विनाश के बजाय मुक्ति का साधन है। कोई भी व्यक्ति इस सत्य को तभी समझ सकता है जब उसे परम सत्य का ज्ञान हो।

सूचकांक

भाग १

कुछ भी मरता नहीं है।

अध्याय १.१

कांचीपुरम में

"प्रकृति एक असीम रूप से सुंदर कैनवास है, और रंग का हर स्ट्रोक आनंद का एक ब्रश है।"

जैसे ही सूरज उनके सिर के ऊपर चढ़ा, वे पदमा के साथ एक लंबी चर्चा में लगे रहे, तभी आश्रम की दूसरी तरफ से एक आवाज़ सुनाई दी। जवाब में, अक्षय ने कहा, "हमारे लिए सुबह का खाना खाने का समय हो गया है। आश्रम में हमारी मदद और सेवा करने के लिए अक्षता वहाँ मौजूद रहेगी।"

पदमा ने पूछा, "अक्षता!"

हां, अक्षता आश्रम की देखभाल करती है, सभी भक्तों की सहायता करती है और एक सुविधाप्रदाता के रूप में कार्य करती है।

टहलते समय अक्षय ने उनका ध्यान रूपा की ओर आकर्षित किया और कहा, "उसे वहाँ देखो। वह हमें योग सिखाती है।"

वासुदेव ने कहा, "ऐसा लगता है कि उनमें बहुत ऊर्जा है और उनकी मुस्कान बहुत चमकदार है।"

विद्यार्थी ने कहा, "आश्रम के लोग अविश्वसनीय रूप से मिलनसार और स्वागत करने वाले हैं। एक बार जब आप अंदर कदम रखते हैं, तो आप खुश और गले लगने से खुद को रोक नहीं पाते। यह स्थान मेरे लिए विशेष महत्व रखता है।"

मुस्कुराते हुए विद्यार्थी ने सभी को आस्था का परिचय कराया और बताया कि वह आस-पास की हरियाली का ख्याल रखती है। उन्होंने बताया कि वह अपना

ज़्यादातर समय पेड़ों और पौधों की देखभाल में बिताती है।

किरण ने पूछा, “क्या तुमने उस बड़े पेड़ के नीचे अकेले बैठे व्यक्ति को देखा है?” “वह आकांक्ष है, वह कम बोलने वाला व्यक्ति है और ज़्यादातर अपने आप में ही रहता है।”

“वहाँ देखो! मैं आखिरकार अपेक्षा को पहचान पाया, वह सबसे खुशमिजाज और विनम्र व्यक्ति है,” अक्षय ने कहा।

अक्षय ने अन्य भक्तों का परिचय कराया और आश्रम में उनकी भूमिका के बारे में बताया। यह सत्र दोपहर के भोजन के समय तक चला।

अपेक्षा ने घोषणा की, “आज शाम ६ बजे गुरुजी का प्रवचन होगा और हम उनसे मिलेंगे।” समूह को यह सुनकर राहत मिली कि वे जल्द ही अपने पूज्य गुरुजी से बातचीत कर सकेंगे।

नोटः इसके बाद श्री शामबव को 'गुरुजी' अर्थात गुरु कहा जाएगा।

आत्मा का सार

“आत्मा का विज्ञान हमें अपने भौतिक स्वरूप से परे अपने वास्तविक स्वरूप की खोज करने तथा सभी चीजों के परस्पर संबंध के प्रति जागरूक होने के लिए आमंत्रित करता है।”

जैसे-जैसे भोर होने लगी, तापमान कम होता गया और आसमान लाल और नारंगी रंग में बदल गया। पक्षी शांत हो गए और प्रवचन हॉल में रोशनी की चमक थी, जिससे आसपास का इलाका जगमगा उठा। धीरे-धीरे सभी अनुयायी ‘बुद्‌ध हॉल’ में एकत्र हो गए।

जैसे ही गुरुजी बुद्‌ध हॉल की ओर जाने वाले मार्ग की ओर बढ़े, वहां एक गहन शांति छा गई और सभी अनुयायी श्रद्‌धा से खड़े हो गए। एक उज्ज्वल मुस्कान के साथ, गुरुजी ने दोनों हाथ उठाए और सभी भक्तों को आशीर्वाद दिया।

गुरुजी ने सभी को बैठने के लिए कहा और कुछ क्षणों के लिए अपनी आँखें बंद करके आसन ग्रहण किया। वातावरण में गहन मौन छा गया और प्रत्येक भक्तने अपने गहरे सम्मान से ऊर्जा प्राप्त की।

गुरुजी ने कहा, "जन्म और मृत्यु माया की भ्रामक दुनिया के दो विपरीत छोर हैं, जो असत्य है। 'जीवन' और 'मृत्यु' शब्द परस्पर संबंधित हैं। जब तक हम एक चीज़ को दूसरी चीज़ के साथ जोड़कर नहीं देखते, हम सापेक्षता को नहीं समझ सकते। घटना (परम सत्य) को समझने का एकमात्र तरीका यही है।"

व्यापक समझ हासिल करने के लिए, हमें प्रत्येक मामले को सुलझाने, उन्हें अलग-अलग नाम देने, उनके बीच संबंध स्थापित करने और अपनी इंद्रियों और बुद्धि का उपयोग करके उन्हें समझने की विश्लेषणात्मक प्रक्रिया में शामिल होना चाहिए। हमारी सीमित संज्ञानात्मक क्षमताओं और दुनिया की जटिलता के कारण, हम चीजों की केवल आंशिक समझ ही प्राप्त कर सकते हैं। हम

कभी भी किसी भी चीज़ की पूरी तस्वीर नहीं पा सकते हैं, क्योंकि प्रकृति ने हमें केवल सीमित संज्ञानात्मक क्षमताएँ ही दी हैं।

यद्यपि हम जो देखते हैं, महसूस करते हैं और स्पर्श करते हैं, उससे संतुष्ट हैं, लेकिन हम वस्तुओं को देखने के भौतिकवादी दृष्टिकोण से दूर हो गए हैं, क्योंकि हमारे पास 'तत्व' के ज्ञान और अनुभव का अभाव है।

गुरुजी ने कहा, "आत्मा का सार उन लोगों के लिए छिपा हुआ है जो केवल जीवन की सतह को खरोंचते हैं; केवल वे ही जो गहराई में गोता लगाने का साहस करते हैं, वे ही भीतर के अमूल्य खजाने को खोज सकते हैं।"

हम सतह से परे की चीजों को न तो समझते हैं और न ही देखते हैं; इसके बजाय, हम सतह पर ही रहते हैं, कभी भी इतनी गहराई में नहीं जाते कि केन्द्रीय जीवन-सिद्धांत के परम सत्य को समझ सकें।

"द लेडी ऑफ शैलोट" से पंक्ति।

"और एक स्पष्ट दर्पण के माध्यम से आगे बढ़ रहा है जो साल भर उसके सामने लटकी रहती है,
दुनिया की परछाइयाँ दिखाई देती हैं।"
हम लगातार परछाइओं की दुनिया में रहते हैं, जैसे कि हम एक दर्पण में देख रहे हों जो हमारे विचारों और समझ को दर्शाता है। अगर हम अपनी सीमित धारणा से परे दुनिया की भव्यता को देख पाते, तो वास्तविकता और भी अधिक लुभावनी और विस्मयकारी होती।
अक्षय ने पूछा, "गुरुजी, सद्‌गुरु कौन है?"

गुरुजी ने उत्तर दिया, "संस्कृत में, सतगुरु या सद्‌गुरु का अर्थ है 'सच्चा गुरु।' सतगुरु तीन शब्दों का प्रतीक है: सत, गु और रु। 'सत' सत्य का प्रतिनिधित्व करता है, 'गु' अंधकार का अर्थ है, और 'रु' प्रकाश का संकेत देता है। नतीजतन, सतगुरु एक दिव्य व्यक्ति को संदर्भित करता है जो अज्ञानता के अंधेरे को दूर करता है और 'मानव को दिव्य प्रकाश' प्रदान करता है।"

अतीत में उनके सद्गुणी आचरण के कारण, सर्वोच्च शक्ति एक संत या गुरु को शिक्षा (शिक्षण) और दीक्षा (दीक्षा) के माध्यम से सत्य को सिखाने और प्रकट करने के लिए नियुक्त करती है। इस पूजनीय व्यक्ति को सतगुरु या पूर्णता के गुरु के रूप में जाना जाता है, जो आत्मा (जीव) को परम सत्य, 'ईश्वर के शासन' की ओर मार्गदर्शन करता है, जो वस्तुनिष्ठ सत्य के दायरे से परे है।

मुझे एक कहानी सुनाने की इजाजत दीजिए। कई वर्षों तक एक साधक सत्य की खोज में भटकता रहा और अंततः एक प्रबुद्ध गुरु के पास एक प्रश्न लेकर पहुंचा: "क्या एक प्रबुद्ध व्यक्ति बोलता है?"

गुरु ने जवाब दिया, "एक सच्चा आत्मज्ञानी व्यक्ति कभी भी इस अर्थ में बोल नहीं सकता कि वह अपनी खुशी को शब्दों में व्यक्त नहीं कर सकता। अगर वह ऐसा करता है, तो यह स्पष्ट संकेत है कि वह आत्मज्ञानी नहीं है।"

साधक ने कहा, “आह! तो, जो व्यक्ति मौन रहता है, वह अवश्य ही प्रबुद्ध होता है।”

गुरु ने उत्तर दिया, “नहीं, जो व्यक्ति मौन रहता है, वह प्रबुद्ध नहीं होता। एक प्रबुद्ध व्यक्ति कभी भी मौन नहीं रह सकता, क्योंकि मौन ही एकमात्र ऐसा गुण नहीं है जो उसे परिभाषित करता है।”

साधक को आश्चर्य हुआ और उसने पूछा, “गुरुजी, सत्य क्या है? एक प्रबुद्ध व्यक्ति एक ही समय में बोल और चुप नहीं रह सकता, तो वास्तविकता क्या है?”

गुरु ने मुस्कुराते हुए जवाब दिया, “वे शुद्ध आनंद और परमानंद में गाते हैं।”

गुरुजी ने समझाया, “अक्षय, जब हम लंबे संघर्ष या कष्ट के बाद कोई भौतिक वस्तु प्राप्त करते हैं, तो हम उसे संजोकर रखते हैं और उसे अपनी अलमारी या खजाने के डिब्बे में रख देते हैं। इसी तरह, जब कोई व्यक्ति आत्मज्ञान प्राप्त करता है और परम

सत्य को देखता है, तो उसे आनंद की स्थिति का अनुभव होता है। तो, आप एक आत्मज्ञानी व्यक्ति से चुप रहने की अपेक्षा क्यों करते हैं? वे खुशी से नाचेंगे और गाएंगे।"

पदमा ने पूछा, "गुरुजी, क्या योग आध्यात्मिक विकास में महत्वपूर्ण भूमिका निभाता है?"

गुरुजी ने रूपा की ओर रुख किया और कहा, "योग एक पारंपरिक अभ्यास है जिसकी उत्पत्ति भारत में हुई है, जिसमें शारीरिक, मानसिक और आध्यात्मिक पहलू शामिल हैं। 'योग' शब्द संस्कृत मूल युज से आया है, जिसका अर्थ है 'युग की और'। योग का लक्ष्य शरीर, मन और आत्मा (आत्मा) के बीच सार्वभौमिक चेतना (सर्व-चेतना) के साथ संबंध बनाना है, जो अहंकार से प्रेरित विचारों और व्यवहारों को खत्म करने में मदद करता है और आध्यात्मिक जागृति और ईश्वर के साथ एकता को बढ़ावा देता है -'सर्व-चेतना और आनंद।'

योग के मूल सिद्धांतों का उल्लेख महाभारत सहित विभिन्न ग्रंथों में किया गया है, जिसमें चेतना के स्वयं से विस्तार की बात की गई है, जो सभी और हर चीज को शामिल करती है। योग को सर्वज्ञता, सर्वव्यापकता और प्रबुद्ध चेतना प्राप्त करने का मार्ग भी माना जाता है, जो व्यक्ति को अस्थायी और स्थायी वास्तविकताओं के बीच अंतर करने की अनुमति देता है। ये सिद्धांत हिंदू धर्मग्रंथों में पाए जा सकते हैं, जैसे कि न्याय और वैशेषिक स्कूल, साथ ही बौद्ध धर्म के मध्यमक स्कूल के ग्रंथों में भी।

पतंजलि के योग सूत्र, योग के मूल आधार के रूप में काम करते हैं, और वे अभ्यास के आठ-चरणीय मार्ग प्रस्तुत करते हैं। वैसे तो योग के कई रूप हैं, लेकिन योग के चार पारंपरिक मार्ग हैं:

- भक्ति योग - भक्ति का मार्ग।
- कर्म योग - निस्वार्थ कर्म और सेवा का मार्ग।
- ज्ञान योग - आंतरिक आत्म और ज्ञान का मार्ग।

- राज योग - आत्म-अनुशासन और अभ्यास का मार्ग।

ध्यान के अभ्यास में आंतरिक शांति और दुख से मुक्ति पाने के लिए असंतुलित धारणाओं और विचारों की पहचान करना और उनका समाधान करना शामिल है। यह अवधारणा भगवद गीता और योगसूत्र जैसे हिंदू धर्मग्रंथों के साथ-साथ महायान बौद्ध और जैन ग्रंथों में भी स्पष्ट है। योग में कुंडलिनी, अष्टांग, राज, हठ, स्वर, ज्ञान और भक्ति योग सहित विभिन्न रूप शामिल हैं, जो सभी शारीरिक स्वास्थ्य, तंदुरस्ती और दीर्घायु प्राप्त करने के लिए एक एकीकृत और समग्र दृष्टिकोण में योगदान करते हैं। योग के ये रूप एक-दूसरे से स्वतंत्र नहीं हैं, बल्कि व्यक्तियों को संपूर्ण और अविभाजित बनने में मदद करने के लिए मिलकर काम करते हैं।

वासुदेव ने गुरुजी से पूछा, "नाद योग क्या है?"

गुरुजी ने उत्तर दिया, "नाद योग या समागम इस शरीर (देहा) में रहते हुए सच्चे आत्म (आत्म-साक्षात्कार), सच्चे सार (आत्मा का बोध) और सच्चे

देवत्व (ईश्वर का बोध) की खोज है। इस एकता को 'परमात्मा का सार' कहा जाता है, जिसे पवित्र ध्वनि और प्रकाश के रूप में भी जाना जाता है। बोध के स्तर को प्राप्त करने से जीवन मोक्ष, या जीवन मुक्ति, या समाधि की स्थिति प्राप्त होती है। कर्म के चक्र से संसार से मुक्ति और सकारात्मकता। अंततः यह उपलब्धि एक नामहीन, निराकार और पूर्ण चेतना की प्राप्ति की ओर ले जाती है, जो इस पूरे ब्रह्मांड के पीछे का कारण है, एक शुद्ध चेतना।"

गुरुजी ने टिप्पणी की, "रूपा, आत्मा (आत्मान) और विश्व जीवन, सभी-नियंत्रित और सभी-संचालन शक्ति, सर्वव्यापी (ब्रह्म) द्वारा दी गई दिव्यता की पहली झिलमिलाहट से संचालित होता है। इस प्रकार, ब्रह्मांड के जीवन और आत्मा की चेतना जैविक और अजैविक दोनों तरह से विकसित हुई। इसने व्यक्ति की अंतर्दृष्टि और समझ के आधार पर विभिन्न धर्मों की स्थापना की, जो समय-समय पर प्रकट हुए अपने गुरुओं की शिक्षाओं को स्वीकार करने, पचाने और आत्मसात करने की आवश्यकता, समय और क्षमता

पर आधारित थे। सभी धर्म शांतिपूर्ण सह-अस्तित्व को बढ़ावा देने और एक-दूसरे के खिलाफ अशांति, भय और युद्ध को रोकने के लिए सामाजिक और नैतिक उपदेशों की संहिता के साथ सर्वोत्तम इरादों और उद्देश्यों के साथ उभरे हैं।”

गुरुजी ने मुस्कुराते हुए कहा, “हम महान गुरु की शिक्षाओं को एक प्रकार के विज्ञान के रूप में, विशेष रूप से ‘आत्मा के सार’ के रूप में समझ सकते हैं। इस वैज्ञानिक दृष्टिकोण में मनुष्य के गैर-भौतिक पहलुओं, जैसे चेतना, आध्यात्मिकता और परलोक की खोज करना शामिल है। इसमें आत्मा की प्रकृति और, शरीर और ब्रह्मांड से संबंध को समझने के उद्देश्य से विभिन्न दार्शनिक, धार्मिक और आध्यात्मिक विश्वास और अभ्यास शामिल हैं। ध्यान, प्रार्थना, आत्मनिरीक्षण और चिंतन जैसे विभिन्न तरीकों से आत्मा के विज्ञान में गहराई से जाया जा सकता है, और इसे अक्सर व्यक्तिगत विकास और कल्याण के एक महत्वपूर्ण पहलू के रूप में देखा जाता है। यह उल्लेखनीय है कि जो लोग वास्तव में और समर्पित

रूप से इन शिक्षाओं का पालन करते हैं, वे अपनी सामाजिक या धार्मिक पृष्ठभूमि से परे समान अनुभवात्मक अंतर्दृष्टि, समझ और निष्कर्ष पर पहुंचेंगे। इसलिए, 'आत्मा का सार' सभी धर्मों का सार दर्शाता है।"

गुरुजी का दिन समाप्त होने के बाद अक्षय और अन्य भक्तगणने रात होने तक अपनी चर्चा जारी रखी। अंततः वे अलग हो गए और अपने-अपने विश्राम स्थलों पर लौट गए।

.

मृत्यु और मृत्युहीनता

"यह पहचानो कि मृत्यु कोई मनमानी घटना नहीं है जो हमारे मरने के बाद घटित होती है। यह हमारे जीवन में हर समय घटित होती है!"

अक्षय, हररोज की तरह ब्रह्ममुहूर्त में एक बड़े बरगद के पेड़ के नीचे बैठकर साधना कर रहा था। एक घंटा बीतने के बाद जब उसने अपनी आँखें खोलीं तो देखा कि विद्यार्थी उसके पास ही बैठे हैं।

अक्षय ने कहा, "ऐसा लगता है कि हम एक अलग दुनिया में हैं, चारों ओर सन्नाटा है। यह जगह बहुत शांत और सुखद है।"

मुस्कुराते हुए विद्यार्थी ने कहा, "यह जगह सकारात्मक ऊर्जा से भरी हुई है। आपको यहाँ कई अवर्णनीय अनुभव मिलेंगे।"

जैसे-जैसे वे ज़ेन ध्यान केंद्र के करीब पहुँचे, उन्हें हवा में गूंजता हुआ 'ओम' का जाप सुनाई दिया। अक्षय ने महसूस किया कि उसका आज्ञा चक्र, जिसे शिव नेत्र भी कहते हैं, कंपन की तीव्रता से झनझना रहा है। यह उसके लिए एक अनोखी और नवीन अनुभूति थी।

जब वे ज़ेन ध्यान केंद्र पहुंचे, तो उन्होंने देखा कि अक्षता, 'ओम' के उच्चारण में लीन थी। वे उसके साथ शामिल हो गए और कुछ समय तक साथ में जाप किया। बाद में, वासुदेव के आने पर, उन्होंने देखा कि आस्था और भक्तों का एक समूह बगीचे में बाहर अंधेरा होने के बावजूद अथक परिश्रम कर रहा था।

अक्षय ने कहा, "यह जगह जीवन से भरपूर है। हर कोई अपने काम का आनंद ले रहा है, और सूर्योदय से पहले ही यहाँ चहल-पहल शुरू हो जाती है।"

दूसरे भक्तों के पास से गुजरते हुए, उन्होंने देखा कि वे श्रद्धा से झुक रहे थे और एक दूसरे को 'आत्मा

नमस्ते' (देवत्व को प्रणाम) कह रहे थे। जैसे-जैसे वे शामबव भजन हॉल के करीब पहुँचे, भक्ति गीतों की सुरीली धुनों के साथ-साथ झांझ, हारमोनियम, ढोलक, मृदंगम और अन्य संगीत वाद्ययंत्रों की रोमांचक ध्वनियाँ उनके कानों में गूंजने लगीं।

विद्यार्थी ने अपेक्षा की ओर इशारा किया, जो केंद्र की प्रभारी थीं। भक्ति और गायन का सहज मिश्रण उन्हें आश्चर्यचकित कर गया, जैसे नदी समुद्र में विलीन हो जाती है। अनुभव से अभिभूत, वासुदेव की आँखों में आँसू आ गए, और उन्होंने गुरुजी के प्रति अपनी कृतज्ञता व्यक्त की, और पुष्टि की कि उनके साथ रहने का उनका निर्णय सही था।

किरण भी उनके साथ शामिल हो गया और पक्षियों को बांसुरी की धुन पर खुशी से उड़ते हुए देखा, आसमान नारंगी और लाल रंगों से सजा हुआ था और मधुर संगीत से गूंज रहा था। कोहरा उन्हें घेरे हुए था और पेड़ ढोलक की थाप पर लयबद्ध तरीके से झूम रहे थे।

चलते-चलते उन्होंने देखा कि एक भक्त अकेला बैठा है और अव्यक्त भक्ति से आकाश की ओर देख रहा है। अक्षय ने उसे पहचान लिया और कहा, “यह आकांक्ष ही होगा। हम उसे केवल प्रवचन के दौरान ही देखते हैं।” उन्होंने उसे शुभकामनाएँ दीं और अपनी यात्रा पर आगे बढ़ गए।

किरण ने कहा, “पदमा हठ योग के प्रति बहुत समर्पित दिखती हैं। वह कई सालों से योग के प्रति समर्पित हैं।”

अक्षय ने सहमति में सिर हिलाया और कहा, “वाकई, पदमा एक सच्ची योगी हैं। वह इतने लंबे समय से अभ्यास कर रही हैं कि यह उनकी दिनचर्या का अभिन्न अंग बन गया है।”

जैसे-जैसे वे आगे बढ़ते गए, उन्होंने भक्तों के एक समूह को मंत्रोच्चार करते और भक्ति गीत गाते देखा। किरण ने टिप्पणी की, “यह बहुत सुंदर दृश्य है। संगीत और मंत्रोच्चार की शक्ति वास्तव में किसी भी आत्मा को ऊपर उठा सकती है।”

अक्षय ने जवाब दिया, "हां, माना जाता है कि मंत्रोच्चार करने से व्यक्ति ईश्वर के करीब पहुंच जाता है। ये भक्त, संगीत में डूबे हुए अपनी भक्ति में पूरी तरह से खोए हुए दिखाई देते हैं।"

जैसे जैसे वे आगे बढे, उन्हें अन्नपूर्णेश्वर सुविधा में गरीब लोगों को भोजन परोसने वाले भक्तों का एक समूह मिला। अक्षय ने मुस्कुराते हुए कहा, "यह सच्ची सेवा है। ये भक्त जरूरतमंदों की सेवा करके अपनी भक्ति को कार्य में लगा रहे हैं।"

किरण ने सहमति में सिर हिलाया और कहा, "हाँ, सेवा भक्ति का एक महत्वपूर्ण पहलू है। ऐसा कहा जाता है कि दूसरों की सेवा करना भगवान की सेवा है।"

अक्षय ने कहा, "चलो सुबह का नाश्ता कर लें। हमें सत्र के लिए तैयार रहना होगा।"

नाश्ता करने के बाद, समूह ने अपनी यात्रा जारी रखी, और भक्ति के विभिन्न रूपों को देखा। हर एक ने

उन पर एक अमिट छाप छोड़ी, जो उन्हें विश्वास और भक्ति की शक्ति की याद दिलाती थी।

बुद्‌ध के केंद्र में हलचल मची हुई थी क्योंकि गुरुजी के अनुयायी उनके आगमन की उत्सुकता से प्रतीक्षा कर रहे थे। वे अपने प्रसिद्‌ध गुरु की शिक्षाओं को सुनने और उनकी उपस्थिति का आनंद लेने के लिए दूर-दूर से आए थे।

एक घंटे के इंतज़ार के बाद, आखिरकार उन्होंने गुरुजी के कदमों की आवाज़ सुनी, जब वे हॉल की ओर बढ़ रहे थे। कमरे में प्रवेश करते समय उनका चेहरा प्रसन्न और गर्मजोशी से भरा हुआ था। उन्होंने सभी का खुले हाथों से अभिवादन किया, उनमें से प्रत्येक को आशीर्वाद दिया और फिर झुककर अपने दाहिने हाथ को अनाहत चक्र (हृदय) पर रखते हुए धीरे से आत्म नमस्ते का जाप किया।

आशीर्वाद और अभिवादन पूरा होने के बाद, गुरुजी अपने आसन में बैठ गए, अपनी आँखें बंद कर लीं और अपना अभ्यास शुरू कर दिया। कमरे में गहरी

शांति छा गई और हर कोई अपने गुरु को ध्यान करते हुए विस्मय से देख रहा था। वे जानते थे कि वह अपने भीतर किसी गहरी चीज़ को छू रहे थे और वह उन्हें उस दिशा में ले जा रहे थे।

जब वे शांत हॉल में बैठे, तो उन्हें शांति और सुकून का अहसास हुआ। गुरुजी की सांसों की कोमल आवाज़ और मोमबत्तियों की कोमल चमक ने एक शांत और ध्यानपूर्ण माहौल बनाया। एक अनंत काल के अहेसास के बाद, गुरुजी ने अपनी आँखें खोलीं और अपना अभ्यास समाप्त किया। कमरा ऊर्जा की एक नई भावना से भर गया।

गुरुजी ने कहा, "मृत्यु और अमरता दोनों ही अंतर्निहित हैं। हर चीज़ में पदार्थ और आत्मा होती है; आत्मा, आत्मा के लिए प्रक्षेपण स्क्रीन का काम करती है। अस्तित्व के विभिन्न स्तरों पर, सर्वव्यापी आत्मा अलग-अलग घनत्व और कंपन के पदार्थ को आकर्षित करती है ताकि वह खुद को विभिन्न या अलग-अलग रूपों और रंगों में प्रकट कर सके।"

अस्तित्व के जैविक और अजैविक दोनों स्तर संभव हैं। आत्मा अपने प्रारब्ध कर्म को पूरा करने के लिए भौतिक आवरण के बिना पृथ्वी तल पर मौजूद नहीं रह सकती है, और आत्मा को भौतिक आवरण के बिना शारीरिक आँखों से नहीं देखा जा सकता है। जब फूल अपनी खुशबू के साथ खिलते हैं और फल अपनी रसीली और सुस्वादु खुशबू के साथ, तब आप वसंत की शक्ति को महसूस कर सकते हैं।

मनुष्य पृथ्वी पर 'त्रिदेवों के सिद्धांत' का प्रतीक है - शरीर, मन और आत्मा। प्राण या जीवन श्वास, भौतिक शरीर और मन दोनों को जीवंत करता है, व्यक्ति को जीवित इकाई में बदल देता है। शरीर के हर इंच में ब्रह्म की सांस के प्रवाह के साथ, व्यक्ति वास्तव में जीवित हो जाता है।

गुरुजी ने कहा, "पदमा, मानव शरीर विभिन्न तत्वों से बना है। मृत्यु के बाद, शरीर (देहा) विलीन हो जाता है और ब्रह्मांडीय जलाशय में वापस चला जाता है, अंततः एक प्राथमिक पदार्थ में विलीन हो जाता

है, और आत्मा अपने संबंधित क्षेत्र में वापस चली जाती है।"

सभोपदेशक १२:६-७: "अपने सृजनहार का स्मरण रख, इस से पहिले कि चांदी की डोरी टूट जाए, और सोने का कटोरा टूट जाए, और कुण्ड के पास घड़ा टूट जाए, और कुण्ड के पास पहिया टूट जाए, और मिट्टी ज्यों की त्यों मिट्टी में मिल जाए, और श्वास परमेश्वर के पास जिस ने उसे दिया है लौट जाए। "

श्री राम, लक्ष्मण को नहुष के पुत्र ययाति के बारे में बता रहे थे, जो इंद्र के रूप में शासन करता था। वह एक बहुत ही प्रिय राजा था जो अपनी प्रजा को खुश रखता था।

एक दिन शुक्राचार्य की पुत्री देवयानी और राक्षस राजा विशपर्व की बेटी शर्मिष्ठा एक झील में नहा रही थीं और उन्होंने अपने कपड़े किनारे पर छोड़ दिए थे। तेज़ हवा के कारण, कपड़े उड़ गए। वे पीछे भागीं, और अपने कपड़े उठाए और पहनने लगीं। शर्मिष्ठा ने देवयानी के कपड़े पहनने की गलती की, जिससे

संघर्ष हुआ। गुस्से में शर्मिष्ठा ने देवयानी को एक कुएं में धकेल दिया और फिर उसे छोड़ दिया।

जंगल में कुछ समय तक यात्रा करने के बाद, राजा ययाति के घोड़ों को प्यास लगी। पानी की तलाश करते समय, वे एक कुएँ पर पहुँचे और उसमें एक युवती को देखकर आश्चर्यचकित हो गए। उस युवती ने अपना नाम देवयानी बताया और ययाति को अपनी स्थिति बताई। उसने ययाति से मदद माँगी और राजा ययाति ने उसकी अनुमति लेकर उसे कुएँ से बाहर निकाला।

लेकिन जब देवयानी घर वापस नहीं लौटी तो शुक्राचार्य उसे खोजने निकल पड़े। जब वे घर पहुंचे तो देखा कि देवयानी लगातार रो रही थी और उसके आंसू बह रहे थे। स्थिति के बारे में जानने के बाद पूज्य आचार्य परेशान हो गए लेकिन उन्होंने खुद को नियंत्रित किया।

शुक्राचार्य ने देवयानी को यह समझाकर सांत्वना दी कि ऐसा दुर्भाग्य किसी पर भी बिना कारण के नहीं

आता, चाहे वह वर्तमान हो या पिछले जन्म में। उन्होंने उसे दूसरों को दोष न देने और इसके बजाय क्षमा (माफी), दया (दया), और तप (उत्साह) जैसे गुणों को विकसित करने की सलाह दी, जो दीर्घकालिक कल्याण की ओर ले जाते हैं।

शुक्राचार्य ने उसे मनाने की कोशिश की, लेकिन वह अडिग रही और बोली, “मैं दो शर्तों पर लौटूंगी। पहली, अब से राज्य की सारी संपत्ति ऋषि शुक्राचार्य के अधीन रहेगी और दूसरी, राजकुमारी शर्मिष्ठा को मेरी दासी बनना होगा।”

अंत में, ऋषि शुक्राचार्य ने राजा वृषपर्वा को प्रतिशोध के रूप में दो शर्तें मानने के लिए मजबूर किया। हालाँकि वृषपर्वा ने देवयानी से क्षमा माँगी, लेकिन वह तभी क्षमा करने को तैयार हुई जब शर्मिष्ठा उसकी दासी बन जाए।

जंगल में एक और यात्रा के दौरान, राजा ययाति की मुलाकात देवयानी से होती है, जो उसे याद करती है लेकिन उसे उसके बारे में कुछ भी याद नहीं है।

देवयानी तुरंत उससे प्यार करने लगती है और उससे शादी करने की इच्छा व्यक्त करती है, लेकिन ऋषि शुक्राचार्य के धर्म का उल्लंघन करने के संभावित परिणामों के कारण ययाति हिचकिचाता है। हालाँकि, देवयानी ने अपने पिता को मना लिया, और उनका विवाह हो गया। देवयानी दो बेटों, यदु और तुर्वसु की माँ बनी।

ययाति की मुलाक़ात गलती से शर्मिष्ठा से हुई और उसने उसे अपने लिए एक उपयुक्त जीवनसाथी के रूप में देखा। हालाँकि, ययाति ने धर्म का उल्लंघन करने और शुक्राचार्य के क्रोध को भड़काने के बारे में अपनी आशंका व्यक्त की। इसके बावजूद, शर्मिष्ठा ने उसका पीछा किया और उसे आश्वस्त किया कि कोई भी धर्म का उल्लंघन नहीं होगा। आखिरकार, ययाति ने उससे सहानुभूति जताई और उससे गुप्त रूप से विवाह कर लिया। उनके तीन बेटे हुए, जिनका नाम द्रुह्यु, अनु और पुरु था, जिनमें पुरु सबसे छोटा था।

ययाति के साथ अशोक वन में घूमते समय देवयानी की नज़र शर्मिष्ठा के बच्चों पर पड़ी जो खेल रहे थे। तभी उसे पता चला कि ययाति और शर्मिष्ठा के बीच प्रेम संबंध है, जिससे उसके मन में क्रोध की ज्वाला भड़क उठी। देवयानी शुक्राचार्य के पास लौटी और ययाति की अवज्ञा और बेवफाई के बारे में शिकायत की, जिससे शुक्राचार्य क्रोधित हो गए। अपनी बेटी की भावनाओं को ठेस पहुँचाने के प्रायश्चित के रूप में, ययाति को समय से पहले बुढ़ापे का श्राप दिया गया।

शुक्राचार्य को अपनी गलती का एहसास हुआ, जाहिर तौर पर अपनी बेटी की खुशी के लिए चिंता से उन्होंने ययाति को समाधान का रास्ता सुझाया। अगर कोई और ययाति के लिए अपनी जवानी का बलिदान कर सकता है, तो वह जवानी के साथ आने वाली हर तरह की खुशियों का आनंद ले सकता है।

दूसरी ओर, ययाति ने अपने जीवन पर विचार किया और त्याग का मार्ग चुना, लेकिन उसने त्याग नहीं किया। ययाति इस बात पर दुखी थे कि उन्हों ने

कभी भी विभिन्न प्रकार के सुखों का अनुभव नहीं किया। उसने एक रास्ता खोज लिया, फिर भी भौतिकवादी दुनिया के लिए उसकी ज़रूरतें पूरी नहीं हुईं।

ययाति की युवावस्था की प्यास ने उसे अंधा कर दिया था, और वह अपने बच्चों से भी इसे पाने को तैयार था। हालाँकि, अनु, द्रुह्यु, यदु और तुर्वसु ने विभिन्न कारणों से अपने पिता को अपनी युवावस्था देने से इनकार कर दिया। ययाति ने क्रोध में आकर उन सभी को शाप दे दिया। सबसे छोटा पुरु ही एकमात्र ऐसा व्यक्ति था जो अपने पिता के अनुरोध पर सहमत हुआ।

एक हज़ार साल तक ययाति ने हर सुख का आनंद लिया। वह सदाचारी रहे और धर्म के मार्ग पर चलते हुए अनगिनत पुण्य कर्म किए, जिससे चंद्र-ऐल साम्राज्य में अपार समृद्धि, स्थिरता और गौरव आया।

ययाति ने हज़ार साल तक सुख भोगने के बाद खुद पर और अपनी इच्छाओं पर विचार किया। उन्होंने स्वीकार किया कि सुख की उनकी लालसा बनी हुई है, लेकिन उनके धार्मिक कार्यों ने उन्हें सिखाया था कि ऐसी इच्छाएँ कभी तृप्त नहीं होंगी। उन्हें एहसास हुआ कि ऐसी इच्छाएँ अनंत हैं और उन्होंने उन्हें समाप्त कर दिया। हालाँकि पुरु उनके बेटों में सबसे छोटा था, ययाति ने उसे अपना उत्तराधिकारी चुना और राज्य उसे सौंप दिया।

गुरुजी ने कहा, "पदमा, यह कहानी दर्शाती है कि कैसे शुक्राचार्य को अपनी बेटी के प्रति प्यार ने मोह में अंधा कर दिया, जिससे वे क्रोधित हो जाते हैं और क्रोध में डूब जाते हैं। उनका मन हमेशा शक्तिशाली मद (अत्यधिक गर्व) के प्रभाव में रहता है, जिससे वे गलतियाँ करने लगते हैं। अपने विशाल ज्ञान के बावजूद, उनके आवेगपूर्ण श्राप ने न केवल ययाति को नुकसान पहुँचाया, बल्कि देवयानी को भी पीड़ा पहुँचाई और राज्य में अराजकता ला दी। हालाँकि, त्याग के प्रति पुरु के स्वाभाविक झुकाव ने स्थिति

को हल करने और राज्य को एक भयानक असंतुलन में जाने से रोकने में मदद की।"

कुछ देर मौन रहने के बाद गुरुजी ने सभी को थोड़ा विराम लेने का निर्देश दिया। हालाँकि वे सत्र के आधे ही समय में थे, लेकिन सभी को लगा कि वे किसी असाधारण चीज़ का हिस्सा बन गए हैं। उन्हें आत्मज्ञान की एक झलक मिली और वे अपने प्रिय गुरुजी द्वारा दिए गए गहन ज्ञान के लिए आभारी थे।

मृत्यु क्या है?

“अगर हम मृत्यु का रहस्य खोज लें तो हमारे जीवन की गुणवत्ता बदल जाएगी! जीवन के प्रति हमारा दृष्टिकोण, मृत्यु की समझ और उसके प्रति हमारा रवैया सब बदल जाएगा।”

अक्षय ने रूपा का अभिवादन किया और कहा, “मैंने आपका नाम पहले भी गुरुजी से एक या दो बार सुना था जब वे योग का जिक्र कर रहे थे।”

अक्षय ने कहा, “गुरुजी आपके प्रति बहुत सम्मान रखते हैं।”

रूपा ने मुस्कुराते हुए कहा, “उनके मन में सभी भक्तों और अपने आस-पास के सभी लोगों के लिए बहुत सम्मान है। उनकी सादगी और समस्या-समाधान की क्षमता अद्भुत है; वे सहजता से रहते हैं।”

अक्षय ने पूछा, “रूपा, मैंने सुना है कि आप एक संगठन में मानव संशाधन के रूप में काम करती हैं। आपको योग प्रशिक्षक के रूप में आने और सहयोग करने की प्रेरणा कहाँ से मिली?”

रूपा ने कहा, “गुरुजी के साथ काम करना मेरे लिए सम्मान की बात है और गुरुजी के मुंह से अपना नाम सुनना मेरे लिए बहुत मायने रखता है। मुझे खुशी है कि मैं आज उनकी वजह से ज़िंदा हूँ।”

रूपा ने पूछा, “तितलियां फूल की ओर क्यों आकर्षित होती हैं? क्या यह उनके आकर्षक रंगों, सुगंध या अमृत के कारण होता है? यह जो चुंबकत्व उत्पन्न करता है, वह उन्हें अपनी ओर आकर्षित करता है, और न केवल उन्हें आकर्षित करता है, बल्कि अनंत काल तक अमृत का सेवन भी करता है। हमारे गुरुजी भी इसी तरह सत्य और आस-पास के लोगों को सांत्वना प्रदान करते हैं। शाश्वत ज्ञान का अमृत न केवल आकर्षित करता है, बल्कि पोषण भी देता है।”

उन्होंने गुरुजी के कदमों की आवाज सुनी और सभी भक्तगण अपने मूल स्थान पर लौट गये।

रूपा ने पूछा, "मृत्यु क्या है, गुरुजी?"

गुरुजी ने उत्तर दिया, "लोगों के कई समूह हैं: वे जो मृत्यु के बाद जीवन में विश्वास करते हैं, वे जो पुनर्जन्म में विश्वास करते हैं, और वे जो दोनों में से किसी में भी विश्वास नहीं करते। कुछ लोग इनमें से किसी भी श्रेणी में नहीं आते।"

मृत्यु के रहस्य को जानने के प्रयास ने कई व्यक्तियों को सिद्धांत, विचारधाराएँ और धर्म बनाने के लिए प्रेरित किया है। मृत्यु जीवन का सबसे रहस्यमय पहलू बनी हुई है।

कुछ दर्शनों में पुनर्जन्म की अवधारणा का अभाव है, क्योंकि उनके दृष्टिकोण तर्कवादी हैं, क्योंकि उन्हें ठोस सबूतों के अभाव में इस पर विश्वास करना मुश्किल लगता है। हालाँकि कुछ व्यक्तियों को मृत्यु के निकट अनुभव हुए हैं, लेकिन वे अल्पसंख्यक हैं, और पुनर्जन्म का न्यूनतम निश्चित प्रमाण मौजूद

है। मृत्यु के बारे में संदेह बना हुआ है, क्या यह केवल भौतिक शरीर का अंत है? यह जिस समय घटित होता है, उस समय क्यों होता है?

इसलिए, कुछ व्यक्ति अपने जीवन को पूरी तरह से जीने का प्रयास करते हैं क्योंकि वे समझते हैं कि उनके पास अपनी आकांक्षाओं को प्राप्त करने का केवल एक ही मौका है। वे अपनी इच्छाओं को जल्द से जल्द पूरा करने की जल्दी में रहते हैं, जिसके कारण उनमें चिंता की स्थिति पैदा हो जाती है। बाहरी दुनिया से अधिकतम आराम, आनंद और उत्तेजना की यह खोज मनुष्यों के बीच एक प्रचलित प्रवृत्ति बन गई है।

मनुष्य सीमित समय में अपने और दूसरों के लिए किसी भी कीमत पर जितना संभव हो सके उतना लेने का प्रयास करता है, वह सहज रूप से जानता है कि इस संसार में उसके पास क्या है।

एक बार स्वामी विवेकानंद को एक युवती से एक अजीब सवाल मिला: "जीवन क्या है?" उनका

रहस्यमय जवाब था, "मेरे साथ भारत आओ, और मैं तुम्हें सिखाऊंगा।" उलझन में, उसने पूछा, "तुम मुझे क्या सिखाओगे?" विवेकानंद ने अप्रत्याशित गहराई के साथ उत्तर दिया, "मैं तुम्हें मरना सिखाऊंगा।" हालाँकि सवाल जीवन के बारे में था, लेकिन उनका जवाब मृत्यु से संबंधित था।

मृत्यु के विचार को स्वीकार करने के लिए, यह समझना महत्वपूर्ण है कि यह जीवन चक्र का एक स्वाभाविक पहलू है। मृत्यु की अनिवार्यता और महत्व को स्वीकार करने से हमें उस भय और आशंका से मुक्ति पाने में मदद मिल सकती है जो आमतौर पर मरने की अवधारणा के साथ होती है। हम जीवन की अधिक सराहना करना और वर्तमान क्षण में जीना भी सीख सकते हैं, यह जानते हुए कि सब कुछ अस्थायी है और हमें अपने पास मौजूद समय का अधिकतम लाभ उठाना चाहिए।

अगर हम मृत्यु का रहस्य खोज लें तो हमारे जीवन की गुणवत्ता बदल जाएगी! जीवन के प्रति हमारा

दृष्टिकोण, मृत्यु के बारे में हमारी समझ और उसके प्रति हमारा रवैया सब बदल जाएगा।

यह पहचानें कि मृत्यु कोई आकस्मिक घटना नहीं है जो हमारे मरने के बाद घटित होती है। यह हमारे जीवन में हर समय घटित होती है! जब हम मृत्यु को अच्छी तरह समझ लेंगे, तो हम जीवन को भी अच्छी तरह समझ लेंगे। हम देखेंगे कि जीना और मरना मूलतः एक ही बात है।

गुरुजी ने कहा, "युगों से एक पहेली - पुनर्जन्म की जिज्ञासा, मृत्यु के बाद जीवन। मानव मन बिना किसी निश्चित निष्कर्ष के रहस्यमय उत्तर से और महान गुरुओं ने बहुत पहले जो कहा था, उस पर अंतर्निहित विश्वास कर खुद को भ्रमित नहीं होने देगा। आज, हमें एक गणितीय सूत्र के रूप में ठोस सबूत की आवश्यकता है, एक छोटी मात्रा में ठोस आउटपुट के माध्यम से, न कि एक विलक्षण प्रतिभा से।"

मानव अस्तित्व के कारण के बारे में गहन जिज्ञासा रखने वालों को अंततः हिंदू धर्म और बौद्ध धर्म में इसका उत्तर मिल गया। यदि यह बात आत्मा के देहान्तरण जैसे गहन रहस्यों के बारे में सत्य है, तो हमें 'मृत्यु तक' प्रतीक्षा करनी होगी, क्योंकि हमारे अनेक रहस्यों को केवल महसूस किया जा सकता है, व्यक्त नहीं किया जा सकता।

'कारण और प्रभाव' का सिद्धांत और कर्म का नियम, जो पुनर्जन्म की अनिवार्यता को दर्शाता है, कई दर्शनशास्त्रों की आधारशिला है। इससे यह सवाल उठता है: अगर कोई मानता है कि उसका वर्तमान जीवन उसके पिछले कर्मों का परिणाम है, तो उसके पिछले जन्म का कारण क्या था? इसका उत्तर, एक बार फिर, उसका पिछला जन्म है। इससे यह सवाल उठता है कि उस जन्म का कारण क्या था, इत्यादि।

गुरुजी ने कहा, "जैसे जैसे मनुष्य, जीवन के विभिन्न चरणों से गुज़रते हुए एककोशिकीय से लेकर बहुकोशिकीय जीवों तक विकसित हुआ है, इसलिए

हमें विकास के सिद्धांत को स्वीकार करना चाहिए। किसी समस्या का मूल कारण निर्धारित करना बेहद मुश्किल है।"

गुरुजी ने कहा, "पदमा, सर्वोत्तम मार्ग है 'अच्छा बनो और अच्छा करो', शुद्ध अंतःकरण बनाए रखो, दूसरों और सभी जीवित प्राणियों के प्रति आदर दिखाओ, नैतिक सिद्धांतों का पालन करो, और बाकी सब ब्रह्म को समर्पित कर दो।"

कई सवाल अनुत्तरित रह जाते हैं जो मानवीय तर्क और विवेक की क्षमताओं से परे होते हैं। इन स्थितियों में, एकमात्र समाधान आत्म-जागरूकता या जिसे कभी-कभी 'जीवन का प्रकाश' कहा जाता है, की ओर मुड़ना है। हालाँकि, भले ही हम पुनर्जन्म को पूरी तरह से समझ नहीं पाते हैं, लेकिन यह हमारे तर्क पर महत्वपूर्ण प्रभाव डालता है और हमारे विश्वास को मजबूत कर सकता है। इसलिए, इसे पूरी तरह से खारिज नहीं किया जा सकता है।

वैदिक साहित्य के प्रारंभिक चरण में पुनर्जन्म, पाप या स्वर्ग और नरक की अवधारणाओं का शायद ही कोई संदर्भ था। हालाँकि, जैसे-जैसे वैदिक विचारधारा मौलिक देवताओं की बहुदेववादी धारणा से एकल, सर्वोच्च वास्तविकता की एकेश्वरवादी दृष्टि में विकसित हुई, कर्म का सिद्धांत और आत्मा का पुनर्जन्म मानव चेतना में ईश्वर के शुद्ध अस्तित्व की रक्षा के लिए एक तार्किक आवश्यकता के रूप में उभरा, विशेष रूप से आरण्यक काल के दौरान।

भारतीय ऋषियों ने एक वैकल्पिक दृष्टिकोण प्रस्तुत किया, जिसमें सुझाव दिया गया कि पुनर्जन्म मनुष्य के विकास और ऊतक्रांती का प्रतिनिधित्व करता है। उनके भाग्य के लिए पूरी तरह से कौन जिम्मेदार है? इस दावे का समर्थन करने के लिए कई उदाहरण हैं, जैसे कि।

- कुछ बच्चे न्यूनतम प्रशिक्षण के साथ ही असाधारण कलात्मक या संगीत प्रतिभा प्रदर्शित कर देते हैं, जबकि अन्य व्यापक अभ्यास और प्रशिक्षण के बावजूद संघर्ष

करते हैं।

- एक ही माता-पिता के दो बच्चों की बुद्धि का स्तर बिना किसी स्पष्ट कारण के बहुत भिन्न हो सकता है।
- कई प्रतिभाशाली बच्चे बहुत कम या बिना किसी प्रशिक्षण के असाधारण कौशल प्रदर्शित करते हैं।

गुरुजी ने कहा, "पुनर्जन्म जीवन की संधारणीय शक्ति के रूप में कार्य करता है। जब किसी व्यक्ति के कई सपने और महत्वाकांक्षाएँ अधूरी रह जाती हैं और वह धीरे-धीरे युवावस्था से बुढ़ापे और दुर्बलता की ओर बढ़ता है, तो उसकी आशा कमज़ोर और धुंधली हो सकती है, लेकिन फिर भी वह इस उम्मीद पर कायम रहता है कि वह अपने अगले जन्म में उन सपनों को पूरा करेगा। इस प्रकार, इस दृष्टिकोण से भी, पुनर्जन्म जीवन में एक सौम्य सांत्वना और आराम प्रदान करता है।"

वशिष्ठ, हिंदू धर्मग्रंथों में वर्णित एक प्रमुख ऋषि थे। उन्होंने सबसे पहले ब्रह्माण्ड की रचना के दौरान भगवान ब्रह्मा के पुत्र के रूप में जन्म लिया और

उसके बाद दो बार अनोखे तरीके से पुनर्जन्म लिया, जिसमें प्रत्येक जन्म की अपनी अलग कहानी है।

एक वैकल्पिक दृष्टिकोण यह मानता है कि मृत्यु जीवन की समाप्ति का प्रतिनिधित्व करती है, जिसमें शरीर और आत्मा पाँच तत्वों में विलीन हो जाते हैं, जिसके परिणामस्वरूप अंततः पूर्ण विस्मृति होती है। हालाँकि यह कुछ लोगों के लिए सुविधाजनक और आकर्षक विश्वास हो सकता है, लेकिन यह सार्वभौमिक रूप से स्वीकार्य नहीं है।

पदमा ने आश्चर्यचकित होकर पूछा, “गुरुजी, इन प्रेतों पर कोई कैसे प्रतिक्रिया दे सकता है?”

“हम प्रतिक्रिया करने में असमर्थ हो सकते हैं, लेकिन हम सेनसे के अविश्वसनीय अनुभव की व्याख्या करने में भी असमर्थ हो सकते हैं,” गुरुजी ने मुस्कुराते हुए कहा। “परिणामस्वरूप, मृत्यु के बाद जीवन के अस्तित्व को नकारना बेहद मुश्किल है।”

गुरुजी ने कहा, "किरण, अब हम विचार करें कि आध्यात्मिक साधक का दृष्टिकोण कैसा होना चाहिए। हमें यह स्वीकार करना चाहिए कि मनुष्य में अपार क्षमताएँ हैं और वह परिस्थितियों का शिकार नहीं है।"

बुद्ध ने सारिपुत्त से पूछा, "बौद्ध धर्म की स्थापना के लिए विश्व किसका बहुत बड़ा ऋणी है, क्या जीवन तुम्हारे लिए बोझ है और क्या तुम मृत्यु से मुक्त होना पसंद नहीं करते?"

सारिपुत्त ने उत्तर दिया, "आदरणीय गुरु, मुझे जीवन जीने की कोई इच्छा नहीं है। मैं मरना नहीं चाहता। मैं अपने समय आने तक प्रतीक्षा करता हूँ, जैसे कोई नौकर अपनी मजदूरी का इंतज़ार करता है।"

गुरुजी ने कहा, "किरण, किसी को अपने दम पर कुछ भी हासिल नहीं करना है क्योंकि उसका जीवन ब्रह्म की इच्छा का प्रकटीकरण है। यहां तक कि अगर कोई पुनर्जन्म लेना चाहता है, तो उसे किसी योग्य आध्यात्मिक मिशन को बढ़ावा देने की कोई इच्छा नहीं है, क्योंकि ब्रह्म किसी और से ज़्यादा जानता

है। इस ग्रह पर मसीहा या संदेशवाहक के रूप में किसे भेजा जाना चाहिए? नतीजतन, हम पहचानते हैं कि मनुष्य का सर्वोच्च आदर्श अपने शरीर और मन के विघटन में आनन्दित होना नहीं है, बल्कि पूर्ण - ब्रह्मांडीय एकता के साथ एक होना है। इस प्रकार, हम शारीरिक रूप से कैद, व्यक्तिगत चेतना से मुक्त होने और एक सर्व-चेतना की ओर बढ़ने का प्रयास करते हैं।"

हर आकांक्षी अपने भाग्य का निर्माता होता है और उसके पास या तो पुनर्जन्म के माध्यम से जीवन और मृत्यु के चक्र को दोहराने या उच्च लोकों में चढ़ने का विकल्प होता है। किसी भी चीज़ पर अड़े रहना, चाहे वह आध्यात्मिक हो या सांसारिक, हानिकारक हो सकता है। जैसे-जैसे मृत्यु निकट आती है, व्यक्ति को अपने मन को अस्वस्थ भय, अवांछित इच्छाओं, तर्कहीन लालच या असंयमित क्रोध से मुक्त करना चाहिए। जीवन के भौतिकवादी पहलू से खुद को अलग करने से उनके मांस और रक्त के साँचे में

फँसने और फिर से पीड़ा का अनुभव करने से बच सकता है।

मनुष्य के पास अपने भीतर अपार शक्ति का भंडार है और ब्रह्म के आशीर्वाद से वे भविष्य में पुनर्जन्म की किसी भी संभावना को समाप्त कर सकते हैं। अपने जीवन को आकार देते समय, सांसारिक इच्छाओं और आसक्तियों के सभी निशानों को खत्म करना महत्वपूर्ण है, साथ ही उन कार्यों को भी जो कलंक का कारण बन सकते हैं। ऋषि दत्तात्रेय, जो अपने ज्ञान और तप के लिए प्रसिद्ध हैं, ने घोषणा की कि “जिन्होंने आध्यात्मिक ज्ञान प्राप्त कर लिया है, वे पुनर्जन्म के अधीन नहीं हैं।”

गुरुजी बुद्ध हॉल से यह कहते हुए चले गए, “हम शाम ६ बजे एकत्रित होंगे।”

रूपा भी अक्षय, विद्यार्थी, पदमा और वासुदेव के साथ एकत्रित हुई और प्रवचन पर विचार-विमर्श करने लगी।

अक्षय ने पूछा, "रूपा, हमारी बातचीत के दौरान तुमने कहा था कि 'तुम जो हो' वह सिर्फ उनकी वजह से हैं।"

रूपा ने दृढ़तापूर्वक कहा, "हाँ, मुझे विश्वास है कि यहाँ सभी लोग किसी न किसी कारण से गुरुजी के पास आये हैं, अपना बोझ लेकर, जैसे मैं अपराध बोध का बोझ लेकर आयी हूँ, जैसे पदमा पीड़ा का बोझ लेकर आयी है।"

विद्यार्थी ने पूछा, "आपका मतलब अपराध बोध से है?"

रूपा ने जवाब दिया, "हाँ।"

रूपा ने आगे कहा, "मैंने चौबीस साल की उम्र में शादी कर ली थी, लेकिन मैं तब तक अपनी शादी को टालना चाहती थी जब तक कि मुझे आदर्श करियर नहीं मिल जाता और स्थिरता नहीं मिल जाती।"

मेरे माता-पिता हमेशा मुझे यही सलाह देते थे, "रूपा, कोई भी कभी भी पूरी तरह से स्थिर नहीं हो सकता

या स्थिरता प्राप्त नहीं कर सकता क्योंकि चीजें लगातार बदलती रहती हैं। संतुष्ट रहने के तरीके खोजना महत्वपूर्ण है।"

मेरे माता-पिता के आग्रह के कारण मैंने विवाह कर लिया। इससे मैं अपने वैवाहिक जीवन से असंतुष्ट हो गयी और हर चीज़ में कमियाँ निकालने लगी।

रूपा ने कहा, "मेरे पति हमेशा से एक सज्जन व्यक्ति थे जो किसी भी बात को बहुत गंभीरता से नहीं लेते थे। यहां तक कि जब मैं उनके प्रति अपना गुस्सा जाहिर करती थी, तो वे इस तरह की टिप्पणी करते थे, शायद उसका काम का दिन खराब रहा होगा या वह कुछ ही मिनटों में ठीक हो जाएगी।"

रूपा ने बताया, "मेरे ससुराल वाले अक्सर मुझे परेशान न होने की सलाह देते थे, क्योंकि वे मेरी आलोचना करते थे और मुझे निर्देश देते थे कि क्या करना है और क्या नहीं करना है।"

मुझे लगा कि मेरे ससुराल वाले मुझे पसंद नहीं करते, क्योंकि उनकी सिफ़ारिशें अक्सर मुझे परेशान करती थीं। मैंने उनके घर को छोड़कर अपने माता-पिता के घर वापस जाने के बारे में भी सोचा। जब भी मुझे गुस्सा आता, मैं अपनी झल्लाहट अपने पति पर निकालती, जो बस मुस्कुराकर इसे अनदेखा कर देते। मेरे ससुराल वालों से भिड़ने के बजाय, मेरे पति स्थिति को शांत कर देते।

यह स्थिति कुछ सालों तक बनी रही, जब तक कि मेरी सास को लाइलाज कैंसर का पता नहीं चला, और डॉक्टरों ने हमें बताया कि उनके पास जीने के लिए बस कुछ ही दिन बचे हैं। एक बार, मेरी सास ने मुझे बताया, “मैं हमेशा एक बेटी की चाहत रखती थी, लेकिन मेरा सिर्फ़ एक बेटा था। जब से तुम हमारे घर में आई हो, मुझे हमेशा ऐसा लगता है कि तुम मेरी बेटी हो।” कुछ ही समय बाद उनकी मृत्यु हो गई, लेकिन इस घटना का मुझ पर कोई असर नहीं हुआ। मेरे मन में इतनी नकारात्मकता जमा हो गई

थी कि उसे साफ करना एक कठिन काम लग रहा था।

मेरी सास के गुजर जाने के बाद, मेरा काम का बोझ काफी बढ़ गया। मैं हर किसी पर भड़क जाती थी, और घर एक जीवित दुःस्वप्न में बदल गया। मैंने देखा कि मेरे पति दुखी थे, और वह व्यक्ति जो हमेशा मेरा साथ देते थे, चुप हो गये। मेरे पति अपनी माँ की मृत्यु, असंतुष्ट और क्रोधित पत्नी और एक असहाय पिता के कारण दुःख से जूझ रहे थे।

एक दिन मेरे पति ने मुझे बताया कि उन्हें मुंबई में नौकरी का प्रस्ताव मिला है और अगर मुझे यह मंजूर हो तो वे इसे स्वीकार कर सकते हैं और अपने पिता को भी साथ ले जा सकते हैं। मैंने आवेग में आकर कहा कि वे जो चाहें कर सकते हैं।

रूपा ने कहा, "जब मैंने अपनी मां को बताया तो उन्होंने पूरी योजना पर कड़ी आपत्ति जताई।"

मेरी माँ ने मुझे बताया कि मेरे ससुर की देखभाल करना मेरा कर्तव्य होगा और वे हमारे साथ रहेंगे। मैंने अपनी लापरवाही को पहचाना और माफ़ी मांगी।

एक साल बाद, एक पड़ोसी ने मुझे फोन करके बताया कि मेरे ससुर को अस्पताल ले जाया गया है। वहाँ जाते समय, मेरे पति ने मुझे फोन किया, जोर-जोर से रोते हुए मुझे बताया कि मैंने अपने पंख खो दिए हैं। मैंने उन्हें सांत्वना देने की कोशिश की, लेकिन यह मुश्किल था।

रूपा ने कहा, "मैंने उनके माता-पिता के प्रति उनके सच्चे प्यार और चिंता को देखा... और मेरे मन में बिजली की तरह कुछ कौंधा: अगर कोई प्यार में है, तो क्या वह नाराज़ हो जाएगा?" आखिरकार, मैं अस्पताल पहुँची, जहाँ हर कोई भावुक था, और एक डॉक्टर जिसने मेरे ससुर का इलाज किया था, ने पूछा, "रूपा कौन है?"

डॉक्टर ने कहा, रूपा, "जब तुम्हारे ससुर को बहुत दर्द और तकलीफ हो रही थी, तो उन्होंने मुझे यह पत्र तुम्हें देने के लिए कहा।"

रूपा ने स्वीकार किया, "हमेशा की तरह, मैंने पत्र पढ़ने की ज़हमत नहीं उठाई और बस उसे अपनी बैग में रख लिया। मैं सामान्य रीति-रिवाज़ों का पालन करने में व्यस्त थी।"

रूपा ने अपने पति के व्यवहार में परिवर्तन देखा, जैसे वह अधिक संकोची और अंतर्मुखी हो गये हो, किसी भी कार्य में कम रुचि लेने लगे हो और अपनी ही दुनिया में खोया हुआ प्रतीत होते हो।

एक सुबह जब मैं अपना हैंडबैग व्यवस्थित कर रही थी, तो मुझे डॉक्टर का एक नोट मिला जिसे मैं भूल गई थी। जब मैंने धीरे-धीरे पत्र पढ़ा, तो मेरी आँखों में आँसू आ गए... मुझे यकीन नहीं हुआ कि उस नोट पर क्या लिखा था। बोलते-बोलते रूपा रो पड़ी।

वासुदेव ने आश्चर्यचकित होकर पूछा, "उस नोट में क्या था जिसने आपको इतना परेशान कर दिया?"

रूपा ने खुद को संभाला और बताया, "पत्र की शुरुआत एक शुभकामना संदेश से हुई, 'हमारी प्यारी बेटी रूपा, भगवान शिव की कई सालों की पूजा और प्रार्थना के बाद भी हमें कोई संतान नहीं हुई। आखिरकार, हमें एक बेटे का आशीर्वाद मिला जिसका नाम हमने शिव रखा। मेरी पत्नी हमेशा से चाहती थी कि बुढ़ापे में हमारी देखभाल करने के लिए एक बेटी हो, लेकिन हमें एक बेटा हुआ। जब हम पहली बार आपको आपके घर पर मिले, तो हमें लगा कि भगवान शिव ने हमें एक बेटी दी है, और हम आपको अपने परिवार का हिस्सा पाकर रोमांचित थे।'"

जब तुम परेशान होती थीं या चिल्लाती थीं, तो हमें कभी बुरा नहीं लगता था, क्योंकि हम हमेशा तुम्हें अपनी बेटी मानते थे और सही और गलत के बारे में हमें मार्गदर्शन देने के लिए तुम्हारे अधिकार पर भरोसा करते थे। तुम हमारे परिवार के लिए एकदम

सही जोड़ी थीं और हमें तुम्हें अपने जीवन में स्वागत करने का कोई अफसोस नहीं था। तुम्हारी मेहनत, समर्पण, ईमानदारी और सीधेपन की हमेशा सराहना की गई और हम इस बात से प्रसन्न थे कि तुमने शिव की कितनी अच्छी तरह से देखभाल की और परिवार की ज़िम्मेदारी निभाई। हमें तुम जैसी अद्‌भुत बेटी होने पर गर्व है।

दूसरों की कड़ी मेहनत के लिए आपकी जिम्मेदारी और प्रशंसा की भावना को पहचानते हुए, हमने एक वसीयत बनाई है जो संपत्ति को आपके नाम कर देगी। हमें विश्वास है कि हमारे जाने के बाद भी आप हमारे परिवार की देखभाल करना जारी रखेंगे। आपने हमारे लिए जो कुछ भी किया है, उसके लिए हम आपका आभार व्यक्त करना चाहते हैं।

रूपा जब बोल रही थी तो उसके चेहरे पर आंसू बहने लगे और उसके शब्दों ने वहां उपस्थित सभी लोगों के दिलों को छू लिया, जिससे एक गंभीर माहौल बन गया जो कुछ क्षणों तक हवा में छाया रहा।

रूपा ने पूछा, "क्या मैं मूर्ख नहीं लगती? मैंने हमेशा खुद को पढ़ा-लिखा, प्रतिष्ठित कंपनी में काम करने वाला, लोगों द्वारा सम्मानित और बुद्धिमान समझा है।"

रूपा ने बताया कि यह पत्र उसे परेशान कर रहा था और उसके मानसिक स्वास्थ्य पर बुरा असर डाल रहा था। उसकी हालत दिन-ब-दिन खराब होती जा रही थी और उसका अपराधबोध उसे दबा रहा था। वह अपना ध्यान खो बैठी थी और रातों की नींद हराम हो गई थी। हालाँकि उसके पति ने कई डॉक्टरों से सलाह ली, लेकिन वे उसकी समस्या का समाधान नहीं ढूंढ पाए।

अंततः मेरे पति की मुलाकात गुरुजी से हुई, जिसका मेरे जीवन पर गहरा प्रभाव पड़ा।

दीक्षा - आरंभ करें

"जब आप अपनी विकट परिस्थिति में सर्वोच्चता की उतनी ही चाहत रखते हैं जितनी अपनी अंतिम सांस की, तो हम सुरंग के अंत में प्रकाश देखेंगे।"

अक्षय ने पूछा, "आकांक्ष, मैंने देखा है कि तुम भी अक्सर आसमान की ओर देखते हो, बिल्कुल मेरी तरह। मुझे हमेशा ऊपर की ओर असीम विस्तार को निहारने में कुछ न कुछ आकर्षक लगता है। क्या तुम्हें कभी ऐसा लगता है - कि तुम किसी खास चीज की तलाश कर रहे हो?"

आकांक्ष ने सिर हिलाया और कहा, "बिल्कुल, अक्षय। आकाश की विशालता में कुछ ऐसा है जो मेरे भीतर आश्चर्य की भावना जगाता है। ऐसा लगता है जैसे वहाँ ऊपर एक पूरी दुनिया है, जो खोजे जाने का इंतज़ार कर रही है। क्या तुमने कभी ऐसा महसूस किया है?"

अक्षय मुस्कुराया, "हाँ, मैंने देखा है। ऐसा लगता है जैसे आकाश में रहस्य छिपे हैं जिन्हें हम अभी तक नहीं जान पाए हैं। मुझे आश्चर्य है कि हम इसकी ओर इतने आकर्षित क्यों हैं।"

आकांक्ष ने मुस्कुराते हुए कहा, "जब हम सूर्यास्त की सुंदरता को देखते हैं, जो दिन के अंत और रात की शुरुआत का संकेत देता है, कड़ी मेहनत के एक दिन के बाद आराम करने का समय, एक सितारे की चमचमाती रोशनी के शांतिपूर्ण और शांत वातावरण के तहत जो जल्द ही दिखाई देगा।"

प्रकृति के दो सबसे खूबसूरत पल, भोर और शाम की खूबसूरती, अक्सर हमारी व्यस्त जिंदगी की आपाधापी में नजरअंदाज कर दी जाती है। इसी तरह, भीड़ भरे शहर में शांत चांद चमकता है, फिर भी हम उसकी खूबसूरती की सराहना नहीं कर पाते। अगर आप खुद का सबसे अच्छा अनुभव करना चाहते हैं, तो कुछ समय निकालें और ऐसी जगह पर जाएँ। मैं अक्सर यहाँ आता हूँ, और हर बार जब मैं आता हूँ, तो मुझे

उस शांति और सुकून की याद आती है जिसकी मैं अपने जीवन में चाहत रखता हूँ।

सूरज को देखो। यह काम पर एक लंबे दिन के बाद घर की ओर जा रहा है। माहौल लगातार भयावह होता जा रहा है। सूरज के अस्त होते ही आसमान को देखें और देखें कि कैसे यह आसमान को लाल और नारंगी रंगों से भर देता है, जो एक दिन के अंत और दूसरे दिन की शुरुआत को दर्शाता है। पानी के शांत प्रवाह को देखें, हल्की हवा की लोरी के साथ सोने के लिए तैयार हरे धान के खेत और अपने घोंसलों में लौटते हुए पक्षी। आसमान मनमोहक रंगों से रंगा हुआ है जो मुझे मोहित कर देता है, जिससे मैं हर बार सूरज के अस्त होने या उगने पर समय का ध्यान नहीं रख पाता। इस समुदाय के लोगों के लिए शांत होने का समय आ गया है, चरवाहे मवेशियों और बकरियों को घर ले जा रहे हैं, शाम का अंधेरा, दृश्य पर एक पर्दे की तरह छा रहा है।

सूर्यास्त के बाद, चाँद अपना स्थान ले लेता है, और अंधेरा छा जाता है, जो अपने साथ शांति और प्रार्थनाएँ लेकर आता है। रात्रिचर पक्षी जाग उठते हैं, और आकाश चमकते सितारों की भीड़ से सज जाता है। प्रकाश कीटों, छिपकलियों, उल्लुओं, चमगादड़ों और मेंढकों को आकर्षित करता है, जो सभी एक साथ मिलकर जीवन की सामंजस्यपूर्ण सुसंगतता बनाते हैं।

शांति और स्थिरता के इन क्षणों में, हम अपने आस-पास के वातावरण और इस दुनिया में अपने स्थान के बारे में अधिक जागरूक हो जाते हैं। हम हर चीज़ के परस्पर संबंध को समझते हैं और जीवन के सभी रूपों की सुंदरता की सराहना करते हैं। इसलिए, एक पल के लिए रुकें, आसमान की ओर देखें और प्रकृति की शांति में डूब जाएँ।

अक्षय ने कहा, “आकांक्ष, यह सबसे लुभावना सूर्यास्त है जो मैंने कभी देखा है!”

बुद्ध "हम प्रतिक्रिया करने में असमर्थ हो सकते हैं, लेकिन हम सेंसेना के अविश्वसनीय अनुभव की व्याख्या करने में भी असमर्थ हो सकते हैं," गुरुजी ने मुस्कुराते हुए कहा। "परिणामस्वरूप, मृत्यु के बाद जीवन के अस्तित्व को नकारना बेहद मुश्किल है। हॉल भक्तों से भरा हुआ था, उनके चेहरे मोमबत्तियों की कोमल झिलमिलाहट से चमक रहे थे। वे एक साझा उद्देश्य से एकत्र हुए थे, अपनी आध्यात्मिक यात्रा को और गहरा करने के लिए, और ऐसा करने के लिए यह एक आदर्श स्थान था।

जैसे ही गुरुजी हॉल में दाखिल हुए, कमरे में सन्नाटा छा गया। सभी की निगाहें उन पर टिकी थीं, उनके ज्ञानवर्धक शब्दों का इंतज़ार कर रही थीं। उन्होंने कमरे के सामने अपना स्थान ग्रहण किया, और भक्त भी उनके पीछे बैठ गए, वे सुनने के लिए उत्सुक थे कि वे क्या कहना चाहते हैं।

रूपा ने हाथ उठाकर पूछा, “गुरुजी, मैं ईश्वर की शक्ति से सीधे कैसे जुड़ सकती हूँ? मुझे ऐसा लगता

है कि मैं कुछ खोज रही हूँ, लेकिन मुझे नहीं पता कि इसे कैसे पाऊँ।"

गुरुजी ने घोषणा की, "एक जीवित मनुष्य भौतिक स्तर पर आवृत्ति के एक संगठित शरीर के माध्यम से कार्य करने वाली सर्वोच्च शक्ति का परिणाम है जो उसमें चेतना की स्थिति पैदा करता है। मनुष्य तब सांस लेता है जब सर्वोच्च शक्ति का प्राण (जीवन श्वास) उसके शारीरिक ढांचे से होकर गुजरता है, लेकिन जब वह प्राण खुद की ओर वापस चला जाता है तो वह जीवित चीज़ नहीं रह जाता है।"

जब किसी व्यक्ति में सभी क्रियाशील गतिविधियाँ बंद हो जाती हैं, तो क्या बचता है? केवल पदार्थ का एक निष्क्रिय पिंड जिसे हम शरीर कहते हैं, जीवन या उस महत्वपूर्ण ऊर्जा से रहित जो पहले उसके भीतर धड़क रही थी। यह पहले जैसा ही रूप और पदार्थ रखता है, लेकिन इसमें वह जीवंतता नहीं होती जो इसे बेजान या मृत के रूप में पहचानती है।

मैं आपको एक कहानी सुनाता हूँ: अभिलाष नाम का एक युवक बहती नदी में स्नान कर रहे एक साधु के पास गया।

अभिलाष ने पूछा, "वह ईश्वर को कैसे पा सकता है?"

भिक्षु ने अभिलाष से उसके पास आने को कहा। भिक्षु उसे गहरे पानी में ले गया, दोनों हाथों से उसे पानी में धकेलते हुए, लगभग मरने तक, जब तक उसे एहसास नहीं हुआ कि वह कौन है।

"तुमने मेरे साथ क्या किया है?" अभिलाष ने हताश होकर सांस फूलाते हुए कहा।

भिक्षु ने तीव्रता से मुस्कुराते हुए कहा, "जब आप अपनी विकट परिस्थिति में ईश्वर के लिए उतनी ही लालसा करते हैं, जितनी अपनी अंतिम सांस के लिए?"

साधु ने कहा, "तुम्हारी इच्छा ऐसी होनी चाहिए कि वह बहुत तीव्र हो, अत्यंत भावुक हो, तथा तुम्हारे मार्ग में लेशमात्र भी संदेह न हो। यह सत्य इसी

तीव्रता के कारण उभर कर आएगा। यह एक पल में हो सकता है! आपको बस अपनी आंतरिक आग की पूरी ताकत को महसूस करना है।"

भिक्षु ने अभिलाष से कहा, "तुम्हारा निर्णय पूर्ण होना चाहिए और इसके लिए कठोर प्रयास की आवश्यकता होगी। बहार के प्रकाश को देखने के लिए, सभी को इस चैनल से गुजरना होगा। 'केवल एक ही बलिदान की आवश्यकता है कि तुम अपना पूरा अस्तित्व वेदी पर रख दो'।"

भिक्षु ने आगे कहा, "यह एक ऐसी यात्रा है जिसके लिए अनुशासन, समर्पण और भक्ति की आवश्यकता होती है। आपको मन और शरीर की शांति का अभ्यास करना चाहिए, आंतरिक जागरूकता विकसित करनी चाहिए और सभी चीजों की दिव्य प्रकृति को समझने का प्रयास करना चाहिए। यह एक ऐसा मार्ग है जिसके लिए धैर्य और दृढ़ता की आवश्यकता होती है, लेकिन समय और प्रयास के साथ, आप पाते हैं कि ईश्वर

आपके बाहर नहीं, बल्कि आपके भीतर है, जो खोजे जाने का इंतज़ार कर रहा है।"

गुरुजी ने कहा, "रूपा, भिक्षु, आपके अस्थिर विचारों का उल्लेख कर रहा है। शुरुआत में, यह कठिन, नीरस और मुश्किल हो सकता है क्योंकि भले ही आप थोड़ी देर के लिए आराम करें, आपका दिमाग जल्दी से पुराने पैटर्न पर वापस आ जाएगा, पुरानी यादें फिर से जगाएगा और बहुत शोर मचाएगा। आध्यात्मिक ज्ञान प्राप्त करने के लिए, व्यक्ति को सबसे पहले खुद से जुड़ना सीखना चाहिए और अपने भीतर दिव्य उपस्थिति का एहसास करना चाहिए। यह आत्म-खोज और आध्यात्मिक जागृति की यात्रा है जिसके लिए निरंतर प्रयास और अभ्यास की आवश्यकता होती है। हालाँकि, जैसे ही आप इस यात्रा पर निकलते हैं, आपको पता चलता है कि पुरस्कार अथाह हैं, और इसके साथ आने वाली शांति और तृप्ति की तुलना नहीं की जा सकती है।"

गुरुजी ने कहा, “रूपा, रहस्यवाद आदिम रचनात्मक सिद्धांत में गहराई से उतरता है, जो जीवन का प्रकाश है। अन्य दर्शनों के विपरीत जो अव्यक्त के प्रकट पहलू और अनिर्मित के निर्माण पर ध्यान केंद्रित करते हैं, रहस्यवाद पहले रचनात्मक सिद्धांत की ही खोज करता है। इस सिद्धांत की विशेषता ध्वनि (शब्द-शब्द) और प्रकाश (ज्योति) है, जो कंपन करने वाली शक्तियां हैं जो सृजन को जन्म देती हैं।”

हमारे संवाद की प्रक्रिया उच्च क्षेत्र से सचेत संबंध से शुरू होती है, जो हमारे शरीर (देहा) के साथ इस भौतिक दुनिया में रहते हुए वर्तमान क्षण में आनंद की एक अवर्णनीय भावना प्रदान करती है। यह ऊर्जा कंपन या आवृत्ति विविध ध्वनियों और रंगों को जन्म देती है और साधक को कई क्षेत्रों से होकर अंततः परम चेतना (सर्वशक्तिमान) तक ले जाती है।

हमारे पास पर्याप्त पाठ्य साक्ष्य हैं।

शमास तबरेज़, “हे शमास! ईश्वर की आवाज़ सुनो, जो तुम्हें अपने पास बुला रही है।”

यह उद्धरण आध्यात्मिक जागृति के महत्व और ईश्वरीय आह्वान के प्रति सचेत रहने की आवश्यकता पर जोर देता है। यह सुझाव देता है कि ईश्वर की आवाज़ हमेशा मौजूद रहती है, और इसे सुनना और प्रतिक्रिया देना व्यक्ति पर निर्भर करता है।

बाइबिल में सेंट जॉन के सुसमाचार १४:६ के अनुसार, इसुने अपने शिष्यों से कहा, "मार्ग, सत्य और जीवन मैं ही हूँ; बिना मेरे द्वारा कोई पिता के पास नहीं पहुँच सकता।"

यूहन्ना के सुसमाचार के अध्याय १४ की आयत ६ में दर्ज है कि इसुने अपने शिष्य से कहा, "मार्ग, सत्य और जीवन मैं ही हूँ। बिना मेरे द्वारा कोई पिता के पास नहीं आ सकता," जैसा कि बाइबल में बताया गया है।

गुरुजी ने कहा, "अक्षत, मांग और आपूर्ति का नियम प्रकृति का एक मूलभूत सिद्धांत है, जो हमेशा से मौजूद रहा है और आगे भी रहेगा। प्रकृति अपने जीवों के लिए भोजन, पानी, प्रकाश और ऑक्सीजन प्रदान

करती है, और अगर हम प्रकृति के सच्चे सार को समझें और उसके साथ सामंजस्य बिठाकर रहें तो कोई कमी नहीं होगी। प्रकृति एक आत्मनिर्भर प्रणाली है, और जब असंतुलन होता है, तो यह संतुलन और सामंजस्य बहाल करने के लिए आपदाओं, महामारी और अन्य प्राकृतिक आपदाओं के माध्यम से खुद को स्थिर करती है।"

गुरुजी ने बताया कि पूरे इतिहास में महान् गुरुओं, पैगम्बरों और मसीहाओं ने न केवल शारीरिक सहायता प्रदान की है, बल्कि आध्यात्मिक मार्गदर्शन भी दिया है। उन्होंने हमें ईश्वर से जुड़ने और अव्यवस्था और अशांति के बीच आंतरिक शांति खोजने का मार्ग दिखाया है। एक बार जब वे अपना उद्देश्य पूरा कर लेते हैं, तो वे अपने-अपने लोकों में लौट जाते हैं।

सुसमाचार ९:५ के अनुसार: ईसुने कहा, "जब तक मैं संसार में हूं, मैं संसार का प्रकाश हूं।"

प्रकृति बिना किसी शून्यवकाश के निरंतर कार्य करती है, और सर्वशक्तिमान की कृपा से पुनर्जनन प्रक्रिया

बिना किसी अंत के जारी रहती है। जब भी मानवीय भूल से कोई शून्य पैदा होता है, तो सर्व-चेतना आगे आती है और काम को आगे बढ़ाने के लिए उसे भर देती है। इसकी तुलना किसी घिसे-पिटे या क्षतिग्रस्त हिस्से को बदलने से की जा सकती है, जिसमें कभी-कभी जीवित प्राणियों को 'जीवन के प्रकाश' की निरंतरता सुनिश्चित करने के लिए कष्ट उठाना पड़ता है।

गुरुजी ने कहा, "अक्षत, महान गुरुओं, जिनमें जरथुस्त्र, कन्फ्यूशियस, ईसा, कृष्ण, मोहम्मद और अन्य शामिल हैं, ने एक चेतन संबंध स्थापित किया है जिसे आमतौर पर 'क्राइस्ट चेतना' या 'कृष्ण चेतना आदि' के रूप में जाना जाता है।"

गुरुजी ने कहा, "हमने समय-समय पर गुरुओं को देखा है।"

जब वे इस सांसारिक दुनिया को छोड़ते हैं, तो वे मानव जाति के लिए पुरोहित साहित्य के रूप में मूल्यवान अनुभव और शिक्षाएँ छोड़ जाते हैं। हम

भाग्यशाली हैं कि हमारे पास परम सत्य को समझने के लिए इतने सारे पवित्र शास्त्र हैं।

इस भौतिक दुनिया से महान गुरुओं का जाना मानवता के लिए पवित्र साहित्य के रूप में अनुभवों और शिक्षाओं का खजाना छोड़ जाता है। हम भाग्यशाली हैं कि हमारे पास वेद, उपनिषद, पुराण, महाभारत और रामायण, भगवद गीता, कुरान, पुराने और नए नियम, आदि ग्रंथ, त्रिपिटक, महायान सूत्र और बहुत कुछ जैसे कई पवित्र ग्रंथों तक पहुँच है। हालाँकि ये ग्रंथ अलग-अलग हो सकते हैं, लेकिन वे सभी सार्वभौमिक चेतना के एक ही परम सत्य को व्यक्त करते हैं। जिन लोगों ने ज्ञान प्राप्त किया है, वे इन पवित्र ग्रंथों में बताए गए सत्य को समझते हैं और उसका अनुभव करते हैं और उन लोगों के लिए आदर्श के रूप में काम करते हैं जो उनके नक्शेकदम पर चलना चाहते हैं।

गुरुजी ने कहा, "प्रबुद्ध व्यक्ति सभी प्राणियों में, सभी दिशाओं में, तथा हर समय, प्रत्येक आत्मा के

भीतर प्रवाहित होने वाली एक सार्वभौमिक जीवन शक्ति के रूप में ईश्वर अनुभव करता है।"

गुरुजी ने कहा, "अक्षत, दीक्षा या नवप्रवेशका कार्य एक व्यक्ति को पवित्र किया जाना या पारंपरिक दीक्षा समारोह में भाग लेना शामिल है, जिसे 'दीक्षा' के रूप में जाना जाता है। दीक्षा के तरीके व्यक्ति की परंपरा के आधार पर अलग-अलग होते हैं, गुरु-शिष्य परंपरा (परंपरा) में सतगुरु हिंदू धर्म, बौद्ध धर्म और जैन धर्म में दीक्षा के लिए जिम्मेदार होते हैं। ईसाई धर्म में, दीक्षा में आमतौर पर बपतिस्मा और पुष्टि शामिल होती है, जबकि यहूदी धर्म में, वे इसे 'बत मिट्ज्वा' के रूप में जानते हैं।"

दीक्षा प्राप्त करने वाले व्यक्ति को उच्चतर लोकों की ओर ले जाने वाले गूढ़ मार्ग की शिक्षा प्राप्त होगी। 'आंतरिक यात्रा' की शुरुआत आज्ञा चक्र या शिव नेत्र को सक्रिय करके की जाती है, जिसमें भौंहों के बीच और आँखों के मध्य के पीछे संवेदी धाराओं को खींचना और संचित करना शामिल है। दूसरी तरफ़

जाने के बाद, दीक्षा प्राप्त व्यक्ति गुरु के साथ एक संबंध स्थापित कर सकता है और आंतरिक क्षेत्र में अपने अनुभवों की पूरी और सचेत याद के साथ वापस आ सकता है।

उच्चतम तल पर, न तो स्थान और न ही समय मौजूद है, और न ही कारण और प्रभाव की कोई अनंत श्रृंखला है। इसके बजाय, व्यक्ति के अपने ब्रह्मांड के भीतर एक निरंतर उपस्थिति होती है जिसमें वह रहता है। आत्मा (व्यक्तिगत आत्मा) और सर्वोच्च (परम आत्मा) के बीच संचार अलौकिक विचार तरंगों या कंपन के माध्यम से होता है।

आत्मा को, किताबों या वाणी से नहीं, बल्कि आत्मा से ज्ञान मिलता है। ब्रह्मांड के रहस्यों को समझने के लिए मन को खाली करना पड़ता है, जिससे हृदय में प्रकाश आता है।

इसलिए मौलाना रूमी कहते हैं: "आत्मा को आत्मा से ही ज्ञान प्राप्त होता है, न कि किताब से और न

ही जीभ से। रहस्यों का ज्ञान मन की शून्यता के बाद आता है, जो हृदय की रोशनी है।"

नियमित आध्यात्मिक अभ्यास या साधना में संलग्न होकर, दीक्षित व्यक्ति उच्चतर स्तरों के साथ सचेतन संबंध स्थापित कर सकता है और अंततः उनके साथ एकीकृत होने की स्थिति तक विलीन हो सकता है।

अपोस्टल पौल गलाति २:२० में कहते है कि उनको मसीह के साथ क्रोस पर चढ़ाया गया है और फिर भी वह अभी भी जीवित है। हालाँकि, वह समझाता है कि वह जीवित नहीं है, बल्कि मसीह उसके भीतर रहता है। पौल पुष्टि करते है कि परमेश्वर के विश्वास का पुत्र, जिसने उससे प्रेम किया और अपने आप को उसके लिए दे दिया, वह उनके भौतिक शरीर में अभी के जीवन को बनाए रखती है।

पौल कहना आरम्भ करते है, गलाति २:२०: "मैं मसीह के साथ क्रोस पर चढ़ाया गया हूं; फिर भी मैं जीवित हूं; मैं नहीं, पर मसीह मुझ में जीवित है; और मैं शरीर में अब जो जीवित हूं तो केवल उस विश्वास से

जीवित हूं जो परमेश्वर के पुत्र पर है, जिस ने मुझसे प्रेम किया और मेरे लिये अपने आप को समर्पित किया।"

संक्षेप में, गुरु ईश्वरीय योजना का एक जागरूक सहयोगी है। दीक्षा के बाद, गुरु व्यक्ति के सूक्ष्म या प्रकाशमय शरीर में निवास करते है और उनकी यात्रा के अंत तक उनके साथ रहते है। वे व्यक्ति के साथ विलीन हो जाते हैं, आत्मा को उनमें आत्मसात करने की पहल करते हैं, एक हो जाते हैं। यदि कोई शिष्य धर्म के मार्ग से भटक जाता है, तो गुरु उन्हें वापस मार्गदर्शन करते हैं, चाहे इस जीवन में हो या अगले जीवन में।

इस भौतिक क्षेत्र से विदा होने के लिए बाध्य होने के बावजूद, महान गुरु प्रकाश (ज्योति) और ध्वनि (शब्द) के रूप में बने रहते हैं। जबकि हममें से कई लोग उनके लिए जीने और मरने की इच्छा रखते हैं, हम अक्सर इस बात से अज्ञान हैं कि उनके साथ कैसे जुड़ें। ऐसा संचार संभव और प्राप्त करने योग्य

है, और हम इसके माध्यम से खुद को आनंद की स्थिति में बदल सकते हैं।

प्रकाशितवाक्य १:१०-१६ में, संत योहान अपने आध्यात्मिक अनुभवों का वर्णन करते हैं। वे प्रभु के दिन एक समाधि की स्थिति में होने का वर्णन करते हैं जब उन्होंने अपने पीछे तुरही जैसी आवाज़ सुनी। आवाज़ ने खुद को आल्फ़ा और ओमेगा, पहला और आखिरी के रूप में पहचाना, और योहान को निर्देश दिया कि वह जो कुछ भी देखे उसे रिकॉर्ड करे और एशिया की सात चर्च में भेजे। जब योहान ने मुड़कर देखा, तो उसने सात सुनहरे दीवटों और उनके बीच में खड़े मनुष्य के पुत्र जैसी एक आकृति को देखा। उस आकृति ने अपनी छाती के चारों ओर एक सुनहरा करधनी के साथ एक लंबा वस्त्र पहना हुआ था, उसके बाल बर्फ की तरह सफेद थे, उसकी आँखें आग की लपटों की तरह थीं, और पैर परिष्कृत पीतल की तरह थे जैसे कि वे भट्ठी में जल रहे हों। उसकी आवाज़ कई पानी की आवाज़ की तरह थी। अपने दाहिने हाथ में, उसने सात तारे पकड़े हुए थे, और उसके मुँह से

एक तेज़, दोधारी तलवार निकल रही थी। उसका चेहरा सूरज की ताकत से चमक रहा था।

मैं प्रभु के दिन आत्मा में था, और मैंने अपने पीछे तुरही के समान एक बड़ा शब्द यह कहते हुए सुना, "मैं आल्फा और ओमेगा हूँ, प्रथम और अंतिम: और जो कुछ तू देखता है, उसे पुस्तक में लिख ले और उसे एशिया की सातों कलीसियाओं के पास भेज दे; अर्थात् इफिसुस, स्मुरना, पिरगमुन, थुआतीरा, सरदीस, फिलाडेल्फ़िया, और लौदीकिया को।" और मैं उस शब्द को देखने के लिये मुड़ा, जो मुझसे बोल रहा था। और जब मैं मुड़ा, तो मैंने सात सोने की दीवटें देखीं; और उन सात दीवटों के बीच में मनुष्य के पुत्र सदृश एक पुरुष को देखा, जो पाँव तक का वस्त्र पहिने, और छाती पर सोने का पटुका बाँधे हुए था। उसका सिर और बाल ऊन वरन् हिम के समान श्वेत थे, और उसकी आँखें आग की ज्वाला के समान थीं, और उसके पाँव उत्तम पीतल के समान थे, मानो भट्ठी में जलाए गए हों, और उसका शब्द बहुत जल के शब्द के समान था। वह अपने दाहिने हाथ में सात

तारे लिये हुए था, और उसके मुख से चोखी दोधारी तलवार निकलती थी, और उसका मुंह ऐसा प्रज्वलित था मानो सूर्य कड़ी धूप के समय चमकता हो।

गुरुगण सबसे गहन रहस्यों को उजागर नहीं करते हैं, जैसा कि शमास तबरेज़ ने भी स्वीकार किया है, "जब मैं अपने प्रियतम की कहानी सुनाने की कोशिश करता हूँ तो मेरी कलम लड़खड़ा जाती है और पृष्ठ फट जाता है।"

शमास तबरेज़ कहते हैं, "जब प्रियतम की कहानी प्रस्तुत करने की बात आती है, तो मेरी कलम लड़खड़ा जाती है, और पृष्ठ फट जाता है।"

प्राचीन गुरुओं ने दिव्य गुप्त सिद्धांत को एक पवित्र जिम्मेदारी के रूप में सुरक्षित रखा और अपने वफादार अनुयायियों के साथ इसका केवल एक हिस्सा साझा किया। हालाँकि, इसकी सही समझ केवल आत्म-परीक्षण के माध्यम से ही प्राप्त की जा सकती है। पूर्ण गुरु की सहायता और आशीर्वाद प्राप्त करके, व्यक्ति अपने सच्चे स्व को खोज सकता है और

आत्मनिरीक्षण और ध्यान के उलटफेर के माध्यम से अपने भीतर गहराई तक जा सकता है। यह व्यक्ति को उस वास्तविकता का अनुभव करने में सक्षम करेगा जो सभी सापेक्षता से परे है और अनंत मूल्य के एक अनमोल रत्न को उजागर करता है।

गुरुजी ने कहा, "अक्षत, एक नश्वर मनुष्य, तुरंत एक शाश्वत आत्मा में परिवर्तित हो गया, जिसने निर्जीव पदार्थ और जीवित आत्मा के रहस्य को विलीन कर दिया। परिणामस्वरूप, 'जीवन' और 'मृत्यु' के रहस्य का उत्तर मिल गया है, क्योंकि जीवन केवल क्षणभंगुर और अल्पकालीन हर चीज की परछाई के माध्यम से व्यतीत होता है, हर कदम पर जीत के साथ मृत्यु को निगलता है।"

गुरुजी ने कहा, "रूपा, ब्रह्मांड, मनुष्यों की तरह, 'जीवन सिद्धांत' को व्यक्त करता है, जो जीवित चेतना का सिद्धांत है जो विभिन्न डिग्री में मौजूद है। यह सिद्धांत भौतिक तत्वों के परमाणुओं में भी मौजूद है और भौतिक तत्वों में भी जो लगातार

लयबद्ध गति में चलते हैं, उन पर सर्वोच्च की क्रिया के कारण त्वरित क्रम में पैटर्न बनाते और सुधारते हैं।"

संक्षेप में कहें तो ब्रह्मांड की बुद्धि शाश्वत और सर्वव्यापी है, जो हर परमाणु में निवास करती है। उप-परमाणु कण एक ब्रह्मांडीय नृत्य करते हैं, जो शिव के लास्य और तांडव की याद दिलाता है, जो जीवन शक्ति का प्रतीक है, और इसकी लय के अनुसार चलता है। गूढ़ ब्रह्मांड विज्ञान के अनुसार, पदार्थ अपने अंतर्निहित बंधन बल के बिना स्वतंत्र रूप से अस्तित्व में नहीं रह सकता है, और इस प्रकार, निर्जीव पदार्थ की अवधारणा की अवहेलना की जाती है। पदार्थ केवल ऊर्जा का एक संघनित रूप है।

गुरुजी ने कहा, "उप-परमाणु स्तर पर, भौतिक कण उत्सर्जन और पुनः अवशोषण के माध्यम से एक दूसरे के साथ बातचीत करते हैं, जिसमें अन्य कणों का निर्माण और विनाश शामिल होता है। आधुनिक भौतिक शाश्त्र बताती है कि प्रत्येक उप-परमाणु कण

एक ऊर्जावान नृत्य में संलग्न होता है, जो लगातार निर्माण और विनाश के चक्र से गुजरता है।"

श्री कृष्ण, भगवद गीता के अध्याय ७ के श्लोक ८ में दोहराते हैं कि वे सभी अस्तित्व का मूल हैं, जिसमें जल का स्वाद और सूर्य और चंद्रमा की चमक भी शामिल है। वे पवित्र ध्वनि ओम का प्रतिनिधित्व करते हैं, जो सभी वैदिक ग्रंथों में मौजूद है, और वह ध्वनि जो अंतरिक्ष में गूंजती है। यह श्लोक इस धारणा को रेखांकित करता है कि परम सत्य भौतिक क्षेत्र से परे है।

रसोऽहमप्सु कौन्तेय प्रभास्मि शशिसूर्ययोः ।
प्रणवः सर्ववेदेषु शब्दः खे पौरुषं नृषु ॥८॥

अर्थः "हे कुन्ती पुत्र! मैं ही जल का स्वाद हूँ, सूर्य और चन्द्रमा का प्रकाश हूँ, मैं वैदिक मंत्रों में पवित्र अक्षर ओम हूँ, मैं ही अंतरिक्ष की ध्वनि और मनुष्यों में सामर्थ्य हूँ।"

किसी भी फल के सेवन से फ्रुक्टोज या मिठास की मौजूदगी की पुष्टि की जा सकती है। करेले का स्वाद

कड़वा होता है क्योंकि इसमें सैपोनिन और टेरपेनोइड नामक बायोएक्टिव यौगिक मौजूद होते हैं, और वे काली मिर्च के तीखेपन का श्रेय कैप्साइसिन को देते हैं।

श्री कृष्ण कहते हैं कि वे अपनी शक्ति के सभी रूपों में विद्यमान हैं, यहां तक कि जल के स्वाद में भी।

गुरुजी ने मुस्कुराते हुए पूछा, "क्या पानी का कोई स्वाद होता है?"

अक्षय ने उत्तर दिया, "नहीं, गुरुजी।"

गुरुजी ने कहा, "पानी में अपने आप में कोई खास स्वाद नहीं होता। पानी में घुले खनिज और अन्य खनिजों की वजह से इसका स्वाद अलग होता है।"

गुरुजी ने अक्षय से पूछा, "क्या तुमने कभी अपनी सूखी जीभ पर कुछ खाने योग्य रखने की कोशिश की है?" "क्या तुम्हें खाने में कोई स्वाद महसूस हुआ?"

“नहीं, गुरुजी,” अक्षय ने कहा। “मैंने इसके बारे में कभी नहीं सोचा।”

गुरुजी मुस्कुराए और बोले, “जब हमारी जीभ की लार भोजन के साथ मिलती है, तभी हम उसका स्वाद ले पाते हैं। हम अपनी जीभ की स्वाद कलिकाओं के माध्यम से स्वाद का अनुभव करते हैं।”

गुरुजी ने कहा, “सभी पदार्थों का स्वाद बताना जल का अंतर्निहित गुण है; जल के बिना स्वाद नहीं होगा।”

गुरुजी ने आगे कहा, “हालाँकि, श्री कृष्ण पानी के भौतिक स्वाद की बात नहीं कर रहे हैं। वे पानी के सार के बारे में बात कर रहे हैं, जो जीवन को बनाए रखता है और सभी जीवित प्राणियों के लिए आवश्यक है। श्री कृष्ण पानी का स्वाद हैं, जीवन शक्ति जो इसके माध्यम से बहती है और इसे इसके आवश्यक गुण प्रदान करती है।”

जिस तरह फ्रुक्टोज फल की मिठास की पुष्टि करता है, उसी तरह पानी श्री कृष्ण की जीवन शक्ति की पुष्टि करता है। और जिस तरह करेले में कड़वा यौगिक और काली मिर्च में कैप्साइसिन उन्हें अपना अलग स्वाद देते हैं, उसी तरह श्री कृष्ण की विभिन्न ऊर्जाएँ ब्रह्मांड की विविध अभिव्यक्तियों को जन्म देती हैं। परिणामस्वरूप, श्री कृष्ण खुद को पानी का स्वाद बताते हैं।

श्री कृष्ण के अनुसार, आकाश (ईथर) ध्वनि को प्रसारित करने में सक्षम बनाता है, और वे ध्वनि सहित सभी ऊर्जा का अंतिम स्रोत हैं। वैदिक मंत्र उन्हें मूल शब्द 'ओम' के रूप में पहचानते हैं, जो कि आवश्यक ध्वनि है। वे सभी प्रकार की ऊर्जा, जैसे कि सूर्य और चंद्रमा का प्रकाश, का मूल हैं। उनकी ऊर्जा पूरे ब्रह्मांड में व्याप्त है, सबसे छोटे उप-परमाणु कणों से लेकर अंतरिक्ष की विशालता तक। श्री कृष्ण को सभी ऊर्जा के सर्वोच्च स्रोत के रूप में पहचानना हमें उनकी दिव्य शक्ति तक पहुँचने और अपनी अंतिम क्षमता को अनलॉक करने की अनुमति दे सकता है।

गुरुजी ने कहा, “अक्षय, हमारी समझ और अनुभव के अनुसार, हम सभी ब्रह्म (ईश्वर) की खोज में हैं। आत्म-अनुशासन और आत्म-शुद्धि की एक लंबी और थकाऊ उत्क्रांति की प्रक्रिया के बाद, परम आत्मा (सभी चेतना) ने अंततः आत्मा (आत्मा) को उसके घर वापस ले गये।”

सेंट जॉन के सुसमाचार ६:४४ के अनुसार, यह कहा गया है कि कोई व्यक्ति इसु के पास तब तक नहीं आ सकता जब तक कि उसे भेजने वाले पिता द्वारा उसके पास नहीं खींचा जाता, और इसु उसे अंतिम दिन जीवित कर देंगे।

सेंट जॉन के सुसमाचार ६:४४ में: “कोई भी मेरे पास नहीं आ सकता है जब तक पिता, जिसने मुझे भेजा है, उसे मेरे पास नहीं खींचता है, और अंतिम दिन मैं उसे उठाऊंगा।”

‘अंतिम दिन’ शब्द उस क्षण को संदर्भित करता है जब किसी की आत्मा भौतिक शरीर (देहा) को छोड़ देती है और उस व्यक्ति के पास वापस लौट जाती है

जिसने उसे इस लोक में भेजा था, वह भी सहजता, आराम और उत्सव की स्थिति में।

अक्षय ने गुरुजी से पूछा, "संगीत की शक्ति क्या है?"

गुरुजी ने उत्तर दिया, "इस प्रश्न का कोई एक उत्तर नहीं है, क्योंकि आध्यात्मिक विकास की ओर हर किसी की यात्रा अलग-अलग होती है। हालांकि, मेरा मानना है कि संगीत, जो भक्तिपूर्ण है और दिव्य पर केंद्रित है, हमें अपने अंतरतम से जुड़ने में मदद करने में शक्तिशाली हो सकता है। चाहे वह मंत्रों का जाप हो, भजन गाना हो या आध्यात्मिक संगीत सुनना हो, महत्वपूर्ण बात यह है कि संगीत को हमें हमारी रोजमर्रा की चिंताओं से परे ले जाने और हमें दिव्य से जोड़ने की अनुमति दें।"

गुरुजी ने आगे कहा, "आधुनिक विज्ञान के अनुसार, ध्वनि तरंगें आस-पास के वातावरण में कंपन करती हैं। रेडियो और रडार के आविष्कारों ने बिना किसी संदेह के साबित कर दिया है कि इन ध्वनियों को पकड़ा, खींचा और रिकॉर्ड किया जा सकता है। संगीत

में मानव आत्मा को ऊपर उठाने और चेतना की उच्च अवस्थाओं तक ले जाने की एक अनूठी शक्ति है। जिस तरह एक सतगुरु दीक्षा के दौरान व्यक्ति की आत्मा को उच्च आवृत्ति पर ट्यून करता है, संगीत भी वही काम कर सकता है। संगीत के कंपन हमारे अस्तित्व में गहराई से प्रवेश कर सकते हैं और हमारे अंतरतम को जागृत कर सकते हैं, जिससे हम दिव्य से जुड़ सकते हैं।"

गुरुजी ने संगीत की शक्ति पर आगे विचार करते हुए अक्षय को कुछ उदाहरण दिए कि किस प्रकार इतिहास में विभिन्न संस्कृतियों और संदर्भों में संगीत का प्रयोग किया गया है।

- नाविकों और खलासीओ के लिए, संगीत उनके प्रयासों को समन्वित करने और एक टीम के रूप में एक साथ काम करने का एक तरीका रहा है। पाल और पतवारों को खींचते समय वे जो लयबद्ध चीखें निकालते हैं, वे उनकी हरकतों को समन्वयित करने और उन्हें लहरों की गति के साथ लय में रखने

में मदद करती हैं। यह न केवल उन्हें अधिक कुशल बनने में मदद करता है, बल्कि सौहार्द और टीमवर्क की भावना को भी बढ़ावा देता है।

- कई संस्कृतियों में नृत्य और संगीत एक दूसरे से जुड़े हुए हैं। नर्तक संगीत के साथ एक सुर में नृत्य करते हैं, जिससे उनके शरीर को संगीत की भावनाओं और लय को व्यक्त करने का मौका मिलता है। यह दूसरों और ईश्वर से जुड़ने का एक शक्तिशाली तरीका हो सकता है, क्योंकि यह हमें खुद की सीमाओं से आगे बढ़ने और किसी बड़ी चीज़ का हिस्सा बनने की अनुमति देता है।
- अंतिम संस्कार के समय, शोक संतप्त लोगों के लिए अक्सर धीमी आवाज़ में ढोल बजाया जाता है। ढोल की धीमी, गंभीर लय लोगों को किसी प्रियजन के खोने पर होने वाले दुख और शोक को व्यक्त करने में मदद कर सकती है, साथ ही यह प्रक्रिया को अनुष्ठान और समारोह की भावना भी प्रदान करती है।

अक्षयने गुरुजी के उदाहरणों को ध्यानपूर्वक सुना और महसूस किया कि संगीत सहस्राब्दियों से मानव संस्कृति और आध्यात्मिकता का अभिन्न अंग रहा है।

गुरुजी ने कहा, "संगीत में व्यक्ति को सांसारिक भौतिक स्तर से हटाकर उसकी भावनाओं को बढ़ाने तथा व्यक्ति की जानकारी के बिना ही उसके छुपे हुए आंसुओं को बाहर निकालने की शक्ति होती है।"

खलील जिब्रान के इस कथन का तात्पर्य है कि संगीत आत्मा के लिए संचार के एक माध्यम के रूप में कार्य करता है, अस्तित्व के रहस्यों को उजागर करता है तथा सामंजस्य और संघर्षों का समाधान लाता है।

खलील जिब्रान - "संगीत आत्मा की भाषा है। यह जीवन की कुंजी खोलता है, शांति लाता है और संघर्ष को समाप्त करता है।"

सांसारिक संगीत के गहन प्रभाव को देखते हुए, दिव्य संगीत की क्षमता पर विचार करें। यह भौतिक

जागरूकता से परे जाने और दिव्य सिम्फनी के साथ तालमेल बिठाने का एक उत्थानकारी, कायाकल्प करने वाला अनुभव हो सकता है। दिव्य क्षेत्र, पूर्ण, सामंजस्यपूर्ण, जीवंत और उज्ज्वल है और इसकी अंतिम अभिव्यक्ति प्रेम है, जिसे 'जीवन का प्रकाश' कहा जाता है।

सेंट जॉन के रचित सुसमाचार ८:१२ में लिखा है कि इसु ने स्वयं को संसार का प्रकाश घोषित किया और वादा किया कि जो कोई उसका अनुसरण करेगा, उसे कभी अंधकार का अनुभव नहीं होगा, बल्कि जीवन का प्रकाश मिलेगा।

सेंट जॉन के सुसमाचार ८:१२ "मैं दुनिया का प्रकाश हूँ। जो कोई मेरा अनुसरण करता है वह कभी भी अंधकार में नहीं चलेगा, बल्कि जीवन का प्रकाश प्राप्त करेगा।"

परम सत्य या परम तत्व तक पहुँचने के लिए, सांसारिक क्षेत्र से अपने सच्चे घर तक पहुँचने के लिए, कई स्तरों और उप-स्तरों से गुज़रना ज़रूरी है।

यह यात्रा कठिन और ख़तरनाक होगी। व्यक्तिगत मानसिक स्तर पर पहुँचना असंभव होगा, और रास्ते में कई मोड़ होंगे, लेकिन सही पथप्रदर्शक के साथ, आप अपनी मंज़िल तक पहुँच जाएँगे।

मौलाना रूमी हमें आध्यात्मिक पथ पर चलने वाले किसी साथी साधक की तलाश करने की सलाह देते हैं, क्योंकि यह मार्ग स्वयं अनगिनत खतरों और जोखिमों से भरा है, जिन्हें किसी साथी यात्री के मार्गदर्शन के बिना समझना कठिन हो सकता है।

मौलाना रूमी - "मार्ग का एक यात्री खोजो, क्योंकि ऐसे यात्री के बिना मार्ग अंतहीन खतरों और अकल्पनीय खतरों से भरा है।"

सत्र के बाद, अक्षय, वासुदेव, विद्यार्थी, किरण और पदमा दिन की घटनाओं पर विचार करने के लिए एकत्र हुए। जब वे बातचीत में मग्न थे, तभी रूपा आ गई और उनके साथ शामिल हो गई। जब वे बातचीत कर रहे थे, विद्यार्थी को रूपा के योग प्रशिक्षक बनने के मार्ग के बारे में जिज्ञासा हुई और

उन्होंने पूछा, "रूपा, क्या आप हमें बता सकती हैं कि आप योग प्रशिक्षक कैसे बनीं?"

रूपा अपने मित्रो के चेहरों पर उत्सुकता देखकर मुस्कुराई। "ऐसा लगता है कि मेरी कहानी ने आपकी दिलचस्पी जगा दी है," उसने टिप्पणी की, और कमरे में हंसी की आवाज़ गूंज उठी। पदमा ने भी कहा, "तुम्हारे पास दर्शकों को आकर्षित करने का एक तरीका ज़रूर है, रूपा। तुमने हम सभी को अपनी सीटों से बांधे रखा था।"

रूपा ने हंसते हुए कहा, "शुरू में जब मैं गुरुजी के पास गई तो मुझे संतुष्टि नहीं मिली। मैं बेचैन, निराश महसूस कर रही थी और मुझे किसी भी चीज़ पर भरोसा नहीं था। लेकिन मैं अपने पति को खुश रखने के लिए गुरुजी मिली।"

रूपा ने बताया कि गुरुजी से मिलने के लिए एक घंटे तक इंतज़ार करने के दौरान उसने कई अविश्वसनीय और आकर्षक घटनाएँ देखीं। उसने देखा कि लोग संतोष और शांति से भरे हुए थे और माहौल

सकारात्मक ऊर्जा से भरा हुआ था। रूपा ने एक आकर्षक बगीचे को भी देखा जो जीवन से भरा हुआ था, जिसमें जीवंत तितलियाँ और भिनभिनाती मधुमक्खियाँ थीं। पेड़ हवा में शान से झूम रहे थे, ज़मीन पर तरह-तरह के रंग-बिरंगे फूल सजे हुए थे। पक्षी चहचहा रहे थे और गा रहे थे, और सब कुछ शांतिपूर्ण और खुश लग रहा था।

रूपा ने आह भरते हुए बताया, “मैं इनमें से किसी भी चीज़ का आनंद नहीं ले सकी, क्योंकि मेरे ऊपर बहुत ज़्यादा बोझ था।”

अपने जीवन में चुनौतीपूर्ण दौर से गुजरने के कारण, रूपा के दोस्तों ने उसके संघर्ष को समझते हुए सहानुभूति में सिर हिलाया।

रूपा ने अपनी कहानी जारी रखते हुए कहा, “लेकिन मुझे नहीं पता था कि कुछ असाधारण होने वाला था। जब हम वहाँ बैठे थे, तो गुरुजी के पास आते ही भक्त हमारे चारों ओर श्रद्धा से इकट्ठा हो गए। वह हमारे करीब बैठे और कुछ मिनटों तक मेरी आँखों में

देखते रहे। उनका भाव इतना तीव्र और सम्मोहक था कि मुझे उनसे सवाल पूछने की इच्छा हुई।"

रूपा ने बताया कि उत्सुकता के साथ मैंने हिम्मत जुटाई और गुरुजी से पूछा, 'जीवन का उद्देश्य क्या है?'

गुरुजी मुस्कुराए और बोले, "रूपा, क्या तुम आनंद में नाचते हुए फूल देख सकती हो? वे नाजुक होते हुए भी मजबूत, कोमल होते हुए भी तेज हवाओं से लड़ते हैं। वे क्षणभंगुर होते हैं लेकिन आत्मविश्वासी होते हैं। क्या तुमने कभी ऐसा फूल देखा है जो घबराया हुआ या असुरक्षित लगता हो? उन्हें पूरा यकीन है कि वे हमेशा यहीं रहेंगे। क्या यह अविश्वसनीय नहीं है - बस एक पल का अस्तित्व और अनंत काल में ऐसा विश्वास?"

क्या तुमने कभी किसी फूल के पास जाकर उससे संवाद करने की कोशिश की है? बहुत देर तक चुप रहो और फूलों की मस्ती सुनने के लिए अपने कान खोलो। तुम्हें सच्चाई का एहसास होगा: यह न केवल

आनंद में नाचता है, बल्कि हवा के माध्यम से एक संदेश भी भेजता है, अपने प्रियतम को फुसफुसाता है, और अपनी खुशबू फैलाकर सबको खुश करता है। 'यह सुंदर लगता है क्योंकि यह दूसरों को सुंदर बनाता है।' अपने आप को देखो, रूपा। तुम सोच रही हो, "इसका उद्देश्य क्या है?"

हम बिना सोचे-समझे कई सवाल पूछते हैं - आप किसी के प्यार में पड़ जाते हैं और सोचते हैं, "इसका क्या मतलब है?"

आप अपने सबसे भरोसेमंद व्यक्ति का हाथ अपने हाथ में लेते हैं और पूछते हैं, "इसका क्या मतलब है?"

आप अपनी मरती हुई माँ का हाथ पकड़ते हैं और सोचते हैं, "इस सबका क्या मतलब है?"

आप अभी भी इसे थामे हुए हैं, लेकिन जीवन बीत चुका है और हाथ अब जीवित नहीं है। आप पूछते रहते हैं, "इसका क्या मतलब है?"

गुरुजी आगे झुके और कोमल स्वर में बोले, “रूपा, तुम देखो, जीवन हमेशा एक बिंदु या उद्देश्य खोजने के बारे में नहीं है। कभी-कभी, यह प्रत्येक क्षण की सुंदरता और आश्चर्य को स्वीकार करने के बारे में है। जब आप प्यार में पड़ते हैं, तो भविष्य की चिंता किए बिना खुशी और जुड़ाव के क्षणों का आनंद लें। जब आप अपने सबसे भरोसेमंद व्यक्ति का हाथ पकड़ते हैं, तो उनके द्वारा आपको दिए गए आराम और समर्थन की सराहना करें। और जब आप अपनी मरती हुई माँ का हाथ पकड़ते हैं, तो आपके साथ बिताए गए समय और आपके साथ जुड़ी यादों को संजोएँ। जीवन एक क्षणभंगुर और अनमोल उपहार है, और इसका अधिकतम लाभ उठाना हम पर निर्भर है।”

गुरुजी ने आगे कहा, “रूपा, हम सभी एक दिव्य नाटक का हिस्सा हैं। हम यहाँ जीवन की सुंदरता का अनुभव करने, अपने अनुभवों से सीखने और बढ़ने, तथा प्यार करने और प्यार पाने के लिए हैं। कोई भव्य योजना नहीं है, कोई निर्धारित गंतव्य नहीं है, और कोई अंतिम उद्देश्य नहीं है। जीवन ही उद्देश्य

है, और इसका अधिकतम लाभ उठाना हम पर निर्भर है। जीवन की सरल चीजों, प्रकृति की सुंदरता, प्रियजनों के साथ होने की खुशी और अपने चेहरे पर सूरज की रोशनी की भावना की सराहना करें। आप जो हैं, अपने अनूठे गुणों और अपनी ताकत और कमजोरियों के लिए आभारी रहें, और खुद का सबसे अच्छा संस्करण बनने का प्रयास करें। जीवन एक अनमोल उपहार है, इसलिए इसे संजोएं, इसका आनंद लें और हर पल का अधिकतम लाभ उठाएं।"

गुरुजी ने मुस्कुराते हुए कहा, "जीवन में कोई उद्देश्य नहीं है; जीवन एक उद्देश्य है; जीवन सरल है; बस आप जो हैं, आप कैसे दिखते हैं, इसकी सराहना करें और प्रसन्न रहें।"

नदी बह रही है; हवा बह रही है; पत्ते गिर रहे हैं; सूरज उग रहा है; आप प्यार में पड़ जाते हैं... ऊर्जा प्रचुर है, चमकदार है, और बिना किसी स्पष्ट कारण के एक लय में नाचती है। यह केवल प्रदर्शन करने के बारे में नहीं है, बल्कि यह आपके बारे में अधिक

है - आप कैसा महसूस करते हैं, जीवन का अनुभव करते हैं, और प्रत्येक क्षण की सराहना करते हैं। जीवन एक दौड़ या प्रतियोगिता नहीं है; यह एक यात्रा है जहाँ आप अपने जहाज के कप्तान हैं। आप या तो हवा, जहाज को जहाँ भी ले जाना चाहती हैं, उसे ले जाने दे सकते हैं, या आप नियंत्रण कर सकते हैं और अपने गंतव्य की ओर अपना रास्ता बना सकते हैं। शक्ति आपके भीतर है, और ब्रह्मांड हमेशा आपका मार्गदर्शन करने के लिए मौजूद रहेगा। इसलिए अपनी चिंताओं को छोड़ दें, जीवन की सुंदरता को अपनाएँ, और अपने हृदय की लय पर नृत्य करे।

गुरुजी ने कहा, "रूपा, यह जीवन दिव्य संगीत है, एक अलिखित कविता है, और एक अथाह प्रेम प्रसंग है। कोई अप्रिय प्रश्न मत पूछो। जैसे ही तुम यह प्रश्न पूछोगी, तुम इस सुंदर जीवन से अलग हो जाओगी।"

एक दार्शनिक प्रश्न आपके जीवन के अनुभव को जोड़ नहीं सकता। बस अपनी तर्कसंगत और

विश्लेषणात्मक सोच को एक तरफ रख दें और आप जैसे हैं वैसे ही रहें। खुद को अधिक सजाने के लिए कोई अतिरिक्त पंख या रंग न जोड़ें। आप जैसे हैं वैसे ही खूबसूरत हैं।

गुरुजी ने अपनी आँखें बंद कीं और एक मिनट के लिए मेरे सहस्रार चक्र (सिर) पर अपनी हथेली रखी। उनका स्पर्श गर्म और आरामदायक लगा। फिर, उन्होंने अपने अंगूठे से मेरे शिव नेत्र को धीरे से छुआ और मुझे अपने शरीर में अचानक ऊर्जा का प्रवाह महसूस हुआ। ऐसा लगा जैसे बिजली की एक लहर मेरे अंदर से गुज़री हो, जिससे मेरी साँस फूल गई और मैं काँपने लगी।

रूपा ने बताया, “उस पल, मुझे एक गहन आध्यात्मिक जागृति का अनुभव हुआ। ऐसा लगा जैसे मेरा पूरा अस्तित्व वापिस स्थापित हो गया हो। मुझे स्पष्टता और उद्देश्य की भावना महसूस हुई जो मैंने पहले कभी अनुभव नहीं की थी।”

गुरुजी ने चुप्पी तोड़ी और सलाह दी, “रूपा, योग और ध्यान का अभ्यास जारी रखो, और तुम अपने भीतर सत्य की खोज कर पाओगी।” ऐसा कहकर वे चले गए, और रूपा तथा अन्य लोगों को विस्मय और आश्चर्य की स्थिति में छोड़ गए।

रूपा ने पूछा, “क्या तुम्हें और कुछ चाहिए? इस सटीक क्षण ने मेरे जीवन की दिशा बदल दी है। मैं आभारी हूँ कि मुझे सहायक माता-पिता, अच्छे ससुराल वाले, धैर्यवान जीवनसाथी और क्षमाशील गुरुजी मिले।”

पदमा ने जवाब दिया, “मैं रूपा को समझ सकती हूँ; निश्चय ही गुरुजी दयालु है।”

रूपा ने मुस्कुराते हुए जवाब दिया, “हाँ, गुरुजी वास्तव में दयालु हैं, और मैं अपने जीवन में उन्हें पाकर धन्य महसूस करती हूँ। उनके स्पर्श ने मुझे बदल दिया है, और मैं हमेशा उनके लिए आभारी रहूँगी। अब मुझे ऐसा नहीं लगता कि मैं अपने बोझ में डूब

रही हूँ। मेरा एक उद्देश्य है: दूसरों तक योग और उसके लाभों का संदेश फैलाना।"

वासुदेव ने कहा, "यह आश्चर्यजनक है कि कैसे एक पल सब कुछ बदल सकता है। मैं आपकी कहानी से प्रेरित हूँ, रूपा, और मैं योग का अभ्यास करने की कोशिश करूँगा।" किरण और अक्षय ने सहमति में सिर हिलाया।

अध्याय १.२

जीवन शाश्वत है

“जीवन शाश्वत है क्योंकि समय अनंत काल से अनंत काल तक आगे बढ़ता रहता है, एक के बाद दूसरा रूप लेता है, प्रकट होता है, गायब होता है और समुद्र की लहरों की तरह पुनः प्रकट होता है।”

अक्षय स्थिर खड़ा रहा, और उस जगह की भव्यता को निहारता रहा, जहाँ वह खुद को महसूस कर रहा था। ऐसा लग रहा था जैसे समय रुक गया हो, और वह दुनिया में अकेला व्यक्ति बचा हो। सन्नाटा बहरा कर देने वाला था, फिर भी यह शांतिपूर्ण था। जैसे ही उसने घाटी के उस पार देखा, उसने महसूस किया कि ठंडी हवा उसके चेहरे पर छू रही है, जो अपने साथ आस-पास की वस्तुओं के कंपन को ले जा रही है, जो सभी 'ओम' के शब्द से ओतप्रोत हैं। ऐसा लग

रहा था जैसे ब्रह्मांड उससे ऐसी भाषा में बात कर रहा हो जिसे वह समझ नहीं सकता था, लेकिन वह जानता था कि इसका गहरा अर्थ है।

इस जगह की वीरानी और बेजानपन के बावजूद, उसे आस-पास की सृष्टि में ज़बरदस्त सुंदरता का अहसास हुआ। ऐसा लग रहा था जैसे इस जगह में कोई रहस्य छिपा है, कोई संकेत जिसे समझना ज़रूरी है। और फिर, जैसे कि उसके विचारों के जवाब में, उसने एक अस्पष्ट आवाज़ सुनी जो उसे घेर रही थी। यह एक ऐसी आवाज़ थी जिसे वह ठीक से पहचान नहीं पाया, लेकिन वह जानता था कि यह महत्वपूर्ण थी।

जैसे ही उसने अपनी आँखें बंद कीं और ध्वनि पर ध्यान केंद्रित किया, उसे एहसास हुआ कि यह ब्रह्मांड की ध्वनि थी, सृष्टि की शाश्वत ध्वनि। यह एक ऐसी ध्वनि थी जो उसकी आत्मा के साथ प्रतिध्वनित हुई, उसे उसके आस-पास की हर चीज़ से जोड़ती थी। और उस पल, अक्षय को पता चला कि उसे वह मिल गया है जिसकी उसे तलाश थी। वह जानता था कि वह

ब्रह्मांड से एक ऐसे तरीके से जुड़ा हुआ था जैसा वह पहले कभी नहीं था और यह संबंध उसे जीवन भर की यात्रा में मार्गदर्शन करेगा।

प्राचीन दर्शन ने 'होनापन' और 'अस्तित्व' के बीच एक स्पष्ट रेखा खींची। मूलरूपी क्षेत्र 'सच्चे अस्तित्व' के क्षेत्र का प्रतिनिधित्व करता है, जो अपरिवर्तनीय और कालातीत है, जबकि 'अस्तित्व' अभिव्यक्ति और प्रगति है, विकास की दुनिया में एक बाहरी और आगे की गति, एक क्षण से दूसरे क्षण तक निरंतर उतार-चढ़ाव और कायापलट का क्षेत्र।

चिकित्सा, शरीर विज्ञान, वनस्पति विज्ञान, पुष्प विज्ञान और बागवानी के विशेषज्ञ मानव चयापचय या किसी भी जीवित प्राणी, चाहे वह फूल, पेड़, फल, कीट या जानवर हो, के भीतर रासायनिक और यांत्रिक कार्यप्रणाली पर पर्याप्त ज्ञान प्रदान कर सकते हैं। हालाँकि, वे उनके अस्तित्व के कारणों, उनके जीवन को कैसे बनाए रखते हैं, उनका उद्देश्य क्या हैं, जीवन

में क्या शामिल है और चेतना की प्रकृति के बारे में नहीं बता सकते।

गुरुजी ने कहा, “जीवन शाश्वत है।”

पदमा ने कहा, “जीवन शाश्वत है!”

गुरुजी ने कहा, “हाँ, पदमा, ब्रह्मांडीय चक्र दर्शाता है कि यह एक अनंत प्रक्रिया है जो अनिश्चित काल तक चलती रहती है। जीवन शाश्वत है क्योंकि समय अनंत काल से अनंत काल तक आगे बढ़ता रहता है, एक के बाद एक रूप लेता है, प्रकट होता है, गायब होता है, और समुद्र की लहरों की तरह फिर से प्रकट होता है।”

प्रकृति जीवन का एक विशाल भंडार है जहाँ ऊर्जा स्थिर रहती है और इसे उत्पादित या समाप्त नहीं किया जा सकता है। अनिवार्य रूप से, ऊर्जा संरक्षण के नियम के अनुसार, ऊर्जा को एक रूप से दूसरे रूप में परिवर्तित किया जा सकता है। परिवर्तन के बावजूद, रूपांतरण एक सेकंड के अंश के भीतर होता

है। इस सार्वभौमिक घटना को आम तौर पर 'मृत्यु' के रूप में जाना जाता है।

गुरुजी ने कहा, "पदमा, क्या एक रूप की मृत्यु एक स्थान पर और दूसरे रूप का जन्म किसी दूसरे स्थान या किसी दूसरे तल पर होता है? समुद्र से उठने वाला अदृश्य वाष्प मरकर दृश्यमान बादल बन जाता है, और दृश्यमान बादल के हिस्से बारिश बन जाते हैं और समुद्र में वापस चले जाते हैं। और यह प्रकट होने, गायब होने और फिर से प्रकट होने की एक कभी न खत्म होने वाली और निरंतर प्रक्रिया है, जिसके परिणामस्वरूप कारण और प्रभाव की कभी न खत्म होने वाली श्रृंखला बन जाती है।"

गुरुजी ने कहा, "पदमा, जीवन शाश्वत है।"

पदमा मुस्कुराती है और सिर हिलाती है...

गुरुजी ने आगे कहा, "इसी प्रकार, जब आत्मा मांस या मानव शरीर में प्रवेश करती है, तो वह अपने चक्र या समय के क्रम में एक नया स्थान ग्रहण करती है, जैसे कि पुत्र, भाई, पति, पिता, दादा, इत्यादि।"

यह सोचना उल्लेखनीय है कि जीवन की शुरुआत दो सूक्ष्म जीवित कोशिकाओं - शुक्राणु और अंडाणु के बीच एक संलयन से होती है। सूक्ष्म और आंखों से अदृश्य, वे एक युग्मनज (दो अगुणित युग्मकों के संलयन से उत्पन्न) बनाने के लिए एक साथ आते हैं, जो अंततः एक भ्रूण में विकसित होता है और एक नवजात शिशु के रूप में जन्म लेता है।

जैसे-जैसे बच्चा बढ़ता है और शैशवावस्था, बचपन, किशोरावस्था, युवावस्था और मध्य आयु से गुजरता है, वह कई तरह के बदलावों और परिवर्तनों का अनुभव करता है। जीवन का प्रत्येक चरण नई चुनौतियाँ, अनुभव और सबक लेकर आता है।

अंततः, व्यक्ति वृद्धावस्था में पहुँच जाता है, और उसका शरीर धीमा पड़ जाता है। वे अधिक भुलक्कड़ या कमज़ोर हो सकते हैं, लेकिन उन्हें जीवन भर के अनुभव और ज्ञान का लाभ भी मिलता है। यह वह बिंदु है जहाँ वे बूढ़े हो जाते हैं, फिर से बच्चे बन

जाते हैं, लेकिन उनके पास जीवन भर की यादें और अनुभव होते हैं।

जब उसके अंदर की आत्मा वापस चली जाती है, तो चक्र समाप्त हो जाता है, जिसके परिणामस्वरूप उसके आस-पास के लोग सदमे और भ्रम में पड़ जाते हैं। साथ ही, इस सांसारिक क्षेत्र में अपने पूरे समय में उसने जो रिश्ते बनाए थे, उनमें भी शून्यता आ जाती है। ब्रह्मांडीय नियम के अनुसार, भौतिक शरीर विघटित होकर ब्रह्मांडीय जलाशय में विलीन हो जाता है, और प्राण, या जीवन धारा, ब्रह्मांडीय जीवन सिद्धांत के साथ मिल जाती है।

गुरुजी मुस्कुराये और बोले, "पदमा, यह तथ्य दृश्यमान और अदृश्य दोनों ब्रह्मांडों में सभी जीवित प्राणियों पर लागू होता है।"

"गुरुजी, अवलोकनीय ब्रह्मांड!" पदमा ने पूछा।

गुरुजी ने मुस्कुराते हुए कहा, "पदमा, अवलोकनीय ब्रह्मांड एक गोला है जिसके केंद्र में पृथ्वी है, और इसकी सीमाएँ ब्रह्मांड की शुरुआत से अब तक की

सबसे दूर की रोशनी द्वारा परिभाषित की गई हैं। हालाँकि, इस सीमा से परे एक अदृश्य ब्रह्मांड है, जिसके बारे में माना जाता है कि यह उससे कहीं ज़्यादा बड़ा है जिसे हम वर्तमान में देख सकते हैं। वैज्ञानिकों का अनुमान है कि अदृश्य ब्रह्मांड का आयतन अवलोकनीय ब्रह्मांड के आयतन से कम से कम पंद्रह मिलियन गुना ज़्यादा हो सकता है, लेकिन यह हमारी वर्तमान समझ के आधार पर सिर्फ़ एक अनुमान है। जैसे-जैसे तकनीक और ज्ञान आगे बढ़ेगा, हम ब्रह्मांड के अदृश्य हिस्सों के बारे में नई जानकारी प्राप्त कर सकते हैं।"

अवलोकनीय ब्रह्मांड उस ब्रह्मांड का हिस्सा है जिसे हम पृथ्वी से देख सकते हैं, और इसमें हमारी दृष्टि रेखा के भीतर सभी आकाशगंगाएँ, तारे और ग्रह शामिल हैं। हालाँकि, ब्रह्मांड के कुछ हिस्से ऐसे भी हैं जिन्हें हम सीधे देख नहीं सकते। इन अवलोकनीय हिस्सों में अन्य आयाम या समानांतर ब्रह्मांड भी शामिल हो सकते हैं जो हमारी वर्तमान समझ से परे हैं। यह ब्रह्मांड के सभी हिस्सों में रहने वाले सभी

जीवों पर लागू होता है, चाहे वे अवलोकनीय हों या अवलोकनीय न हों।

गुरुजी ने कहा, "मृत्यु वह नहीं है जो दिखती है या जिसे हम आमतौर पर समझते हैं। पृथ्वी पर मृत्यु और जीवन केवल सह संबद्ध शब्द हैं। वास्तव में, दोनों के बीच कोई अंतर नहीं है, और वे एक दूसरे से अलग नहीं हो सकते क्योंकि मृत्यु जीवन को समाप्त नहीं कर सकती। मृत्यु जीवन की शुरुआत है, और जीवन मृत्यु की शुरुआत है। यह एक सिक्के के दो पहलुओं की तरह है जो अपनी धुरी पर घूम रहे हैं।"

भावुक होकर पदमा को लगा कि वह अभी भी अपनी यादों से परेशान है। पूज्य गुरुजी से सच्चाई जानने के बावजूद, वह इस भावना से मुक्त नहीं हो पा रही थी कि वह अभी भी झूठ या भ्रम के आवरण में है। अपने गहरे विचारों से बाहर निकलकर, उसने खुद को संभालने की कोशिश की।

गुरुजी ने पूछा, "किरण, क्या हम दिन और रात, प्रकाश और अंधकार के आने और जाने के परिवर्तन का अवलोकन करते हैं? कुछ मान्यताओं के अनुसार, मृत्यु पूर्ण विलुप्ति या विनाश का संकेत न भी दे सके।"

गुरुजी ने पूछा, "पदमा, तुम अभी भी अपने प्यारे पति और बच्चे के प्रति आसक्ति का बोझ ढो रही हो, जो अब तुम्हारे जीवन में नहीं हैं। हम स्वीकार करते हैं कि चेतना एक स्तर से दूसरे स्तर पर जाती है। एक ओर, जीवन एक अंतहीन चक्र है। जीवन के बाद होने वाली तथाकथित मृत्यु जीवनहीनता नहीं है, बल्कि एक अलग स्थान पर, पृथ्वी तल पर या किसी अन्य तल पर, एक अलग रूप, नाम और परिस्थितियों के साथ एक अलग रूप में जीवन है जो व्यक्ति के कर्म पर आधारित है, जो कि कर्म के अटल नियम द्‌वारा निर्धारित होता है: 'जैसा बोओगे, वैसा ही काटोगे।'"

प्रसिद्ध गुरुओं की शिक्षाएँ इस बात की गवाही देती हैं कि 'जीवन' और 'मृत्यु' शब्द केवल भाषाई निर्माण हैं। द्वैत के दायरे में, मृगतृष्णा का भ्रम केवल एक बाहरी अभिव्यक्ति या किसी की आंतरिक चेतना का सतही उतार-चढ़ाव है।

गुरुजी ने कहा, "पदमा, ये ब्रह्मांडीय चक्र में केवल दृश्यमान और अदृश्य चरण हैं जिनसे सभी जीवित प्राणियों को गुजरना पड़ता है। जबकि मृत्यु भयावह, दुखद और चिंताजनक लग सकती है, बाद का पुनर्जन्म अब तक ज्ञात की तुलना में कहीं अधिक आनंददायक और उत्तम हो सकता है।"

गुरुजी ने कहा, "पदमा, अब निर्णय करो कि परिस्थिति पर शोक मनाना है या खुशियाँ मनानी क्योंकि वे हमेशा के लिए चले गए हैं।"

कबीर की कविताएँ अक्सर जीवन, मृत्यु और आत्मा की यात्रा पर एक अनूठा दृष्टिकोण प्रस्तुत करती हैं। हंस के उड़ जाने का उनका रूपक, जीवन की नश्वरता और मृत्यु की अनिवार्यता की एक मार्मिक याद

दिलाता है। हालाँकि हम हंस की उड़ान या अपने गुज़रने के क्षण को नियंत्रित नहीं कर सकते, लेकिन हम इस विश्वास में सांत्वना पा सकते हैं कि आत्मा शाश्वत है और इस भौतिक क्षेत्र से परे अपनी यात्रा जारी रखेगी।

जहाँ तक गिरे हुए पत्ते के रूपक की बात है, यह जीवन और मृत्यु के प्राकृतिक चक्र के लिए एक सुंदर सादृश्य है। जिस तरह एक पत्ता पेड़ से गिरता है और धरती में सड़ जाता है, वह जीवन के चक्र का हिस्सा बन जाता है, मिट्टी को पोषण देता है और नए विकास को पोषण देता है। इसी तरह, जब हमारा भौतिक शरीर मर जाता है, तो यह जीवन और मृत्यु के प्राकृतिक चक्र का हिस्सा बन जाता है, धरती पर वापस लौटता है और नए जीवन को पोषण देता है।

हालाँकि इस जीवन में हमारे पास जो शरीर था, उसे फिर से पाना संभव नहीं है, लेकिन कई आध्यात्मिक परंपराएँ पुनर्जन्म की अवधारणा में विश्वास करती हैं, जहाँ आत्मा कई जन्मों की अपनी यात्रा के दौरान

एक नया भौतिक रूप धारण करती है। पुनरुत्थान का विचार, एक तरह से, आत्मा का एक नए रूप में पुनर्जन्म है।

अंततः, चाहे हम पुनर्जन्म, पुनरुत्थान, या केवल जीवन और मृत्यु के प्राकृतिक चक्र में विश्वास करते हों, ये रूपक हमें सभी चीजों के परस्पर संबंध की याद दिला सकते हैं और मृत्यु की अपरिहार्यता का सामना करने में सांत्वना प्रदान कर सकते हैं।

गुरुजी ने कहा, "मृत्यु के बाद हम जो रास्ता अपनाते हैं, वह इस बात से निर्धारित होता है कि हमने जीवित रहते हुए क्या किया।"

गुरुजी मुस्कुराते हुए आश्वासन देते हैं कि गुरु उनकी यात्रा जारी रखेंगे, जबकि व्यक्ति गुरु के साथ अपने जीवन के कार्य के आधार पर अपना मार्ग खोजेगा।

गुरुजी ने कहा: "गुरु अपने मार्ग पर चलेंगे, और आप अपने जीवन काल में आपने और गुरु ने जो किया उसके आधार पर अपना मार्ग खोज लेंगे।"

गुरुजी ने कहा कि जीवन और हवा एक जैसे हैं, दोनों ही रहस्यमयी शक्तियां हैं जो हमारे नियंत्रण और प्रत्याशा से परे हैं। हालाँकि हम उनके अस्तित्व को महसूस कर सकते हैं और उनके प्रभाव को देख सकते हैं, लेकिन हम उनके स्रोत और अंतिम गंतव्य से अनजान रहते हैं। हवा की चंचलता को अपनाकर, हम अज्ञात के आकर्षण और ब्रह्मांड की अनंत संभावनाओं को स्वीकार कर सकते हैं।

गुरुजी ने टिप्पणी की कि आध्यात्मिक रूप से पुनर्जन्म लेने वाले सभी व्यक्ति समान हैं। यह भावना जॉन के सुसमाचार में दी गई शिक्षाओं से मेल खाती है, जहाँ ईसुने जोर देकर कहा है कि ईश्वर के राज्य को समझने और उसमें प्रवेश करने के लिए व्यक्ति को पुनर्जन्म से गुजरना होगा। इस पुनर्जन्म में जल और आत्मा दोनों से जन्म लेना शामिल है, क्योंकि जो शरीर से पैदा होता है वह शरीर है, और जो आत्मा से पैदा होता है वह आत्मा है।

योहान रचित सुसमाचार से ३:३,३:५,३:६,३:८:

योहान रचित सुसमाचार ३:३: इसु ने उसको उत्तर दिया, “मैं तुझ से सच सच कहता हूँ; यदि कोई नये सिरे से न जन्मे तो परमेश्वर का राज्य देख नहीं सकता।”

योहान रचित सुसमाचार ३:५: “मैं तुम से सच कहता हूं, बिना जल और आत्मा से जन्मे कोई भी व्यक्ति परमेश्वर के राज्य में प्रवेश नहीं कर सकता।”

योहान का सुसमाचार ३:६: “जो शरीर से जन्मा है, वह शरीर है; और जो आत्मा से जन्मा है, वह आत्मा है।”

योहान का सुसमाचार ३:८: हवा जहाँ चाहे वहाँ चलती है। आप उसकी आवाज़ सुनते हैं, लेकिन आप यह नहीं बता सकते कि वह कहाँ से आती है या कहाँ जा रही है। आत्मा से जन्मे हर व्यक्ति के साथ ऐसा ही होता है।

हवा की अप्रत्याशित प्रकृति, यह आध्यात्मिक रूप से पुनर्जन्म लेने वाले व्यक्तियों के लिए एक रूपक के रूप में कैसे कार्य करती है उस पर प्रकाश डाला गया है।जिस तरह हवा स्वतंत्र रूप से बहती है और इसकी उत्पत्ति और गंतव्य अज्ञात रहता है, उसी तरह आत्मा से जन्मे लोग भी अप्रत्याशित होते हैं, ईश्वरीय इच्छा द्वारा निर्देशित होते हैं और उन्हें नियंत्रित करना या पूरी तरह से समझना असंभव है।

गुरुजी ने कहा, "पदमा, प्रत्येक मृत्यु या भौतिक रूप के विघटन के साथ, शरीर से मुक्त हुई आत्मा अपनी शक्ति को नवीनीकृत करती है, शक्ति और सामर्थ्य में वृद्धि करती है, तथा पहले से ज्ञात से कहीं अधिक विस्तारित चेतना प्राप्त करती है।"

मौलाना रूमी अपने परिवर्तन और विकास के अनुभवों पर विचार करते हैं, उन्हें मृत्यु और पुनर्जन्म की एक श्रृंखला के समान बताते हैं। वे कहते हैं कि उन्होंने अपने पुराने रूपों को त्याग दिया है जैसे एक खनिज एक पौधा बन जाता है, एक पौधा एक जानवर बन

जाता है, और एक जानवर एक इंसान बन जाता है। इन परिवर्तनों से डरने के बजाय, वे स्वीकार करते हैं कि इनसे उनका कोई नुकसान नहीं हुआ है।

फिर वह एक और मौत की कल्पना करता है, जहाँ वह अपने मानव रूप से परे हो जाएगा और स्वर्गदूतों में शामिल हो जाएगा, अपने स्वर्गदूतीय स्वभाव का त्याग करके कुछ ऐसा बन जाएगा जो मानवीय समझ से परे है। एक बार फिर, वह एक इंसान के रूप में मरेगा, लेकिन इस बार वह स्वर्गदूतों के साथ एक ऐसे रूप में उड़ने के लिए पुनर्जन्म लेगा जो नश्वर समझ से परे है।

"मैं खनिज के रूप में मरकर पौधा बन गया,
मैं एक पौधे के रूप में मर गया और एक जानवर बन गया,
मैं एक जानवर के रूप में मर गया, और मैं इंसान था,
मैं क्यों डरूं? मरने से मेरा क्या कम हुआ?

फिर भी, एक बार फिर, मैं एक इंसान के रूप में मर जाऊंगा,
धन्य स्वर्गदूतों के साथ उड़ान भरने के लिए,
और जब मैं अपनी देवदूत आत्मा का बलिदान करता हूँ,
मैं वह बन जाऊंगा जो किसी मन ने कभी नहीं सोचा था।
एक इंसान के रूप में, मैं एक बार फिर मर जाऊंगा,
पुनर्जन्म, मैं स्वर्गदूत की उड़ान के साथ होगा.
और जब मैंने अपना देवदूत शरीर छोड़ दिया,
मैं नश्वर मन की क्षमता से कहीं अधिक हो जाऊंगा।"

पदमा ने खुद को आश्वस्त किया, इस अनुभव से उत्साहित महसूस किया। उसने महसूस किया कि उसका मन शांत था और गुरुजी की उपस्थिति ने उसे सुरक्षा का एहसास दिलाया। उनकी अभिव्यक्ति ने उसे स्वर्गीय एहसास से भर दिया।

गुरुजी ने कहा, “मृत्यु केंद्रीय जीवन-सिद्धांत में परिवर्तन का एक तरीका है, एक परिस्थिति से दूसरी परिस्थिति में बदलाव, विभिन्न रूपों में और विभिन्न परिस्थितियों में जो स्वयं या जीवित- आत्मा के अंतिम प्रकटीकरण के लिए सबसे उपयुक्त है। यह जीवन के चक्र के बारे में बढ़ती जागरूकता और जीवन के आध्यात्मिक मूल्यों के उच्च आयामों में आरोहण की ओर ले जाता है। जैसे-जैसे हम उच्चतर क्षेत्रों में आगे बढ़ते हैं, हम आत्मा से परम आत्मा के अपने लक्ष्य तक पहुँचते हैं।”

कुरिन्थियों १५:५१:५८ में, पौल एक रहस्य प्रकट करते है: हम सभी शारीरिक मृत्यु का अनुभव नहीं करेंगे, लेकिन हम सभी एक पल में बदल जाएंगे, जिसका संकेत अंतिम तुरही की ध्वनि से मिलेगा। मृतक अविनाशी रूप में जी उठेंगे और जो जीवित हैं वे भी बदल जाएंगे। हमारे नश्वर शरीर अमरता के वस्त्र पहनेंगे, और यह हमारे नाशवान शरीर को अविनाशीता के वस्त्र पहनाएगा। इस परिवर्तन के माध्यम से, मृत्यु अपनी शक्ति खो देगी और कब्र में

अब जीत नहीं होगी। मृत्यु का डंक पाप है, और पाप की शक्ति व्यवस्था है। लेकिन परमेश्वर का धन्यवाद हो, जो हमें हमारे प्रभु इसु मसीह के माध्यम से विजय प्रदान करता है। इसलिए, हमें दृढ़ और अविचल रहना चाहिए, हमेशा प्रभु के कार्य में उत्कृष्टता प्राप्त करनी चाहिए, यह जानते हुए कि प्रभु में हमारा परिश्रम व्यर्थ नहीं है।

कुरिन्थियों १५:५१:५८: देखो, मैं तुम्हें एक रहस्य बताता हूँ; हम सब नहीं सोएँगे, परन्तु हम सब बदल जाएँगे, एक क्षण में, पलक मारते ही, अन्तिम तुरही फूँकते ही: क्योंकि तुरही बजेगी और मुर्दे अविनाशी दशा में उठाए जाएँगे, और हम बदल जाएँगे। क्योंकि अवश्य है कि यह नाशवान अविनाशी को पहिन ले, और यह मरनहार अमरता को पहिन ले। जब यह नाशवान अविनाशी को पहिन लेगा, और यह मरनहार अमरता को पहिन लेगा, तब वह वचन जो लिखा है, पूरा हो जाएगा, जय ने मृत्यु को निगल लिया। हे मृत्यु, तेरा डंक कहाँ है? हे कब्र,

तेरी जय कहाँ है? मृत्यु का डंक पाप है, और पाप का बल व्यवस्था है।

भगवद गीता के अध्याय २, श्लोक २० में आत्मा की शाश्वत प्रकृति और जन्म और मृत्यु के चक्र से परे उसके अपरिवर्तनीय अस्तित्व पर जोर दिया गया है। आत्मा को 'अजन्मा, शाश्वत, सदा विद्‌यमान और आदिम' के रूप में वर्णित किया गया है, जिसका अर्थ है कि यह हमेशा से अस्तित्व में है और हमेशा अस्तित्व में रहेगी। श्लोक में यह भी कहा गया है कि भौतिक शरीर की मृत्यु, आत्मा को प्रभावित नहीं करती है और यह भौतिक अस्तित्व के परिवर्तनों और रूपांतरणों के अधीन नहीं है ।

गर्भ में भ्रूण का अस्तित्व, शिशु के रूप में जन्म, युवा से वयस्क तक विकास, प्रजनन, ह्रास और मृत्यु, ये सभी गर्भाधान से मृत्यु तक आत्मा के विकास के पहलू हैं।

न जायते म्रियते वा कदाचि
नायं भूत्वा भविता वा न भूयः ।

अजो नित्यः शाश्वतोऽयं पुराणो

न हन्यते हन्यमाने शरीरे ||20||

अर्थ: "आत्मा का न तो कभी जन्म होता है न ही मृत्यु होती है और न ही आत्मा किसी काल में जन्म लेकर पुनः उत्पन्न होता है। आत्मा अजन्मा, शाश्वत, अविनाशी और चिरनूतन है। शरीर का विनाश होने पर भी इसका विनाश नहीं होता।"

गुरुजी ने कहा, "जिसे हम मृत्यु कहते हैं, वह केवल शरीर रूप (देहा) का विघटन है, लेकिन अमर आत्मा अप्रभावित रहती है।"

गुरुजी ने वेदों और अन्य धर्मग्रंथों से उदाहरण देते हुए कहा...

गुरुजी ने कहा, "पदमा, ब्रह्मांडीय चक्रीय नियम से यह स्पष्ट है कि सभी चीजें एक चक्र में घूमती हैं और शाश्वत हैं। शिव का तांडव - मृत्यु और पुनर्जन्म के देवता एक बार अस्तित्व के उच्च स्तर की ओर ले जाते हैं, और यह प्रक्रिया जीवन के निरंतर घूमते

चक्र के तहत अनिश्चित काल तक जारी रहती है। मनुष्य एक भौतिक (स्थूल)से सूक्ष्म, फिर कारण और अंत में, विभिन्न स्तरों पर एक आध्यात्मिक प्राणी के रूप में विकसित होता है जब तक कि वह निरंतर विकसित होने वाले 'चेतना के सिद्धांत' को उसकी पूरी क्षमता तक महसूस नहीं कर लेता और परम सत्य को गले नहीं लगा लेता।"

गुरुजी ने पूछा, "पदमा, जीवन शाश्वत है!"

पदमा ने उत्तर दिया, "हाँ, गुरुजी।"

दिन भर की पढ़ाई के बाद विद्यार्थी ने देखा कि वासुदेव महोगनी वृक्ष के नीचे अकेले बैठे हुए चिंतन में खोए हुए हैं।

पदमा ने कहा, "विद्यार्थी ने एक घंटे पहले आपसे संपर्क करने की कोशिश की थी, लेकिन आप अपने विचारों में डूबे हुए थे। मैं आपको परेशान नहीं करना चाहती थी, इसलिए मैंने कुछ नहीं कहा।"

वासुदेव ने अपने विचारों से ऊपर देखा और पदमा की ओर मुस्कुराए। “चिंता करने की कोई ज़रूरत नहीं है,” उन्होंने कहा। “मैं बस चिंतन में खोया हुआ था, जैसा कि मैं अक्सर होता हूँ जब मैं ऐसी प्राकृतिक सुंदरता से घिरा होता हूँ।”

पदमा ने सिर हिलाया, आत्मचिंतन और आत्मनिरीक्षण के लिए समय निकालने के महत्व को समझते हुए। “आपको इतनी शांति में देखकर अच्छा लगा, वासुदेव,” उसने कहा। “आपके अंदर एक शांति और स्थिरता है जो वास्तव में प्रेरणादायक है।”

“हां, इस जगह की मनोरम भव्यता को देखकर मुझे बचपन के दिनों की याद आ गई, अगुम्बे, एक खूबसूरत हिल स्टेशन।” “पश्चिमी घाट के पहाड़ हरे-भरे जंगलों से घिरे हैं। प्रकृति के प्रति मेरा आकर्षण हमेशा से ही गहरा रहा है।”

वासुदेव ने कहा, “आसपास का दृश्य उन यादों की याद दिलाता है, जिसमें बहते पानी की शांत ध्वनि, विभिन्न प्रकार के पेड़, रंग-बिरंगे पौधे, औषधीय जड़ी-

बूटियाँ, चहचहाते पक्षी, गुनगुनाती मधुमक्खियाँ और चहचहाती तितलियाँ शामिल हैं।"

वासुदेव ने कहा, "प्रकृति की भव्यता मुझे अंदर तक भर देती है।" "जब तक मैं यहां नहीं आया, मुझे सच्चाई की गंभीरता का एहसास नहीं हुआ। मैं अभी भी अपने छोटे से यार्ड, बगीचे और वसंत में खिलने वाले फूलों के पौधों से प्यार करता हूं। नतीजतन, मैं यहां हूं। मैं जो सुंदरता देखता हूं, सुनता हूं, महसूस करता हूं, उसके लिए तरसता हूं और उसके साथ एक होने का प्रयास करता हूं।"

समान समान को जन्म देता है

“क्योंकि जैसे समान समान को जन्म देता है, धान के बीज से गेहूँ पैदा नहीं हो सकता। हर जीव, बीज से विकसित होता है और बीज की अंतर्निहित प्रकृति द्वारा निर्धारित जीवन के पूर्व निर्धारित पैटर्न के अनुसार विकसित होता है।”

सुबह-सुबह के एकांत का अनुभव करने के एक घंटे बाद, अक्षय की इंद्रियाँ अचानक अपने आस-पास प्रकृति के जीवंत प्रदर्शन से जाग उठीं। तभी उसने देखा कि विद्यार्थी उसके बगल में बैठे हैं, और मुस्कुराते हुए उसने कहा, ‘कुछ ही मिनट पहले, हर पेड़ उत्साह से नाच रहा था, गरजती हवा के आगे झुक रहा था, अपनी शाखाओं को हिला रहा था, कुश्ती कर रहा था, घूम रहा था, उछल रहा था, और अपने पड़ोसी पेड़ों के साथ-साथ अपनी शाखाओं को भी सरसरा रहा था।’ अक्षय पेड़ों की स्पष्ट परमानंद की स्थिति से चकित था क्योंकि वे भगवान से प्रार्थना कर रहे थे। उनके शांत और निर्मल बाहरी रूप के

बावजूद, 'ओम' का जाप कभी बंद नहीं हुआ, यह दर्शाता है कि पेड़ों के भीतर हर कोशिका सद्भाव के साथ धड़क रही थी - जीवन की धुन। उन्होंने महसूस किया कि खिलते फूलों, गिरती पत्तियों, बजती घंटियों और पानी की गिरती बूंदों से निकलने वाली धूप प्रकृति की एक सुंदर सिम्फनी में खुद को समर्पित कर रही थी।

विद्यार्थी ने टिप्पणी की, 'इसमें कोई आश्चर्य की बात नहीं है कि वे पहले मंदिर थे।' भोर एक नए तरह का अंधकार है, जो हमें अपने आस-पास की शांति और स्थिरता का आनंद लेने की अनुमति देता है। मैंने इन घंटों को महत्व देना और जल्दी उठकर उन्हें अपने पास रखना सीख लिया है।

अक्षय और विद्यार्थी आश्रम में टहलते रहे। जबकि प्रत्येक सूर्योदय एक नए दिन की शुरुआत का प्रतीक है, अक्षय का मानना है कि यह हमें यह भी याद दिलाता है कि हम सकारात्मक दृष्टिकोण,

सकारात्मकता और कृतज्ञता के साथ नई शुरुआत कर सकते हैं ।

सत्र एक सुंदर, धूप वाले दिन शुरू हुआ।

अक्षत ने गुरुजी से पूछा, "नटराज के ब्रह्मांडीय नृत्य का क्या महत्व है?"

गुरुजी ने समझाया, "नटराज, भगवान शिव के ब्रह्मांडीय नृत्य का चित्रण है, जिसके दो अलग-अलग रूप हैं।"

- 'पहला रूप रुद्र तांडव है, जिसमें शिव संहारक के रूप में प्रकट होते हैं। यह नृत्य अपने भीतर मौजूद बुराई के विनाश का प्रतिनिधित्व करता है, जिससे व्यक्ति को जन्म और मृत्यु के चक्र से मुक्ति और मोक्ष प्राप्त करने में मदद मिलती है।'
- 'दूसरा रूप आनंद तांडव है, जो शिव के आनंद के नृत्य का प्रतिनिधित्व करता है। इस रूप में, शिव अपने सच्चे स्वरूप सच्चिदानंद को अपने शुद्धतम रूप में प्रकट करते हैं, जिससे पूरे ब्रह्मांड में आनंद और

खुशी फैलती है।'

शैव धर्म में, नटराज का ब्रह्मांडीय नृत्य भी पांच मूल दिव्य कार्यों का प्रतिनिधित्व करता है जिन्हें पंचकृत्य के रूप में जाना जाता है ।

- पहला कार्य सृष्टि या सृजन है, जो ब्रह्मांड की अभिव्यक्ति और विकास का प्रतिनिधित्व करता है।
- दूसरा कार्य स्थिति या संरक्षण है, जो ब्रह्मांड के पोषण और संरक्षण का प्रतिनिधित्व करता है।
- तीसरा कार्य लय या विनाश है, जो ब्रह्मांड के विघटन और विकास को दर्शाता है।
- चौथा कार्य तिरोभाव या छिपाव और पुनरुद्धार है, जो दिव्यता के आवरण और प्रकटीकरण का प्रतिनिधित्व करता है।
- पाँचवाँ कार्य अनुग्रह है, जो मोक्ष प्रदान करता है। यह अनंत प्रेम के माध्यम से प्राणियों के उत्थान और मुक्ति का प्रतिनिधित्व करता है।

नटराज का ब्रह्मांडीय नृत्य अस्तित्व की चक्रीय प्रकृति और ब्रह्मांड को बनाए रखने और बदलने वाले

पाँच दिव्य कार्यों की परस्पर क्रिया का एक शक्तिशाली प्रतीक है। पहले तीन कार्य अर्थात् सृष्टि (निर्माण), स्थिति (संरक्षण) और लय (विनाश), स्थूल या भौतिक शरीर से जुड़े हैं, जो भौतिक ब्रह्मांड के निर्माण, संरक्षण और विनाश का प्रतिनिधित्व करते हैं। अंतिम दो कार्य, तिरोभाव (आवरण) और अनुग्रह (कृपा) सूक्ष्म और कारण शरीर से संबंधित हैं। तिरोभाव अज्ञान के आवरण को संदर्भित करता है जो स्वयं की वास्तविक प्रकृति को छुपाता है, जबकि अनुग्रह ईश्वर की कृपा का प्रतिनिधित्व करता है जो मुक्ति और ज्ञान की ओर ले जाता है। इन पाँच कार्यों की परस्पर क्रिया सृष्टि की समग्रता का प्रतिनिधित्व करती है, जो भौतिक और आध्यात्मिक दोनों क्षेत्रों को शामिल करती है और ब्रह्मांड में सभी चीजों के परस्पर संबंध पर जोर देती है।

नटराज गतिशील सार्वभौमिक ऊर्जा और जागृत ब्रह्म के एकीकरण का प्रतीक हैं, जिन्हें सगुण ब्रह्म भी कहा जाता है। हम नटराज के ब्रह्मांडीय नृत्य को सृजन का नृत्य मानते हैं, जो जन्म और मृत्यु के

कालातीत चक्र को दर्शाता है। चेतना (गतिविधि/चेतना) और स्पंदन (जीवन) को सभी जीवन का स्रोत माना जाता है। नटराज का नृत्य सृजन का एक शक्तिशाली प्रतीक है, जो अस्तित्व की चक्रीय प्रकृति और जीवन की शाश्वत लय का प्रतिनिधित्व करता है। यह हमें ब्रह्मांड की निरंतर बदलती और गतिशील प्रकृति के साथ-साथ स्वयं की अपरिवर्तनीय, शाश्वत प्रकृति की याद दिलाता है।

नटराज के चारों ओर अग्नि का घेरा आदिम ऊर्जा का प्रतिनिधित्व करता है जो शिव से प्रवाहित होती है और अपने स्रोत पर लौट जाती है। उनके चरणों में भ्रमित आत्मा या जीव रहता है, जो कष्टों की चुनौतीपूर्ण प्रक्रिया के माध्यम से कर्म के नियम द्वारा आकार लेता है, जो अंततः सभी बंधनों से मुक्ति की ओर ले जाता है।

ब्रह्मांडीय नृत्य लय, संगीत, पवित्रता और स्वाभाविकता की एक निर्दोष और समन्वित अभिव्यक्ति है। यह ईश्वरीय पूर्णता का ऋतम या

लय है जो एक अंतर्निहित धारा के रूप में पूरे ब्रह्मांड में प्रवाहित होता है। सभी संस्थाएं, रूप और प्राणी, जिनमें ऋतुएं, ग्रहों की गति, सृष्टि की चक्रीय प्रकृति, ब्रह्मांड के भौतिक, रासायनिक और जैविक नियम, हमारे शरीर की जैविक लय और हमारी कोशिकाओं, अणुओं और परमाणुओं की संरचना शामिल हैं, सभी में एक सूक्ष्म कंपन होता है जो इस दिव्य लय से जुड़ा होता है। माना जाता है कि यह लय अंतर्निहित शक्ति है जो ब्रह्मांड का निर्माण करती है और उसे बनाए रखती है, सभी चीजों को अस्तित्व के परस्पर जुड़े जाल में एक साथ बुनती है। नटराज का नृत्य इस ब्रह्मांडीय लय का प्रतीक है, जो हमें ईश्वर से हमारे संबंध और ब्रह्मांड के विशाल विस्तार में हमारे स्थान की याद दिलाता है।

अविद्या एक ऐसी आत्मा है जो भ्रम में खोई हुई है, माया से आच्छादित भ्रामक दुनिया के कारण हर चीज में द्वैत को देखती है। अविद्या परम सत्य को समझने के लिए इस आवरण से परे देखने से इनकार करती है। ब्रह्मांडीय नृत्य के अनुसार, शिव से अग्नि

की अंगूठी के रूप में उत्पन्न होने वाली ऊर्जा या शक्ति उनसे अलग नहीं है, बल्कि यह उनसे और पूरी सृष्टि से जुड़ी हुई है, जैसे पुरुष और प्रकृति। शिव के चरणों में अपस्मारमूर्ति की पीड़ा हमारे मन द्वारा निर्मित एक भ्रम है, जो हमारी इंद्रियों पर आधारित हमारे विचारों का प्रक्षेपण है।

रहस्य इस तथ्य में निहित है कि ऊर्जा का शानदार चक्र हमारी समझ से परे शुरू और समाप्त होता है। ब्रह्मांडीय नृत्य, जो दिव्य और राजसी दोनों है, हमें आश्वस्त करता है कि सृष्टि संयोग या यादृच्छिकता का उत्पाद नहीं है, बल्कि सर्वोच्च की सर्वोच्च महारत और नियंत्रण के तहत एक सुव्यवस्थित और लयबद्ध आंदोलन है। ब्रह्मांडीय नृत्य की यह अवधारणा इस जटिल घटना को समझने में हमारी सहायता करती है।

गुरुजी ने अक्षय से कहा अक्षय, अनव (अहंकार) और अपस्मार (भ्रम) की अविद्या से स्वयं को मुक्त करके,

हम अपनी गतिविधियों और कार्यों के स्वामी बन सकते हैं।"

गुरुजी ने अक्षय से कहा, "समान समान को जन्म देता है।" धान के बीज से गेहूँ नहीं पैदा हो सकता। हर चीज़, चाहे वह पौधा हो, जानवर हो या इंसान, बीज के अंतर्निहित स्वभाव द्वारा निर्धारित जीवन के एक निश्चित पैटर्न का पालन करते हुए, स्रोत (बीज) से अपनी तरह की चीज़ में विकसित होती है।

कुरिन्थियों १५:४१ की आयत बताती है कि परमेश्वर के पास हर जीवित प्राणी के लिए एक दिव्य योजना है, और प्रत्येक प्राणी को उसके अंतर्निहित स्वभाव के अनुसार एक शरीर दिया गया है। इसका तात्पर्य यह है कि सृष्टि का एक उद्देश्य और क्रम है और हर जीवित प्राणी की एक विशिष्ट पहचान है और चीज़ों की भव्य योजना में उसे एक भूमिका निभानी है।

कुरिन्थियों १५:४१: "परन्तु परमेश्वर ने अपनी इच्छा के अनुसार उसे देह दी है, और हर एक बीज को उसकी विशेष देह दी है।"

गुरुजी ने कहा, "अक्षय, पृथ्वी पर जीवन के शिखर पर स्थित मनुष्य, प्रत्येक आत्मा के भीतर परम आत्मा, एक संभवित रूप में मौजूद है और प्रत्येक आत्मा परम आत्मा में निहित है। मनुष्य, परम सत्य से अनभिज्ञ, उस देहधारी वस्त्र की सीमाओं से चिपका रहता है जिसमें वह पृथ्वी पर कार्य करते हुए हर समय रहता है। इसके बावजूद, ईश्वर की शक्ति हर व्यक्ति के भीतर लगातार काम कर रही है, भले ही वे इसके बारे में अनभिज्ञ हों। हर मनुष्य ईश्वर के मंदिर में रहता है।"

मेथ्यु ५:४८ में प्रोत्साहन दिया गया है कि हम सिद्धता के लिए प्रयास करें, ठीक वैसे ही जैसे हमारे स्वर्गीय पिता सिद्ध है।

इसलिए, मेथ्यु ५:४८ में यह प्रोत्साहन दिया गया है: "इसलिये तुम सिद्ध बनो, जैसा तुम्हारा स्वर्गीय पिता सिद्ध है।"

अक्षय ने पूछा, "गुरुजी, क्या हमारे सर्वोच्च के समान परिपूर्ण होना संभव है?"

गुरुजी ने सिर हिलाते हुए कहा, "पूर्णता पूर्ण से आती है।"

गुरुजी ने कहा, "पूर्णता मानव जीवन का लक्ष्य है, जिसमें शरीर, मन और बुद्धि की सीमाओं को पार करके और अचेतनता के महान सागर की गहराई में गहरी जड़ें जमाए हुए अव्यक्त तत्वों को पार कर व्यक्तिगत आत्मा का आत्म-प्रकटीकरण या विकास शामिल है, जो अभी भी अज्ञात और अनदेखे हैं। यह एक कठिन कार्य है, लेकिन उचित गुरु के साथ इसे प्राप्त करना असंभव नहीं है। परा और अपरा विद्या में कौन पारंगत है?"

अक्षय ने पूछा, "परा और अपरा विद्या क्या हैं?"

गुरुजी ने उत्तर दिया, 'परा विद्या', यानी इंद्रियों से परे का ज्ञान, जो हमें केवल अवलोकन और प्रयोग के क्षेत्र में मदद करता है, तथा 'अपरा विद्या', यानी अवलोकन और प्रयोग की व्यावहारिक दुनिया का ज्ञान।

छांदोग्य उपनिषद ७.१-२६ के अनुसार, नारद ऋषि सनत्कुमार के पास गए और उनसे ज्ञान का मार्ग दिखाने के लिए कहा। सनत्कुमार ने कहा, "पहले मुझे बताओ कि तुमने क्या सीखा है।" "फिर मैं तुम्हें कुछ और उन्नत बातें सिखाऊंगा।"

फिर, विनम्रतापूर्वक, नारद ने कहा, "मैं वेदों और महाकाव्यों को जानता हूँ; मैंने व्याकरण, कर्मकांड, गणित, खगोल विज्ञान, दर्शन, मनोविज्ञान, ललित कला और कई अन्य धर्मनिरपेक्ष विषयों का अध्ययन किया है, लेकिन इनमें से किसी भी ज्ञान ने मुझे खुद को जानने में मदद नहीं की है। आप जैसे आध्यात्मिक गुरुओं ने मुझे सलाह दी है कि अपने अद्‌वितीय स्व को पहचानने से व्यक्ति दुख से ऊपर उठ सकता है।

मैं असहनीय रूप से दुखी हूँ। कृपया मुझे सिखाएँ कि मैं कैसे अतिरिक्त प्रयास करूँ।"

सनत्कुमार ने उत्तर दिया, "नारद, आपके पास बस एक नाम और कुछ शब्द हैं। अपने वर्तमान ज्ञान से आप केवल वही प्राप्त कर सकते हैं जो शब्दों से प्राप्त किया जा सकता है, और कुछ नहीं।"

नारद ने उत्सुकता से पूछा, "क्या नाम और शब्दों से ज़्यादा महत्वपूर्ण कोई चीज़ है?" "हाँ, वाणी में शब्दों से ज़्यादा शक्ति होती है," सनत्कुमार ने उत्तर दिया। वाणी की क्षमता के बिना, कोई शब्द नहीं होता, कोई सत्य या झूठ नहीं होता, कोई वेद नहीं होता, कोई धर्म नहीं होता, कोई अच्छा या बुरा नहीं होता।"

चिंता के कारण नारद ने पूछा, "क्या वाणी की शक्ति से भी बड़ी कोई चीज़ है?"

सनत्कुमार ने उत्तर दिया, "निश्चय ही, बुद्धि (मन) महान है। मन वाणी की शक्ति और शब्दों की शक्ति दोनों को समझता है। जब मनुष्य मंत्र सीख लेता है,

तो वह वैसा ही करेगा। जब वह कुछ करने के लिए बाध्य होता है, तो वह वैसा ही करता है।"

नारद ने पूछा, "क्या मन से भी बड़ी कोई चीज़ है?"

सनत्कुमार कहते हैं, "क्यों नहीं? वह मन से भी भारी होगा। अगर इच्छाशक्ति न हो तो कुछ नहीं होता। 'इच्छाशक्ति ही सब कुछ संभाले रखती है।'"

नारद ने आगे कहा, "क्या इच्छाशक्ति से अधिक शक्तिशाली कोई चीज़ है?"

सनत्कुमार ने उत्तर दिया, "चेतना, इच्छाशक्ति से बड़ी है। चेतना, मानसिक क्रिया का स्रोत है। फिर इच्छाशक्ति है, जो मन को सोचने के लिए प्रेरित करती है। वाणी उसके बाद आती है, और शब्द बनने लगते हैं। यदि उसकी चेतना एकाग्र नहीं है, तो वह जागृत नहीं रहता, उत्तेजित रहता है और क्रियाकलापों को पूरा करने में असमर्थ रहता है।"

नारद पूछते हैं, "क्या चेतना से भी बड़ी कोई चीज़ है?"

सनत्कुमार कहते हैं, “बेशक, ध्यान सिर्फ़ चेतना से कहीं ज़्यादा है। ध्यान के बिना, कुछ भी मज़बूत और स्थिर नहीं रह सकता।”

नारद ने सोचा, “क्या ध्यान से अधिक शक्तिशाली कुछ भी है?”

सनत्कुमार ने उत्तर दिया, “हाँ, समझ की शक्ति ध्यान से भी बड़ी है। ज्ञान की शक्ति वेदों और पुराणों, सत्य और असत्य, अच्छाई और बुराई, इस लोक और परलोक को समझ सकती है।”

नारद ने पूछा, “क्या समझ से भी अधिक महत्वपूर्ण कोई चीज़ है?”

सनत्कुमार ने कहा, “शक्ति, मात्र समझ से कहीं अधिक बड़ी है।”

शक्ति और बुद्धि से संपन्न व्यक्ति सौ लोगों को डरा सकता है। लेकिन बुद्धि और समझ से संपन्न शक्तिशाली व्यक्ति सौ लोगों में भय पैदा कर सकता है। जब शारीरिक रूप से शक्तिशाली व्यक्ति विद्वान,

द्रष्टा, विचारक, कर्ता और अंतर्दृष्टि वाला व्यक्ति बन जाता है, तो वह दूसरों से आगे निकल जाता है। यह शक्ति धरती, आकाश, पहाड़, जानवर और सभी जीवित प्राणियों को जीवित रखती है।

नारद ने पूछा, “क्या शारीरिक शक्ति से भी अधिक शक्तिशाली कोई चीज़ है?”

सनत्कुमार ने कहा, “हाँ, भोजन किसी भी अन्य चीज़ की तुलना में अधिक महत्वपूर्ण है। जो व्यक्ति दस दिनों तक भोजन से परहेज़ करता है, वह मर सकता है या बोलने, कार्य करने, सुनने और सोचने की अपनी क्षमता खो सकता है। हालाँकि, एक बार जब वह खा लेता है, तो उसकी शक्तियाँ पुनः बहाल हो जाती हैं।”

नारद ने सोचा, “क्या भोजन से भी अधिक महत्वपूर्ण कोई चीज़ है?”

“हाँ, पानी सबसे ज़्यादा महत्वपूर्ण है,” सनत्कुमार कहते हैं। “अगर बारिश नहीं होगी, तो भोजन नहीं

मिलेगा। अगर पानी नहीं होगा, तो सभी जीवित चीजें नष्ट हो जाएँगी।"

नारद पूछते हैं, "क्या जल से भी बड़ी कोई चीज़ है?"

सनत्कुमार बताते हैं, "या तो गर्मी या प्रकाश।" "पृथ्वी का पानी गर्मी के बिना वाष्पित नहीं होता है, और वाष्पीकरण के बिना बारिश नहीं होती है।"

नारद ने पूछा, "गर्मी से बड़ा क्या है?"

सनत्कुमार ने कहा, "आकाश या स्पेस सबसे बड़ा है। सब कुछ आकाश में होता है, जिसे अक्सर स्पेस के नाम से जाना जाता है। सूर्य, चंद्रमा और अन्य खगोलीय पिंड। ध्वनि तरंगें, जो हमें सुनने की शक्ति देती हैं, अंतरिक्ष से ही उत्पन्न होती हैं।"

नारद ने सोचा, "अंतरिक्ष से बड़ा क्या है?"

सनत्कुमार कहते हैं, "आत्मा, बाकी सभी चीजों का आध्यात्मिक आधार है।"

मनुष्य को उनसे मिलने वाले आनंद या आनन्द के कारण ही कार्य करने के लिए प्रेरित किया जाता है। जब तक आनंद उन्हें प्रेरित नहीं करता, तब तक कोई भी कार्य या काम नहीं करता। जबकि दूसरी ओर, अनंत, आनंद का एक निरंतर स्रोत है क्योंकि यह अपरिवर्तनीय है। परिणामस्वरूप, अनंत को समझने का प्रयास करना आवश्यक है।

अनंत वह अवस्था है जिसमें अविभाजित 'जीवन की एकता' के बारे में पता होता है, जिसमें कुछ भी देखना, सुनना और कुछ भी नहीं जानना शामिल है। मृत्यु के बाद, अनंत मौजूद है, लेकिन सीमित नहीं है।

नारद पूछते हैं, "हे पूज्यवर, अनंत किस पर निर्भर है?"

सनत्कुमार ने उत्तर दिया, "नारद, अनंत अपनी महिमा पर निर्भर नहीं है, यहाँ तक कि उस पर भी नहीं। मनुष्य मानते हैं कि गाय और घोड़े, हाथी और धन, परिवार और नौकर, खेत और महल होने से उन्हें

महिमा मिलेगी। हालाँकि, मैं इसे महिमा नहीं कहूँगा क्योंकि यहाँ सब कुछ आपस में जुड़ा हुआ है। दूसरी ओर, अनंत स्वयं में निहित है।"

असीम सत्ता अंतरिक्ष की सीमाओं से परे है - ऊपर और नीचे, भूत और भविष्य, दाएं और बाएं से परे - और मैं ही इन सभी कार्यों के लिए जिम्मेदार हूं। जो व्यक्ति आत्मचिंतन करता है और आत्म-साक्षात्कार प्राप्त करता है, वह अपने आस-पास की सभी चीजों में आत्मा की उपस्थिति को पहचानता है और उससे प्रसन्न होता है। वे जहां भी जाते हैं, वहां खुशी और आराम का अनुभव करते हैं।

आत्म-साक्षात्कार प्राप्त करने वाला व्यक्ति यह अनुभव करता है कि ब्रह्मांड के सभी तत्व, जिनमें अंतरिक्ष, ऊर्जा, नाम, रूप, जन्म, मृत्यु, अग्नि, जल, मन, वाणी, इच्छा, क्रिया, ध्यान और मंत्र शामिल हैं, स्वयं के भीतर से ही उत्पन्न होते हैं। स्वयं को जानने से व्यक्ति क्षय और मृत्यु के साथ-साथ वियोग और दुःख से भी पार हो जाता है। इसके विपरीत, जो लोग

केवल सीमित की तलाश करते हैं, वे अपने वास्तविक स्वरूप से अनभिज्ञ रहते हैं और बंधन में रहते हैं।

आध्यात्मिक अनुभूति प्राप्त करना शुद्ध और निर्मल मन पर निर्भर करता है। ऐसी अवस्था प्राप्त करने के लिए, शुद्ध और पौष्टिक भोजन का सेवन करना आवश्यक है जो शरीर और मन को पोषण देता है। केवल अशुद्धियों से मुक्त मन ही सत्य को समझ सकता है और उस पर ध्यान केंद्रित कर सकता है। जब मन शुद्ध होता है, तो सत्य उगते सूरज की तरह उसके भीतर चमकता है और व्यक्ति के हृदय को रोशन करता है।

सनत्कुमार ने सलाह दी, "हे नारद, अपनी इंद्रियों पर नियंत्रण करो और अपने विचारों को शुद्ध करो। शुद्ध मन में आत्म-जागरूकता एक निरंतर उपस्थिति बन जाती है, और व्यक्ति बंधन और दुःख से मुक्त होकर आनंद का अनुभव कर सकता है।"

परिणामस्वरूप, ऋषि सनत्कुमार ने नारद को सिखाया कि दासता, दुःख और अंधकार से मुक्त होकर आत्म-

प्रकाश की ओर कैसे बढ़ा जाए, जो मुक्ति का मार्ग है।

गुरुजी ने मुस्कुराते हुए कहा, "परा विद्या या आध्यात्मिक बोध अमरता और शाश्वत आनंद प्रदान करता है।"

अनादि काल से ही, महानता की प्राप्ति को उलटबांसी की प्रक्रिया के माध्यम से देखा जा सकता है, जो कि उनके चुने हुए शिष्यों के गुरुओं द्वारा किया जाने वाला एक जानबूझकर किया गया अभ्यास है।

जैसे-जैसे रात आसमान पर छाने लगी, सूरज क्षितिज के नीचे चला गया और उसकी चमकीली किरणें धीरे-धीरे फीकी पड़ने लगीं। अंधेरे का पर्दा और गहरे नीले रंग ने आसमान को घेर लिया और पहले के चमकीले और जीवंत नीले, नारंगी और पीले-काले रंगों की जगह ले ली।

हालाँकि सूरज की गर्मी धीरे-धीरे कम होती गई और आकाश में अँधेरा छा गया, लेकिन यह एक अनोखा आकर्षण लेकर आया। रात का आसमान खुला और

तारे चमक उठे, हर एक अंधेरे में उम्मीद की एक छोटी सी किरण की तरह था। यह परिवर्तन का दौर था जब दुनिया दिन के समय की जीवंतता और जीवन शक्ति से रात के समय की शांतिपूर्ण शांति में बदल गई। अंधेरे में अपना जादू था, शांतिपूर्ण आत्मनिरीक्षण और चिंतन का समय, जहाँ रहस्य बुने जाते थे और सपने बुने जाते थे।

जैसे-जैसे रात बढ़ती गई, अंधकार धीरे-धीरे भोर के सामने आत्मसमर्पण कर गया, और प्रकाश और अंधकार का सतत चक्र जारी रहा - भव्यता और आकर्षण का एक शाश्वत तमाशा जिसने इसे देखने वाले हर किसी को मंत्रमुग्ध कर दिया।

आकांक्ष अकेला था, विशाल आकाश को देख रहा था। ढेर सारे विचार उसे घूरने लगे। वह खुद से बोला, "मैं रात के आसमान में बिखरे लाखों चमकीले तारों को देख सकता था। घने उदास बादल चमकते चाँद पर छाए हुए थे, जो पूरी तरह से चाँद को ढक रहे थे। तारे तो थे, लेकिन चाँद नहीं था। मैं चाँद को देखने

की बहुत कोशिश कर रहा था, लेकिन मैं कितनी भी कोशिश करूँ, मैं उसे देख नहीं पा रहा था। मेरे जीवन में कुछ भी ठीक नहीं लग रहा था, जैसे कुछ कमी थी - जैसे रात से चाँद गायब था।"

सितारों को निहारते हुए मुझे अपने दादाजी के शब्द याद आ गए। उन्होंने कहा था, "लाखों सितारे हमारी ओर देख रहे हैं, जो यह बताते हैं कि हम सभी एक ही धूल से बने हैं, लेकिन हमारे जीवनकाल में, हमारे पास केवल कुछ ही बंधन होंगे, जिन तक हम पहुँच सकते हैं। इसलिए, हमें उदार होते समय सावधान रहना चाहिए क्योंकि शब्दों में बहुत शक्ति होती है।"

हमें अपने आस-पास के लोगों के महत्व को पहचानना चाहिए, साथ ही हमारे जीवन में उनके प्रभाव और अर्थ को भी समझना चाहिए। हमने उनमें जो आकर्षण पाया, जो यादें हमने उनके साथ साझा कीं, जो यादें हमने संजोईं, जो यादें हमने पसंद कीं। हमारे ऊपर जो तारे हैं, वे हमारे भूतकाल के पूर्वज हैं, जो हम पर नज़र रखते हैं। जब हम दुखी या अकेले होते हैं,

तो हमें उनके बारे में सोचना चाहिए। वे हमेशा हमारा मार्गदर्शन करने के लिए मौजूद है ...

आकांक्ष ने मन ही मन सोचा, "अच्छा, मुझे लगता है कि मैं कुछ भूल रहा हूँ... कुछ ऐसा जो हर किसी के दिल में बसा होता है। चीजों को भूलना और उन्हें अकेला छोड़ देना आसान है। हालाँकि, एक भयावह याद हमेशा आपको सताती रहेगी, चाहे वह कितनी भी दर्दनाक और दिल तोड़ने वाली क्यों न हो।"

आकांक्ष की आंखों में आंसू आ गए और उसने कहा, "मेरे दादाजी बिल्कुल सही थे। यह सच है कि तारे अरबों सालों से चमक रहे हैं और हमारे जाने के बाद भी वे लंबे समय तक चमकते रहेंगे। लेकिन चीजों की भव्य योजना में, हमारा जीवन ब्रह्मांड की विशालता में बस क्षणभंगुर क्षण हैं। जब तक हम यहां हैं, हमारे पास जो रिश्ते और संबंध हैं, उन्हें संजोना और हमारे पास जो समय है उसका अधिकतम लाभ उठाना महत्वपूर्ण है। और हमारे जाने के बाद

भी, हम जो यादें और प्रभाव पीछे छोड़ जाते हैं, वे रात के आसमान में सितारों की तरह चमकते रहेंगे।"

अध्याय १.३

मृत्यु: एक खोजी गई घटना

"जीवन एक नदी है, जो 'पूर्ण जीवन' की ओर बहती है, और यह एक नए और बेहतर जीवन की शुरुआत का प्रतीक है। यह बस जीवन के उच्चतर रूप का मार्ग प्रशस्त करता है।"

अपनी सामान्य दिनचर्या के बाद, अक्षय, वासुदेव और विद्‌यार्थी के साथ सुबह की सैर पर गए। अक्षय ने कहा, "यह जगह आश्चर्यजनक है और हमारी इंद्रियों पर इसका जबरदस्त प्रभाव पड़ता है, जो विस्मय, आश्चर्य और आध्यात्मिकता की भावनाओं को जगाता है। प्रकृति की मात्र अनुभूति ही एक आनंद है; यह जगह मुझे बहुत खुशी देती है। सुबह के समय इस स्थान की प्राकृतिक भव्यता अविस्मरणीय रूप से

सुंदर है। भोर की एक झलक किसी को भी प्रकृति के गुणों का गुणगान करने के लिए प्रेरित करती है।"

अक्षय ने बताया कि सभी लोग अपने काम में व्यस्त हैं। कुछ लोग अपने खेतों और चरागाहों की ओर जा रहे थे, जबकि अन्य अपने मवेशियों और बकरियों को चारा खिलाने में व्यस्त थे। ओस की बूंदों से परावर्तित सूर्य की सुखदायक किरणें पेड़ों को एक शांत चमक से रोशन कर रही थीं। दूर-दूर तक धान के खेत सुहावनी, ठंडी हवा में झूम रहे थे और पक्षी एक पेड़ से दूसरे पेड़ पर चहचहा रहे थे। लोग इस क्षेत्र में मंत्रोच्चार, ध्यान और प्रार्थना करने के लिए एकत्र हुए हैं, जिससे आसपास का वातावरण शांत हो गया है।

आस-पास की हवा दिव्य ऊर्जा से कंपन कर रही थी जो जगह के हर कोने में व्याप्त थी। खिलते फूलों की खुशबू पास के मंदिरों की धूप के साथ मिल रही थी, और नियमित अंतराल पर बजने वाली मंदिर की घंटियों की आवाज़ ने शांति और स्थिरता की समग्र

भावना को और बढ़ा दिया। यह जगह सौंदर्यपूर्ण और भावनात्मक दोनों थी। इसके बारे में सोचने मात्र से ही हमें खुशी मिलती है, और यह भावनात्मक घटक हमारे अनुभव और प्रकृति के वास्तविक आंतरिक मूल्य के लिए महत्वपूर्ण है। इस जगह की पवित्रता और परमानंद स्पष्ट था और ऐसा लग रहा था कि इसने मुझे प्राकृतिक दुनिया के लिए आश्चर्य और प्रशंसा की एक नई भावना से भर दिया।

वासुदेव ने जवाब दिया, “हाँ, अक्षय, प्रकृति हमारे लिए एक अनोखा वरदान है; भगवान ने जो कुछ भी बनाया है उसका कोई न कोई उद्‌देश्य और क्रम है। इसके बावजूद, हम ऐसी गतिविधियों में लगे रहते हैं जो न केवल हानिकारक हैं बल्कि सभी प्राणियों और गैर-प्राणियों के लिए वास्तविक विनाश का कारण भी बन सकती हैं।”

जैसे ही वे सुबह की सैर पर निकले, अक्षय ने अचानक अपनी घड़ी देखी और कहा, ‘गुरुजी के सत्र का समय हो गया है!’ समूह ने अपनी गति बढ़ा दी,

आध्यात्मिक समागम के लिए देर न हो जाए, इस बात को लेकर उत्सुक थे।

अक्षय ने बताया कि गुरुजी की शिक्षाओं का बहुत सम्मान किया जाता है और लोग दूर-दूर से उनके सत्रों में भाग लेने आते हैं। जब वे सभा स्थल के पास पहुँचे, तो उन्होंने देखा कि वहाँ पहले से ही एक बड़ी भीड़ जमा थी, जो गुरुजी के आगमन का धैर्यपूर्वक इंतज़ार कर रही थी। अक्षय और उनके साथियों ने लोगों की भीड़ के बीच एक जगह ढूँढ़ी, जो उत्सुकता से गुरुजी की शिक्षाओं से मिलने वाले ज्ञान और मार्गदर्शन की प्रतीक्षा कर रहे थे।

गुरुजी ने कहा, "मृत्यु कोई अंत नहीं है, बल्कि पूर्णता में जीवन का द्वार है। यह एक नए और बेहतर अस्तित्व की शुरुआत का प्रतीक है, जो उच्चतर जीवन का मार्ग प्रशस्त करता है।"

गुरुजी आगे झुके, उनके चेहरे पर एक हल्की मुस्कान थी, और वे शांत, आश्वस्त करने वाले स्वर में बोले, "जीवन मृत्यु है, और मृत्यु ही जीवन है। हर व्यक्ति

जो जन्म लेता है, वह मरना शुरू कर देता है, और हर व्यक्ति जो मरता है, वह जीना शुरू कर देता है।" उन्होंने कुछ सेकंड के लिए विराम लिया, अपने शब्दों को समझने के लिए कहा, "जन्म और मृत्यु माया की दो बाजीगरी हैं, और इस भ्रम में, सृजन और समाप्ति की प्रक्रिया केवल माया के मंच पर प्रवेश और निकास के द्वार के रूप में काम करती है।"

शांत मुस्कान के साथ गुरुजी ने कहा, "सचमुच कोई आता नहीं है, और कोई जाता नहीं है। एकमात्र चीज़ जो मौजूद है, वह है ब्रह्म - परम वास्तविकता।"

एक उदाहरण: "आपकी आत्मा एक सांचे से दूसरे सांचे में जाती है, प्रारब्ध कर्म के आधार पर नए अनुभवों की तलाश करती है, ठीक वैसे ही जैसे एक घर से दूसरे घर में जाना। मृत्यु, जीवन की कई अन्य घटनाओं की तरह, एक रोमांच है। जीवन एक कभी न खत्म होने वाली प्रक्रिया है, और मृत्यु एक क्षणिक लेकिन आवश्यक घटना है।"

गुरुजी ने आगे कहा, “हर आत्मा को अपने विकास के हिस्से के रूप में इस घटना से गुजरना चाहिए, ताकि अनुभव प्राप्त हो और आगे की प्रगति हो सके। मृत्यु नींद से ज़्यादा कुछ नहीं है। यह नींद की तरह है, जैसे एक आदमी सोता है और एक नए दिन के लिए जागता है। एक बुद्धिमान और चतुर व्यक्ति (ज्ञानी) मृत्यु से भयभीत नहीं होगा, बल्कि उसका इंतज़ार करेगा। वे समझते हैं कि मृत्यु एक अंत नहीं है, बल्कि एक नई शुरुआत है - अस्तित्व के उच्च क्षेत्र की ओर एक मार्ग।”

जब उनके शिष्य ध्यानपूर्वक सुन रहे थे, तो गुरुजी ने आगे कहा, “परम आत्मा, जिसे परम आत्मा या ब्रह्म भी कहा जाता है, अमर, कालातीत और स्थानहीन है। यह शरीर, मन और पूरी दुनिया का स्रोत और आधार है। भौतिक शरीर (देहा, साँचा) पाँच तत्वों से बना एक अस्थायी बर्तन है और अनिवार्य रूप से क्षय और नाश होगा।”

गुरुजी आस्था की ओर मुड़े और उससे पूछा, "शाश्वत आत्मा, जो समय, स्थान और कारण से परे है, उसकी मृत्यु कैसे हो सकती है?"

गुरुजी ने कहा, "यदि कोई जीवन और मृत्यु के कभी न खत्म होने वाले चक्र से मुक्त होना चाहता है। उसे अपना शरीर त्यागना होगा, जो केवल सभी संचित कर्मों को त्यागने से ही पूरा हो सकता है। हालाँकि, हम जिस शरीर में रहते हैं वह हमारे पिछले कर्मों (संचित कर्म) का प्रकटीकरण है, जो इच्छा और लालच में निहित हैं।"

गुरुजी ने आगे कहा, "जन्म और मृत्यु के चक्र से मुक्त होने के लिए, व्यक्ति को इच्छाओं से विरक्ति का मार्ग अपनाना चाहिए और उनके परिणामों से जुड़े बिना कर्म करने का अभ्यास करना चाहिए - जिसे आमतौर पर कर्म योग का मार्ग कहा जाता है। इस दृष्टिकोण का पालन करके, व्यक्ति नए कर्मों के प्रभाव को जमा करने से बच सकता है, जिससे सभी

पिछले कर्म समाप्त हो जाते हैं और मुक्ति प्राप्त होती है।"

हिंदू धर्म, बौद्ध धर्म और जैन धर्म जैसे विभिन्न पूर्वी धर्मों और दर्शनों में, कर्म की अवधारणा यह बताती है कि हमारे कार्यों के परिणाम होते हैं जो न केवल हमारे वर्तमान जीवन में बल्कि बाद के जीवन में भी बने रहते हैं। प्रतिकूल परिणामों और नकारात्मक कर्म प्रभावों से बचने के लिए, नकारात्मक विचारों, इरादों और कर्मों से मुक्त जीवन जीना महत्वपूर्ण है। हालाँकि, इस लक्ष्य को प्राप्त करना चुनौतीपूर्ण हो सकता है क्योंकि छह सामान्य मानसिक बाधाएँ हैं जिन्हें अरिषद्वर्ग या षद्रिपु के रूप में जाना जाता है । इन बाधाओं में वासना (काम), लोभ (लोभ), क्रोध (क्रोध), आसक्ति या भ्रम (मोह), अभिमान या अहंकार (मद), और ईर्ष्या (मत्स्य) शामिल हैं।

प्रत्येक बिंदु पर विस्तार से चर्चा करें:

- बिना किसी इच्छा के कार्य करने का अर्थ है

उन्हें परिणामों या किसी व्यक्तिगत लाभ की भावना के बिना निष्पादित करना। इसके लिए अपने कार्यों के प्रति निस्वार्थ रवैया विकसित करना आवश्यक है, इस बात पर ध्यान केंद्रित करना कि आप क्या दे सकते हैं बजाय इसके कि आप क्या प्राप्त कर सकते हैं।

- अपने कामों (काम और मोह) में खुद को वासना और धोखे से मुक्त रखने का मतलब है आनंद या व्यक्तिगत लाभ की इच्छा से प्रेरित कार्यों से बचना। इसमें अपने कार्यों में सच्चाई और ईमानदारी बरतना और धोखेबाज़ व्यवहार से बचना शामिल है।
- अपने कार्यों को वरीयताओं (राग या पसंद) और देवेश या नापसंद से मुक्त रखने का मतलब है व्यक्तिगत पूर्वाग्रहों या पूर्वाग्रहों से प्रभावित हुए बिना कार्य करना। इसमें निष्पक्षता का रवैया अपनाना और सभी व्यक्तियों और परिस्थितियों के साथ समान सम्मान और विचार के साथ व्यवहार करना शामिल है।
- लालच और ईर्ष्या (लोभ और मत्सर) से

प्रेरित कार्यों से बचने का मतलब है भौतिक संपत्ति की लालसा या दूसरों के प्रति ईर्ष्या से प्रेरित कार्यों से बचना। इसके लिए आपके पास जो कुछ भी है उसके लिए संतोष और कृतज्ञता का रवैया विकसित करना आवश्यक है, न कि इस बात पर ध्यान केंद्रित करना कि आपके पास क्या कमी है।

- क्रोध या अहंकार (क्रोध और मद) से प्रेरित कार्यों से बचने के लिए गर्व, श्रेष्ठता, बदला या आक्रामकता की भावनाओं से प्रेरित कार्यों से बचना आवश्यक है। इसके लिए विनम्रता और करुणा का रवैया विकसित करने और संघर्षों को शांतिपूर्वक और सम्मानपूर्वक हल करने का प्रयास करने की आवश्यकता होती है।
- मन में इन छह बाधाओं पर विजय पाने का प्रयास करके, व्यक्ति सकारात्मक गुणों और सद्गुणों का विकास कर सकता है जो सकारात्मक कर्म चक्र बनाने में सहायता करते हैं, जिसके परिणामस्वरूप अधिक संतुष्टिदायक और उद्देश्यपूर्ण जीवन प्राप्त होता है।

गुरुजी ने घोषणा की, “आस्था, यदि तुम अज्ञान (अविद्या) को समाप्त कर दो, जो सभी दुखों का मूल कारण है। कई पूर्वी दर्शन और धर्मों के अनुसार, अज्ञानता वास्तविकता की सही प्रकृति के बारे में समझ या जागरूकता की कमी को संदर्भित करती है, और समझ की यह कमी दुख की ओर ले जाती है। जो व्यक्ति परम सत्य, शाश्वत आत्मा के सत्य को समझ लेता है, जो सभी ध्वनियों, सभी प्रकाश, सभी दृष्टि, सभी स्वाद, सभी स्पर्श, सभी रूप, सभी रंग, सभी आकारों से परे है, जो प्रकृति से परे है, जो सभी इंद्रियों से परे है, जो तीनों शरीरों से परे है, जो सभी पाँच कोशों से परे है, जो अपरिवर्तनीय है, स्वयं प्रकाशमान है, वह इस धरती पर जीवन और मृत्यु के चक्र से खुद को मुक्त कर लेता है।”

अपेक्षा ने चेहरे पर जिज्ञासा भरे भाव के साथ गुरुजी के पास जाकर प्रश्न किया, “क्या आप मुझे आत्मा के देहान्तरण की अवधारणा के बारे में बता सकते हैं?”

गुरुजी ने शांत मुस्कान के साथ उत्तर दिया, "आत्मा का स्थानांतरण, जिसे पुनर्जन्म या पुनर्जन्म के रूप में भी जाना जाता है, एक आकर्षक अवधारणा है जो सदियों से विभिन्न संस्कृतियों और धर्मों में प्रचलित है। यह विचार है कि आत्मा अमर है और भौतिक शरीर की मृत्यु के बाद, यह अस्तित्व में रहती है और दूसरे शरीर में पुनर्जन्म लेती है।"

गुरुजी ने कहा, "हालाँकि आत्मा का स्थानांतरण अक्सर हिंदू धर्म, बौद्ध धर्म और जैन धर्म जैसे पूर्वी धर्मों से जुड़ा हुआ है, लेकिन इसी तरह की मान्यताएँ अन्य संस्कृतियों और परंपराओं में भी पाई जा सकती हैं। हालाँकि, जहाँ हिंदू धर्म और जैन धर्म आत्मा के पुनर्जन्म पर ज़ोर देते हैं, वहीं बौद्ध धर्म चेतना के पुनर्जन्म पर ज़ोर देता है।"

सदियों से, पुनर्जन्म और पुनर्जन्म के विचार, जिन्हें अक्सर अलग-अलग अर्थ होने के बावजूद एक दूसरे के स्थान पर इस्तेमाल किया जाता है, ने मनुष्यों को आकर्षित किया है। पुनर्जन्म से तात्पर्य उस विश्वास

से है कि व्यक्तिगत आत्मा या जीव जैविक मृत्यु के बाद अपने प्रारब्ध कर्म को पूरा करने के लिए एक नया भौतिक रूप धारण करता है। इस सिद्धांत के अनुसार, आत्मा पुनर्जन्म से गुजरती है।

पुनर्जन्म की अवधारणा में 'स्थायी आत्मा' का अस्तित्व न होना शामिल है और इसके बजाय चेतना की एक सूक्ष्म धारा का सुझाव दिया गया है जो पिछले जीवन के गुजर जाने के बाद नए जीवन में विलीन हो जाती है। चेतना की यह धारा पिछले जन्मों के कर्मों के निशान लेकर चलती है।

व्यक्तिगत आत्मा या जीवात्मा अपने प्रारब्ध कर्म को पूरा करने के लिए विभिन्न शरीरों का उपयोग करता है। शरीर, आत्मा के लिए एक वाहन के रूप में कार्य करता है, जिससे उसे विभिन्न कार्यों में भाग लेने और सांसारिक क्षेत्र में अनुभव प्राप्त करने की अनुमति मिलती है। और आत्मा परिस्थितियों की उपयुक्तता के आधार पर शरीर में प्रवेश करती है और छोड़ती है और अपने कर्मों के बोझ तले दूसरे

शरीर में स्थानांतरित हो जाती है, इस प्रक्रिया को आत्मा का स्थानांतरण कहा जाता है। शरीर में आत्मा का होना जन्म कहलाता है, जबकि उसका प्रस्थान मृत्यु कहलाता है। आत्मा की अनुपस्थिति में, शरीर निष्क्रिय हो जाता है।

गुरुजी ने कहा, "मनुष्य ने हमेशा किसी व्यक्ति की मृत्यु के बाद की घटनाओं के सही क्रम को जानने के लिए भ्रम के पर्दे को हटाने की कोशिश की है। विभिन्न सिद्धांत सामने आए हैं, लेकिन यह कहना मुश्किल है कि मनुष्य उस पर्दे को हटाने में सफल हो पाया है जो उसके बाद मौजूद जीवन को ढकता है।"

आज, हम विज्ञान और तर्क से निर्देशित हैं, और पुनर्जन्म के मुद्दे पर अलग-अलग दृष्टिकोण हैं। सामान्य तौर पर, विज्ञान या तर्कसंगत सोच की दुनिया में, आपको किसी सिद्धांत का खंडन करने के लिए केवल सबूत या प्रमाण की आवश्यकता होती है।

प्रोफेसर इयान स्टीवंसने पुनर्जन्म के अस्तित्व के लिए अनुभवजन्य साक्ष्य प्रदान करने का प्रयास किया है। स्टीवंस, एक मनोचिकित्सक, जिन्होंने कई दशकों तक उन बच्चों के मामलों की जांच की जो पिछले जन्मों को याद रखने का दावा करते थे, ने ३,००० से अधिक ऐसे मामलों का दस्तावेजीकरण किया, जो मुख्य रूप से एशिया में थे।

अपनी शोध में, स्टीवेन्स ने इन बच्चों की यादों के लिए वैकल्पिक व्याख्याओं को खारिज करने की कोशिश की, जैसे कि झूठी यादें, मनगढ़ंत बातें, या पुनर्जन्म के बारे में सांस्कृतिक मान्यताओं के संपर्क में आना। उन्होंने एक कठोर विधि का इस्तेमाल किया, जिसमें परिवार के सदस्यों का साक्षात्कार करना, पिछले जीवन के विवरणों की पुष्टि करना और ऐतिहासिक अभिलेखों के साथ जानकारी की क्रॉस-चेकिंग करना शामिल था।

जबकि कुछ लोगों ने पद्धतिगत खामियों और पुष्टिकरण पूर्वाग्रह की संभावना के लिए स्टीवंस के

काम की आलोचना की है, उनके शोध की उनकी कठोरता और उनके द्वारा दर्ज किए गए बड़ी संख्या में मामलों के लिए प्रशंसा भी की गई है। हालाँकि, भले ही स्टीवंस के शोध को पुनर्जन्म के अस्तित्व के प्रमाण के रूप में स्वीकार किया जाता है, लेकिन यह ध्यान रखना महत्वपूर्ण है कि यह इस बात की व्याख्या नहीं करता है कि पुनर्जन्म कैसे या क्यों होता है। पुनर्जन्म की अवधारणा वैज्ञानिक तथ्य के बजाय कई लोगों के लिए आस्था या विश्वास का विषय बनी हुई है।

गुरुजी ने कहा, “मृत्यु किसी व्यक्ति के जीवन का अंत नहीं है। यह सिर्फ एक महत्वपूर्ण व्यक्तित्व का अंत है। ‘जीवन एक नदी है, जो अवास्तविक दुनिया में निरंतर बहती रहती है जब तक कि वह अस्तित्व के अनन्त सागर में विलीन नहीं हो जाती’।”

वासुदेव, अक्षय, पदमा, विद्यार्थी और किरण ने अपने व्यस्त दिन से कुछ देर का विराम लिया। जैसे-जैसे सूरज ढलता गया, वे आसमान की खूबसूरती से

मंत्रमुग्ध हो गए। वासुदेव ने सुझाव दिया कि वे शाम के आसमान में होने वाले जादू को देखने के लिए थोड़ी देर और रुकें।

जैसे-जैसे अंधेरा छाता गया, आकाश टिमटिमाते तारों से जीवंत हो उठा, जो ऊपर के विशाल विस्तार में चमकते रहे। प्रत्येक तारे की अपनी अनूठी कहानी और उद्देश्य था, जो ब्रह्मांड की भव्यता में इज़ाफा कर रहा था। रात्रि के विस्तार में एक दृढ़ उपस्थिति के साथ, चंद्रमा ने अपनी झिलमिलाती चमक से पृथ्वी को रोशन किया, छाया डाली और भटकते बादलों के साथ लुका-छिपी का खेल खेला।

एक पल के लिए, वे सभी रात के आसमान की खूबसूरती और आश्चर्य में खो गए। जब उन्होंने ऊपर देखा, तो उन्हें ब्रह्मांड की विशालता और उसमें मौजूद अनंत संभावनाओं से जुड़ाव का एहसास हुआ। इस जादुई अनुभव का आनंद लेते हुए समय मानो रुक गया था, और उन्हें पता था कि वे इस पल को हमेशा याद रखेंगे।

वासुदेव ने मुस्कुराते हुए कहा, "अब मुझे पता चला कि आकांक्ष घंटों रात के आसमान को क्यों देखता रहता है। मुझे हमेशा आश्चर्य होता था कि वह क्या सोच रहा होगा या वहाँ क्या समझने की कोशिश कर रहा होगा।"

अक्षय ने कहा, "यह हमें याद दिलाता है कि इस विशाल ब्रह्मांड में हम कितने छोटे हैं और हमें अभी भी कितना कुछ खोजना बाकी है। कौन जानता है कि सितारों में क्या रहस्य छिपे हैं, या हमें अभी भी किन रहस्यों को सुलझाना है?"

वासुदेव ने कुछ देर रुककर सोचा, फिर आगे कहा, "शायद आकांक्ष भी उसी आश्चर्य और विस्मय में खोया हुआ था, जो हम सभी रात के आसमान को देखते समय महसूस करते हैं। यह एक ऐसा एहसास है जो हमें दुनिया की सुंदरता और जटिलता की याद दिलाता है, और यह भी कि यहाँ कितना कुछ तलाशने और खोजने की ज़रूरत है।"

अध्याय १.४.

नवनिर्माण

"जब लोग मूल तथ्य (सत्य) को समझ लेंगे, तो सारी अनिश्चितताएं, उज्ज्वल प्रकाश के सामने अंधकार की तरह गायब हो जाएंगी

गुरुजी ने चिंतनशील लहजे में कहा, "मानव सभ्यता की शुरुआत से ही हम ब्रह्मांड के रहस्यों को समझने की कोशिश करते रहे हैं। हमारे अस्तित्व की उत्पत्ति को जानने की खोज ने हमारे समय के महानतम विचारकों को प्रेरित किया है और इतिहास की कुछ सबसे गहन खोजों को जन्म दिया है।"

गुरुजी ने आगे कहा, "खगोलशास्त्री और भौतिकशास्त्री इस यात्रा में सबसे आगे रहे हैं, उन्होंने ब्रह्मांड की कार्यप्रणाली का पता लगाने के लिए साक्ष्य-आधारित स्पष्टीकरण का उपयोग किया है। सोलहवीं और

अठारहवीं शताब्दी के बीच, हमें अपने सूर्य, ग्रहों और ब्रह्मांड की उत्पत्ति के बारे में बेहतर समझ मिली।"

व्यापक रूप से स्वीकृत 'बिग बैंग थ्योरी' के अनुसार, ब्रह्मांड की उत्पत्ति लगभग १३.८ बिलियन वर्ष पहले एक विलक्षणता से हुई थी - जो एक अतिसूक्ष्म सघन और गुरुत्वाकर्षण रूप से सघन बिंदु है। इस घटना से पहले, जैसा कि हम वर्तमान में जानते हैं, अंतरिक्ष या समय की कोई अवधारणा नहीं थी। यह विचार करना आश्चर्यजनक है कि विस्फोटक ऊर्जा के एक क्षण ने उस विशाल ब्रह्मांड को जन्म दिया जिसे हम आज देखते हैं। जैसे-जैसे ब्रह्मांड विकसित और रूपांतरित होता है, हमें अन्वेषण और सीखने की इसकी निरंतर यात्रा का हिस्सा बनने का सौभाग्य प्राप्त होता है।

वैज्ञानिक ने आश्चर्य व्यक्त करते हुए कहा, "प्रारंभिक अवस्था में ब्रह्मांड के विस्तार की अविश्वसनीय दर पर विचार करना वास्तव में आश्चर्यजनक है।"

पर्याप्त सबूत बताते हैं कि एक सेकंड के सिर्फ़ एक ट्रिलियनवें हिस्से में, ब्रह्मांड का आयतन एक हज़ार सत्तर-आठ (१०७८) के लगभग अकल्पनीय कारक से बढ़ गया। इस तेज़ विस्तार के दौरान, ब्रह्मांड अत्यधिक गर्मी और घनत्व की स्थिति में था, जिसे कॉस्मिक सूप के रूप में जाना जाता है। यह सूप प्रारंभिक ब्रह्मांड में कणों की टक्कर के बाद उत्पन्न क्वार्क-ग्लूऑन प्लाज्मा से बना था।

उल्लेखनीय रूप से, यह देखते हुए कि यह प्लाज़्मा वह समय था जब ग्लूअन, क्वार्क को प्रोटॉन और न्यूट्रॉन बनाने के लिए फँसा देते थे, जिससे फिर परमाणु नाभिक बने। हम इस प्रक्रिया को 'क्वार्क का बंधन' के रूप में जानते हैं।

ब्रह्मांड का विस्तार आधुनिक ब्रह्मांड विज्ञान में सबसे मौलिक और अच्छी तरह से समर्थित सिद्धांतों में से एक है। यह अवलोकन कि ब्रह्मांड में आकाशगंगाएँ और अन्य वस्तुएँ एक दूसरे से दूर जा रही हैं, इस विचार के अनुरूप है कि अंतरिक्ष स्वयं

फैल रहा है। बेल्जियम के खगोलशास्त्री ज्योर्ज लेमेत्रेने पहली बार १९२० के दशक में इस अवधारणा का प्रस्ताव रखा था, और बाद में एडविन हबल और अन्य लोगों के अवलोकनों द्वारा इसका समर्थन किया गया।

ब्रह्मांडीय माइक्रोवेव पृष्ठभूमि विकिरण, बिग बैंग सिद्धांत और ब्रह्मांड के विस्तार के लिए सबूत का एक महत्वपूर्ण तत्व है। प्रचलित धारणा यह है कि यह नवजात ब्रह्मांड से अवशिष्ट विकिरण है, जो बिग बैंग के लगभग ३८०००० साल बाद ब्रह्मांड जब पारदर्शी प्रकाश में बदला तब उत्पन्न हुआ था।

ब्रह्मांड के विस्तार के लिए भारी सबूतों के बावजूद, वर्तमान में उस विलक्षणता का कोई प्रत्यक्ष सबूत नहीं है जिसके बारे में माना जाता है कि वह ब्रह्मांड की शुरुआत में हुई थी। विलक्षणता उस मोड़ को दर्शाती है जिस पर ब्रह्मांड को अनंत घनत्व और तापमान के एकांत बिंदु से फैला हुआ माना जाता है। भौतिकशास्त्र की मौजूदा समझ ऐसी चरम

परिस्थितियों में ढह जाती है, जिससे इस विलक्षणता के प्रत्यक्ष अवलोकन में बाधा उत्पन्न होती है।

विलक्षणता को प्रत्यक्ष रूप से देखने में कठिनाई के बावजूद, कई अप्रत्यक्ष साक्ष्य इसके अस्तित्व का समर्थन कर रहे हैं। इसका एक उदाहरण ब्रह्मांड में हाइड्रोजन और हीलियम जैसे हल्के तत्वों की प्रचुरता है, जिसे बिग बैंग के दौरान की स्थितियों से समझाया जा सकता है। ब्रह्मांडीय माइक्रोवेव पृष्ठभूमि विकिरण, बिग बैंग सिद्धांत और ब्रह्मांड के विस्तार दोनों के लिए ठोस सबूत प्रदान करता है।

यद्यपि इस बात का कोई प्रत्यक्ष प्रमाण नहीं है कि ब्रह्माण्ड के आरम्भ में विलक्षणता घटित हुई थी, तथापि ब्रह्माण्ड के विस्तार और बिग बैंग की परिकल्पना के साक्ष्य सम्मोहक हैं तथा निरंतर हो रहे प्रेक्षणों और जांचों से इसकी पुष्टि होती रहती है।

गुरुजी ने कहा, "जब से वैज्ञानिकों ने इसकी उत्पत्ति की खोज की है, तब से उनके बीच एक स्वाभाविक प्रश्न उठ रहा है। क्या यह सच है कि ब्रह्मांड की

शुरुआत हुई है, इसलिए यह अंततः नष्ट हो जाएगा या अनिश्चित काल तक जीवित रहेगा? इस प्रमुख प्रश्न ने ब्रह्मांड के बारे में कई नई जानकारियाँ दी हैं।"

गुरुजी ने आगे कहा, "आकांक्ष, एक्स-निहिलो की अवधारणा, जिसका अर्थ है 'शून्यता से', एक दार्शनिक और धार्मिक विचार है जिसका उपयोग ब्रह्मांड की उत्पत्ति को समझाने के लिए किया गया है। यह सुझाव देता है कि ब्रह्मांड को शून्य से, दैवीय या अलौकिक शक्ति द्वारा बनाया गया था।"

आधुनिक विज्ञान में, यह धारणा कि ब्रह्मांड शून्य से उत्पन्न हुआ है, का समर्थन नहीं है। इसके बजाय, ब्रह्मांड की उत्पत्ति के बारे में प्रचलित समझ बिग बैंग सिद्धांत पर आधारित है। यह सिद्धांत मानता है कि ब्रह्मांड एक गर्म, सघन और असीम रूप से छोटे बिंदु से उत्पन्न हुआ है जिसे एक विलक्षणता कहा जाता है। इसके बाद, ब्रह्मांड तेजी से फैला और

ठंडा हुआ, जिसके परिणामस्वरूप पदार्थ और आज देखी जाने वाली संरचनाओं का निर्माण हुआ।

भौतिकशास्त्र में, संरक्षण नियम एक मूलभूत सिद्धांत है जो ब्रह्मांड में पदार्थ और ऊर्जा की स्थिर कुल मात्रा पर जोर देता है, हालांकि यह स्थान या रूप बदल सकता है। इस सिद्धांत का तात्पर्य है कि ब्रह्मांड किसी न किसी रूप में मौजूद रहा है और संभवतः एक अलग रूप में मौजूद रहेगा।

२०वीं सदी के मध्य में प्रस्तावित स्थिर अवस्था सिद्धांत का उद्देश्य बिग बैंग सिद्धांत का विकल्प प्रदान करना था। इसने सुझाव दिया कि ब्रह्मांड हमेशा संतुलन की स्थिति में रहा है, और ब्रह्मांड के विस्तार के कारण खोए हुए पदार्थ की जगह लेने के लिए लगातार नया पदार्थ बनता रहता है। हालाँकि एक समय इसे बिग बैंग सिद्धांत का एक लोकप्रिय विकल्प माना जाता था, लेकिन स्थिर अवस्था सिद्धांत अब आधुनिक ब्रह्मांड विज्ञान में व्यापक रूप से स्वीकार नहीं किया जाता है।

हम सांख्य दर्शन के ७८ वें सांख्य सूत्र में पवित्र ग्रंथों में समान समानताएँ पा सकते हैं। ऋषि कपिला के विकास के सिद्धांत में उस प्रक्रिया का वर्णन किया गया है जिसके द्वारा ब्रह्मांड अपनी मूल संतुलन अवस्था से विकसित होकर बहुलता की अवस्था में पहुँचता है, जिसमें विभिन्न तत्व और प्राणी उत्पन्न होते हैं। यह विचार बिग बैंग सिद्धांत के समान है।

कपिला की फ़िलसुफ़ी का मानना था कि ब्रह्मांड में हर चीज़ पहले से मौजूद भौतिक कारणों से विकसित होती है। यह उनके कथन में परिलक्षित होता है,

"नवस्तुनो वस्तुसिद्धि"

अर्थ: "कुछ नहीं से कुछ बनाना असंभव है।"

कपिला के अनुसार, हमेशा कुछ पहले से मौजूद पदार्थ होना चाहिए जिससे नई चीजें बनाई जा सकें और पूर्ण शून्यता से कुछ भी उत्पन्न नहीं हो सकता। यह अवधारणा पदार्थ और ऊर्जा के संरक्षण की समकालीन वैज्ञानिक अवधारणा के अनुरूप है, जो यह मानती है

कि पदार्थ और ऊर्जा को बनाया या नष्ट नहीं किया जा सकता है, बल्कि उन्हें केवल एक रूप से दूसरे रूप में परिवर्तित किया जा सकता है।

"अवस्तुनोभवत् वस्तुसिद्धिर्भवोत्पतिर्णव सम्भावती।"

अर्थ: "कोई इकाई शून्यता या गैर-अस्तित्व से उभर नहीं सकती।"

कपिला आगे कहते हैं, "ब्रह्मांड में मौजूद हर चीज़ का एक कारण होता है, और वह कारण पहले से मौजूद भौतिक कारण होना चाहिए।" यह अवधारणा कार्य-कारण के सिद्धांत से मिलती-जुलती है, जो विज्ञान में एक मौलिक विचार है जो इस बात पर जोर देता है कि हर प्रभाव का एक कारण होना चाहिए। कपिला का मानना था कि किसी भी इकाई के अस्तित्व के लिए हमेशा एक कारण होना चाहिए, और वह कारण कुछ ऐसा होना चाहिए जो पहले से ही किसी न किसी रूप में मौजूद हो।

"यद्यभवत् भवोटपतिस्तरहि करण रुपन कार्याई दृश्यत इति जगतोप्यवस्तुस्वन्।"

अर्थ: "यदि कोई इकाई किसी अ-इकाई से उभरती है, तो दुनिया भी असत्य होगी क्योंकि कारण का चरित्र उसके उत्पाद में दिखाई देता है।"

कपिला का मानना है कि सभी चीज़ों का कोई न कोई कारण अवश्य होता है और यह शून्य से उत्पन्न नहीं हो सकती। अन्यथा, उन्हें अवास्तविक या भ्रामक माना जाएगा। यह उनके विकास के सिद्धांत का केंद्र है, जो मानता है कि दुनिया पहले से मौजूद भौतिक तत्वों का विकास है। यदि कोई प्रभाव अपने कारण से संबंधित नहीं होता, जैसा कि तब होता है जब कोई इकाई किसी गैर-इकाई से उत्पन्न होती है, तो दुनिया भी अवास्तविक होगी।

भगवद् गीता के दूसरे अध्याय के १६ वें श्लोक में कहा गया है कि अनस्थिर का कोई वास्तविक अस्तित्व नहीं है और स्थिर का अस्तित्व कभी मिटता

नहीं है । जिन्होंने सत्य को समझ लिया है, उन्होंने दोनों को समझ लिया है।

नासतो विद्यते भावो नाभावो विद्यते सतः ।

उभयोरपि दृष्टोऽन्तस्त्वनयोस्तत्त्वदर्शिभिः ||16||

अर्थ: "अनित्य शरीर का चिरस्थायित्व नहीं है और शाश्वत आत्मा का कभी अन्त नहीं होता है। तत्त्वदर्शियों द्वारा भी इन दोनों की प्रकृति के अध्ययन करने के पश्चात् निकाले गए निष्कर्ष के आधार पर इस की पुष्टि की गई है।"

गुरुजी ने कहा, "सौर मंडल की उत्पत्ति धूल और गैस के एक अंतरतारकीय बादल से ढूंढा जा सकता है जिसे नेब्यूला कहा जाता है, जो संभवतः पिछले सुपरनोवा का अवशेष था। गुरुत्वाकर्षण बलों के कारण नेब्यूला में पतन और संघनन की प्रक्रिया हुई, जिसके परिणामस्वरूप सघन क्षेत्रों का निर्माण हुआ। इन सघन क्षेत्रों में पदार्थ जमा होते रहे, और उनके संरक्षण की बढ़ती गतिने उन्हें घूमने के लिए प्रेरित किया, जबकि बढ़ते दबाव ने उन्हें गर्म कर दिया।

आखिरकार, एक प्रोटोस्टार उभरा, जो एक ऐसा पदार्थ है जो अभी तक परमाणु संलयन से नहीं गुजरा है।"

एक बार नाभिकीय संलयन से गुज़रने के बाद, प्रोटोस्टार एक पूर्ण विकसित तारे में परिवर्तित हो जाता है। ऐसा अत्यधिक दबाव और घनत्व के कारण होता है, जो थर्मोन्यूक्लियर संलयन को सुविधाजनक बनाता है। सिस्टम में शेष पदार्थ तब एक डिस्क में समतल हो जाता है जो तारे को घेर लेती है। सूर्य, विशेष रूप से, मूल नेब्यूला की केंद्रीय गेंद से उभरकर आया, जबकि शेष पदार्थ ने प्रोटो-ग्रहीय डिस्क का निर्माण किया। समय के साथ, इस डिस्क से धूल और गैस के गुरुत्वाकर्षण संचय के माध्यम से ग्रह बने, जो बड़े द्रव्यमान में एकत्रित हो गए।

धातुएं और सिलिकेट, सौर निहारिका में मौजूद थे और अपने उच्च क्वथनांक के कारण बुध, शुक्र, पृथ्वी और मंगल जैसे स्थलीय ग्रहों का निर्माण कर सके, जिससे वे सूर्य के करीब ठोस अवस्था में रह सके। हालांकि, सौर निहारिका में धात्विक तत्वों की संख्या

सीमित थी, जिससे स्थलीय ग्रहों की वृद्धि बाधित हुई। इसके विपरीत, बृहस्पति, शनि, यूरेनस और नेपच्यून जैसे विशाल ग्रह 'हिम रेखा' के पार बने, जो सूर्य से काफी दूर है जहां तापमान इतना कम होता है कि अस्थिर बर्फीले यौगिक ठोस रह सकते हैं। हिम रेखा के पार की सामग्री, बर्फ, ठोस रहने के लिए पर्याप्त ठंडी थी, और इन ग्रहों में धातुओं और सिलिकेट्स की तुलना में अधिक प्रचुर मात्रा में बर्फ होती है, जिससे उन्हें हाइड्रोजन और हीलियम की एक महत्वपूर्ण मात्रा प्राप्त करने के लिए काफी हद तक बढ़ने की अनुमति मिलती है।

अंत में, जो पदार्थ ग्रहों में संयोजित होने में असफल रहा, वह एकत्रित होकर तीन अलग-अलग क्षेत्रों का निर्माण किया: कुइपर बेल्ट, क्षुद्रग्रह बेल्ट, और ऊर्ट बादल।

गुरुजी ने कहा, "आकांक्षा, जब हम आसमान की ओर देखते हैं, तो हम अतीत में झाँक रहे होते हैं और ब्रह्मांड के इतिहास के जटिल और हैरान करने वाले

चित्र का एक छोटा सा अंश देख रहे होते हैं। हमारे पास इतिहास की जटिल और हैरान करने वाली तस्वीर का सिर्फ़ एक छोटा सा हिस्सा है। यहाँ मुख्य बात यह है कि इसे पढ़ें, इसे पहचानें और समझें कि क्या हो रहा है। हालाँकि, खगोलविदों का मानना है कि तारों के परिवर्तन और विकास को समझना इस रहस्य को सुलझाने की कुंजी हो सकती है।"

तत्वों की उत्पत्ति ने सर फ्रेड हॉयल की रुचि जगाई। हालाँकि प्रारंभिक ब्रह्मांड मुख्य रूप से हाइड्रोजन और हीलियम से बना था, जो सबसे सरल और सबसे हल्के तत्व हैं, लेकिन तब से ब्रह्मांड में महत्वपूर्ण परिवर्तन हुए हैं। जब हम अपने आस-पास देखते हैं, तो हम एक ऐसी दुनिया देखते हैं जो सरल से बहुत दूर है, जिसमें ऑक्सीजन, हमारे रक्त में लोहा और पेड़ों और कोशिकाओं में कार्बन जैसे जटिल और भारी तत्वों की एक विशाल श्रृंखला है।

गुरुजी ने कहा, “अब यह दिलचस्प प्रश्न उभर कर आता है कि ब्रह्माण्ड अपनी साधारण शुरुआत से वर्तमान जटिल स्थिति में कैसे विकसित हुआ।”

होयल के अनुसार, हाइड्रोजन परमाणुओं का संलयन ही वह मूलभूत प्रक्रिया है जो तारों में हीलियम का निर्माण करती है। उन्होंने शुरू में भारी और अधिक जटिल तत्वों के निर्माण को समझाने के लिए संघर्ष किया। बाद में ही उन्हें एहसास हुआ कि दो हीलियम नाभिकों के संलयन से बेरिलियम का निर्माण होता है, और तीसरे हीलियम नाभिक के जुड़ने से कार्बन का निर्माण होता है, जो फिर और भी भारी तत्वों का निर्माण कर सकता है।

फ्रेड हॉयल द्वारा प्रस्तावित सिद्धांत ने तारों के विकास के बारे में मूल्यवान जानकारी प्रदान की, लेकिन इसका अंतिम निहितार्थ परेशान करने वाला था: जब कोई तारा अपना सारा हाइड्रोजन और हीलियम ईंधन खत्म कर लेता है, तो वह अंततः मर जाएगा। परिणामस्वरूप, ब्रह्मांड अंधकारमय हो

जाएगा, और उसे रोशन करने वाला कोई भी तारा नहीं रहेगा।

गुरुजी ने कहा, “आकांक्ष, सितारों के ईंधन खत्म होने से पहले ही एक और कारक काम कर रहा था: गुरुत्वाकर्षण, ब्रह्मांड में सबसे मौलिक बल। एंड्रोमेडा नेबुला का अध्ययन करके, जो हमारी आकाशगंगा मिल्की वे से मिलता जुलता है, वेस्टो स्लिफ़र ने इस बात को समझने में हमारी मदद की कि गुरुत्वाकर्षण ब्रह्मांड के भाग्य को कैसे प्रभावित करता है, इसके आंदोलन के अवलोकन के माध्यम से। बिग बैंग के बाद की वजह से ज़्यादातर आकाशगंगाएँ एक-दूसरे से दूर जा रही हैं। अगर गुरुत्वाकर्षण खत्म हो जाए, तो ब्रह्मांड अनंत रूप से फैलता रहेगा, आखिरी तारे के खत्म होने के बाद भी।”

अल्बर्ट आइंस्टीन के सापेक्षता के सामान्य सिद्धांत ने ब्रह्मांड के लिए दो नियति प्रस्तावित की, लेकिन दोनों के बीच विभाजन रेखा निर्धारित करना एक चुनौती थी। इस मुद्दे को संबोधित करने के लिए,

वैज्ञानिकों ने महत्वपूर्ण घनत्व की अवधारणा पेश की, जो पदार्थ और ऊर्जा घनत्व की सीमा का प्रतिनिधित्व करता है। यदि ब्रह्मांड का कुल घनत्व निर्णायक घनत्व से अधिक है, तो गुरुत्वाकर्षण ब्रह्मांड को एक विशाल क्रंच में ढहने का कारण बनेगा। यदि घनत्व महत्वपूर्ण घनत्व से कम है, तो ब्रह्मांड अनिश्चित काल तक फैलता रहेगा।

गुरुजी ने कहा, "अब प्रश्न यह था कि ब्रह्मांड निर्णायक घनत्व तक पहुंचने के कितने करीब था।"

गुरुत्वाकर्षण एक वास्तुकार के रूप में कार्य करता है, जो एक विशाल ब्रह्मांडीय पैमाने पर संपूर्ण ब्रह्मांड की संरचना को आकार देता है और प्रभावित करता है, धूल और गैस की धाराओं से जुड़ी आकाशगंगाओं के एक सुपरक्लस्टर को एक साथ लाता है, जो सभी एक ही अपरिहार्य खिंचाव/आकर्षण के तहत काम करते हैं।

फ्रिट्ज़ ज़्विकी ने गुरुत्वाकर्षण और द्रव्यमान की खोज करने के लिए आकाशगंगाओं के समूह के भीतर

गति करने की गति को निर्धारित करने का प्रयास किया, जिसे उन्होंने रहस्यमय 'श्याम द्रव्य' नाम दिया। क्वासर की खोज के परिणामस्वरूप गुरुत्वाकर्षण लेंस का निर्माण हुआ, और क्वासर की दोहरी छवि के अवलोकन ने श्याम द्रव्य के अध्ययन को प्रेरित किया। दूरी और वर्णक्रमीय बदलावों को मापने के तरीकों को तैयार करने के बाद यह निर्धारित करने के लिए कि वे ब्लूशिफ्टेड हैं या रेडशिफ्टेड, अगला चरण यह निर्धारित करना था कि वे ब्लू या रेडशिफ्टेड हैं।

खगोलशास्त्रियों को यकीन था कि गुरुत्वाकर्षण ब्रह्मांड के विस्तार को धीमा कर रहा है, लेकिन किस हद तक? वे विस्तार के रेडशिफ्ट बनाम दूरी के विरुद्ध सुपरनोवा का प्लॉट बनाकर इसका उत्तर दे सकते थे, लेकिन उनके अवलोकन से पता चला कि यह धीमा होने के बजाय तेज़ हो रहा था, जिसके परिणामस्वरूप 'डार्क एनर्जी' नामक एक और शब्द सामने आया। सबसे हालिया अनुमान से पता चलता है कि डार्क एनर्जी ब्रह्मांड के लगभग ६८% हिस्से के

लिए ज़िम्मेदार है, जो दर्शाता है कि ब्रह्मांड सिकुड़ेगा नहीं और बड़े पैमाने पर सिकुड़ कर खत्म नहीं होगा।

गुरुत्वाकर्षण ब्रह्मांड के अंतिम भाग्य को प्रभावित नहीं करेगा। हम इस बात से अनभिज्ञ हैं कि डार्क एनर्जी किससे बनी है, यह ब्रह्मांड को कैसे चीर रही है, या भविष्य में यह कैसे व्यवहार करेगी, जिससे ब्रह्मांड और उसकें अंतिम भाग्य के बारे में हमारी समझ में एक महत्वपूर्ण शून्यता पैदा हो रही है। यह जानना कि ब्रह्मांड का अंत कैसे होगा, दुनिया की हमारी समझ के लिए महत्वपूर्ण निहितार्थ हो सकते हैं।

श्रीमद्भागवतम् से संदर्भ: एसबी २.६.२०, समान संदर्भ पर।

पदास ट्रेयो बहस कैसान अपराजनम फिर आश्रम ।

अन्तस त्रि- लोक्यास टीवीए अपारो ग ऋ ह-मेधो

'ब ऋ हद् -व्रताः ॥

अर्थ: "आध्यात्मिक दुनिया, जिसमें भगवान की तीन-चौथाई ऊर्जा समाहित है, इस भौतिक दुनिया से परे मौजूद है और विशेष रूप से उन लोगों के लिए है जिनका कभी पुनर्जन्म नहीं होगा। अन्य जो पारिवारिक जीवन से जुड़े हैं और अपने ब्रह्मचर्य व्रतों का सख्ती से पालन नहीं करते हैं, उन्हें तीनों भौतिक दुनिया में रहना होगा।"

इस श्लोक की व्यक्तिपरक व्याख्या इस प्रकार की जा सकती है कि ब्रह्माण्ड एक अदृश्य शक्ति या 'परम में अच्छाई' से प्रभावित हो रहा है, जिसकी तुलना श्याम द्रव्य से की जा सकती है - पदार्थ का एक विचित्र रूप जो गुरुत्वाकर्षण बल के माध्यम से दृश्य पदार्थ को प्रभावित करता है, लेकिन दूरबीनों के लिए अदृश्य होता है क्योंकि यह प्रकाश के साथ अंतःक्रिया नहीं करता है।

नासा, खगोल भौतिकीविदों, खगोलविदों और ब्रह्मांड विज्ञानियों के अनुसार, अवलोकनीय ब्रह्मांड में मौजूद कुल द्रव्यमान-ऊर्जा का केवल ५% हिस्सा है। माना

जाता है कि शेष ९५% में डार्क एनर्जी और डार्क मैटर शामिल हैं, जो अदृश्य हैं और सीधे पता नहीं लगाया जा सकता है। हालाँकि, उनके अस्तित्व का अनुमान दृश्यमान पदार्थ पर उनके गुरुत्वाकर्षण प्रभाव और ब्रह्मांड के त्वरित विस्तार के अवलोकन से लगाया जा सकता है।

गुरुजी ने पूछा, "आकांक्ष, ब्रह्मांड का शेष भाग किससे बना है? हम जितना नहीं जानते, उससे कहीं कम जानते हैं।"

आकांक्षने मुस्कुराकर सिर हिलाया... दृश्यमान ब्रह्मांड में पृथ्वी, सूर्य और तारे जैसे खगोलीय पिंड शामिल हैं, जिनमें प्रोटॉन, न्यूट्रॉन और इलेक्ट्रॉन द्वारा निर्मित परमाणु शामिल हैं। हालांकि, वैज्ञानिकों का अनुमान है कि साधारण पदार्थ ब्रह्मांड के द्रव्यमान का ५% से भी कम हिस्सा है। बाकी एक रहस्य है, जिसमें 'डार्क मैटर' (२७%) नामक एक अदृश्य पदार्थ और 'डार्क एनर्जी' (६८%) नामक एक प्रतिकारक बल शामिल है, जो गुरुत्वाकर्षण का प्रतिकार करता है।

गुरुजी ने कहा, “वेदों जैसे प्राचीन ग्रंथों के अनुसार, भौतिक ब्रह्मांड के दो पहलू हैं, स्थूल भौतिक ऊर्जा और सूक्ष्म भौतिक ऊर्जा।”

स्थूल भौतिक ऊर्जा से तात्पर्य उस ऊर्जा से है जो हमें चारों ओर से घेरे रहती है और जिसे हमारे भौतिक शरीर के माध्यम से अनुभव किया जाता है। दूसरी ओर, सूक्ष्म भौतिक ऊर्जा जीवित और निर्जीव दोनों में मौजूद ऊर्जा से संबंधित है, लेकिन स्थूल शरीर द्वारा इसे सीधे अनुभव नहीं किया जा सकता है।

आधुनिक विज्ञान ने ब्रह्मांड के सूक्ष्म पहलू के अस्तित्व पर लंबे समय से बहस की है, भले ही कई लोगों को इसके साथ व्यक्तिगत अनुभव हो। प्रत्येक व्यक्ति के पास एक सूक्ष्म शरीर होता है जो एक भौतिक या जैविक शरीर से ढका होता है, जिसमें भौतिक वाहिका स्थूल भौतिक आयाम में ५% से भी कम गति से चलती है। हालाँकि, हमारे भौतिक शरीर के प्रति हमारा लगाव इतना मजबूत है कि हम उस सूक्ष्म ऊर्जा को महसूस करने में विफल हो जाते हैं

जो हमें घेरे रहती है। आत्म- साक्षात्कार प्राप्त द्रष्टाओं और महान गुरुओं ने इस सत्य को उजागर किया है।

गुरुजी ने कहा, "आकांक्ष, ब्रह्म ब्रह्मांड या ईश्वर का ब्रह्मांड स्थूल और सूक्ष्म भौतिक ब्रह्मांडों से कहीं आगे तक फैला होना चाहिए। हालाँकि वैज्ञानिकों ने मानवता के लिए महत्वपूर्ण योगदान दिया है, लेकिन उनके पास भौतिक ब्रह्मांड का ५% से भी कम हिस्सा है और अभी तक वे सभी जैविक प्राणियों के भीतर मौजूद सूक्ष्म ऊर्जा को पूरी तरह से समझ और खोज नहीं पाए हैं। मेरी राय में, स्थूल ब्रह्मांड सूक्ष्म पदार्थ या ऊर्जा के बिना अस्तित्व में नहीं रह सकता है, जैसा कि पाठ में बार-बार उल्लेख किया गया है, जो आत्माएं इस सूक्ष्म ऊर्जा का अनुभव करती हैं वह उसके अहसास पर जोर देती है।"

अपनी चेतना का विस्तार करना और अपनी वर्तमान समझ से परे रहस्यों को उजागर करने के लिए उच्च आयामों की खोज करना ही सच्ची अनुभूति प्राप्त करने का एकमात्र तरीका है। इस प्रक्रिया में स्वयं के

बारे में गहरी समझ हासिल करना और उच्च ज्ञान (ज्ञान) विकसित करना शामिल है।

फॉर्म का शीर्ष

आकांक्ष ने पूछा, "गुरुजी, सूक्ष्म भौतिक शरीर क्या है?"

गुरुजी ने कहा, "सूक्ष्म भौतिक शरीर में मन, बुद्धि और अहंकार शामिल हैं, जबकि हम स्थूल भौतिक शरीर में अपनी भौतिक इंद्रियों के माध्यम से चीजों को समझते हैं। सूक्ष्म शरीर स्वप्न अवस्था के दौरान सक्रिय रहता है, जबकि भौतिक और सूक्ष्म शरीर गहरी नींद के दौरान सोते हैं, और कारण शरीर जागृत रहता है। ध्यान के माध्यम से, व्यक्ति कारण शरीर को शुद्ध कर सकता है, और एक आत्मसाक्षात्कारी आत्मा के लिए, कारण शरीर पूरी तरह से मुक्त होता है। जब कोई व्यक्ति मरता है, तो आत्मा भौतिक शरीर को छोड़ देती है, लेकिन सूक्ष्म शरीर सभी छापों को रखता है, और कर्म के नियम के अनुसार, सूक्ष्म और कारण शरीर अपने-अपने लोकों में चले जाते हैं जब तक कि वे अगले चक्र के लिए गर्भ में प्रवेश नहीं कर लेते।"

एक ओर, यह अविश्वसनीय है; दूसरी ओर, यह हैरान करने वाला है। हम कई सूक्ष्म दुनियाओं में रहते हैं, और एक ही समय में कई चीजें हो रही हैं। सूक्ष्म शरीर को शुद्ध करने के लिए, व्यक्ति को पृथ्वी तल पर भौतिक शरीर में होना चाहिए, और ऐसा करने का कोई और तरीका नहीं है। जब सूक्ष्म शरीर पर सभी छापें मिट जाती हैं, तो कारण शरीर शुद्ध और मुक्त हो जाता है। इस अवस्था को निर्वाण के रूप में जाना जाता है, जिसका अर्थ है इच्छा, लालच, पसंद और नापसंद, घृणा और भ्रम का अंत। कोई लालसा या घृणा नहीं है, पूर्ण शून्यता, कुछ भी नहीं चाहिए, और व्यक्ति पूरी तरह से संतुष्ट, संपूर्ण और किसी भी समय मृत्यु को स्वीकार करने के लिए तैयार महसूस करता है। कारण शरीर ब्रह्म की इच्छा से मुक्त होता है, जबकि बाकी के प्रकट होने की प्रतीक्षा करते हुए, व्यक्ति भौतिक और सूक्ष्म शरीर पर काम कर सकता है।

गुरुजी ने कहा, “आकांक्ष, बहुत से लोग अपने मन, बुद्धि और अहंकार से काम करने के बावजूद सूक्ष्म

शरीर के अस्तित्व को नकारते हैं । जब कोई व्यक्ति मरता है, तो स्थूल शरीर विघटित हो जाता है, और सूक्ष्म शरीर आत्मा को एक नए शरीर में ले जाता है। यह अज्ञात है कि एक शरीर से दूसरे शरीर में जाने की प्रक्रिया के दौरान सूक्ष्म शरीर कैसे बरकरार रहता है। मोक्ष प्राप्त करने के बाद ही कोई सूक्ष्म शरीर छोड़ सकता है। इसलिए, यह समझना महत्वपूर्ण है कि सूक्ष्म शरीर को कैसे त्यागना है। जबकि स्थूल शरीर स्वतः ही मुक्त हो जाता है, सूक्ष्म शरीर से मुक्ति पाने के लिए, व्यक्ति को ब्रह्म के प्रति प्रेम विकसित करना चाहिए।"

मैं आपको अनाहिता नाम की एक छोटी मछली और उसकी माँ, माया की कहानी सुनाता हूँ। एक दिन, अनाहिता ने अपनी माँ से पूछा, "मैंने समुद्र के बारे में बहुत कुछ सुना है, लेकिन क्या तुमने कभी इसे देखा है और यह कहाँ स्थित है?"

माया ने हंसते हुए उत्तर दिया, "तुम समुद्र में पैदा हुए हो, तुम उसी में मौज-मस्ती करते हो, उसी में

बड़े होते हो और अंततः उसी में विलीन हो जाओगे। तुम पहले से ही समुद्र में हो, अनाहिता; तुम कभी भी एक पल के लिए भी उससे दूर नहीं रहे।"

माया ने समझाया, "मेरे बच्चे, तुम्हें इसका एहसास नहीं हुआ क्योंकि यह बहुत दूर नहीं था। यह बिल्कुल वहीं था, तुम्हारे करीब, इसलिए यह स्वाभाविक रूप से और पारदर्शी रूप से मौजूद था।"

गुरुजी ने कहा, "आकांक्ष, जिस तरह एक मछली समुद्र में रहती है, उसी तरह मनुष्य भी ऊर्जा के एक महासागर में रहता है जो उसके अंदर और बाहर दोनों जगह मौजूद है। यह ऊर्जा जन्म से लेकर जीवन भर मौजूद रही है और अंततः हमें भी अपने में समाहित कर लेगी। हम इस ऊर्जा से अलग महसूस कर सकते हैं, इसका कारण यह नहीं है कि यह दूर है, बल्कि इसलिए है क्योंकि हम इसके प्रति इतने संवेदनशील नहीं हैं और यह आपके करीब थी, इसलिए यह स्वाभाविक रूप से और पारदर्शी रूप से मौजूद थी। बस अपने आस-पास के वातावरण के प्रति अधिक

संवेदनशील बनें और चहचहाते पक्षियों, बहती हवा, नाचते पेड़ों, बहती नदियों और रिमझिम बारिश को अधिक गहराई से सुनें। ऐसा करने से, व्यक्ति अपने आस-पास के आनंदमय संगीत का अनुभव कर सकता है।"

गुरुजी ने एक लंबी चुप्पी और मुस्कान के साथ कहा, "बड़ी तीव्रता और संवेदनशीलता के साथ, मैं अपने आस-पास की हर चीज़ को देखता, सुनता, छूता और महसूस करता हूँ। जब मैं किसी चीज़ को देखता हूँ, तो मेरी आँखें देखने का सार बन जाती हैं; जब मैं कुछ सुनता हूँ, तो मेरे कान सुनने का सार बन जाते हैं; और जब मैं किसी चीज़ को छूता हूँ, तो मेरे हाथ स्पर्श का सार बन जाते हैं। मेरी सभी इंद्रियाँ एक में विलीन हो गई हैं, और अब मुझे एहसास हुआ है कि मैं हमेशा सर्वोच्च के साथ जुड़ा हुआ हूँ।"

तैत्तिरीय उपनिषद में ब्रह्मानंद वल्ली ने कहा है कि ब्रह्मांड की उत्पत्ति आत्मा के प्रकट होने से हुई, जिससे आकाश (ईथर) तत्व की उत्पत्ति हुई। इसके

बाद, आकाश से वायु, वायु से अग्नि, अग्नि से जल और जल से पृथ्वी उत्पन्न हुई। फिर धरती से जड़ी-बूटियाँ उत्पन्न हुईं और जड़ी-बूटियों से भोजन बनाया गया। ऐसा माना जाता है कि मनुष्य भोजन के सार को धारण करते हैं।

माना जाता है कि ब्रह्म, परम वास्तविकता या सर्वोच्च सत्ता, ने ब्रह्मांड में स्पंदन या कंपन प्रक्षेपित किया, जिसके परिणामस्वरूप दुनिया का निर्माण हुआ। सृजन प्रक्रिया भी ब्रह्म के संकल्प से काफी प्रभावित थी, जो विचार और इच्छा की शक्ति को संदर्भित करता है। हिंदू दर्शन के अनुसार, ब्रह्म सभी अस्तित्व का एक स्रोत है, और सब कुछ ब्रह्म से निकलता है। यह इस विचार का प्रतिनिधित्व करता है कि संपूर्ण ब्रह्मांड एक विलक्षण स्रोत से उत्पन्न हुआ, जो बाद में कई रूपों और संस्थाओं में विस्तारित हुआ।

"एकोहम् बहु स्याम"

अर्थ: "मैं एक हूँ और अनेक बनना चाहता हूँ।"

ऐसा कहा जाता है कि ब्रह्म की प्रतिध्वनि उस बीज के समान थी जो जल ग्रहण करने पर मिट्टी में फूल जाता है, जिसके परिणामस्वरूप अंततः सम्पूर्ण विश्व प्रकट हुआ।

तैत्तिरीय उपनिषद में सृष्टि या सृजन के दो प्रकार का वर्णन किया गया है:

- युगपत सृष्टि: इस प्रकार की रचना में पांच तत्वों, अहंकार, महत (महान सिद्धांत) और अन्य वस्तुओं सहित वस्तुओं का एक साथ उद्भव शामिल होता है।
- क्रम सृष्टि: यह ब्रह्मांड की क्रमिक रचना को संदर्भित करता है। इसमें व्युत्पन्न तत्वों की रचना शामिल है, जैसे आकाश (ईथर) से वायु (हवा) का जन्म और वायु से अग्नि का जन्म। इसमें अव्यक्त (अव्यक्त) से महत और महत से अहंकार आदि का निर्माण भी शामिल है।

ऋषि वशिष्ठ ने श्री राम को ब्रह्मांड की रचना समझाने के लिए योग-वशिष्ठ का हवाला दिया। उनके स्पष्टीकरण के अनुसार, शिव ने ब्रह्मांड की रचना की शुरुआत की, उसके बाद ब्रह्मा, विष्णु, मुनि और अन्य प्राणियों ने इसका अनुसरण किया। वशिष्ठ के अनुसार, माना जाता है कि ब्रह्मा ने कमल से, ब्रह्मांडीय अंडे से, पानी में और आकाश जैसे कई रूपों में जन्म लिया। उन्होंने सृष्टि की विविधता के बारे में बताते हुए कहा कि कुछ ब्रह्मांडों में केवल शक्तिशाली पेड़ ही मौजूद हो सकते हैं, जबकि अन्य में केवल पत्थर, मांस या सोना ही मौजूद हो सकता है।

वशिष्ठ ने बताया कि प्रत्येक सृष्टि में प्रमुख तत्व अलग-अलग थे, जो आकाश, वायु, अग्नि, अप्स या पृथ्वी हो सकते हैं। उन्होंने यह भी कहा कि प्रत्येक युग (कृता, त्रेता, द्वापर और कलि) में विकास का क्रम भिन्न होगा। महायुग की अवधि, जो चार चतुर युगों का संयोजन है, प्रत्येक युग के अनुपात में अंतर के कारण अलग-अलग युगों में भिन्न हो सकती है।

१:३६० के अनुपात के अनुसार, एक देव वर्ष तीन सौ साठ मानव वर्षों (मनुष्य) के बराबर है। ४:३:३:१ की युग अवधि के साथ चतुर युगों का यह चक्र निरंतर दोहराया जाएगा।

सांख्य दर्शन ब्रह्मांड में दो अलग-अलग वास्तविकताओं, अर्थात् पुरुष (चेतना) और प्रकृति (पदार्थ) का चित्रण करता है। ये दोनों वास्तविकताएँ बिना किसी हस्तक्षेप के एक दूसरे के साथ मौजूद हैं। जीव या जीवित प्राणी की स्थिति तब होती है जब पुरुष प्रकृति से बंधा होता है।

गुरुजी मुस्कुराये और पूछा, "आकांक्ष, क्या होता अगर बिग बैंग शुरुआत नहीं थी?"

आकांक्ष ने कहा, "गुरुजी, प्रमुख साक्ष्य बिग बैंग सिद्धांत का समर्थन करते हैं, जिसमें अंतरिक्ष का विस्तार, ब्रह्मांडीय माइक्रोवेव पृष्ठभूमि की खोज और अन्य अवलोकन शामिल हैं।"

गुरुजी ने उत्तर दिया, "सृजन के कई सिद्धांत हो सकते हैं, जो समय और स्थान की अनंत प्रकृति के

कारण बिना किसी सीमा के बाहर की ओर फैलते हैं। हालाँकि, ये सिद्धांत केवल मन में ही मौजूद होते हैं, और व्यक्ति को अपने वास्तविक स्व को समझने के लिए मन, समय और स्थान से परे जाना चाहिए। सृजन के लिए स्पष्टीकरण वैज्ञानिक या तर्कसंगत हो सकते हैं, लेकिन इसका कोई अंतिम निष्कर्ष नहीं हो सकता है। क्रम-सृष्टि का अर्थ क्रमिक सृजन है, जबकि युगपत -सृष्टि का अर्थ एक साथ सृजन है।"

गुरुजी ने कहा, "आकांक्ष, द्रष्टा (निरीक्षक) के बिना कोई भी वस्तु दिखाई नहीं देती।"

गुरुजी ने कहा कि संसार का अस्तित्व द्रष्टा और दृश्य की उपस्थिति पर निर्भर करता है। दृश्य के अस्तित्व के लिए द्रष्टा का होना आवश्यक है, जो दृश्य की सभी चीजों को संभालता है।

गुरुजी ने पूछा, "बाहर की ओर देखकर अनंत घटनाओं का वर्णन क्यों जारी रखें? बाहरी घटनाओं पर ध्यान केंद्रित करने के बजाय, आत्मनिरीक्षण करना और अपने अस्तित्व की प्रकृति को समझना महत्वपूर्ण है।

क्या आपको लगता है कि हम वास्तव में दुनिया में मौजूद हैं या नहीं, क्योंकि हम सोते समय इसका एहसास नहीं करते हैं? हालाँकि, जब हम जागते हैं, तो दुनिया हमें दिखाई देती है।"

गुरुजी ने कहा, "हमारे विचार ब्रह्मांड के निर्माण के लिए जिम्मेदार हैं और व्यक्ति अपने आत्म या 'मैं' की भावना के माध्यम से दुनिया का निर्माण करता है। 'मैं' सबसे पहले था, फिर दुनिया। व्यक्ति ने दुनिया का निर्माण किया, और वह 'मैं' के द्वारा हुआ। यदि आप 'मैं' की पहेली को सुलझा लेते हैं, तो आप 'दुनिया के निर्माण' की पहेली को सुलझा लेंगे।"

गुरुजी ने कहा, "ब्रह्मांड की उत्पत्ति के संबंध में कई शंकाएं हो सकती हैं।"

- यदि वर्तमान जन्म पूर्व कर्मों का परिणाम है, तो प्रथम मनुष्य ने अपना जीवन किस कर्म से प्रारंभ किया था?
- सर्वप्रथम ब्रह्माण्ड का निर्माण किसने किया?

हालाँकि, 'मैं' की पहेली को सुलझाने से, दुनिया के निर्माण की पहेली को समझा जा सकता है।

जो साधक अपनी आध्यात्मिक साधना के प्रति समर्पित हैं और लगातार ईमानदारी और भक्ति के साथ इसमें लगे रहते हैं, उन्हें अंततः ब्रह्मांड की उत्पत्ति से संबंधित अपने प्रश्नों और शंकाओं के उत्तर मिल जाएंगे। अपने अभ्यास के माध्यम से, वे स्वयं और ब्रह्मांड के बारे में गहरी समझ विकसित करेंगे, और उनके संदेह और प्रश्न दूर हो जाएंगे। निरंतर आध्यात्मिक अभ्यास से अस्तित्व के रहस्यों की अधिक स्पष्टता और समझ प्राप्त हो सकती है।

गुरुजी ने कहा, "अक्षय, सृष्टि एक रहस्य है, अनादि (शुरुआत से रहित)। सृष्टि तो केवल पहले से मौजूद चीज़ों का प्रक्षेपण है; यह केवल ब्रह्म संकल्प है।"

अनादि कर्म है, और यह एक रहस्यमय मार्ग है। सृष्टि को नियंत्रित करने वाले सार्वभौमिक नियम, कर्म के सिद्धांत और अन्य पारलौकिक प्रश्नों की जटिलताओं को केवल आत्मज्ञान प्राप्त करके ही

समझा जा सकता है। मानव बुद्धि के लिए इस नियम के कामकाज की पेचीदगियों को समझना चुनौतीपूर्ण है।

ब्रह्म पुराण के अनुसार, सृष्टि की निरंतरता में, ब्रह्मा ने एक पुरुष और एक स्त्री आकृति का निर्माण करके सृष्टि को आगे बढ़ाया, जिन्हें क्रमशः स्वयंभू मनु और शतरूपा नाम दिया गया। माना जाता है कि मनुष्य, मनु से उत्पन्न हुए और उन्हें आम तौर पर मानव कहा जाता है। मनु, ब्रह्मा की काया (का-ब्रह्मा, या -रूप) के माध्यम से स्वयं जन्म लेने वाले पहले व्यक्ति थे।

यह ध्यान देने योग्य है कि पुरुष और स्त्री की रचना का तुलनीय विवरण बाइबल में भी मिलता है, विशेष रूप से उत्पत्ति १:२७ में, जहाँ लिखा है:

“अतः परमेश्वर ने मनुष्य को अपने स्वरूप के अनुसार उत्पन्न किया, अपने ही स्वरूप के अनुसार परमेश्वर ने उनको उत्पन्न किया; नर और नारी करके उसने उनको उत्पन्न किया।”

शतरूपा स्त्री सिद्धांत का प्रतिनिधित्व करती हैं। नॉर्स और जोरास्ट्रियन जैसी अन्य पौराणिक कथाओं में, पहले मनुष्यों को अलग-अलग नामों से जाना जाता है, जैसे कि नॉर्स पौराणिक कथाओं में आस्क और एम्बला और जोरास्ट्रियन पौराणिक कथाओं में माश्य और माश्याना। हालाँकि, सृष्टि में पूरक पुरुषत्व और स्त्रीत्व के अंतर्निहित विचार विभिन्न संस्कृतियों और विश्वास प्रणालियों में एक सामान्य विषय बने हुए हैं।

मनु और शतरूपा अपनी संतानों से पृथ्वी को आबाद करने के लिए पूरी तरह तैयार थे। लेकिन, अपने भावी निवास की खोज करते समय, वे यह देखकर चकित रह गए कि पृथ्वी कहीं दिखाई नहीं दे रही थी।

सृष्टि की रचना के दौरान ब्रह्मा उस समय बहुत चिंतित थे जब एक अत्याचारी असुर हिरण्याक्ष (सुनहरी आँखों वाला) ने स्वर्ग पर आक्रमण किया और पृथ्वी देवी (भूमि या भू लोक) को अपने कब्जे

में ले लिया और उसका सर्वनाश करने का इरादा किया। हिरण्याक्ष ने फिर उसे रसा अतल के निचले ग्रह मंडल में कैद कर लिया। परिणामस्वरूप, मनु और शतरूपा के पास अपना कोई ग्रह नहीं बचा।

इस विकट परिस्थिति में मदद के लिए ब्रह्मा ने श्री विष्णु की ओर मदद ली, जिन्होंने बंदी ग्रह को वापस लाने के लिए वराह अवतार, एक विशाल सूअर का रूप धारण किया। ब्रह्मांडीय महासागरों की छानबीन करने के बाद, विष्णु ने अंततः डूबी हुई पृथ्वी का पता लगाया और अपने दाँतों का उपयोग करके इसे गर्भोदक महासागर की सतह पर उठाया। आगामी युद्ध में, विष्णु ने हिरण्याक्ष को हराया और भूमि देवी को कैद से मुक्त कर लिया, जिससे कल्प की शुरुआत हुई। इस कल्प को वराह कल्प भी कहा जाता है, क्योंकि इसकी शुरुआत भगवान विष्णु के वराह रूप में प्रकट होने से हुई थी। पहले मन्वंतर का नाम पहले मनुष्य मनु के सम्मान में स्वयंभू मन्वंतर रखा गया था ।

गुरुजी ने कहा, "कुल चौदह मन्वंतर हैं। छठे मन्वंतर के अंत में एक महान जलप्रलय होने की भविष्यवाणी की गई थी। हालाँकि, भगवान का एक महत्वपूर्ण अवतार एक विशिष्ट उद्देश्य के लिए हुआ था।"

कीर्तिमाला नदी में प्रातः स्नान के अनुष्ठान के दौरान, सत्यव्रत ने जब अपने दोनों हाथों को ऊपर उठाया तो उन्हें एक छोटी सी बोलने वाली मछली दिखाई दी, जो उनकी हथेलियों में थी।

मछली ने सत्यव्रत से विनती की कि वह उसकी जान बख्श दे और उसे वापस नदी में न फेंके, उसे चेतावनी दी कि कहीं बड़े जीव उसे खा न जाएं। यह सुनकर सत्यव्रत ने अनुरोध के अनुसार मछली को सुरक्षा प्रदान की। हालाँकि, जैसे-जैसे मछली तेज़ी से बड़ी होती गई, वह जल्द ही छोटे बर्तन से बड़ी हो गई और उसे धीरे-धीरे पानी के बड़े निकायों में स्थानांतरित करने की आवश्यकता पड़ी, अंततः वह समुद्र में पहुँच गई, क्योंकि मछली के आकार की तुलना में वह भी छोटा लग रहा था।

राजा को एहसास हुआ कि वह मछली वास्तव में श्री विष्णु थी, जिससे वह श्रद्धापूर्वक झुक गया। उसकी विनम्रता के कारण, भगवान ने उसे अगले मनु होने का सम्मान दिया, जिसे आने वाले युग में उनकी निरंतरता सुनिश्चित करने के लिए सभी प्रजातियों के जीवन को संरक्षित करने का काम सौंपा गया। भगवान ने सत्यव्रत को यह भी बताया कि, ठीक सात दिनों में, प्रलय, महान जलप्रलय आएगा और अपने रास्ते में आने वाली हर चीज़ को शक्तिशाली समुद्री लहरों से भस्म कर देगा।

भगवान विष्णु ने सत्यव्रत को देवताओं द्वारा बनाए जाने वाले जहाज पर चढ़ने का निर्देश दिया। उसे अपने साथ सप्तर्षियों और हर उस जीव प्रजाति के जोड़े को ले जाना था जो बचाए जाने लायक हो। उन्हें भगवान के आने तक जहाज पर इंतजार करना था।

नियत दिन पर, आकाश बादलों से आच्छादित था, और मूसलाधार बारिश ने पूरे भूभाग को जलमग्न कर दिया। सत्यव्रत, अपनी पत्नी श्रद्धा, सप्तर्षि और

चुने हुए जानवरों और पौधों के साथ जहाज पर सुरक्षित थे। पहाड़ के आकार की लहरों से टकराने के बावजूद, जहाज बरकरार रहा। जैसा कि भविष्यवाणी की गई थी, भगवान मत्स्य अपने शरीर पर एक सुनहरी चमक और सिर पर एक सींग के साथ प्रकट हुए। नाग वासुकी ने नाव को मत्स्य के सिर पर सींग से बांध दिया, और पुण्य भक्त अगले कल्प में एक नया जीवन शुरू करने के लिए बचाए गए। आखिरकार, बारिश बंद हो गई, पानी कम हो गया, और भूमि अपनी जल जेल से बाहर निकल आई। वैवस्वत मन्वन्तर, जिन्हें शारददेव भी कहा जाता है, सातवें मनु हुए।

गुरुजी ने कहा, "वैवस्वत मनु नूह के समकक्ष हैं, जिन्हें हिब्रू बाइबिल के अनुसार, जलप्रलय से पहले के कुलपिताओं में से अंतिम माना जाता है। इसकी व्याख्या उत्पत्ति ६:११-९:१९ में की गई है। बाइबिल में कहा गया है कि नूह को ईश्वर का अनुग्रह प्राप्त था, जैसा कि उत्पत्ति ६:८ में उल्लेख किया गया है।"

उत्पत्ति ६:८ में कहा गया है, “ईश्वर की अनुग्रह दृष्टि नूह पर बनी रही।”

इसी तरह के संदर्भ विभिन्न अन्य पौराणिक कथाओं में पाए जा सकते हैं, जैसे कि ग्रीक पौराणिक कथाओं में, जहाँ ड्यूकालियन को बाढ़ के बारे में पहले से ही चेतावनी दी गई थी और उसने जीवों को बचाने के लिए एक जहाज़ का निर्माण किया था। जहाज़ों के साथ बाढ़ की कहानियाँ अफ़्रीकी किंवदंतियों और क्विच मायास के मूल मिथकों में भी पाई जा सकती हैं। मेसोपोटामिया के गिलगमेश महाकाव्य में उत्नापिश्तिम और उसके जहाज़ की कहानी बताई गई है, जबकि कुरान में जूडी पर्वत के ऊपर आराम करने वाले एक जहाज़ का वर्णन किया गया है, जिसका बाइबिल के माउंट अरारत और ग्रीक माउंट पर्नासस दोनों से संबंध है।

गुरुजी ने कहा, “अक्षय, बाद के हिंदू ब्रह्मांड विज्ञान में, ब्रह्मा के जीवन को १४ अवधियों में विभाजित किया गया है जिन्हें मन्वंतर कहा जाता है, और इनमें

से प्रत्येक अवधि ३०६,७२०,००० वर्षों तक चलती है। प्रत्येक नए चक्र में, दुनिया का पुनर्निर्माण होता है, और एक नया मनु अगली मानव जाति के पिता के रूप में उभरता है। वर्तमान में, हम सातवें मनु चक्र में हैं, जो वर्तमान युग का प्रतिनिधित्व करता है।"

हिंदू धर्मग्रंथों के अनुसार, मनु नाम का पहला व्यक्ति स्वयं भगवान का एक अंश था, जिसे अम्सा कहा जाता है, और उसका जन्म किसी पिछले कर्म या कर्म के कारण नहीं हुआ था। मनु की रचना पूरी तरह से ब्रह्मा के विचार (मानसपुत्र) द्वारा की गई थी और उन्हें एक आदर्श व्यक्ति माना जाता है, जिन्होंने मानवता के लिए कानून स्थापित किए, जिन्हें बाद में मनु की संहिता के रूप में जाना गया। यह ग्रंथ पद्य में संरचित है और अलग-अलग खंडों में व्यवस्थित है, जिसमें ब्रह्मांड की उत्पत्ति, धर्म का उद्भव, कर्म का सिद्धांत, पुनर्जन्म का विचार और अंतिम मुक्ति जैसे विषय शामिल हैं। इस दुनिया को भगवान का प्रकट रूप माना जाता है, और शुरुआत

में, जब कोई रचना नहीं थी, भगवान अकेले ही अस्तित्व में थे।

सृष्टि सर्जन के बाद, भगवान अनासक्त और मुक्त रहते हैं, ठीक वैसे ही जैसे एक बर्तन के भीतर का आकाश बर्तन की उपस्थिति या अनुपस्थिति से अप्रभावित रहता है और उसके अंदर और बाहर दोनों जगह मौजूद रहता है। भगवान सर्वव्यापी, अनासक्त हैं और बिना उनसे प्रभावित हुए घटनाओं के प्रकट होने को केवल देखते हैं। भगवान को अकर्ता के रूप में जाना जाता है, जिसका अर्थ है अकर्ता, और असंग, जिसका अर्थ है अनासक्त और कर्ता।

कई विभिन्न विचारधाराएं विरोधी दृष्टिकोण रखती हैं: केवल अद्वैत दर्शन के समर्थक श्री आदि शंकराचार्य विरोधाभासी संभावनाओं को स्वीकार करते हैं- ऐसी चीजें जो "न तो पूरी तरह से वह हैं जो वे हैं, और न ही पूरी तरह से वह हैं जो वे नहीं हैं।"

आदि शंकराचार्य के अनुसार, सृष्टि ब्रह्म में निहित एक भ्रामक शक्ति है, जिसे माया कहा जाता है। इस

रहस्यमय शक्ति की अभिव्यक्ति ही सृष्टि का कारण है। वे बताते हैं कि सृष्टि एक अध्यारोपण से ज़्यादा कुछ नहीं है, ठीक वैसे ही जैसे रस्सी पर साँप दिखाई देता है या रेगिस्तान में पानी दिखाई देता है। वास्तव में, रस्सी पर न तो साँप है और न ही रेगिस्तान में पानी। ब्रह्म, माया पर पूर्ण शक्ति रखता है, जबकि व्यक्तिगत आत्मा अविद्या से बंधी रहती है। एक बार जब जीव इस अज्ञानता से मुक्त हो जाता है, तो उसे अपने अपरिवर्तनीय सार का बोध हो जाता है।

प्राचीन मिस्र के दार्शनिक और रहस्यवादी हर्मेज़ ट्रिस्मेगिस्टस को हर्मेटिकवाद की दार्शनिक और धार्मिक परंपरा की स्थापना का श्रेय दिया जाता है। इस परंपरा का उद्देश्य प्राचीन मिस्र और ग्रीस के ज्ञान को एक साथ मिलाना था।

हर्मेटिकवाद के अनुसार, भौतिक दुनिया में अनित्यता और भ्रम की विशेषता है, जबकि आध्यात्मिक दुनिया शाश्वत और वास्तविक है। हर्मेज़ने वास्तविकता के भौतिक और आध्यात्मिक पहलुओं के बीच इस द्वंद्व

पर जोर दिया, जिसमें कहा गया कि केवल आध्यात्मिक या अमूर्त ही वास्तव में शाश्वत है, जबकि भौतिक और अद्रव्य विनाश के अधीन हैं। यह इस विश्वास को रेखांकित करता है कि भौतिक दुनिया क्षणभंगुर है और केवल आध्यात्मिक क्षेत्र ही स्थायी है।

हर्मेज़ ट्रिस्मेगिस्टस ने कहा कि केवल अविभाज्य ही शाश्वत है और जो कुछ भी अविभाज्य है वह नाशवान है। उनके अनुसार, जो कुछ भी भौतिक है उसे वास्तविकता नहीं माना जा सकता; केवल निराकार ही भ्रम से मुक्त है।

"जो द्राव्य है, वह नाशवान है; केवल वही शाश्वत है जो अद्राव्य है। कोई भी भौतिक वस्तु वास्तविक नहीं है; केवल वही जो निराकार है, भ्रम से रहित है।"

इस संदर्भ में, हर्मेज़ भौतिक दुनिया की सीमाओं से परे आध्यात्मिक सत्य की खोज के महत्व पर जोर देता है।

उपनिषदों का मानना है कि दुनिया भगवान की रचना से अस्तित्व में नहीं आई, जैसे कुम्हार बर्तन बनाता है; बल्कि यह भगवान से ही निकली है, जैसे मनुष्य के शरीर से बाल उगते हैं। जिस तरह मनुष्य को अपने सिर और चेहरे पर उगने वाले बालों का पता नहीं होता, उसी तरह ब्रह्म भी दुनिया की रचना से अलग और अप्रभावित है, भले ही यह सब केवल उसी से उत्पन्न हुआ हो। सृष्टि के संदर्भ में ब्रह्म कर्ता और अकर्ता दोनों है। वह सृष्टि का स्रोत है, और वह अकेले ही इसके प्रकटीकरण और विघटन को संभालते है, ठीक वैसे ही जैसे मकड़ी अपने पदार्थ से अपना जाल बनाती है और फिर उसे वापस ले लेती है। ब्रह्म सृष्टि का कर्ता और अकर्ता दोनों है, और उनकी शक्ति निरपेक्ष है।

गौड़पादाचार्य के अनुसार अजातवाद में ब्रह्मांड की रचना का पूरी तरह खंडन किया गया है और किसी भी रचना के अस्तित्व को नकारा गया है। उनका दावा है कि भूत, वर्तमान या भविष्य की दुनिया की

कोई अवधारणा नहीं है। वह बिना किसी शर्त के इस बात पर जोर देते हैं।

“ब्रह्म, अकेले ही विद्यमान है, उसमें विविधता का कोई चिह्न नहीं है।”

श्री गौड़पादाचार्य ईश्वर, मनुष्य और संसार को उनके सभी नाम और रूप में अज्ञान की उपज मानते हैं। वे सभी प्रतिवादों को गलत साबित करते हैं और स्थापित करते हैं कि तीनों काल में कोई सृष्टि नहीं होती। उनकी विचारधारा के साथ वेदांत दर्शन अपने चरम पर पहुँचता है।

गुरुजी ने कहा, “आकांक्ष, जब कोई व्यक्ति सृष्टि की वास्तविकता में विश्वास करता है, तभी वह ऐसे प्रश्न पूछता है, ‘इसे किसने बनाया? ऐसा क्यों हुआ?’ जिन लोगों में तीक्ष्ण और विवेकशील बुद्धि का अभाव होता है, वे इन उलझन भरे मुद्दों से जूझते रहेंगे। हालाँकि, जब कोई इस मूल सत्य को समझ लेता है कि दुनिया कभी बनी ही नहीं, तो ये सभी प्रश्न अप्रासंगिक हो जाते हैं, जैसे यह पूछना कि घोड़े के

कितने सींग हैं या बांझ महिला के कितने बच्चे हैं। सभी अनिश्चितताएँ एक चमकदार रोशनी के सामने अंधेरे की तरह गायब हो जाती हैं।"

गुरुजी ने पूछा, "अपेक्षा, अब प्रश्न यह है कि वास्तविक क्या है?"

अपेक्षा ने मुस्कुराते हुए कहा, "हाँ, गुरुजी।"

गुरुजी ने कहा, "वास्तव में जीव या आत्मा अपने अज्ञान और भ्रम के कारण नाम, रंग और रूप की दुनिया बनाती है। जब वह अपने आध्यात्मिक गुरु की कृपा से स्वयं का ज्ञान प्राप्त करता है, तो वह बाहरी दुनिया को अपने में विलीन कर लेता है और खुद को हर जगह देखता है। वह हर जगह एकता देखता है। माया गायब हो गई थी, लेकिन वह उसे लगातार घूर रही थी।"

गुरुजी मुस्कुराये और बोले, "कोई भी भौतिक वस्तु वास्तविक नहीं है; केवल निराकार ही छल से रहित है।"

गुरुजी झुके और कुछ देर चुप रहे, फिर बोले, “कुछ भी नष्ट नहीं होता... कुछ भी नहीं मरता।”

एक लंबे विराम के बाद, वह फिर मुस्कुराए और वहाँ से चले गये ....

भाग २

जीवन का प्रकाश

अध्याय २.१

लालच की जड़

“लोभ को समाप्त करने के लिए अपनी इच्छा को नष्ट करो और भय को समाप्त करने के लिए लोभ को नष्ट करो।”

विशाल बरगद के पेड़ के नीचे बैठे विद्यार्थी, अक्षय के साथ साधना में शामिल हो गए और आकाश के विशाल विस्तार को निहारने लगे। जल्द ही, वासुदेव वहाँ पहुँचे और सूर्योदय के साथ आने वाली नई आशा और जीवन के बारे में बात की, जो लंबे और अंधेरे घंटों का अंत और एक नए दिन की ताज़गी का संकेत था।

अक्षय ने कहा, “हाँ, वासुदेव, प्रकृति के रहस्यों को जानने और भोर का नज़ारा देखने के लिए हमें सुबह जल्दी उठना चाहिए। सुबह का नज़ारा मन को शांति और स्थिरता प्रदान करता है।”

वासुदेव ने कहा, “सूर्योदय को देखना और उसकी चुंबकीय तरंगों में डूब जाना ऊर्जा और शक्ति का एक अवर्णनीय प्रवाह पैदा करता है, जिससे नए विचारों का जन्म होता है। क्या आपको नहीं लगता कि यह हमारी कल्पना से भी अधिक समय से यहाँ है? इसने सभी प्रकार के दुख, दर्द और धन को देखा और झेला है, फिर भी यह इतना सरल, आकर्षक, भव्य और इतने आत्मविश्वास के साथ पला-बढ़ा दिखता है, और यह अपने साथी मनुष्यों में इतना आत्मविश्वास भरता है। यह एक घटना और जीवन का एक सबक है, जिसे प्रत्येक व्यक्ति को अपनी गति से और पूर्ण शांति से सीखना चाहिए।”

अक्षय ने कहा, “वासुदेव, प्रत्येक किरण हमें ‘आशा की किरण देती है और हमारे जीवन का हर अंधकार दूर हो जाएगा।’ अब हमें बस अंधकार के लंबे घंटों के बीत जाने का इंतजार करना है, और मुझे विश्वास है कि प्रकाश की एक किरण अवश्य आएगी।”

जैसे-जैसे समय बीतता गया, आसमान गहरे नीले रंग से हल्के रंग में बदल गया और जल्द ही, पीले रंग के रंग उभरने लगे। सूरज के धीरे-धीरे उगने के साथ ही एक चमकदार रोशनी भी आई जिसने उसके रास्ते में आने वाली हर चीज़ को रोशन कर दिया। इस रोशनी के साथ, आस-पास का हर विवरण दिखाई देने लगा और पक्षियों की सुरीली चहचहाहट ने दृश्य की सुंदरता में चार चांद लगा दिए। सूरज की किरणों की गर्मी और पत्तियों से परावर्तित होने वाली चमक ने शांति का एहसास कराया। फूलों की मीठी खुशबू ने कीड़ों को भी लुभाया, जिसके परिणामस्वरूप उनके चारों ओर एक हल्की भिनभिनाहट की आवाज़ पैदा हुई।

वासुदेव ने अक्षय को बताया कि उनके आस-पास का हर प्राणी जीवन शक्ति और ऊर्जा से भरपूर था। कुछ ही देर बाद, अन्य भक्त भी उनके साथ जुड़ गए, और दृश्य अपनी सामान्य स्थिति में लौट आया, और सब कुछ एक बार फिर सामान्य दिखाई देने लगा।

सभी को आशीर्वाद देने के बाद, गुरुजी श्वेत वस्त्र वाले आसन पर बैठ गए और प्रवचन शुरू करने से पहले कुछ देर के लिए अपनी आंखें बंद कर लीं।

गुरुजी ने कहा, “हम सभी भगवान के आशीर्वाद और क्षमता को लेकर, पृथ्वी-तल के रूप में जानी जाने वाली दूर की भूमि पर उतरे है। मुझे एक कहानी सुनाने की अनुमति दें: एक बार, एक व्यक्ति को धन और संपत्ति दोनों सहित एक विशाल संपत्ति विरासत में मिली। हालाँकि, उसने लापरवाही से इसे बर्बाद कर दिया, जिससे वह एक दुखी और निराश्रित स्थिति में आ गया। विरासत में मिली संपत्ति अपने नए मालिक के प्रति वफादार नहीं रही, क्योंकि इसे उसके मूल मालिक से जबरन अलग कर दिया गया था। उत्तराधिकारी को यह संपत्ति बिना किसी प्रयास के मिली थी और उसने इसका सही मूल्य नहीं समझा, क्योंकि उसने इसे कमाने के लिए कड़ी मेहनत नहीं की थी। यह संपत्ति उसके पास आसानी से आई और उसी तरह से चली गई, जिससे वह जैसे रेगिस्तान में

फंस गया, उसके पास एक पैसा भी नहीं था, वह जीवित रहने के लिए संघर्ष कर रहा था।

"मैं इतनी दयनीय स्थिति में क्यों हूँ?" उसने कहा, "मैंने कभी धन या पैसा नहीं माँगा, लेकिन मैं सब कुछ लेकर पैदा हुआ था।"

अब मेरी ओर देखो: आपने मेरे लिए सभी व्यवस्था की, लेकिन सब खत्म हो गया है; या तो तुम मुझे जीवित रखने का कोई तरीका खोजो या मुझे मार सकते हो; मेरे लिए दोनों ही विकल्प ठीक हैं। बहुत विलाप करने के बाद, उसे एक सपना आया जिसमें उसने एक आवाज़ सुनी, "कैरो जाओ, एक खास जगह की तलाश करो, और तुम्हें अपना भाग्य मिल जाएगा।"

वह चौंककर उठा, दोनों हाथों से अपनी आँखें मलते हुए उसने खुद से पूछा, "मैं इस सपने पर विश्वास क्यों न करूँ? अगर मैं इस पर विश्वास नहीं करूँगा, तो मेरे पास और क्या विकल्प हैं?"

आशा का एकमात्र स्रोत एक सपना था...

बगदाद से कैरो के लिए प्रस्थान करते समय, वह अपने साथ आशावाद की भावना लेकर गया था कि वह अपनी खोई हुई संपत्ति वापस पा सकता है। हालाँकि, उसकी परिस्थितियाँ बहुत खराब थीं, क्योंकि उसके पास किसी भी अतिरिक्त खर्च को पूरा करने के लिए साधन नहीं थे, अंततः उसे जीवित रहने के लिए भीख माँगने के लिए मजबूर होना पड़ा।

अंधेरे की आड़ में वह चुपके से भीख मांगने निकल पड़ा, उसके पास कोई दूसरा रास्ता नहीं था और उसे कोई शर्म भी नहीं आ रही थी। जब वह सड़कों पर घूम रहा था, तो उसे रात के गश्ती दल ने पकड़ लिया और दोनों मुट्ठियों और डंडे से उस पर हिंसक हमला किया। क्रूर पिटाई के बावजूद, उसने अपनी बेगुनाही पर जोर दिया और खुद को निर्दोष बताया।

उसी दौरान शहर के नागरिकों को रात में चोर डाकुओं के आतंक का सामना करना पड़ा था। शहर में इतना ख़तरा था कि खलीफ़ा ने रात में घूमते हुए पकड़े जाने वाले और संदेह पैदा करने वाले किसी भी व्यक्ति

के 'हाथ काटने' का आदेश जारी कर दिया था। गश्त करने वाले अधिकारियों ने उन्हें इन अपराधियों में से एक समझ लिया।

पिटाई इतनी बुरी तरह की गई कि बेचारा दया की भीख मांगते हुए कहने लगा, "कृपया मुझे सच्चाई के बारे में अपना संस्करण सुनाने का मौका दें।"

"देखो, मैं तुम्हें बोलने के लिए कुछ समय देता हूँ। मैं जानता हूँ कि तुम यहाँ के नहीं हो। तुम मेरे लिए अजनबी और अनजान हो। तुम इन घंटों में सड़क पर क्यों आए हो? तो, तुम्हारी क्या योजना है?" पुलिस वाले ने कहा।

कई वादों के बाद उसने कहा, "मैं न तो चोर हूँ और न ही अपराधी। आज रात तक मैंने कभी किसी को लूटा नहीं था या किसी आपराधिक गतिविधि में शामिल नहीं हुआ था। मैं बगदाद से हूँ और कैरो से अपरिचित हूँ।"

मैं ईश्वर द्वारा भेजे गए एक स्वप्न से प्रेरित होकर कैरो की यात्रा पर निकला था, जहां मैंने उनकी आवाज

को ऊंचे स्वर में तथा उत्साहपूर्वक मेरे धन प्राप्ति के प्रयास की सच्चाई की घोषणा करते हुए सुना था।

पुलिस ने कहा, "हमें आपकी बातों में सच्चाई नज़र आती है। आप चोर या अपराधी नहीं हैं। आप एक अच्छे इंसान लगते हैं। एक बात तो हम पक्के तौर पर जानते हैं कि आप मूर्ख और मासूम हैं।"

पुलिस ने पूछा, "क्या कोई अपनी इच्छा पूरी करने के लिए इतनी लंबी यात्रा करता है? तुम तो पागल लग रहे हो?"

पुलिस ने कहा, "मैंने बगदाद में छिपे खजाने के बारे में कई ऐसे ही काल्पनिक सपने देखे हैं, जो ऐसी गली और ऐसे मोहल्ले में दफन है।"

जब उसने खजाने का पता बताया तो पुलिसवाला उस दुखी आदमी के घर का पता बता रहा था।

पुलिस ने कहा, "यह सपना मुझे कई बार परेशान कर चुका है। मैं बगदाद में किसी काल्पनिक खजाने की

तलाश में कभी अपना घर छोड़कर नहीं गया। तुम एक सपने की तलाश में घर से निकले थे।"

खजाने की तलाश करने वाले को राहत महसूस हुई और उसने मन ही मन सोचा, "खजाना मेरे घर में है; मेरी अज्ञानता ने मुझे गरीबी और मेरे सभी दुखों का कारण बना दिया। मैं हमेशा खजाने के संदूक के ऊपर रहता था, लेकिन मैं ऐसे रहता था जैसे मैं एक कंगाल हूँ। हाँ, मैं बेखबर और अंधा था।"

इस खबर ने उसे खुशी और आनंद से भर दिया: उसका दुख आसमान में छाए सफेद बादल की तरह गायब हो गया। उसने उसे मार्गदर्शन देने के लिए सर्वोच्च की प्रशंसा की, और वह बगदाद लौट आया।

अंततः ईश्वरीय कृपा से उसे खजाना मिल गया।

गुरुजी ने कहा, "अपेक्षा, हममें से अधिकांश लोग इस ग्रह की क्षणभंगुर सुंदरता, महिमा और शक्ति की खोज में, दिन-प्रतिदिन, मिनट-प्रतिमिनट अपना जीवन बर्बाद कर रहे हैं, इस वास्तविकता और स्मृति को खो रहे हैं कि हम इस ग्रह पर क्यों हैं, इस परम

सत्य को नहीं समझ रहे हैं कि यह ग्रह हमारा घर नहीं है।"

शरीर में रहते हुए, हम अपने दिव्य आयाम से संपर्क खो चुके होते हैं, और हम अपना समय विभिन्न क्षेत्रों में अद्भुत उपलब्धियों के माध्यम से शारीरिक और मानसिक संतुष्टि प्राप्त करने में व्यतीत करते हैं।

ईश्वर की कृपा के बावजूद भी हमारा अस्तित्व हमेशा आशंका और अविश्वास की स्थिति से घिरा रहता है, न केवल अपने आस-पास के लोगों के प्रति बल्कि खुद के प्रति भी। हम जीवन के तूफानी पानी में बहते नाविकों की तरह हैं, जो असहायता और घबराहट की भावना से अभिभूत हैं, और हमारे पास प्रचंड ज्वार के बीच अपने जहाज को स्थिर रखने के लिए कोई लंगर नहीं है।

खलील जिब्रान का कथन है कि उल्लू, जिसकी दृष्टि रात के अंधेरे तक ही सीमित है, प्रकाश के रहस्य को नहीं समझ सकता।

'रात में देखने वाली तथा दिन में देखने में अंधी उल्लू प्रकाश का रहस्य नहीं बता सकती।'

व्यापक अर्थ में, यह सुझाव देता है कि जो लोग अपनी सीमाओं या पूर्वाग्रहों से अंधे हो जाते हैं, वे अपनी धारणा से परे सत्य या रहस्यों को नहीं समझ सकते। यह दुनिया की गहरी समझ हासिल करने के लिए खुले दिमाग और अपने दृष्टिकोण को व्यापक बनाने के महत्व पर जोर देता है।

पदमा ने एक मौलिक प्रश्न पूछा: "गुरुजी, मुझे आत्मा क्या है, इसकी सरल व्याख्या प्रदान करें और हम इसके अस्तित्व में निश्चितता कैसे प्राप्त कर सकते हैं?"

गुरुजी मुस्कुराए और बोले, "मैं तुम्हें केवल आत्मा का अनुभव करने के लिए मार्गदर्शन कर सकता हूँ। आत्माएँ दो प्रकार की होती हैं: व्यक्तिगत आत्माएँ जिन्हें जीवात्मा कहते हैं, और सर्वोच्च आत्माएँ जिन्हें परमात्मा या ब्रह्म कहते हैं।"

ब्रह्म, जिसे सर्वोच्च आत्मा के रूप में भी जाना जाता है, प्रत्येक मानव आत्मा में प्रतिबिम्बित माना जाता है। इसकी तुलना सूर्य का प्रतिबिंब कई जल पात्रों में जैसे देखा जा सकता है इस तरह की जा सकती है, इसी तरह परम आत्मा प्रत्येक प्राणी में प्रतिबिम्बित होती है। आत्मा में आत्मा, अमरता, अभौतिकता, बुद्धि(ज्ञान) या चेतना और चैतन्य शामिल हैं। चैतन्य प्रत्येक आत्मा में प्रतिबिम्बित होता है, और जब शरीर मर जाता है, तो आत्मा प्राण, संस्कार, मन, इच्छा और प्रवृत्तियों की इंद्रियों के साथ उससे अलग हो जाती है। ऐसा माना जाता है कि प्रस्थान करने पर, आत्मा एक सूक्ष्म प्राणमय शरीर धारण करती है।

जिस तरह सूर्य का प्रतिबिंब तालाब के पानी में समा जाता है और सूर्य में ही विलीन हो जाता है, उसी तरह आत्मा (व्यक्तिगत आत्मा) परम आत्मा (परमात्मा) में विलीन हो सकती है जब कोई ध्यान के माध्यम से अपने विचारों का नाश कर देता है। इसे जीवन का अंतिम लक्ष्य माना जाता है, जिसे

जीवित रहते हुए भी वर्तमान क्षण में अनुभव किया जा सकता है।

गुरुजी ने कहा, "हमारी आत्माएं हमारी इच्छाओं, लालच, तृष्णा, अहंकार, वासना, पसंद और नापसंद के कारण अशुद्ध और भ्रष्ट हो गई हैं। व्यक्तिगत आत्मा सीमित (परिच्छिन्न) है, सीमित ज्ञान (अल्पज्ञा) रखती है, और सीमित शक्ति (अल्प-शक्तिमान) रखती है। इसके विपरीत, जिसमें परमात्मा सभी ज्ञान और शक्ति है, और ज्ञान और आनंद दोनों का प्रतीक है।"

व्यक्तिगत आत्मा, भ्रम या भ्रामक वास्तविकता का गुलाम बन गई है, जो दर्पण पर मोटी, चिपचिपी, घनी गंदगी के समान है। व्यक्तिगत सार अविद्या और माया की बाधाओं के अधीन है, जो पूरी तरह से अज्ञानता और इंद्रियों, बुद्धि और भौतिक रूप जैसे प्रतिबंधित कारकों द्वारा सीमित है। जब पर्दा भेद दिया जाता है, तो व्यक्ति अविनाशी का ज्ञान प्राप्त करता है, खुद को सीमित सहायक और बंधन से

मुक्त करता है। व्यक्तिगत आत्माएं ब्रह्म या सर्वोच्च के साथ उसी तरह विलीन हो जाती हैं जैसे समुद्र में बुलबुले एक हो जाते हैं।

शव की तुलना लकड़ी के एक निष्क्रिय टुकड़े से की जा सकती है जो हिल नहीं सकता, बोल नहीं सकता या समझ नहीं सकता। हालाँकि, जिस क्षण आत्मा भौतिक रूप से बाहर निकलती है, वह सजीव हो जाती है, ऊर्जा प्राप्त करती है और कायापलट से गुजरती है।

गुरुजी ने कहा, "पदमा, आत्म-चेतना, आत्म-जागरूकता, आत्म-आनंद, आत्म-ज्ञान और आत्म-अस्तित्व परमात्मा की विशेषताएँ हैं। इसे चैतन्य इसलिए कहा जाता है क्योंकि यह स्वयं प्रकाशमान है और सबको प्रकाशित करता है, जबकि पदार्थ में आत्म-चेतना का अभाव होता है और इसलिए इसे जड़ (अचेतन) कहा जाता है।"

परम आत्मा का कोई आकार, गुण या सीमा नहीं है, वह समय और स्थान की सीमाओं से परे है। जिस

तरह सूर्य दिन और रात का चक्र चलाता है, वह किसी समय या अवधि में खुद को सीमित नहीं करता। उसी तरह परम आत्मा भी असीम, कालातीत और अविनाशी है।

गुरुजी ने कहा, "परमात्मा ही एकमात्र वास्तविकता है, और नाम और रूप की दुनिया एक भ्रम है। जैसे साँप को रस्सी समझ लिया जाता है, वैसे ही वे भौतिकवादी दुनिया को परमात्मा पर आरोपित कर देते हैं। गहरी नींद में, दुनिया गायब हो जाती है क्योंकि व्यक्ति परमात्मा में विश्राम करता है, और शुद्‌ध आनंद की अपनी वास्तविक प्रकृति को प्रकट करता है। मन को शुद्‌ध करके, ब्रह्म पर ध्यान केंद्रित करके, और ध्यान करके, व्यक्ति जन्म और मृत्यु के चक्र से मुक्त हो सकता है और शाश्वत आनंद और अमरता प्राप्त कर सकता है।"

अपेक्षा ने गुरुजी से पूछा, "हम इस जटिल जाल से कैसे बच सकते हैं?"

गुरुजी ने कहा, "ब्रह्मांड के एक सूक्ष्म जगत के रूप में, मनुष्य जटिल रूप से स्थूल जगत से जुड़ा हुआ है। शारीरिक, मानसिक और भावनात्मक बाधाओं से दबे होने के बावजूद, कोई भी इस बाधा को तोड़ सकता है और उस शाश्वत सत्य की झलक पा सकता है जो समय की शुरुआत से अपरिवर्तित रहा है।"

खलील जिब्रान के अनुसार, हमारी आकांक्षाओं और लालसाओं में अज्ञात के बारे में गहन जागरूकता मौजूद है। सर्दियों की बर्फ के नीचे सुप्त पड़े बीजों की तरह, वसंत की कल्पना करते हुए, हमारा दिल भी कायाकल्प और प्रगति के लिए तरसता है। वह हमें अपने सपनों पर भरोसा करने की सलाह देते हैं, क्योंकि वे अनंत काल के द्वार को खोलने की कुंजी रखते हैं, जहाँ शाश्वत सत्य और ज्ञान पाया जा सकता है।

"आपकी आशाओं और इच्छाओं की गहराई में परलोक का आपका मौन ज्ञान छिपा है; और बर्फ के नीचे सपने देखने वाले बीजों की तरह, आपका दिल

वसंत का सपना देखता है। सपनों पर भरोसा करें, क्योंकि उनमें अनंत काल का द्‌वार छिपा है।"

गुरुजी ने आगे कहा, "हमने अपने भीतर निवास करने वाले दिव्य साम्राज्य की उपेक्षा कर दी है और सांसारिक मामलों के शक्तिशाली भंवर में फंस गए हैं, आराम और पहचान की भ्रामक स्थिति में रह रहे हैं, इस भ्रामक दुनिया में भटक रहे हैं।"

मुझे एक कहानी सुनाने की अनुमति दें: चंद्रन नाम का एक व्यक्ति था, जो धन संचय करने में लगा हुआ एक व्यवसायी था। वह अपना अधिकांश समय अपने उद्‌यम को बढ़ाने के लिए योजना बनाने और उसे क्रियान्वित करने में लगाता था। उसके प्रियजन उसके स्वास्थ्य को लेकर चिंतित थे, और उसके पिता का धन के प्रति जुनून उसके बेटे तरुण को भी परेशान करता था, जो सोचता था कि वह अपने पिता के दृष्टिकोण को कैसे बदल सकता है।

एक दिन गिरि नामक एक बुज़ुर्ग व्यक्ति ने चंद्रन से अपनी पवित्र तीर्थयात्रा के लिए वित्तीय सहायता माँगी।

हालाँकि, चंद्रन ने यह कहते हुए मना कर दिया कि वह किसी भी धर्मार्थ कार्य में योगदान देने के लिए तैयार नहीं है। तरुण, जो वहाँ मौजूद था, गिरि के पास गया और उसे आश्वस्त किया कि उसे अपने पिता के व्यवहार के बारे में चिंता करने की ज़रूरत नहीं है।

तरुण ने पूछा, "गिरि, क्या वह उसके पिता के व्यवहार को बदलने में उसकी मदद कर सकता है, क्योंकि उसके पिता कभी संतुष्ट नहीं रहते थे।"

गिरि ने पूछा, "आप मुझसे किस तरह की मदद चाहते हैं?"

तरुण ने गिरि से अनुरोध किया कि वे उनके साथ पवित्र स्थलों की तीर्थयात्रा पर चलें।

गिरि ने पूछा, "आपके पिता तीर्थयात्रा पर पैसा कैसे खर्च करने को तैयार होंगे, जब वे दान में एक छोटी सी रकम भी नहीं देते?"

तरुण ने कहा कि वह अपने पिता को मना लेगा और गिरि ने सहमति दे दी।

तरुण ने पूछा, "पिताजी, आपने उस बुजुर्ग व्यक्ति को उसकी पवित्र तीर्थयात्रा के लिए थोड़ी सी धनराशि देने से क्यों मना कर दिया?"

चंद्रन ने जवाब दिया, "मेरे बच्चे, यह एक छोटी रकम लग सकती है, लेकिन अगर मैं हर दिन थोड़ी-थोड़ी रकम दान करता रहूंगा, तो एक दिन हम गरीबी में आ जाएंगे।"

तरुण को पता था कि अपने पिता को मनाना कठिन होगा, इसलिए उसने एक ऐसी रणनीति तैयार की जो उसके पिता की मानसिकता के अनुरूप थी।

तरुण ने पूछा, "पिताजी, आप तीर्थ यात्रा पर क्यों नहीं जा रहे हैं?"

चंद्रन ने जवाब दिया, "बेटा, यह समय और पैसे दोनों की व्यर्थ बर्बादी होगी। केवल वे लोग ही ऐसी

गतिविधियों में लिप्त होते हैं जिनके पास कोई काम नहीं होता और जो बेकार रहते हैं।"

तरुण ने अपने पिता से पूछा, "पिताजी, क्या आपने इस तीर्थयात्रा को एक व्यापारिक यात्रा के रूप में लेने पर विचार किया है?"

चंद्रनको व्यापारिक यात्रा के विचार पर संदेह था...

तरुण ने कहा, "हाँ।"

तरुण ने कहा, "आप एक नया व्यवसाय अवसर, एक नया व्यवसाय मार्ग पा सकते हैं।"

तीर्थयात्रा को एक व्यवसायिक उद्‌यम के रूप में देखने का तरुण का प्रस्ताव चंद्रन को उचित लगा, जिसने उनके साथ शामिल होने के लिए सहमति व्यक्त की। पवित्र स्थलों की अपनी यात्रा के दौरान, गिरि ने चंद्रन को महत्वपूर्ण जीवन के सबक सिखाए, जिसमें माया की धारणा और नश्वर दुनिया में इसके कारण होने वाले दर्द और पीड़ा शामिल थी।

गिरि को यकीन था कि चंद्रन में बहुत बड़ा बदलाव आया है और उसे जीवन की गहरी समझ हासिल हुई है, और वह खुश था कि चंद्रन ने अपना वादा निभाया है। आखिरकार, गिरि चंद्रन के साथ श्मशान घाट गए, जहाँ उन्होंने शवों का अंतिम संस्कार होते देखा।

गिरि ने कहा, “हम इस दुनिया में कुछ भी लेकर नहीं आए थे और एक दिन हम यहां से कुछ भी लेकर नहीं जाएंगे।”

जब गिरि ने चंद्रन के व्यवहार में परिवर्तन देखा तो उन्हें चंद्रन के आंतरिक विचारों और भावनाओं के बारे में आश्चर्य हुआ।

चंद्रन ने जवाब दिया, “मुझे अब एहसास हुआ कि मैंने अपना समय और ऊर्जा सिर्फ़ कपड़े के कारोबार पर बर्बाद कर दी। इतने सारे शवों का अंतिम संस्कार होते देखकर मुझे इस बात का पछतावा हुआ कि मैंने जलाऊ लकड़ी का कारोबार क्यों नहीं किया, जिससे मुझे ज़्यादा आर्थिक लाभ मिल सकता था।”

गिरि, चंद्रन की कामुकता और भौतिकवादी गतिविधियों में रुचि देखकर अचंभित रह गए, तथा उसके व्यवहार से आश्चर्यचकित और हैरान हो गए।

गुरुजी ने कहा, "अपेक्षा, 'अहम ब्रह्मास्मि' शुक्ल यजुर्वेद के बृहदारण्यक उपनिषद में मौजूद महावाक्यों में से एक है। इसका सीधा सा मतलब है 'मैं ब्रह्म हूँ' या 'मैं दिव्य हूँ।' अगर हम किसी भी कार्बनिक या अकार्बनिक पदार्थ या यहाँ तक कि किसी जीवित प्राणी का भी विघटन करें, तो हम अंततः अंतिम रूप प्राप्त करने के लिए एक निश्चित तरीके या संरचना में व्यवस्थित मूल रासायनिक तत्वों तक पहुँचेंगे। इसमें अस्तित्व में मौजूद हर चीज़ शामिल है, हमारे द्वारा पहने जाने वाले कपड़े, हमारे द्वारा खाया जाने वाला भोजन, हमारे द्वारा देखे जाने वाले पेड़, उड़ने वाले पक्षी, पहाड़ों पर चट्टानें, बर्फ से ढकी नदियाँ, यहाँ तक कि आप और मैं, इस ब्रह्मांड में मौजूद हर चीज़।"

हमारे आस-पास जो कुछ भी हम देखते हैं, उसमें हाइड्रोजन, कार्बन, ऑक्सीजन, आयरन, कैल्शियम आदि जैसे मूलभूत तत्व शामिल हैं। अरबों साल पहले, ब्रह्मांड इन मूलभूत घटकों के साथ ऊर्जा से उभरा था, जो धीरे-धीरे हम जो कुछ भी अभी देखते हैं, उसमें मानवता भी शामिल है, एक लंबी और जटिल प्रगति हुई है।

चीजों की भव्य योजना में, निर्माता, हम और बाकी सृष्टि के बीच कोई अलगाव नहीं है। ब्रह्मांड, पौधों, जानवरों और मनुष्यों जैसे सभी जीवित प्राणियों के साथ, पूर्ण एकता में मौजूद हैं। एक बार जब हम महसूस करते हैं, कि हम एक बड़ी चेतना का एक अभिन्न अंग हैं, तो हम दूसरों के प्रति भेदभाव नहीं करते, नाराजगी या लालच नहीं रखते, और चीजों की भव्य योजना में अपनी छोटी भूमिका को पहचानते हैं। जैसा कि कहावत है, "इस विशाल स्थूल जगत में, हम एक मात्र सूक्ष्म जगत हैं।"

वासुदेव ने पूछा, "गुरुजी, मनुष्यों को सभी प्रजातियों में श्रेष्ठ क्यों माना गया है?"

गुरुजी ने जवाब दिया, "वास्तव में, कुछ लोग मनुष्यों को सबसे उन्नत प्रकार का जानवर मानते हैं, जबकि अन्य इससे असहमत हो सकते हैं। ऐसा उनके द्विपाद और पूरी तरह से विकसित, तुलनात्मक रूप से बड़े मस्तिष्क के कारण है, जो तार्किक और विश्लेषणात्मक सोच, समस्या-समाधान, भाषा, आविष्कार और बहुत कुछ जैसी उन्नत संज्ञानात्मक क्षमताओं को सुविधाजनक बनाता है। मनुष्य संचार के माध्यम से खुद को व्यक्त कर सकते हैं, विचारों का आदान-प्रदान कर सकते हैं और सामाजिक बातचीत में संलग्न हो सकते हैं।"

सर्वोच्च ईश्वर ने हमें अज्ञात क्षेत्र में जाने, अपरिचित को उजागर करने और जो हमारा है - हमारा आंतरिक सार या परम सत्य - उसे पुनः प्राप्त करने के लिए सर्वोच्च पद दिया है। एक इंसान के रूप में हमारा

अस्तित्व एक उल्लेखनीय अवसर है जो हमें एक लंबे विकासवादी अभियान के बाद दिया गया है।

उत्सुकतावश वासुदेव ने गुरुजी से पूछा, "क्या हमने अनेक जन्मों का अनुभव किया है?"

मुस्कुराते हुए गुरुजी ने उत्तर दिया, "हमारी यात्रा खनिजों और चट्टानों से शुरू होती है, और जीवन के छह साम्राज्यों, अर्थात् आर्कबैक्टीरिया, यूबैक्टीरिया, प्रोटिस्टा, कवक, प्लांटे और एनिमेलिया से होकर आगे बढ़ती है। हम वनस्पति जगत, कीटों, पंख वाले जीवों और अंत में, जानवरों, द्विपाद और चौपाया दोनों के चरणों से आगे बढ़ते हैं।"

मनुष्य में एक विशिष्ट विशेषता होती है जो अन्य सभी प्राणियों में या तो अनुपस्थित होती है या बहुत कम मात्रा में मौजूद होती है - वह अमूर्त घटक जो उन्हें तर्क करने और भेदभाव करने की क्षमता प्रदान करता है। यह उन्हें अच्छे और बुरे, गुणों और दोषों के बीच अंतर करने और अस्तित्व के उच्च आदर्शों को समझने और उनका पालन करने में सक्षम बनाता

है। मनुष्य खुद को आगे बढ़ाने के लिए नई अवधारणाओं का चयन और कार्यान्वयन कर सकते हैं। सत्य को पूरी तरह से न समझ पाने के बावजूद, हम अति-मानसिक जागरूकता प्राप्त करके और उच्चतर स्तरों पर संक्रमण करके अपनी चेतना को व्यापक बना सकते हैं।

शम्स तबरीज़ी ने एक बार कहा था, "लोग आपको चाहे जो भी लेबल दें, आप वही हैं जो आप हैं। खुद के प्रति सच्चे रहें। आपको खुद से पूछना चाहिए कि आप अपना जीवन कैसे जीना चाहते हैं। हम जन्म लेते हैं, हम मरते हैं, और यह वह वास्तविकता है जिसका हमें खुद ही सामना करना होगा। कोई भी हमारी सहायता नहीं कर सकता। इसलिए, इस बात पर विचार करें कि आपको अपना जीवन उस तरह जीने से क्या रोक रहा है जैसा आप जीना चाहते हैं।"

शम्स तबरीज़ी: "लोग आपको चाहे जो भी कहें; आप बस वही हैं जो आप हैं। इस सच्चाई को बनाए रखें। आपको खुद से पूछना चाहिए कि आप अपना जीवन

कैसे जीना चाहते हैं। हम जीते हैं, हम मरते हैं, और यह सच्चाई है जिसका सामना हम अकेले ही कर सकते हैं। कोई भी हमारी मदद नहीं कर सकता। इसलिए, ध्यान से सोचें कि आपको अपना जीवन जीने से क्या रोकता है?"

गुरुजी ने मुस्कुराते हुए कहा, "मनुष्य अपने भौतिक रूप से सीमित है और मन द्‌वारा नियंत्रित है। परिणामस्वरूप, वह कमज़ोर रहता है, अपनी उल्लेखनीय क्षमताओं के बारे में अनिश्चित रहता है, और ताकत और कद के मामले में महत्वहीन रहता है। उसके भीतर की आत्मा अमूल्य रत्न है। फिर भी दुर्भाग्य से, वह एक भौतिकवादी दुनिया से घिरा हुआ है और उसका पीछा कर रहा है।"

गुरुजी ने घोषणा की, "मन पर नियंत्रण करके, अपेक्षा, तुम दुनिया पर विजय प्राप्त कर सकते हो।"

हममें से बहुत से लोग मानते हैं कि हमारा दिमाग तर्कसंगत है, लेकिन अक्सर ऐसा नहीं होता। इसे परखने के लिए, निम्नलिखित प्रयोग करके देखें: कुछ

मिनट बैठ जाएँ और अपने दिमाग में आने वाले सभी विचारों को बिना सेंसर या एडिट किए लिख लें। जब आप अपने लिखे हुए विचारों की समीक्षा करेंगे, तो आपको एहसास होगा कि आपके विचार कितने तर्कहीन हो सकते हैं।

बहुत सी इच्छाएँ लगातार मानव मन को प्रभावित करती हैं, जिससे व्यक्ति परस्पर विरोधी दिशाओं में चला जाता है और अराजकता और भ्रम पैदा होता है। काम के बारे में सोचने से लेकर घर के जीवन के बारे में सोचने तक का समय असामान्य नहीं है, दोनों के बीच कोई स्पष्ट तर्क या संबंध नहीं है। इस तरह के विचार संघों में तार्किक तर्क की कमी होती है और वे अत्यधिक तर्कहीन लग सकते हैं। मन अक्सर अड़चन वाली स्थितियों का सामना कर सकता है, जिससे उसकी विचार प्रक्रिया की उथल-पुथल प्रकृति बढ़ जाती है।

गुरुजी ने अपेक्षा से पूछा, "क्या तुम मानती हो कि हमने अपना पूरा अस्तित्व अपने मन के हाथों में सौंप दिया है?"

विवेकानंद मन की तुलना एक शराबी बंदर से करते हैं जिसे हजारों बिच्छुओं ने डंक मारा है, उनका तात्पर्य यह है कि मन बेचैन, उत्तेजित और लगातार विचलित रहता है, जिससे इसे नियंत्रित करना या ध्यान केंद्रित करना मुश्किल हो जाता है।

विवेकानंद कहते हैं: "मन एक नशे में धुत बंदर की तरह है जिसे हजारों बिच्छुओं ने डंक मारा है।"

मन हम पर बहुत ज़्यादा प्रभाव डाल सकता है, जिससे हम अक्सर शक्तिहीन और नियंत्रणहीन महसूस करते हैं। 'अगर आप लोगों को यह विश्वास दिलाते हैं कि वे सोच रहे हैं, तो वे आपकी प्रशंसा करेंगे। लेकिन अगर आप उन्हें सोचने पर मजबूर करते हैं, तो वे आपसे घृणा करेंगे।'

हालाँकि, बेहोशी या गैर-चेतना की स्थिति से जागरूकता और चेतना की उच्च अवस्था में जाना

संभव है। चेतना के इस स्तर को प्राप्त करके, हमारे विचार सार्वभौमिक भलाई और आत्म-चिकित्सा की ओर निर्देशित होते हैं, और हम केवल उपस्थित होने से ही सकारात्मक कंपन उत्सर्जित करते हैं।

मैं एक पेड़ के बारे में कहानी सुनाता हूँ जो एक व्यस्त सड़क के किनारे खड़ा था। छोटा, मुड़ा हुआ और पतला होने के बावजूद, यह उस क्षेत्र की एक खासियत थी। एक रात, एक चोर ने जल्दी से दूर एक छाया देखी और उसे लगा कि यह एक पुलिस अधिकारी है जो उसे पकड़ने के लिए इंतजार कर रहा है। डर से, वह घटनास्थल से भाग गया।

एक अन्य अवसर पर, सड़क पर चलते समय, एक माँ और उसके बच्चे ने दूर से एक छाया देखी। बच्चे की कल्पना परी कथाओं के भूतों की छवियों से भर गई, और वह डर के मारे चिल्ला उठा। अंत में, एक प्रेमी युवक अंधेरे में गाड़ी चला रहा था और उसने आगे एक छाया देखी। उसे लगा कि यह उसकी प्रेमिका है, वह खुश हो गया और उसकी ओर दौड़ा,

लेकिन बाद में उसे एहसास हुआ कि उसने उस छाया को अपनी प्रेमिका समझ लिया था।

गुरुजी ने कहा, "अपेक्षा, पेड़ छोटा, दुबला और झुका हुआ होने के बावजूद, एक पेड़ के रूप में अपनी पहचान के प्रति सच्चा रहा। यह सिर्फ़ एक पेड़ था... हम जिस दुनिया को देखते हैं वह सिर्फ़ हमारे दिमाग और बुद्धि का प्रतिबिंब है।"

माया के भ्रमपूर्ण जाल से मुक्त होने के लिए, हमें अपने विचारों को पुनर्गठित और पुनर्जीवित करने की आवश्यकता है। यह समुद्र-देवता प्रोटियस जैसे बहु-सिर वाले राक्षस को वश में करने जैसा है, जो लगातार अप्रत्याशित आकार और रंगों में बदल जाता है। यह प्राणी सांसारिक, भौतिकवादी तल पर माया की मजबूत पकड़ का प्रतीक है और जिस तरह से यह भौतिक संपत्ति की शक्ति और आकर्षण का महिमामंडन करता है।

सत्र के बाद अपेक्षा और पदमा प्रवचन पर चर्चा कर रहे थे और जल्द ही अक्षय और कई अन्य लोग भी उनके साथ आ गए।

किरण ने सोचा, "आश्रम के लिए इस स्थान को चुनने के पीछे क्या महत्व है? गुरुजी ने इसे यहाँ स्थापित करने का फैसला क्यों किया?"

अपेक्षा ने बताया, "कांचीपुरम दक्षिण भारत का एक प्राचीन शहर है जो लंबे समय से एक प्रसिद्ध् तीर्थस्थल रहा है। 'कांचीपुरम' नाम दो तमिल शब्दों, 'का' का अर्थ है ब्रह्म और 'अंची' का अर्थ है पूजा, और 'पुरम' का अर्थ है निवास। घटिकास्थानम, जिसे 'शिक्षण का स्थान' भी कहा जाता है, शिक्षा का एक महत्वपूर्ण केंद्र था।"

यह भारत के सात सबसे पवित्र शहरों (सप्त पुरी) में से एक है और गरुड़ पुराण में मोक्ष की ओर ले जाने वाले सात शहरों में से एक के रूप में इसका उल्लेख किया गया है। कांचीपुरम शैव और वैष्णव दोनों धर्मों के लिए भी एक महत्वपूर्ण स्थान था, और पहली

और पांचवीं शताब्दी के बीच इस शहर में बौद्ध धर्म पनपा। यह एक उल्लेखनीय जैन केंद्र भी था और समंतभद्र और अकालंका जैसे कई प्रसिद्ध जैन आचार्यों से जुड़ा हुआ है।

वासुदेव ने अपेक्षा से आश्चर्य व्यक्त करते हुए कहा, “अपेक्षा, इस स्थान के बारे में तुम जो जानकारी हमें दे रही हो, वह आश्चर्यजनक है।”

रामानुजाचार्य के वैष्णववाद के धार्मिक सिद्धांतों ने कांचीपुरम में शैव और वैष्णववाद को पुनर्जीवित किया है। उन्होंने आगे बताया कि कांचीपुरम में करीब १०८ शैव मंदिर और १९ वैष्णव मंदिर हैं।

अपेक्षा ने आगे कहा, “यहाँ शांत वातावरण में हरियाली छाई हुई है, जो पेड़ों, जड़ी-बूटियों और पौधों की भरमार के साथ शानदार दृश्य पेश करती है। यह क्षेत्र घुमावदार धाराओं, जीवंत फूलों और मधुर पक्षियों के गीत से सुशोभित है। यह दिव्य ऊर्जा को प्रकट करता है और जीवन से भरपूर है, जो इसे आंतरिक यात्रा पर निकलने के लिए एक आदर्श स्थान बनाता है।”

किरण और अन्य लोग मुस्कुराये...

अध्याय २.२

दुनिया अवास्तविक है

"जब आप यह समझ जाते हैं कि आप एक श्रेष्ठ आत्मा के अंश से अधिक कुछ नहीं हैं, तो आप एक-दूसरे के प्रति भेदभाव और नापसंदगी करना बंद कर देते हैं, आप अपनी लालच और इच्छा खो देते हैं, और इस भौतिकवादी दुनिया में अपना सारा मूल्य खो देते हैं।"

गुरुजी ने घोषणा करते हुए कहा, "माया, ब्रह्म की मायावी शक्ति और सृष्टि का कारण है। 'मा' का अर्थ है नहीं, और 'या' का अर्थ है वह; इसलिए 'वह नहीं' यह माया है। माया, ब्रह्म की उपाधि (सीमित सहायक) है। वह एक काल्पनिक ब्रह्म शक्ति है।

उसके तीन गुण, सत्व, रजस और तमस, ब्रह्म की लीला को जीवित रखते हैं। 'सत्य, ज्ञान और अनंत ब्रह्म की प्रकृति हैं।' महा माया, ब्रह्म की मायावी शक्ति, इस लीला को बनाए रखती है!"

वेदांत दर्शन माया की प्रकृति का वर्णन करता है, जिसे अक्सर 'भ्रम' या 'मोह' के रूप में अनुवादित किया जाता है।

"सत्-असत् विलक्षण -अनादि भव रूपा अनिर्वचनीय"

माया न तो वास्तविक है और न ही काल्पनिक, न ही सत् है और न ही असत् है, यह अस्तित्व और गैर-अस्तित्व की अवधारणाओं से परे एक क्षेत्र में विद्यमान है। यह मानवीय समझ से परे है, सभी प्रकार के तर्कों से परे है, और इसे किसी की बौद्धिक क्षमताओं द्वारा नियंत्रित नहीं किया जा सकता है। हालाँकि माया वास्तविक (सत) है क्योंकि हम इसे इसकी रचनाओं के माध्यम से देख सकते हैं, यह ब्रह्म की तरह प्रत्यक्ष नहीं है, और ब्रह्म ज्ञान प्राप्त होने के बाद यह विलीन हो जाती है। माया का

अस्तित्व ज्ञान के माध्यम से इसके प्रकट होने या नष्ट होने पर निर्भर नहीं है। यह एक अद्‌वितीय इकाई है जिसकी तुलना किसी और चीज़ से नहीं की जा सकती।

माया को कई बार अनिर्वचनीय कहा जाता है, जिसका अर्थ है अथाह या रहस्यपूर्ण, क्योंकि यह भ्रमित करने वाला गुण है, और इसे न तो विद्‌यमान माना जा सकता है और न ही गैर-विद्‌यमान। माया को 'अनादि संतम' के रूप में पहचाना जाता है, जिसका अर्थ है कि इसका कोई उद्‌गम या निष्कर्ष नहीं है, सिवाय उस प्रबुद्‌ध आत्मा के जिसने स्वयं के सच्चे सार को समझ लिया है।

वेदांत दर्शन में, माया भ्रम या अज्ञान की शक्ति है जो हमें दिखावटी दुनिया को परम वास्तविकता समझने की गलती करवाती है। माया और उसके सच्चे स्व या आत्मा के संबंध को समझकर, व्यक्ति मुक्ति या ज्ञान प्राप्त कर सकता है।

वासुदेव ने अपने गुरु से पूछा, "गुरुजी, क्या मन पर विजय पाने के लिए माया से विरक्त होना आवश्यक है?"

गुरुजी ने उत्तर दिया, "मन पर विजय प्राप्त करने के लिए मिथ्या अहंकार, इच्छाएं, क्रोध, लोभ, आसक्ति, प्राथमिकताएं, संदेह, द्‌वैत, अज्ञानता, भौतिकवाद और लक्ष्यहीन भटकने पर विजय प्राप्त करना आवश्यक है। इसमें व्यक्ति की जागरूकता को उसके भौतिक अस्तित्व या सांसारिक चेतना की सीमाओं से परे विस्तारित करना शामिल है। इसकी तुलना हरक्यूलिस और एंटेयस की कहानी से की जा सकती है, जहां हरक्यूलिस को उस विशालकाय को हराने का काम सौंपा गया था, जो धरती से अपनी शक्ति प्राप्त करता था। इसी तरह, एक बार जब मन दिव्य चेतना के साथ एक हो जाता है, तो व्यक्ति शाश्वत आनंद, शांति और संतुष्टि का अनुभव कर सकता है।"

रूपा ने पूछा, "गुरुजी, हम माया के भ्रम में क्यों फंस रहे हैं?"

गुरुजी ने उत्तर दिया, “रूपा, माया ब्रह्म से अविभाज्य (अभिन्न) है, ठीक वैसे ही जैसे गर्मी अग्नि का एक अनिवार्य अंग है। प्रधान, अव्यक्त, माया और मूलप्रकृति सभी शब्द एक दूसरे के स्थान पर इस्तेमाल किए जा सकते हैं। अव्यक्त का अर्थ है माया के रूप से मुक्त अप्रकट अवस्था। प्रलय या विसर्जन के दौरान, ब्रह्मांड अव्यक्त के अनुसार बीज अवस्था में मौजूद रहता है, ठीक वैसे ही जैसे एक पेड़ बीज के भीतर सूक्ष्म अवस्था में मौजूद रहता है। सांख्य दर्शन अव्यक्त और प्रधान जैसे शब्दों का उपयोग करता है। मूलप्रकृति को सफेद, लाल और काले रंग की तीन-तारों वाली रस्सी द्वारा दर्शाया जाता है, जो सत्व, रजस और तमस के संतुलन का प्रतीक है। प्रलय के दौरान, दुनिया सुषुप्ति या गहन नींद की स्थिति में प्रवेश करती है, ठीक वैसे ही जैसे कोई गहरी नींद में प्रवेश करता है।”

प्रलय के दौरान, वे अपने संस्कारों या मानसिक छापों के माध्यम से कई जीवों या प्राणियों को मूलप्रकृति में आत्मसात कर लेते हैं, जैसे मोम की गेंद पर सोने

के कण चिपके रहते हैं। प्रलय के बाद, जीव का कर्म परिपक्व होता है।

जिस तरह एक बीज जमीन में अंकुरित होता है और अंकुर के रूप में विकसित होता है, उसी तरह महत् तत्व शुरू में अव्यक्त से उत्पन्न होता है। अहंकार या घमंड महत् का अनुसरण करता है, जहाँ 'मैं' अहम् को दर्शाता है और 'करना' कर को दर्शाता है। फिर, मन, इंद्रियाँ, प्राण और तन्मात्राएँ प्रकट होती हैं, जिनमें से प्रत्येक पाँच तन्मात्राएँ पाँच संवेदी अंगों और पाँच इंद्रियों के अनुरूप होती हैं। जब ये पाँच तन्मात्राएँ आपस में मिलती हैं, तो वे पंचगुण उत्पन्न करती हैं, जो पाँच स्थूल तत्वों को जन्म देती हैं। अंत में, पाँच स्थूल तत्व मिलकर संपूर्ण बाह्य ब्रह्मांड का निर्माण करते हैं।

रूपा ने पूछा, "गुरुजी, वास्तव में अहम् क्या है?"

गुरुजी ने उत्तर दिया, "अहम के दो रूप हैं: समष्टि अहम्, जो सामूहिक अहंकार है, और व्यष्टि अहम्, जो व्यक्तिगत अहंकार है।"

जीव या मनुष्य एक अहंकारी व्यक्ति का प्रतीक है, जबकि ब्रह्म सामूहिक अहंकार का प्रतिनिधित्व करता है। जीव में शुरू में अहंकार विकसित होता है और वह 'अहम् जीव - मैं जीव हूँ' को समझता है, तभी वह संसार और ब्रह्म को समझ सकता है। हालाँकि, जब बात 'व्यष्टि अहम्' की आती है, तो कोई सामूहिक अहंकार, ब्रह्म या संसार नहीं हो सकता।

सत्व, रजस और तमस एक संयुक्त अवस्था में मौजूद होते हैं और इन्हें अलग नहीं किया जा सकता, ठीक वैसे ही जैसे अनाज को अलग नहीं किया जा सकता। हालाँकि, एक गुण प्रमुख हो सकता है, जिसके कारण:

- सत्व गुण प्रधान, जहां सत्व गुण प्रमुख है।
- राजस गुण प्रधान, जहां राजस प्रधान हैं।
- तमस गुण प्रधान, जहां तमस प्रधान है।

जब माया में सत्व की अधिकता होती है, तो माया में ब्रह्म का प्रतिबिंब भी ब्रह्म ही होता है। माया एक उपाधि है, जिसका अर्थ है कि यह ब्रह्म द्वारा आरोपित है और ब्रह्म के कारण शरीर (कारण-शरीर) की शक्ति के अधीन है। ब्रह्म को अव्यकृत भी कहा

जाता है, जिसका अर्थ है अस्पष्ट, और अंतर्यामिन, जिसका अर्थ है आंतरिक स्व। ब्रह्म, ब्रह्मांड के साधन स्रोत (निमित्त कारण) के रूप में कार्य करता है।

जब तमोगुण साथ मिलते हैं, तो यह भौतिक कारण बन जाता है, और मकड़ी के जाले की तरह जीव भी अपना कारण शरीर बनाता है। अविद्या, अशुद्ध सत्व को दर्शाती है, जो तब उत्पन्न होती है जब मिश्रण में सत्व से अधिक रजस होता है।

जीव और ब्रह्म दोनों ही आनंदमय कोष के माध्यम से सुषुप्ति या गहरी नींद की अवस्था का अनुभव करते हैं। यह कोष कारण शरीर से जुड़ा हुआ है, जिसे कारण विकास के रूप में जाना जाता है।

माया में तीन विशिष्ट गुण हैं: विचारों को प्रक्षेपित करने की क्षमता, वास्तविकता को छिपाने की क्षमता और सत्य और असत्य के बीच अंतर करने की क्षमता। हम इन विशेषताओं को विक्षेप शक्ति के रूप में जानते हैं, जिसका अर्थ प्रक्षेपण है; आवरण शक्ति,

जिसका अर्थ आवरण या भ्रम है; और विवेक शक्ति, जिसका अर्थ विवेकशील शक्ति है।

इस ब्रह्मांड का सर्जन अवरण (जड़ता या तम), विक्षेप (गतिशीलता या राजस) और विवेक (बुद्धिमान सोच या सत्व) की शक्तियों के माध्यम से किया गया है।

गुरुजी ने कहा, “रूपा, किसी भी अन्य जानवर ने कभी अपना चित्र नहीं बनाया है; मनुष्य ही एकमात्र जीवित प्राणी है जिसने ऐसा किया है। वह आईने के सामने खड़ा होता है, आईने में देखता है, और जो देखता है उसकी कल्पना करता है। परिणामस्वरूप, वह आत्म-जागरूकता विकसित करता है, जो अहंकार को जन्म देता है। आत्म-प्रतिबिंब पर यह ध्यान अक्सर मनुष्यों को वास्तविकता पर अपनी धारणाओं को प्राथमिकता देने के लिए प्रेरित करता है।”

मानव मन छवियों से प्रभावित होता है, जिसके कारण वह एक भ्रमपूर्ण दुनिया में रहता है। इस अवस्था में, आत्म-ज्ञान प्राप्त करना कठिन हो जाता है। इसलिए,

केवल प्रतिबिंबों में खो जाने के बजाय वास्तविकता की ओर ध्यान केंद्रित करना महत्वपूर्ण है।

गुरुजी ने कहा, "दर्पण के भ्रम को तोड़ना होगा - व्यक्ति को दर्पण के भ्रम से मुक्त होकर वास्तविकता की ओर लौटना चाहिए, जो सत्य है, अंतिम गंतव्य है, अन्यथा आप स्वयं से और दूर चले जाएंगे। आप खुद को नहीं देख सकते क्योंकि आपका मन प्रतिबिंबों, विचारों और छवियों में उलझा हुआ है, जिससे स्वयं को देखना असंभव हो जाता है। आप इस बात से चिंतित नहीं हैं कि आप क्या मानते हैं; इसके बजाय, आप इस बात से चिंतित हैं कि दूसरे क्या सोचते हैं। वे मेरे बारे में क्या सोचते हैं? मैं इसे कैसे सही ठहराऊं? मुझे आगे क्या करना चाहिए? आप इस बारे में चिंतित हैं कि दूसरे आपके बारे में क्या सोचेंगे, लेकिन आप अपने बारे में चिंतित नहीं हैं। नतीजतन, आप अपना समय खुद को सजाने में बिताते हैं, और आपका गुण, श्रृंगार से ज्यादा कुछ नहीं है ताकि आप दूसरों की नजरों में आकर्षक, गुणी,

धार्मिक आदि दिखें, लेकिन यह एक बहुत बड़ा नुकसान है।"

गुरुजी ने मुस्कुराते हुए कहा, "लोग अपने वास्तविक स्वरूप के बजाय दूसरों की राय पर अधिक ध्यान देते हैं। सच्चा गुण और धार्मिकता भीतर से आती है, और बाहरी दिखावे और राय के बजाय आत्म-जागरूकता और आत्म-ज्ञान पर ध्यान देना महत्वपूर्ण है।"

गुरुजी ने कहा, "रूपा, अगर दूसरे लोग सोचते हैं कि तुम खुश हो, तो इससे तुम खुश नहीं हो। अगर तुम रास्ता भूल गई तो तुम अपना बाकी जीवन खो सकती हो। खुश रहने के बारे में ज़्यादा सोचो, खुश समझे जाने के बारे में नहीं और सुंदर समझे जाने के बजाय सुंदर होने के बारे में सोचो। विचार तुम्हारी प्यास नहीं बुझा सकते या तुम्हारी भूख नहीं मिटा सकते, और पानी और भोजन की छवियाँ तुम्हारी भूख को संतुष्ट नहीं कर सकतीं; तुम्हें उचित भोजन और पेय की आवश्यकता है। एक बार जब तुम यह समझ

जाती हो, तो यात्रा शुरू हो जाती है; तुम 'जीवन के प्रकाश' की खोज में भीतर की ओर यात्रा करना शुरू कर देती हो।"

हर सेकंड, हर मिनट खुद को देखना शुरू करें, और आप दिन में कई बार वास्तविकता के बजाय भ्रम के बारे में सोचते हुए पकड़े जाएँगे। आईने में देखना और यह मानना कि आप खुद को देख रहे हैं, सबसे बेतुकी चीजों में से एक है जो आप कर सकते हैं। दर्पण में दिखने वाला चेहरा आपके चेहरे की सतह, परिधि मात्र है। 'कोई भी दर्पण आपको प्रतिबिंबित नहीं कर सकता।' आपकी (आत्मा) परिधि हर गुजरते पल के साथ बदलती रहती है।

गुरुजी ने हंसते हुए कहा, "हम रूपों से इतने मोहित क्यों होते हैं? यह एक पहेली है। हम वास्तविकता की ओर क्यों आकर्षित नहीं होते? एक व्यक्ति जो अपने भीतर की खोज कर रहा है और जो आत्म-जागरूकता में अधिक रुचि रखता है; वह सभी नियमों का उल्लंघन करता रहता है। वह इसलिए नहीं मुस्कुराता

क्योंकि उसे लगता है कि इससे दूसरों पर अच्छा प्रभाव पड़ेगा। वह तभी मुस्कुराता है जब उसे ऐसा करने का मन होता है। उसकी मुस्कान सच्ची होती है; यह दूसरों की उपस्थिति या दर्शकों से अप्रभावित रहती है।"

चिंता और दुःख ने एक महान योद्धा को जकड़ लिया था जिसने अपना पूरा जीवन बहादुरी और न्यायपूर्ण तरीके से लड़ते हुए बिताया था। वह एक ऐसे गुरु की तलाश में था जो उसकी चिंताओं और दर्द पर काबू पाने में उसकी सहायता कर सके। अपनी खोज के दौरान, वह एक शांत साधु के पास पहुंचा जो गहरे ध्यान में था। उसे डर था कि वह अपने सामने बैठे आदमी की कृपा की बराबरी नहीं कर पाएगा। उसने कुछ घंटों तक भिक्षु के अन्य आगंतुकों की तरह अपनी आँखें खोलने का इंतजार किया। अंत में, भिक्षु ने अपनी आँखें खोलीं।

जब योद्धा भिक्षु के पास पहुँचा, तो उसने कहा, "मैं इतना निराश क्यों महसूस कर रहा हूँ? मैं हमेशा

अपने काम में सच्चा रहा हूँ। मैंने सम्मानपूर्वक युद्ध किया; मैंने अपने देश की रक्षा की, और मुझे किसी बात पर शर्मिंदा होने की ज़रूरत नहीं है। हालाँकि, आपको देखने के बाद, गुरु, मुझे ऐसा लग रहा है जैसे मेरा जीवन निरर्थक है।"

भिक्षु ने मुस्कुराते हुए उत्तर दिया, "कृपया मुझे एक क्षण के लिए क्षमा करें। मैं अपने सभी आगंतुकों से मिलने के बाद आपसे बात करूँगा।"

बगीचे में पेड़ के नीचे बैठे योद्धा ने देखा कि गुरु से मिलने के लिए बहुत से आगंतुक आ रहे हैं। जब वे उसके पास से जा रहे थे, तो हर आगंतुक के चेहरे पर मुस्कान थी। योद्धा काफी देर तक इंतज़ार करता रहा, सूरज ढलने और इलाके में अंधेरा होने और आगंतुक के कम होने के बावजूद भी बैठा रहा।

अंततः योद्धा बेचैन और असहज हो गया, और वह गुरु के पास अनुरोध लेकर पहुंचा: "क्या आप मुझे अब सिखा सकते हैं?"

गुरु ने योद्धा को अपने पीछे आने का इशारा किया और वे कुछ दूर तक चले। चेहरे पर मुस्कान के साथ गुरु ने योद्धा को अपने साथ आने का इशारा किया और ऊपर की ओर इशारा करते हुए सभी का ध्यान आसमान में चमकते पूर्ण चंद्रमा की ओर आकर्षित किया।

“देखो चाँद कितना शानदार है,” गुरु ने कहा। “जब वह आकाश में घूमता है, तो वह सूर्य को चमकने देता है। सूर्य, आकार, चमक और शक्ति में चाँद से कहीं ज़्यादा बड़ा है। यह बादलों, पहाड़ों, नदियों और जंगलों पर ऐसे प्रकाश डालता है, जो चाँद नहीं डाल सकता।”

गुरु ने पूछा, “क्या तुमने कभी चाँद को सूर्य के प्रति असंतोष या नाराज़गी व्यक्त करते सुना है? क्या चाँद की सूर्य के प्रति प्रशंसा ने कभी तुम्हें चाँद को तुलना में हीन समझने पर मजबूर किया है? क्या चाँद ने कभी सूर्य की सुंदरता और चमक के प्रति असंतोष

व्यक्त किया है और परिणामस्वरूप खुद को हीन महसूस किया है?"

योद्धा ने कहा, "नहीं।"

गुरु ने उत्तर दिया, "सूर्य और चंद्रमा अलग-अलग तत्व हैं, जिनमें से प्रत्येक का अपना अलग मूल्य और सौंदर्य है। उनकी एक-दूसरे से तुलना करना अनावश्यक और निरर्थक है।"

गुरुजी ने रूपा से कहा, "जो लोग दूसरों को समझाने पर बहुत ज़्यादा ध्यान केंद्रित करते हैं, उनमें खुद के अंदर ईमानदारी और प्रामाणिकता की कमी होती है। 'आप अंदर से खाली और खोखले हैं'। अगर आप वाकई खुशमिजाज़ व्यक्ति हैं, तो आपकी खुशी बिना किसी सचेत प्रयास के ही स्पष्ट हो जाएगी। यह दूसरों की आपके बारे में सोचने के तरीके से प्रकट होगी।"

आपकी आत्म-छवि हज़ारों अन्य लोगों की धारणाओं से आकार लेती है। स्वाभाविक रूप से, इसमें

असंगतियाँ होंगी क्योंकि प्रत्येक व्यक्ति और प्रत्येक प्रतिबिंब अद्‌वितीय हैं। आपकी पहचान स्वाभाविक रूप से आत्म-विरोधाभासी है, और जब तक आप इन विरोधाभासों को सुलझा नहीं लेते, तब तक यह प्रामाणिक नहीं हो सकती।

हम सक्रिय रूप से जानकारी एकत्र कर रहे हैं, चाहे आपने जो भी व्यक्तित्व बनाया हो। इस पर करीब से नज़र डालें। हज़ारों लोगों ने आपके बारे में जो कहा है, उसके आधार पर आपने एक व्यक्तित्व स्थापित किया है। बेशक, विरोधाभास होंगे क्योंकि बहुत सारे लोग और बहुत सारे दर्पण हैं। आपकी पहचान स्वाभाविक रूप से आत्म-विरोधाभासी है, और जब तक आप इन विरोधाभासों को सुलझा नहीं लेते, तब तक यह प्रामाणिक नहीं हो सकती। इसे आत्म-प्रामाणिक कहना असंभव है क्योंकि यह तभी अस्तित्व में रह सकता है जब आप विरोधाभासों में रहना बंद कर दें। अपनी पहचान को सही मायने में मूर्त रूप देने के लिए, आपको विरोधाभासों को त्यागना होगा और वास्तविकता को अपनाना होगा।

दूसरों की धारणाओं पर भरोसा करने के बजाय अपने स्वयं के अनुभवों पर भरोसा करना आवश्यक है। 'दर्पणों के बजाय वास्तविकता पर विश्वास करें' यही सच्ची आत्म-जागरूकता प्राप्त करने की कुंजी है।

गुरुजी ने कहा, "आइए हम सूक्ष्म जगत के विकास को समझें। जैसा कि ब्रह्म ने इरादा किया था, सूक्ष्म जगत, अवरण शक्ति और विक्षेप शक्ति में विभाजित है, जिससे मनुष्य के लिए अपने मूल स्वरूप सत्-चित्-आनंद को समझना असंभव हो जाता है। प्रक्षेपण शक्ति के कारण, ब्रह्मांड में तीन शरीरों और पाँच कोषों (पंच कोष) के बीच कोई अंतर नहीं है।"

विक्षेप शक्ति सूक्ष्म आकाश के जन्म को संभालती है, जिसने वायु को जन्म दिया। वायु ने अग्नि को जन्म दिया, अग्नि ने जल को और जल ने पृथ्वी को जन्म दिया। पाँच सूक्ष्म तत्वों को आमतौर पर तन्मात्रा या मूल तत्व कहा जाता है, और उनमें से प्रत्येक में तीन गुण होते हैं - सत्व, रजस और तमस।

ज्ञानेन्द्रियाँ तन्मात्राओं के सात्विक पहलू से निर्मित होती हैं ।

- आकाश: कान, एक श्रवण अंग, अंतरिक्ष से बना है।
- वायु: त्वचा, एक स्पर्शनीय अंग, हवा से बनती है।
- अग्नि: आँख, एक दृश्य अंग, अग्नि से बनी है।
- जल: जीभ, एक स्वाद अंग, पानी से बना है।
- भूमि: नाक, एक घ्राण अंग, पृथ्वी से बनी है।

अंतःकरण की रचना सभी पाँच तन्मात्राओं के सत्व को मिलाकर की जाती है, जिसमें चार घटक शामिल होते हैं: मन, बुद्धि, चित्त और अहंकार। मन चित्त से जुड़ा होता है, जबकि बुद्धि अहंकार से जुड़ी होती है। तन्मात्राओं का राजसिक पहलू कर्म अंगों का निर्माण करता है, जिन्हें कर्म इंद्रियाँ भी कहा जाता है:

- आकाश: वाणी का अंग बनाता है।

- वायु: हाथों का निर्माण करती है।
- अग्नि: पैरों के विकास में सहायक है।
- जल: जननांगों का निर्माण करता है।
- भूमि: गुदा को जन्म देती है।

तन्मात्राओं के राजस पहलू के संयोजन से पांच प्राण उत्पन्न होते हैं, जिन्हें प्राण वायु के रूप में जाना जाता है, अर्थात प्राण, अपान, व्यान, उदान और समान।

गुरुजी ने कहा, "पांच प्राण या महत्वपूर्ण वायु राजों के समूह के पांच तंत्रों, प्राण, अप्पान, वायन, उदान और समान से बने हैं। सूक्ष्म शरीर, जिसे लिंग शरीर के रूप में जाना जाता है, में सत्रह सिद्धांत शामिल हैं, जिनमें पाँच ज्ञान अंग, पाँच कर्म अंग, पाँच प्राण, मन और बुद्धि शामिल हैं। यह शरीर सपनों के दौरान आनंद के साधन के रूप में कार्य करता है, और इसमें प्राणमय कोष, मनोमय कोष और विज्ञानमय कोष शामिल हैं।"

गुरुजी ने कहा, स्थूल जगत के विकास के दौरान पाँच तन्मात्राएँ बराबर हिस्सों में विभाजित हो गईं। पाँच

स्थूल तत्वों का निर्माण करने के लिए, एक तत्व के आधे भाग को प्रत्येक बाहरी तत्व के आठवें भाग के साथ मिलाया जाता है। हम इसे पंचीकरण (पंचगुणित) के रूप में जानते हैं, जो कि आदिम पाँच सूक्ष्म घटकों से पदार्थ के उद्भव की वेदान्तिक व्याख्या है। जब तन्मात्राएँ अपनी मूल अवस्था में होती हैं और मिश्रित नहीं होती हैं, तो उन्हें अपंचिकृत या गैर-पंचगुणित कहा जाता है। अपंचिकृत एक सूक्ष्म शरीर है।"

चार प्रकार के जीव और स्थूल शरीर हैं: उदबीज या बीज से पैदा हुए, स्वेदज या पसीने में किण्वन या पसीने से उत्पन्न, अंडज या अंडे से पैदा हुए (अंडे से पैदा हुए), और जरायज या मानव और पशु भ्रूण से पैदा हुए (जीवित)। सभी सुख की वस्तुओं में पाँच स्थूल तत्व शामिल हैं जिन्हें पाँच गुना कर दिया गया है। हम मनुष्यों के भौतिक शरीर को अन्नमय कोष के रूप में जानते हैं और जीव इस शरीर की जाग्रत अवस्था से अवगत है।

गुरुजी ने प्रश्न किया, "यदि सूक्ष्म जगत अनंत स्थूल जगत को प्रतिबिंबित करता है तो ब्रह्मांड में हमारी स्थिति क्या है?"

यजुर्वेद में बताया गया है:

"यथा पिंडे तथा ब्रह्माण्डे, यथा ब्रह्माण्डे तथा पिंडे।"

अर्थ: "जैसा व्यक्ति है, वैसा ही ब्रह्मांड है; जैसा ब्रह्मांड है, वैसा ही व्यक्ति है। जैसा मानव शरीर है, वैसा ही ब्रह्मांडीय शरीर है; जैसा ब्रह्मांडीय शरीर है, वैसा ही मानव शरीर है।"

जिसका अर्थ है "जैसा सूक्ष्म जगत है, वैसा ही स्थूल जगत है; जैसा स्थूल जगत है, वैसा ही सूक्ष्म जगत है।" इसका अर्थ है कि ब्रह्मांड और व्यक्ति एक दूसरे से जुड़े हुए हैं और एक दूसरे को प्रतिबिंबित करते हैं। किसी व्यक्ति के कार्यों और अनुभवों का उसके आस-पास की दुनिया पर प्रभाव पड़ सकता है, और इसके विपरीत भी।

अमेरिकी खगोलशास्त्री और भौतिकशास्त्री डॉ. कार्ल सागन ने कहा, "हम ब्रह्मांड के लिए खुद को जानने का एक तरीका हैं। हमारे अस्तित्व का कुछ हिस्सा जानता है कि हम यहीं से आए हैं। हम वापस लौटना चाहते हैं। और हम लौट सकते हैं क्योंकि ब्रह्मांड भी हमारे भीतर है। हम सितारों से बने हैं।"

इस कथन के साथ, सागन सुझाव देते हैं कि मनुष्य ब्रह्मांड से अलग नहीं हैं, बल्कि उसका एक हिस्सा हैं। उनका मानना है कि हमारा अस्तित्व ब्रह्मांड को खुद को साकार करने का एक तरीका है। उनका सुझाव है कि हमारे पास एक अंतर्निहित समझ है कि हम ब्रह्मांड से जुड़े हुए हैं और हम इससे उत्पन्न हुए हैं। इस संबंध का मतलब है कि हम ब्रह्मांड को अपने भीतर रखते हैं और सितारों के समान ही पदार्थों से बने हैं। सागन का कथन ब्रह्मांड की परस्पर निर्भरता और इस जटिल जाल में मनुष्यों के महत्व पर जोर देता है।

पदमा ने अपनी जिज्ञासा व्यक्त करते हुए पूछा, "गुरुजी, क्या आप समझा सकते हैं कि पिंड और ब्रह्मांड का क्या अर्थ है?"

गुरुजी ने कहा, "हिंदू दर्शन में पिंड का अर्थ है व्यक्ति, सूक्ष्म शरीर या लघु ब्रह्मांड। दूसरी ओर, ब्रह्माण्ड का अर्थ है स्थूल ब्रह्मांड या संपूर्ण ब्रह्मांड। आम का पेड़, व्यक्ति(व्यष्टि) का प्रतिनिधित्व करता है, जबकि समष्टि का प्रतिनिधित्व आम के बाग से होता है।"

- विराट या वैश्वानर: वह जो सामूहिक स्थूल शरीर से तादात्म्य रखता है, विराट या वैश्वानर, अर्थात् सार्वभौमिक या ब्रह्मांडीय मनुष्य है।
- विश्व: वह जो व्यक्तिगत स्थूल शरीर से तादात्म्य रखता है, वो विश्व, सर्वव्यापी है।
- हिरण्यगर्भ या सूत्रात्मान: वह जो सामूहिक सूक्ष्म शरीर से तादात्म्य रखता है, हिरण्यगर्भ या सूत्रात्मान है, जो आत्मा की चेतना धारा है।
- तैजस: वह जो व्यक्तिगत सूक्ष्म शरीर से तादात्म्य रखता है, तैजस है, जो प्रकाश या

जीवन के प्रकाश से संपन्न है।

- बुद्धि: जो व्यक्ति व्यक्तिगत कारण शरीर या एक जीव के कारण शरीर के साथ तादात्म्य स्थापित करता है, उसे प्रज्ञा कहते हैं।
- ब्रह्म: वह जो समस्त जीवों के स्थूल कारण शरीर या सामूहिक कारण शरीरों से तादात्म्य रखता है।

सत्व, रजस और तमस के गुणों से ब्रह्म, त्रिमूर्ति के रूप में प्रकट होता है, जिसमें ब्रह्मा, विष्णु और रुद्र शामिल हैं, जो ब्रह्मांड के निर्माण, संरक्षण और विनाश के लिए जिम्मेदार हैं। ब्रह्मा विराट के रूप में पहचाने जाने वाले सामूहिक स्थूल शरीर के एक घटक का प्रतिनिधित्व करते हैं, विष्णु सूक्ष्म शरीर के एक हिस्से का प्रतिनिधित्व करते हैं जिसे हिरण्यगर्भ कहा जाता है, और रुद्र ब्रह्म के रूप में पहचाने जाने वाले कारण शरीर के एक हिस्से को दर्शाते हैं।

आत्मा छिपी हुई है, और आत्मा अवरण शक्ति के भ्रम से ढकी हुई है, जिससे मनुष्य के लिए खुद को पांच अवरण से अलग करना मुश्किल हो जाता है,

जिसके परिणामस्वरूप वे उनसे परे देखने में असमर्थ होते हैं।

- अवरण शक्ति को दो उपश्रेणियों में विभाजित किया गया है: असत्व अवरण और अभाना अवराण।
- विक्षेप शक्ति को तीन प्रकारों में विभाजित किया गया है: क्रिया शक्ति, इच्छा शक्ति और ज्ञान शक्ति।

आभाना -शक्ति, सत्य को छिपाने और अस्पष्ट करने के कार्य से संबंधित है, जबकि विक्षेप-शक्ति एक भ्रामक आभास को प्रक्षेपित करने और उत्पन्न करने से संबंधित है। आभाना अवरण विशेष रूप से अद्‌वैत में शक्ति को संदर्भित करता है जो सदा चमकते ब्रह्म को ढक कर उसे ऐसा प्रतीत कराता है मानो वह बिना किसी अभिव्यक्ति या उपस्थिति के लुप्त हो गया है।

गुरुजी ने कहा, “असत्त्व अवरण को ब्रह्म के अप्रत्यक्ष ज्ञान (परोक्ष ज्ञान) से दूर किया जाता है।”

अक्षय ने पूछा, “गुरुजी, क्या आप समझा सकते हैं कि परोक्ष ज्ञान का क्या अर्थ है?”

गुरुजी ने उत्तर दिया, "भारतीय दर्शन में, ज्ञान के तीन पारंपरिक प्रकार मौजूद हैं: प्रत्यक्ष या अनुभवजन्य ज्ञान, परोक्ष या पारंपरिक सार्वभौमिक ज्ञान, और अपरोक्ष या परलौकिक ज्ञान।"

'परा' शब्द का अर्थ है 'परे', जबकि 'अक्ष' का अर्थ है 'आंख', जो 'दृष्टि की सीमा से परे' को दर्शाता है। अप्रत्यक्ष ज्ञान का उदाहरण परोक्ष ज्ञान है, जिसमें मुख्य रूप से मानसिक स्तर पर समझ शामिल है। यह ज्ञान या अप्रत्यक्ष अनुभूति को संदर्भित करता है जिसे संवेदी-बौद्धिक तंत्र के माध्यम से मध्यस्थता या अप्रत्यक्ष रूप से माना जाता है।

गुरुजी ने कहा, "अभाना अवरण को नष्ट किया जाना चाहिए। हम इसे ब्रह्म के प्रत्यक्ष ज्ञान (अपरोक्ष ज्ञान) के माध्यम से पूरा कर सकते हैं।

अक्षय ने अपनी जिज्ञासा व्यक्त की और पूछा, "गुरुजी, क्या आप कृपया समझा सकते हैं कि अपरोक्ष ज्ञान का क्या अर्थ है?"

गुरुजी ने कहा, “अपरोक्ष ज्ञान, ज्ञान का प्रत्यक्ष, सहज ज्ञान है जिसे इंद्रियों के माध्यम से नहीं समझा जा सकता है। यह ज्ञान के सात चरणों या चिदाहस की स्थितियों में से एक है, जहाँ पहले तीन चरण बंधन की ओर ले जाते हैं, जबकि शेष चार मुक्ति की ओर ले जाते हैं। अपरोक्ष ज्ञान पारंपरिक ज्ञान की निरंतरता और गहनता है।”

अपरोक्ष ज्ञान, जो ज्ञान का उच्चतम स्तर है जो अवरण परोक्ष ज्ञान को अस्तित्व की एकता में एकीकृत करता है, शिष्य या भक्त इसे ऐसे शिक्षक से सीख सकते हैं जिसने पहले से ही इस ज्ञान का अनुभव किया है और इसे प्राप्त किया है (अपरोक्षानुभूति)। अपरोक्षानुभूति व्यक्ति की प्रकृति के मौलिक सत्य का प्रतिनिधित्व करती है।

अपरोक्ष ज्ञान प्राप्त करने के बाद, की जाने वाली क्रियाओं में विद्‍या कर्म के तीन चरण शामिल हैं: श्रवण, जिसमें श्रुतियाँ/भजन सुनना शामिल है, मनन,

जिसमें आत्म-चिंतन शामिल है; और निदिध्यासन, जिसमें ब्रह्म पर ध्यान शामिल है।

जब इसका परिणाम प्रत्यक्ष सहज ज्ञान होता है, तो नित्य-साक्षात्कार प्राप्त आत्मा की अद्‌वैत प्रकृति की प्राप्ति को सविकल्प ज्ञान कहा जाता है।

"तत् त्वं असि" - तुम वही हो।

यह अवधारणा अद्‌वैतवाद या अद्‌वैत वेदांत की धारणा को व्यक्त करती है, जो एक ही परम वास्तविकता के अस्तित्व और व्यक्तिगत आत्मा (जीव) और पूर्ण आत्मा(ब्रह्म) की पहचान पर जोर देती है, न कि उनके पृथक्करण पर।

ध्यान या मेडिटेशन के अभ्यास के माध्यम से, सभी विकल्प या विभिन्न विचारों को समाप्त किया जा सकता है, जिससे निर्विकल्प या 'विचारहीन अवस्था' प्राप्त होती है, जिसे सत्य का अंतिम अनुभव या प्राप्ति माना जाता है। सविकल्प समाधि, समाधि का एक रूप है जो विचारशीलता, प्रतिबिंब, खुशी और 'मैं-हूं-पन' की भावना से जुड़ा हुआ है।

'त्वम् असि' वाक्यांश सभी अस्तित्व की एकता और इस अवधारणा पर जोर देता है कि व्यक्तिगत आत्मा परम वास्तविकता से अलग नहीं है, बल्कि इसका अभिन्न अंग है। यह साधकों को अपने सच्चे स्वरूप को पूर्ण आत्मा के रूप में पहचानने और आध्यात्मिक अनुशासन और आत्मनिरीक्षण के माध्यम से इस सत्य का प्रत्यक्ष ज्ञान प्राप्त करने के लिए प्रोत्साहित करता है।

ध्यान के दो रूपों का वर्णन किया जा सकता है:

- पहला रूप सवितर्क के नाम से जाना जाता है, जिसमें मन या चित्त, ध्यान की स्थूल वस्तुओं पर ध्यान केंद्रित करता है, जैसे कि दीपक की लौ, नाक की नोक या किसी देवता की छवि। एक बार जब धारणा, शब्द और ज्ञान सहित वस्तु पर एकाग्रता की इरादपूर्वक की गई प्रक्रिया पूरी हो जाती है, तो निर्वितक समाधि की स्थिति प्राप्त होती है।
- दूसरा रूप सविचार के नाम से जाना जाता है, जिसमें मन या चित्त, ध्यान की सूक्ष्म वस्तुओं पर ध्यान केंद्रित करता है जिन्हें

इंद्रियों के माध्यम से नहीं देखा जा सकता है लेकिन अनुमान लगाया जा सकता है। उदाहरणों में चक्र, आंतरिक श्वास या प्राण, नाड़ियाँ और बुद्धि या अक्कल शामिल हैं। प्रतिबिंब की इस अवस्था को निर्विचार के नाम से जाना जाता है ।

इन ध्यान साधनाओं का अंतिम उद्देश्य व्यक्तिगत और सामूहिक धारणाओं को क्षण भर के लिए स्थगित करके तटस्थता या स्थिरता की स्थिति प्राप्त करना है। ज्ञान को दो श्रेणियों में वर्गीकृत किया गया है:

परोक्ष ज्ञान - यह ब्रह्म का अप्रत्यक्ष ज्ञान है, जो शास्त्रों के अध्ययन, दार्शनिक जांच और अन्य प्रकार की शिक्षा के माध्यम से प्राप्त होता है। इस प्रकार का ज्ञान इस समझ की ओर ले जाता है कि "यह सब ब्रह्म है।"

"सर्वं खल्विदं ब्रह्म"

अर्थ: "यह सब ब्रह्म है।"

अपरोक्ष ज्ञान ब्रह्म के तत्काल और प्रत्यक्ष ज्ञान को संदर्भित करता है, जो आध्यात्मिक अभ्यास और अनुभव के माध्यम से प्राप्त होता है। यह सभी अस्तित्व की एकता पर जोर देता है और साधकों से व्यक्तिगत आत्मा की सीमाओं से परे जाने और सभी चीजों की एकता को समझने का आग्रह करता है। यह ज्ञान परम सत्य की प्राप्ति की ओर ले जाता है कि 'मैं ब्रह्म हूँ।'

"अहम् ब्रह्म अस्मि"

अर्थ: "मैं ब्रह्म हूँ।"

प्रत्यक्ष ज्ञान यह अनुभूति है कि व्यक्ति 'चेतना की चेतना' है, जो कि पूर्ण एवं अंतिम पर्यवेक्षक, परब्रह्म है।

मैं एक कहानी सुनाता हूँ: एक बार एक धनी व्यापारी ने एक बुजुर्ग पादरी से पूछा, 'कोई व्यक्ति आत्म-साक्षात्कार कैसे प्राप्त कर सकता है?' पादरीने व्यापारी को सुझाव दिया कि वह बारिश में बाहर जाए

और अपना सिर आसमान की ओर झुकाए। उसने वादा किया कि ऐसा करने से उसे रहस्योद्घाटन होगा। यह सुनकर धनी व्यापारी प्रसन्न हुआ और बुज़ुर्ग पादरी का धन्यवाद करते हुए चला गया।

अगले दिन, व्यापारी वापस आया और बोला, "मैंने आपके निर्देशों का पूरी लगन से पालन किया!"

बुज़ुर्ग पादरी ने बस इतना ही जवाब दिया, "बहुत अच्छा।"

हालाँकि, व्यापारी अपने अनुभव के परिणाम से खुश नहीं था और बोला, "जो हुआ वह यह था कि बारिश मेरे चेहरे पर गिर गई, और आपने मुझे दूसरों के सामने मूर्ख बना दिया।"

बुज़ुर्ग पादरी ने जवाब दिया, "लेकिन क्या यह एक रहस्योद्घाटन नहीं है कि आपको अपनी मूर्खता का एहसास पहली ही कोशिश में हो गया? यह एक रहस्योद्घाटन है; आपकी यात्रा वास्तव में वहीं से शुरू हो सकती है।"

जो व्यक्ति लगातार दूसरों के सामने अपनी छवि या आईने में अपनी शक्ल को लेकर चिंतित रहता है, वह सार्थक अनुभव प्राप्त करने का एक मूल्यवान अवसर बर्बाद कर रहा है। ऐसा व्यक्ति पहला कदम उठाने पर मूर्ख दिखने से डरता है। वास्तव में, यह डर ही उसे विकास और प्रगति से पीछे रखता है।

बुज़ुर्ग पादरी ने सलाह दी, "अगर आप मूर्ख दिखने से डरते हैं, तो आप कभी भी महत्वपूर्ण अनुभव हासिल नहीं कर पाएँगे। गलतियाँ करने से मत डरिए, वरना आप मूर्ख ही बने रहेंगे।"

गुरुजी ने कहा, "जल्द या बाद में, व्यक्ति को यह स्वीकार करना ही होगा कि वह अब तक एक गहन भ्रम में जी रहा था। इस तरह से जीना जारी रखना, दर्पणों, प्रतिबिंबों और राय पर निर्भर रहना, अंततः व्यक्ति की पहचान को खो देगा और उसे भीड़ का एक हिस्सा बना देगा। इस तरह से जीने से व्यक्ति अपने लक्ष्यों से विचलित हो जाएगा और वह अब

मनुष्य के रूप में खुद के प्रति सच्चा नहीं रह जाएगा।"

गुरुजी ने कहा, "उच्चतर क्षेत्रों का अनुभव करने के बाद, व्यक्ति सांसारिक सुखों में रुचि खो देता है, जिससे शरीर से धीरे-धीरे अलगाव होता है। फिर मन आकाशीय मन में विलीन हो जाता है, जो सार्वभौमिक मन है और अनादि काल से यादों का एक बड़ा भंडार है, और जहाँ से मन की उत्पत्ति हुई।"

गुरुजी मुस्कुराते हुए कहते हैं, "इसे 'योगी नेट' कहा जाता है और यह सूचना एकत्र करने के मामले में इंटरनेट जैसा ही है। इसी तरह, योगी नेट आपको कोई भी सूचना एकत्र करने में मदद कर सकता है; आपको इससे परिचित होने की ज़रूरत नहीं है और आप जब भी चाहें वाई-फाई या इंटरनेट का उपयोग किए बिना जानकारी प्राप्त कर सकते हैं।"

सभा में लोग जोर से हंसने लगे...

गुरुजी ने समझाया, "अक्षय, एक व्यक्तिगत मन और एक सार्वभौमिक मन दोनों होते हैं और वे एक दूसरे

के प्रतिबिंब होते हैं। आकाशीय मन तक पहुँचकर, व्यक्ति न केवल अपने लिए बल्कि दूसरों के लिए भी संभावित स्थितियों को समझ सकता है। इन संभावनाओं पर वास्तव में विश्वास करने के लिए, व्यक्ति को उनका अनुभव करना चाहिए।"

सत्र के बाद वासुदेव और अन्य लोग आकांक्ष के पास पहुंचे।

वासुदेव ने पूछा, "आकांक्ष, क्या मैं पूछ सकता हूँ कि तुम अपने आप में ही क्यों रहते हो और दूसरों से अलग क्यों रहते हो?"

वासुदेव के सवाल के जवाब में आकांक्ष मुस्कुराया, सिर हिलाया और चली गई। आकांक्ष की प्रतिक्रिया को देखते हुए वासुदेव ने कहा, "आकांक्ष एक अच्छा और असाधारण व्यक्ति है, और हमें उसे समझने की कोशिश में धैर्य रखना चाहिए।"

अध्याय २.३

देह का दर्शन

“हमारे मन और आत्मा की असीम क्षमता को सही मायने में समझने के लिए, हमें अपनी शारीरिक सीमाओं से परे जाना होगा और बिना देखे देखने, बिना सुने सुनने, बिना छुए पकड़ने और बिना गति के चलने की क्षमता विकसित करनी होगी।”

पदमा, बुद्ध हॉल में अक्षत के बगल में श्रद्धापूर्वक बैठी थी, भक्तों की भीड़ के बीच, जो अपने पूज्य गुरुजी के आगमन की उत्सुकता से प्रतीक्षा कर रहे थे।

उत्सुकतावश पदमा ने पूछा, “अक्षत, तुम यहाँ क्यों रहते हो?”

अक्षत ने हंसते हुए जवाब दिया...

तभी गुरुजी के कदमों की ध्वनि उनके कानों तक पहुँची, और पूरा हॉल तालियों और एक दिव्य धुन से गूंज उठा। कमरे में ऊर्जा स्पष्ट और जीवंत थी।

गुरुजी ने उपस्थित प्रत्येक व्यक्ति को आशीर्वाद दिया और अपने विचार साझा करते हुए बताया कि चार्वाक, लोकायतिक और भौतिकवादी मानते हैं कि आत्मा केवल शरीर के भीतर ही रहती है और उसके साथ ही नष्ट हो जाती है। उनके अनुसार, आत्मा पाँच तत्वों का एक संयोजन है, ठीक वैसे ही जैसे पान, सुपारी और चूना चबाने के बाद मुँह में लाल दाग दिखाई देता है। वे मांस की फिलसूफ़ी का पालन करते हैं, जिसे विरोचन की फिलसूफ़ी के रूप में भी जाना जाता है।

विरोचन के सिद्धांत के अनुयायी अपनी इंद्रियों से परे किसी भी चीज़ की धारणा को अस्वीकार करते हैं और अपने विश्वासों को प्रमाणित करने के लिए ठोस सबूतों पर जोर देते हैं। वे आत्मा की अवधारणा को केवल तभी स्वीकार करते हैं जब वह उनकी अपनी

आँखों से दिखाई दे, बिना यह समझे कि आत्मा अनुभूति की वस्तु नहीं है और इसे इंद्रियों के माध्यम से नहीं समझा जा सकता है। उनका दर्शन भोग-विलास और वर्तमान क्षण में जीवन का आनंद लेने के इर्द-गिर्द घूमता है। उनका आदर्श वाक्य है "खाओ, पियो और मौज करो" और हर सुखद अनुभव का आनंद लो।

गुरुजी ने कहा, "वासुदेव, वे भविष्य के बारे में चिंतित नहीं हैं और पुनर्जन्म या आत्मा के देहान्तरण के विचार को नहीं मानते। वे दार्शनिक जांच को महत्वहीन मानते हैं और ऐसे मामलों में उनकी कोई रुचि नहीं है।"

- मैं कौन हूँ?
- हमारे गुजर जाने के बाद क्या होता है?
- जीवन और मृत्यु वास्तव में क्या हैं?
- मृत्यु की दूसरी ओर क्या हमारा इंतजार कर रहा है?
- शरीर नष्ट होने के बाद व्यक्ति को किन परिस्थितियों का सामना करना पड़ेगा?

- हमें उसे कहां खोजना चाहिए?

वे मानते हैं कि उनके पास सिर्फ़ एक ही जीवन है और वे उन जटिल सवालों पर विचार नहीं करना चाहते जो उन्हें परेशान करते हैं। अपरंपरागत दिमाग रखने के बावजूद, वे सराहनीय व्यक्ति हैं।

गुरुजी ने कहा, "विद्यार्थि, उनके विश्वास के अनुसार, पदार्थ के सम्मिलन से मन, विचार, बुद्धि, चेतना और आत्मा उत्पन्न होती है, जो केवल तब तक बनी रहती है जब तक भौतिक शरीर बना रहता है। उनका दृढ़ विश्वास है कि मस्तिष्क, किसी भी अन्य अंग की तरह, विचार, बुद्धि और चेतना उत्पन्न करता है। उन्हें अन्यथा समझाना चुनौतीपूर्ण है, क्योंकि उन्होंने खुद को धोखा दिया है और कामुक भोगों के कारण अपनी विवेकशीलता खो दी है।"

मानव शरीर पाँच परिवर्तनशील तत्वों का उत्पाद है और इसका नाश होना तय है। हालाँकि, शाश्वत आत्मा भौतिक अस्तित्व, ऊर्जा और चेतना का

अंतर्निहित सार, स्रोत और निर्माता है, जो अनंत काल तक कायम रहती है।

गुरुजी ने कहा, "विद्यार्थी, भौतिक शरीर के नष्ट हो जाने के बाद भी, व्यक्ति में अपने अस्तित्व के बारे में सहज जागरूकता बनी रह सकती है, जो उसकी अमरता को दर्शाता है। एक बार आत्मा शरीर से अलग हो जाने के बाद वे बिना शरीर के भी अस्तित्व में रह सकते हैं। हालाँकि यह साबित करना चुनौतीपूर्ण है, लेकिन कुछ अनुभवजन्य साक्ष्य इसकी संभावना का सुझाव देते हैं।"

यह एक सहज प्रश्न है जिसने अतीत में अनगिनत व्यक्तियों को परेशान किया है और वर्तमान में भी ऐसा ही कर रहा है।

- मृत्यु के बाद क्या शेष रहता है?
- शरीर की मृत्यु के बाद आत्मा का भाग्य क्या होता है?
- वह व्यक्ति कहां चला गया?
- क्या मृत्यु के बाद भी व्यक्ति का अस्तित्व

बना रहता है?

उपर्युक्त प्रश्न प्रासंगिक बने हुए हैं तथा भविष्य में भी इन पर विचार किया जाता रहेगा।

गुरुजी ने कहा, "विद्यार्थी, जो लोग वैभव और आराम का जीवन जीते हैं, वे वास्तविकता से कट सकते हैं। जब उनका कोई प्रिय व्यक्ति मृत्यु के हाथों छिन जाता है, तो सब कुछ अस्त-व्यस्त हो जाता है, और वे उलझन में पड़ जाते हैं। उनकी दुनिया उलट-पुलट हो सकती है, जिससे वे भ्रमित हो सकते हैं और उन्हें आत्मचिंतन की ओर ले जा सकते हैं।"

- यह सब घटित होने का क्या कारण था?
- उनको क्या हुआ?
- क्या वे अपनी जीवित अवस्था को बरकरार रखते हैं?

वे अपने दुःख से निपटने और अपने विचारों और कार्यों के प्रभाव से खुद को अलग करने के लिए संघर्ष कर रहे हैं।

ऋषियों ने एक ही ब्रह्म की अवधारणा पर जोर दिया है, जो सर्वव्यापी, स्वयं प्रकाशित, परम आनंदमय और सर्वचेतन इकाई है, जो जन्म और मृत्यु से परे है और स्थान और समय से अछूती है। उन्होंने अपनी सहज समझ के माध्यम से यह निष्कर्ष निकाला। इसी तरह, आत्मा के रूप में जानी जाने वाली व्यक्तिगत आत्मा, सर्वोच्च आत्मा या परम आत्मा के समान है। इस सत्य को तभी महसूस किया जा सकता है जब व्यक्ति अविद्या के आवरण से मुक्ति प्राप्त करता है, अमर आत्मा को समझता है, और शरीर और मन की सीमाओं को त्याग देता है।

जब आदि शंकराचार्य आठ साल के थे, तब वे नर्मदा नदी के किनारे अपने गुरु की खोज में निकले थे। उनकी मुलाकात द्रष्टा गोविंद भगवत्पाद से हुई और जब उनसे उनके बारे में पूछा गया, तो उस छोटे

लड़के ने 'निर्वाण शतकम्' या 'आत्म शतकम्' के श्लोक सुनाए । इससे स्वामी गोविंदपाद बहुत प्रभावित हुए और बाद में आदि शंकराचार्य के गुरु बन गए।

"अहम् निर्वि कल्पो निराकार रुपो,
विभूति वत्चा सर्वत्र सर्वेन्द्रियाणाम्,
न चा संगथम नाइवा मुकथिर ना मेयाहा
चिदानंद रुपहा शिवोऽहम्, शिवोऽहम् ।।"

अर्थ: "मैं द्वैत से रहित हूँ, निराकार हूँ, सबका आधार हूँ, सभी इन्द्रियों के पीछे हूँ, मैं सर्वत्र विद्यमान हूँ। न तो मैं किसी से आसक्त होता हूँ, न ही किसी से मुक्त होता हूँ। मैं शुद्ध चैतन्य और आनन्द का स्वरूप हूँ; मैं शिव हूँ; मैं शिव हूँ, स्वयं शुभ हूँ।"

आदि शंकराचार्य इस बात पर जोर देते हैं कि आत्मा का प्रामाणिक सार सभी रूपों और सीमाओं से परे है, असीम है और किसी भी संज्ञानात्मक निर्माण या अनुभव से परे मौजूद है। वह वकालत करते हैं कि आध्यात्मिक अनुशासन का अंतिम लक्ष्य स्वयं की

इस अंतर्निहित प्रकृति को समझना और जीवन और मृत्यु के दोहराव वाले चक्र से मुक्ति प्राप्त करना है।

गुरुजी ने कहा, "आत्मा भौतिक और भौतिक विज्ञान की सीमाओं से परे मौजूद है। मनुष्य मूलतः एक आत्मा है जिसने भौतिक शरीर का रूप ले लिया है। आत्मा अत्यंत सूक्ष्म है और मन, ऊर्जा और आकाश से भी बढ़कर है। सूक्ष्म शरीर में मन, बुद्धि और चेतना शामिल हैं, जो भौतिक शरीर के पीछे छूट जाने के बाद भी आत्मा के साथ रहते हैं। इस प्रकार, चेतना का अस्तित्व आत्मा की उपस्थिति का प्रमाण है।"

गुरुजी ने जोर देकर कहा, "विद्यार्थी, हमें आत्मा को अविनाशी मानना चाहिए और इस वाक्यांश के माध्यम से उससे अपनी पहचान बनानी चाहिए - तुम वही हो। भौतिक शरीर किसी व्यक्ति का सच्चा सार नहीं है।"

"तत् त्वं असि।"

यह वाक्यांश बताता है कि आत्मा, व्यक्तिगत स्व, ब्रह्म, परम वास्तविकता के समान है - एक

पारलौकिक, निराकार और अनंत चेतना जो ब्रह्मांड में व्याप्त है। शरीर, मन या अहंकार सच्चे स्व की प्रकृति को प्रतिबंधित नहीं करता है, बल्कि सार्वभौमिक स्व, ब्रह्म के समान है।

पदमा ने पूछा, "तीन शरीर के सिद्धांत में वास्तव में क्या निहित है?"

गुरुजी ने बताया कि वे मानव शरीर को तीन भागों में विभाजित कर सकते हैं:

- पहला भाग स्थूल या भौतिक शरीर है, जिसे स्थूल शरीर भी कहा जाता है।
- दूसरा भाग सूक्ष्म या प्राणमय शरीर है, जिसे सूक्ष्म शरीर कहा जाता है, जिसमें महत्वपूर्ण ऊर्जा क्षेत्र के साथ-साथ मानसिक और बौद्धिक अवस्थाएं भी शामिल होती हैं।
- तीसरा भाग कारण शरीर है, जो अहंकार का प्रतिनिधित्व करता है और इसे कारण शरीर भी कहा जाता है।

सूक्ष्म या प्राणमय शरीर, जिसे सूक्ष्म शरीर भी कहा जाता है, स्थूल शरीर को नियंत्रित करता है। दूसरी

ओर, कारण शरीर, भौतिक और सूक्ष्म दोनों शरीरों को नियंत्रित करता है। ये शरीर मिलकर मानव शरीर के पाँच कोष बनाते हैं, जिन्हें सामूहिक रूप से पंच कोष कहा जाता है।

स्थूल शरीर का तात्पर्य नश्वर भौतिक शरीर से है, जो नाशवान है और भोजन, सांस लेने और चलने जैसे कार्य करता है। इसमें कई तत्व शामिल हैं जो पंचकर्म से गुज़रे हैं - पाँच मौलिक सूक्ष्म तत्वों का समामेलन - किसी के पिछले कर्मों या कर्म के अनुसार।

सूक्ष्म शरीर, सूक्ष्म शरीर को दर्शाता है, जिसमें मन, प्राण ऊर्जा और भौतिक शरीर को सहारा देने वाले कार्य शामिल होते हैं। जब कोई व्यक्ति मर जाता है, तो जीव या देहान्तरित आत्मा, कारण शरीर के साथ-साथ स्थूल शरीर से विदा हो जाती है।

कारण शरीर कारणभूत शरीर का प्रतिनिधित्व करता है, जो सूक्ष्म और स्थूल शरीरों के मूल या बीज के रूप में कार्य करता है। इसका प्राथमिक कार्य इन दो

शरीरों के लिए बीज के रूप में कार्य करना है। हम कारण शरीर को निर्विकल्प रूपम या अविभेदित रूप के रूप में जानते हैं, और यह अविद्या, अज्ञानता और आत्मा की वास्तविक पहचान के बारे में ज्ञान की कमी से उत्पन्न होता है।

अक्षय ने पूछा, “पंच कोष क्या है?”

गुरुजी ने उत्तर दिया, “पंचकोष एक बहुस्तरीय इकाई होने की अवधारणा को संदर्भित करता है जिसमें संकेंद्रित छल्ले होते हैं जो आत्मा को घेरे रहते हैं। प्रत्येक अनुगामी कोष पिछले कोष की गतिविधियों को प्रभावित करता है या नियंत्रित करता है। हमारा भौतिक शरीर हमारे स्वयं के अधिक सूक्ष्म, आनंदमय संस्करण को रास्ता देता है। हमारा बाहरी स्व हमारा भौतिक या मूर्त शरीर है। प्राणिक शरीर, एक थोड़ी धुंधली (सूक्ष्म) परत है, जिसे इस परत को हटाने से उजागर किया जाता है। इस परत से परे मानसिक शरीर, बौद्धिक शरीर और अंततः आनंद शरीर है, जो

स्वयं या आत्मा को घेरता है, जो किसी व्यक्ति के अस्तित्व का सबसे गहरा और अंतरतम केंद्र है।"

मैं आपको एक कहानी सुनाता हूँ - कई वर्ष पहले, एक बुद्धिमान गुरु अपने अनुयायियों के साथ एक जंगल में रहते थे, जिनमें सबसे निपुण उनका पुत्र था।

गुरु के पुत्र ने आदरपूर्वक अपने पिता (गुरु) के पास जाकर, उनसे पूछने की अनुमति प्राप्त की और आदरपूर्वक प्रश्न किया, "पिताजी, क्या आप मुझे बता सकते हैं कि ईश्वर क्या है?"

काफी देर तक चुप रहने के बाद गुरु ने कहा, "भोजन", और फिर चुप हो गए।

युवक अपने गुरु के उत्तर की गहराई को समझ सकता था। उसने न केवल भोजन के अध्ययन में बल्कि भोजन और पर्यावरण में जीवित प्राणियों के निर्माण के बीच के संबंध के साथ-साथ पदार्थ के वास्तविक सार का भी गहन अध्ययन किया। समय के साथ, उसकी समझ गहरी होती गई और उसने महसूस

किया कि भोजन या अन्नमय कोष द्वारा पोषित भौतिक शरीर से कहीं अधिक शक्तिशाली कुछ है।

जिज्ञासु बालक ने अपने पिता से पूछा, “ईश्वर क्या है?”

गुरु ने उत्तर दिया, “प्राण (जीवन शक्ति)।”

जीवन शक्ति और विविध तकनीकों के माध्यम से इसके हेरफेर की विस्तृत जांच शुरू करने के बाद, युवा लड़के को अंततः एक अतिरिक्त कारक का ज्ञान हुआ जो ऊर्जा को नियंत्रित करता है - प्राणमय कोष। यह अहसास उसे कई वर्षों के कठिन शोध के बाद हुआ।

लड़के की जिज्ञासा यहीं समाप्त नहीं हुई; वह अपने गुरु के पास वापस आया और आदरपूर्वक पूछा, “ईश्वर क्या है?”

मास्टर ने उत्तर दिया, “मन” और चुप रहे।

ध्यान के अभ्यास के माध्यम से, लड़का अपने मन और चेतना की गहरी समझ हासिल कर सकता था।

जब उसने अपने विचारों को शांत करने का प्रयास किया, तो उसे एहसास हुआ कि मन से भी अधिक परिष्कृत और नाज़ुक कुछ है, जिसे मनोमय कोष कहा जाता है।

तुरन्त ही लड़का अपने मालिक के पास गया और पूछा, “ईश्वर क्या है?”

मास्टर ने उत्तर दिया, “बुद्‌धि”, और अपनी ध्यान अवस्था पुनः शुरू कर दी, जैसा कि वह हमेशा करते थे।

अपनी नई-नई प्राप्त क्षमताओं के साथ, वह बालक सहज बोध के क्षेत्र में गहराई से उतर सका और विज्ञानमय कोष की गुत्थियों को सुलझा सका, जिसमें आत्म-ज्ञान और आध्यात्मिक ज्ञान सम्मिलित है।

युवा साधक दृढ़ निश्चय के साथ गुरु के पास गया और प्रश्न पूछा, “ईश्वर क्या है?”

मुस्कुराते हुए गुरु ने उत्तर दिया, “आनंद।”

आनंदमय कोष में प्रवेश करने पर, अनुभवी साधक शुद्ध आनंद की स्थिति में विलीन हो गया। जैसे ही वह दिव्य अनुभूति के परमानंद में डूबा, वह उसका अस्तित्व बन गया, और उसे ज्ञान की प्राप्ति हुई।

गुरुजी ने कहा, "अक्षय, कहानी में निपुण साधक की तरह, आत्म-साक्षात्कार प्राप्त करने और सभी चीजों के परस्पर संबंध को पहचानने के लिए धैर्य, ज्ञान, अनुशासन, अंतर्ज्ञान, अनुभव और भक्ति के मिश्रण की आवश्यकता होती है। आत्म-साक्षात्कार प्राप्त व्यक्ति लंबे समय से आनंद की स्थिति में गाते और नाचते रहे हैं, अपने आस-पास के लोगों को प्यार बाटते रहे हैं। उन्होंने अपनी निस्वार्थ सेवा और प्रेम में अटूट समर्पण दिखाया है, और अपने शिष्यों को केवल आदर्शों का उपदेश देने के बजाय उन्हें अपने वास्तविक स्वरूप के प्रामाणिक अनुभव प्रदान करके प्रेरित किया है।"

गुरुजी ने कहा, "अक्षय, हमारे लिए स्वयं की पांच परतों को समझना लाभदायक होगा, जिन्हें आमतौर पर पंच कोष कहा जाता है।"

अन्नमय कोष या स्थूल आवरण, स्वयं का मूर्त पहलू है जो भौतिक शरीर को घेरे हुए है। इसमें पाँच अनुभूति अंग (दृष्टि, गंध, श्रवण, स्पर्श और स्वाद) और पाँच क्रिया अंग (पकड़ना, हिलना, बोलना, मलत्याग करना और प्रजनन करना) शामिल हैं। हम इस आवरण को शरीर की सबसे बाहरी परत कहते हैं क्योंकि इसमें मांसपेशियाँ, हड्डियाँ, त्वचा और वे अंग शामिल होते हैं जो भोजन या 'अन्न' के सेवन से बनते हैं।

प्राणमय कोष, जिसे प्राण वायु कोष के नाम से भी जाना जाता है, में पांच प्राण शामिल हैं, जो मूलभूत श्वास हैं जो मन और शरीर के पांच शारीरिक कार्यों के अनुरूप हैं।

- प्राण (आंतरिक ऊर्जा) संवेदी धारणा और पांच इंद्रियों की कार्यप्रणाली को प्रभावित करती

है।

- अपान (बाहृय ऊर्जा) शरीर से अपशिष्ट को बाहर निकालकर उत्सर्जन कार्य को प्रभावित करती है।
- समान (पाचन और आत्मसात) पेट में भोजन को तोड़कर पाचन प्रक्रिया को प्रभावित करता है।
- व्यान (ऊर्जा परिसंचरण) पचे हुए भोजन को रक्तप्रवाह के माध्यम से शरीर के विभिन्न भागों तक पहुंचाकर पाचन को प्रभावित करता है।
- उदान (सिर और गले की ऊर्जा) विचार शक्ति द्वारा नई जानकारी के अवशोषण को प्रभावित करती है।

युवावस्था के दौरान, ये पाँचों क्षमताएँ तीव्र और अच्छी तरह से परिभाषित होती हैं। हालाँकि, जैसे-जैसे हम बूढ़े होते हैं, वे धीरे-धीरे अपनी ताकत और जीवन शक्ति खो देते हैं, जिससे हमारी दृष्टि और श्रवण जैसी इंद्रियाँ खराब होने लगती हैं, साथ ही मलत्याग, पाचन और परिसंचरण की क्षमताएँ भी कम हो जाती हैं। नए विचारों और विचारों को

आत्मसात करने और अपनाने की हमारी क्षमता भी कम हो जाती है। प्राणमय कोष भौतिक शरीर को नियंत्रित करता है और इसे अन्नमय कोष से अधिक सूक्ष्म माना जाता है। जब हमारे प्राण कुशलता से काम करते हैं, तो हमारा भौतिक शरीर स्वस्थ और मजबूत रहता है। इसके विपरीत, प्राणों का अकुशल कार्य शारीरिक पीड़ा का कारण बन सकता है।

मनोमय कोष में मन शामिल होता है और इसमें भावनाएँ, संवेदनाएँ, विचार, आवेग, साथ ही पसंद और नापसंद शामिल होते हैं। यह व्यक्ति के विचारों और भावनाओं के निरंतर उतार-चढ़ाव से संबंधित है। यह कोष प्राण वायु और अन्न कोष को नियंत्रित करता है। जब मन अशांत होता है, तो यह प्राण जैसे शारीरिक कार्यों के साथ-साथ भौतिक शरीर को भी प्रभावित कर सकता है।

बुद्‌धि सोचने, चिंतन करने, तर्क करने, भेदभाव करने, निर्णय लेने, अंतर्ज्ञान, धारणा और अन्य संज्ञानात्मक प्रक्रियाओं में संलग्न होती है। यह विरोधी

अवधारणाओं और विचारों के बीच विश्लेषण और अंतर करती है। यह म्यान तीनों ही उपर्युक्त म्यानों की देखरेख करता है।

आनंदमय कोष परम सुख, आनंद, करुणा, प्रेम और शांति का प्रतिनिधित्व करता है। बीज रूप में मानसिक प्रभाव या प्रवृत्तियाँ, जिन्हें वासना के रूप में जाना जाता है, आनंदमय कोष का निर्माण करती हैं। गहरी, स्वप्नहीन नींद के दौरान, व्यक्ति आनंदमय कोष में रहता है। अन्य कोषों में संक्रमण करने पर, व्यक्ति चेतना की स्वप्न और जागृत अवस्था दोनों का अनुभव करता है।

वासनाएँ निष्क्रिय रहती हैं, लेकिन स्वप्न अवस्था के दौरान वे विचारों के रूप में और जाग्रत अवस्था के दौरान क्रियाओं के रूप में प्रकट होती हैं। इसलिए, जब तक कोई व्यक्ति इनमें से किसी भी अवस्था में रहता है, तब तक उसे मानसिक उत्तेजना का अनुभव होगा, चाहे वह सकारात्मक हो या नकारात्मक। इसके विपरीत, गहरी, स्वप्नहीन नींद के दौरान, सभी

मानसिक बेचैनी कम हो जाती है, जिससे अखंड शांति और आनंद उभरता है। इसलिए, इस आवरण को 'आनंद' आवरण के रूप में जाना जाता है।

तैत्तिरीय उपनिषद में पाँच कोषो का वर्णन किया गया है, जिन्हें कभी-कभी तीन शरीर समझ लिया जाता है।

- स्थूल शरीर में अन्नमय कोष और प्राणमय कोष का एक भाग शामिल है। सूक्ष्म शरीर के विचारों और भावनाओं से उत्पन्न क्रियाएँ और अनुभूतियाँ यहाँ अभिव्यक्त होती हैं।
- सूक्ष्म शरीर में प्राण वायुकोष का सूक्ष्म भाग, मन और बुद्धिकोश सम्मिलित हैं। कारण शरीर से आने वाली वासनाओं के कारण इस परत में भावनाएँ और विचार उत्पन्न होते हैं।
- कारण शरीर में आनन्दमय कोष शामिल है।

भगवान कृष्ण, अर्जुन को शरीर की संरचना और उद्देश्य समझाते हैं। यद्यपि मूल प्रकृति (प्रकृति की जड़) रूपांतरित नहीं हो सकती, लेकिन यह परिवर्तन ला सकती है। उदाहरण के लिए, चांदी पर विचार करें,

जो मूल प्रकृति का एक उदाहरण है। हम इसे आभूषणों के विभिन्न रूपों में रूपांतरित होते हुए देखते हैं, जैसे कि चांदी की चेन, जो चांदी का एक विकार है।

गुरुजी ने पूछा, "अक्षय, क्या यह श्रृंखला किसी अन्य उद्देश्य के लिए प्रकृति के रूप में काम कर सकती है?"

अक्षय ने जवाब दिया, "हां, यह हो सकता है।"

गुरुजी मुस्कुराये और बताया कि कुछ वस्तुओं में उनकी रचना के बाद प्रकृति और विकृति दोनों गुण आ सकते हैं।

इसलिए, कुछ वस्तुओं में उनके निर्माण के बाद प्रकृति और विकृति दोनों गुण होते हैं। उदाहरण के लिए, पाँच तत्व और ग्यारह इंद्रियाँ सभी विकृति के रूप में वर्गीकृत हैं। इसलिए, दुनिया की सभी संस्थाओं को तीन समूहों में से एक में वर्गीकृत किया जा सकता है: प्रकृति, प्रकृति-विकृति, या विकृति।

शरीर (देह) पाँच तत्वों (पंचभूतों) से बना है, अर्थात् पृथ्वी, जल, अग्नि, वायु और आकाश, साथ ही अहंकार, बुद्धि और प्रकृति। इसके अलावा, श्री कृष्ण के अनुसार, शरीर में पाँच कर्मेन्द्रियाँ, पाँच ज्ञानेन्द्रियाँ और मनस, साथ ही इच्छा और असंतोष भी शामिल हैं।

अक्षत ने पूछा, "गुरुजी, उदान वायु का कार्य क्या है?"

'वायु' शब्द का अर्थ हवा है, और इसका मूल शब्द 'वा' का अर्थ है 'वह जो बहता है।' वायु एक ऊर्जावान शक्ति का प्रतिनिधित्व करता है जो शारीरिक कार्यों और गतिविधियों को विनियमित करने के लिए एक विशिष्ट दिशा में बहती है। प्राचीन योगियों ने शरीर में ४९ अलग-अलग वायु की पहचान की, हालाँकि केवल पाँच प्रमुख वायु या पंच प्राणों की ही चर्चा आम तौर पर की जाती है।

उदान वायु शरीर में गति, पाचन, रक्त संचार, शरीर से अपशिष्ट पदार्थों को बाहर निकालने तथा इन्द्रियों

की गति के साथ-साथ विचारों को उत्पन्न करने का कारण बनती है। प्राण श्वसन से जुड़ा है तथा देखने, सुनने, महसूस करने, स्वाद लेने तथा सोचने की हमारी क्षमता को नियंत्रित करता है। हिरण्यगर्भ सभी प्राणों का योग है। प्राण प्रकृति के रूप में प्रकट होता है, जिसमें स्थूल प्राण श्वास के अनुरूप है तथा सूक्ष्म प्राण एक महत्वपूर्ण शक्ति का प्रतिनिधित्व करता है।

प्राण के वर्गीकरण में दस प्रमुख कार्य शामिल हैं। पांच मुख्य प्राण हैं: प्राण, अपान, उदान, व्यान और समान। पाँच उप-प्राण हैं: नाग, कूर्म, देवदत्त, कृकल और धनंजय।

फुटबॉल में सूक्ष्म ट्यूबकी तरह, हमारे स्थूल शरीर में भी एक सूक्ष्म शरीर होता है जिसे सूक्ष्म देह के नाम से जाना जाता है। जब मृत्यु होती है, तो उदान वायु सूक्ष्म शरीर को स्थूल शरीर से अलग कर देती है और सपनों के दौरान काम करती है। अन्य प्राण उदान वायु के नियंत्रण में होते हैं, जो गले में रहता है और हमें दूसरे आयामों में ले जाता है। आत्मा, या

अमर आत्मा, सभी प्राणों, मन, बुद्धि, इंद्रियों और शरीर का स्रोत और सहारा है। रक्त परिसंचरण व्यान द्वारा नियंत्रित होता है, जो धमनियों से होकर बहता है।

ग्रंथ में बताया गया है कि प्राण का प्रवाह नाड़ी नामक माध्यम से होता है।

मानव शरीर में ७२००० नाड़ियाँ होती हैं, जैसा कि बृहदारण्यक उपनिषद (२.१.१९) में बताया गया है ।

“अथा यदा सुसुप्तो भवति, यदा न कश्यचना वेद , हित नाम नाड्यो द्वादशप्ततिः सहस्राणी हृदयात्पुरीतामभिप्रतिष्ठन्ते, तबिः प्रत्यवसर्प्य पुरीताति सेटे; सा यथा कुमारो वा महाराजो वा महाब्राह्मणो वतीघ्निमनन्दस्य गत्वा सायिता, एवमेवैसा एटाचेते ||”

अर्थ: “जब व्यक्ति गहरी नींद में सो जाता है और चेतना खो देता है, तो वह हृदय से पेरीकार्डियम तक चलने वाली बहत्तर हज़ार हिता नसों के माध्यम से शरीर में वापस आ जाता है। इस चरण के दौरान,

यह अपनी प्राकृतिक अवस्था में रहता है, ठीक उसी तरह जैसे एक शिशु या सम्राट रहता है और पूर्ण आनंद का अनुभव करता है।"

कठोपनिषद (६.१६.) में कहा गया है कि हृदय में एक सौ एक नाड़ियाँ (वाहिकाएँ) होती हैं, जिनमें से मुख्य वाहिका हृदय से निकलती है और सिर से होकर गुजरती है। यह अंश सूक्ष्म शरीर को संदर्भित करता है, जिसके बारे में माना जाता है कि इसमें ऊर्जा चैनल या वाहिकाएँ होती हैं, जिनके माध्यम से प्राण या जीवन शक्ति प्रवाहित होती है। कुंडलिनी की अवधारणा, एक आध्यात्मिक ऊर्जा जो रीढ़ के निचले भाग में निवास करती है, इस विचार से निकटता से जुड़ी हुई है। ऐसा कहा जाता है कि जब यह ऊर्जा जागृत होती है और शरीर में विभिन्न ऊर्जा चैनलों या चक्रों के माध्यम से ऊपर उठती है; तो यह आध्यात्मिक जागृति और मुक्ति की ओर ले जाती है। शरीर के सूक्ष्म चैनलों के माध्यम से बहने वाली जीवन शक्ति या ऊर्जा तक पहुँचने और उसे चैनल

करने से आध्यात्मिक मुक्ति और मृत्यु और नश्वरता से ऊपर उठने की ओर ले जाया जा सकता है।

विनाशीतंत्र (१४०-१४६) के अनुसार, मूलाधार (आधार) और सहस्रार (मुकुट) चक्र तीन सबसे महत्वपूर्ण नाड़ियों से जुड़े हुए हैं: इड़ा (बाईं ओर), पिंगला (दाईं ओर), और सुषुम्ना (मध्य में)। ये नाड़ियाँ पूरे सूक्ष्म शरीर में प्राण के प्रवाह को सक्षम बनाती हैं।

गुरुजी ने कहा, "जब हमारा मन बाहरी गतिविधियों के कारण उत्तेजित हो जाता है, तो इसका हमारे भौतिक शरीर पर भी असर पड़ता है। यह गड़बड़ी नाड़ियों के माध्यम से प्राण के प्रवाह को भी प्रभावित करती है, जिससे हिंसक व्यवधान पैदा होता है।"

वायु की सूक्ष्म गति हमारे शारीरिक, भावनात्मक और मानसिक स्वास्थ्य पर महत्वपूर्ण प्रभाव डालती है। वायु में किसी भी तरह का असंतुलन शरीर की संपूर्ण ऊर्जा प्रणाली में गड़बड़ी पैदा कर सकता है या इससे संबंधित चक्र या संबंधित अंगों को नुकसान पहुंचा सकता है।

उदान इनमें से किसी एक चैनल से होकर यात्रा करता है और व्यक्ति को उसके पुण्य कर्मों के आधार पर उच्च या निम्न लोकों में ले जाता है। जब मुक्त ऋषियों या जीवनमुक्तों के मन और प्राण ब्रह्म में लीन हो जाते हैं, तो उन्हें अब और कोई जन्म या संसार नहीं भोगना पड़ता। व्यक्तिगत आत्मा सर्वोच्च आत्मा में विलीन हो जाती है, जिसे ब्रह्म के रूप में जाना जाता है।

प्राणायाम, जो योग के आठ अंगों में से एक है, प्राण को इकट्ठा करने, बढ़ाने और हेरफेर करने के लिए उपयोग किया जाता है। विभिन्न प्राणायाम विधियों का उद्देश्य नाड़ी को शुद्ध करना है, जिससे प्राण की अधिक गति संभव हो सके। कुछ तकनीकों में समाधि प्राप्त करने के लिए सांस रोकना या अभ्यासकर्ता के भौतिक या सूक्ष्म शरीर के विशेष क्षेत्रों पर ध्यान केंद्रित करना शामिल हो सकता है। तिब्बती बौद्ध धर्म में, इसका उपयोग तुम्मो के अभ्यास के माध्यम से आंतरिक गर्मी पैदा करने के लिए किया जाता है।

अक्षय ने गुरुजी से पूछा, "क्या आत्मा के लिए सुख, दुख, दया और घृणा जैसी भावनाओं को महसूस करना संभव है? यदि नहीं, तो श्री कृष्ण, शरीर में उनके अस्तित्व की व्याख्या कैसे करते हैं?"

गुरुजी ने मुस्कुराते हुए उत्तर दिया, "वास्तव में, शरीर के बिना, आत्मा भौतिक और भावनात्मक पीड़ा या सुख का अनुभव नहीं कर सकती है, जिसे सुख या दुख के रूप में जाना जाता है। शरीर, आत्मा को विविध अनुभव प्राप्त करने में सक्षम बनाता है।"

गुरुजी ने कहा, "अक्षय, हम इस भौतिक शरीर में सीमित, जकड़े हुए और तंग हैं, हम इससे बंधे नहीं हैं। भले ही हम हर समय बंधे हुए कैदियों की तरह सोचते और काम करते हैं। हम नहीं जानते कि हमारे शरीर में रहने वाली आत्मा को कैसे मुक्त किया जाए और उससे ऊपर कैसे उठा जाए। सदियों से, महान गुरुओं ने हमें 'अंदर की ओर मुड़ने' की सलाह दी है, ताकि प्रकाश की किरण, 'जीवन का प्रकाश' खोजा जा सके।"

सुसमाचार में लूक ११:३५ चेतावनी देता है, "सावधान रहो कि तुम्हारे भीतर का प्रकाश अंधकार न हो।" यह पाखंड और अपने भीतर के भ्रष्टाचार से बचने के लिए एक अनुस्मारक के रूप में कार्य करता है। यह व्यक्तियों को नकारात्मक विचारों, कार्यों या प्रभावों से घिरे होने से उनके पास मौजूद सत्य और अच्छाई के आंतरिक प्रकाश की रक्षा करने की सलाह देता है। यह सकारात्मक और स्पष्ट दृष्टिकोण बनाए रखने में आत्म-प्रतिबिंब और सचेतनता के महत्व पर प्रकाश डालता है।

संत लूक ११:३५: "इसलिए सावधान रहो, कि जो प्रकाश तुम्हारे भीतर है, वह अंधकार न हो जाये।"

'जीवन का प्रकाश' एक मार्गदर्शक के रूप में कार्य करता है, जो उच्च चेतना की ओर जाने वाले मार्ग को रोशन करता है, और मन और आत्मा को उस ओर आकर्षित करता है। यह मार्ग अति-चेतना की स्थिति की ओर ले जाता है, जिसके साथ एक उज्ज्वल, चमकदार, शानदार और जगमगाता 'जीवन

का प्रवाह' होता है। मानो इस पवित्र प्रकाश से दिव्य ध्वनि और प्रकाश पंख निकलते हैं, जो व्यक्ति को इस प्रकाश की चमक की ओर प्रेरित करते हैं।

गुरुजी ने कहा, "हम उस भटकते हुए बेटे के समान हैं, जो बाहरी दुनिया की अजायबी के बीच भटक रहा है और भूलभुलैया से निकलकर अपने सच्चे घर तक जाने का रास्ता नहीं ढूंढ पा रहा है।"

"हम शरीर में होकर और शरीर के द्वारा ही उसके पास आते हैं जो शरीर से परे है।"

'जीवन का प्रकाश' एक दिव्य दीपक है जो हमारे भीतर शारीरिक मंदिर के गुंबद में निरंतर जलता रहता है। जो लोग इस प्रकाश के माध्यम से उच्च क्षेत्रों में प्रवेश करते हैं, वे बिना किसी बाधा के ऊपर उठते हैं। जो सत्य को समझता हैं, वह दूसरों को उसकी ओर ले जाता हैं, और जो सत्य को जानता है वह प्रकाश को समझता है, जबकि जो प्रकाश को जानता है वह अनंत काल को समझता है। सत्य को समझने मात्र से ही हम मुक्त हो सकते हैं।

गुरुजी मुस्कुराते हैं और धीरे-धीरे बोलते हैं, "अभेद्य बंधने, अतीत के पछतावे, वर्तमान का भय, भविष्य की चिंताएँ और मृत्यु का भय, जो हमें लगातार पीड़ित करता हैं।"

उपनिषद यह विचार व्यक्त करते हैं कि मूल वास्तविकता या आत्मा, एकाकी है और विभिन्न रूपों में खुद को मूर्त रूप देने की लालसा रखती है। इसका तात्पर्य यह है कि ब्रह्मांड में रूपों की बहुलता एक ही स्रोत से उत्पन्न होती है और सभी प्राणी आपस में जुड़े हुए और एकजुट हैं। यह कथन हर चीज की आंतरिक एकता को रेखांकित करता है।

"एकोहम् बहु श्याम"

अर्थ: "मैं एक हूँ और अनेक बनना चाहता हूँ।"

एक ही बीज से एक पेड़ की शाखाएँ, पत्तियाँ, फूल और फल उगते हैं, जिनमें से प्रत्येक का रूप, नाम, रंग और उपयोग अलग-अलग होता है, फिर भी सभी एक ही स्रोत से उत्पन्न होते हैं। इसी तरह, विभिन्न

गायों का दूध, चाहे वे किसी भी नस्ल या स्थान की हों, सफेद होता है और इसे मक्खन, पनीर, घी और अन्य उत्पादों में बदला जा सकता है। ईश्वर, जो हर चीज़ में व्याप्त है और सृष्टि का सार है, हर कण को जानता है।

अस्तित्व के उच्चतर क्षेत्रों को समझने के लिए, आत्मा को पहले भौतिक क्षेत्र से यात्रा करनी होगी, मृत्यु की दहलीज को पार करना होगा, और आध्यात्मिक क्षेत्र में पुनर्जन्म लेना होगा। यह अपने भीतर 'जीवन के प्रकाश' का सामना करने के माध्यम से और एक सतगुरु के मार्गदर्शन में पाया जाता है, भटकती आत्मा अंततः पुनर्जन्म के अंतहीन चक्र से बच सकती है।

गुरुजी ने कहा, "रूपा, वेद व्यास के पद्मपुराण के अनुसार, संपूर्ण सृष्टि आठ करोड़ चार लाख प्रजातियों (८४ लाख) में विभाजित है। हालांकि, आधुनिक विज्ञान बताता है कि पृथ्वी पर लगभग १.३ मिलियन प्रजातियाँ हैं, और उनका मानना है कि यह संख्या

वास्तविक संख्या से बहुत कम है, क्योंकि कई प्रजातियों की खोज, पहचान और वर्गीकरण अभी भी बाकी है। उनके अनुमान के अनुसार, अस्तित्व में लगभग ८.७ मिलियन प्रजातियाँ हो सकती हैं।"

रूपा ने कहा, "८.४ मिलियन प्रजातियाँ!"

गुरुजी ने रूपा को समझाते हुए कहा कि ८.४ मिलियन योनियों की सीमा के भीतर सभी जीवित प्राणी अंततः क्षय हो जाएंगे और मर जाएंगे। हमें भ्रम (माया) की खोज में अपने जीवनकाल के दौरान किए गए सभी कार्यों की निरर्थकता को पहचानना चाहिए, क्योंकि यह केवल अधिक दुख और पीड़ा की ओर ले जाता है जो अंततः मृत्यु के साथ समाप्त होता है। हम अपने इच्छित मार्ग से भटक गए हैं और हमें जीवन के वास्तविक उद्देश्य को फिर से खोजना होगा। इस खोज पर चलने से, 'जीवन का प्रकाश' व्यक्ति को एक परलौकिक मार्ग की ओर ले जा सकता है जो ८.४ मिलियन योनियों के चक्र से मुक्त होने की ओर ले जाता है।

हमें जन्म और मृत्यु के चक्र से मुक्त होना चाहिए, जिसे 'जीवन और मृत्यु का चक्र' भी कहा जाता है। पिछले जन्मों से संचित कर्म और संस्कार इस चक्र को बनाए रखते हैं, और हमें इस यात्रा को समाप्त करने के लिए मुक्ति की स्थिति तक पहुँचना चाहिए। 'जीवन का प्रकाश' हमें उत्थान के मार्ग की ओर ले जा सकता है, जो अंततः हमें हमारे अंतिम गंतव्य तक ले जाएगा। एक बार जब हम उत्थान कर लेते हैं, तो सांसारिक तल पर लौटने की कोई संभावना नहीं होती है क्योंकि हम सत (अनंत काल), चित् (ज्ञान) और आनंद (आनंद) की अवस्थाओं की ओर बढ़ते हैं।

भगवद गीता अध्याय १५.६ में भगवान श्री कृष्ण अपने दिव्य निवास का संक्षिप्त वर्णन करते हैं, जिसके बारे में वे कहते हैं कि यह स्वयं प्रकाशमान है और प्रकाश के लिए सूर्य, चंद्रमा या अग्नि जैसे बाहरी स्रोतों पर निर्भर नहीं है। भौतिक संसार द्वैत, दुख और पीड़ा से भरा हुआ है, जो सभी माया, भौतिक ऊर्जा के प्रभाव के कारण हैं।

इसके विपरीत, दिव्य क्षेत्र योगमाया के माध्यम से अस्तित्व में लाया जाता है, आध्यात्मिक ऊर्जा जो सर्वव्यापी और पारलौकिक है। इस क्षेत्र को सत्-चित-आनंद के रूप में संदर्भित किया जाता है, जो आनंद, ज्ञान और शाश्वतता के संदर्भ में इसकी पूर्णता को दर्शाता है।

"न तद् भासयते सूर्यो ना शशांको ना पावकः

यदगत्वा ना निवर्तन्ते तद्धाम परमं मम||"

अर्थ: "न तो सूर्य, न ही चंद्रमा, न ही अग्नि मेरे परम धाम को प्रकाशित कर सकते हैं। वहां पहुंचने के बाद, कोई इस भौतिक संसार में कभी नहीं लौटता।"

गुरुजी ने आगे कहा, "रूपा, माया का पर्दा, हमारी धारणा को धुंधला कर देता है और हमें चीजों को देखने से रोकता है। हम अक्सर भौतिक संपदा में खुशी की तलाश करते हैं, लेकिन यह खोज हमें हमेशा असंतुष्ट छोड़ देती है। 'हमें अपनी भौतिक आँखों के उपयोग के बिना देखने, अपने कानों के बिना सुनने, अपने हाथों के बिना चिपकने और अपने पैरों के बिना

चलने की क्षमता विकसित करने का प्रयास करना चाहिए।'"

जब कोई इस सत्य की गहरी समझ प्राप्त कर लेता है, तो वह सभी चीज़ों में और हर जगह ईश्वर को देख पाता है। शरीर की भौतिक इंद्रियाँ ईश्वर को समझने में असमर्थ हैं, क्योंकि वे केवल दृष्टि और ध्वनि पर निर्भर हैं। वे देखकर पहचान नहीं पाते; वे सुनकर नहीं समझते, और उनके पास एक ऐसा हृदय है जिसमें कोई भावना नहीं होती। जबकि ईश्वर का अनुभव करने के लिए व्यक्ति के हृदय और भावनाओं के साथ जुड़ाव की आवश्यकता होती है। एक बार यह जुड़ाव स्थापित हो जाने के बाद, 'आप वही देखेंगे जो आप देखते हैं, वही सुनेंगे जो आप सुनते हैं, वही महसूस करेंगे जो आप महसूस करते हैं, और फिर आप बहुत स्पष्टता के साथ आगे बढ़ना शुरू कर देंगे, और एक परिवर्तनकारी बदलाव होगा।' अपना ध्यान 'जीवन के प्रकाश' की ओर केन्द्रित करके, व्यक्ति जीवित रहते हुए स्वैच्छिक मृत्यु की प्रक्रिया से गुजर

सकता है, जिससे उसके अस्तित्व में गहरा बदलाव आ सकता है।

"आत्मा से अधिक शरीर से प्रेम मत करो।"

यह वाक्यांश हमें अपनी शारीरिक और आध्यात्मिक ज़रूरतों के बीच संतुलन बनाने के लिए प्रोत्साहित करता है, यह पहचानते हुए कि सच्ची संतुष्टि और खुशी आत्मा को पोषित करने और दूसरों के प्रति प्रेम, करुणा और सेवा का जीवन जीने का प्रयास करने से आती है। शरीर से ज़्यादा, आत्मा से प्यार करके, हम अपनी सांसारिक इच्छाओं से ऊपर उठ सकते हैं और जीवन में एक उच्च उद्देश्य और अर्थ के साथ जुड़ सकते हैं।

जीवन की ज्वाला हर व्यक्ति में निहित है, और हर किसी की पहुँच में है कि वह अलौकिक ध्वनि के रहस्यों और उच्च क्षेत्रों के रहस्यों को खोज सके। इस ज्ञान का वर्णन करना एक चुनौतीपूर्ण कार्य है, क्योंकि यह तर्क और तर्क की सीमाओं से परे है, और केवल

व्यक्तिगत अनुभव के माध्यम से ही कोई व्यक्ति आस्था और विश्वास विकसित कर सकता है।

प्रकाश का स्रोत, परम आत्मा, ज्योति स्वरूप और 'जीवन का प्रकाश' ये सभी शब्द एक ही चीज़ को संदर्भित करते हैं, जो जीवन और अस्तित्व के मूल सार का प्रतिनिधित्व करता है। यह सार्वभौमिक ऊर्जा का प्रतीक है जो सभी चीज़ों को रोशन करती है, दुनिया को जीवन और अर्थ देती है।

गुरुजी ने मुस्कुराते हुए कहा, "मानव आत्मा, चेतना के विशाल महासागर से निकलने वाली चेतना की एक बूंद के समान है, जो अलग-अलग वेश में लिपटी एक व्यक्तिगत आत्मा का रूप लेती है। यह देखना दिलचस्प है कि एक-दूसरे से निकटता के बावजूद हम दूर और कटे हुए रहते हैं।"

मुझे एक कहानी सुनाने की अनुमति दें: बहुत समय पहले, सोफी नाम की एक बहुत धनी महिला रहती थी, जो अक्सर खुद को बेहतरीन सोने और रत्नों के आभूषणों से सजाती थी। एक दिन एक भव्य समारोह

से घर लौटने पर, उसने देखा कि उसका सबसे प्रिय हार गायब था। चिंता और निराशा से भरी हुई, सोफी ने अपने नौकरों की मदद से अपने पूरे घर की तलाशी ली, लेकिन वह हार नहीं मिला। उसने अपने परिचितों और पड़ोसियों की भी मदद ली, फिर भी उसकी खोज बेकार रही।

आखिरकार, सोफी की एक विश्वासपात्र दोस्त ओलिविया उससे मिलने आई और उसने उसकी परेशान और हताश स्थिति को देखा। अपनी दोस्त की भलाई के लिए चिंतित ओलिविया ने उसकी परेशानी के स्रोत के बारे में पूछा।

सोफी ने कहा, "मैंने माणिक और हीरे से बना अपना सबसे प्रिय और बहुमूल्य हार खो दिया है।"

ओलिविया ने पूछा, "क्या आपने अभी वो हार पहना हुआ है?"

सोफी को जल्दी ही एहसास हो गया कि वह हार पहने हुए थी, अनजाने में वह किसी ऐसी चीज़ की

तलाश कर रही थी जो उसके पास पहले से ही थी। नतीजतन, सोफी को पीड़ा और दुख से मुक्ति मिल गई, उसकी जगह उल्लास और आनंद ने ले ली।

जब उसके दोस्तों और परिवार ने बाद में खोए हुए हार के बारे में पूछा, तो उसने जवाब दिया, "हाँ, मुझे वह मिल गया है। मैं बहुत खुश हूँ।"

सोफी को अपनी गलती का पता नहीं था और वह यह मानती रही कि उसने खोया हुआ गहना वापस पा लिया है।

गुरुजी ने पूछा, "रूपा, क्या उसने गहना खो दिया था ?"

रूपा ने उत्तर दिया, "नहीं गुरुजी।"

गुरुजी ने मुस्कुराते हुए कहा, "यह रत्न सोफी के पास हमेशा से था, लेकिन जब तक उसे सच्चाई का पता नहीं चला, तब तक वह इसके अस्तित्व से अनजान थी, जिससे वह उत्साहित और खुश हो गई। इसी तरह, हम अक्सर कल्पना करते हैं कि हमें अंततः

खुद का एहसास हो जाएगा, भले ही हम पहले से ही खुद के बारे में जानते हों।"

गुरुजी ने पूछा, "रूपा, हम पंखों के साथ पैदा हुए है; फिर हम जीवन में रेंगना क्यों चुनते हैं?"

हममें से कितने लोगों ने महान गुरुओं के गंभीर आश्वासनों पर सचमुच विश्वास किया है, और हममें से कितने लोग माया की शक्तिशाली बाधाओं को खोलने और तोड़ने के लिए राज्य की कुंजी प्राप्त करने और स्वीकार करने के लिए तैयार हैं?

गुरुजी मुस्कुराये और बोले, "रूपा, यह एक अजीब विरोधाभास है कि भले ही हम असत्य से सत्य की ओर, अंधकार से प्रकाश की ओर, तथा मृत्यु से अमरता की ओर जाने के लिए ईमानदारी से प्रार्थना करते हैं, फिर भी हम स्वयं को माया के चंगुल में फंसा हुआ पाते हैं।"

महाभारत की एक कहानी सुनाता हूँ, जो अरण्य-पर्व के 'यक्ष प्रश्न' में पाई जाती है। पांडवों ने जंगलों में

अपना बारह साल का वनवास पूरा करने के बाद, अज्ञात वास के दौरान भेष बदलकर रहना पड़ा। इस दौरान, एक ऋषि ने उनकी मदद मांगी क्योंकि एक हिरण ने उनकी अरणि, लकड़ी के दो ब्लॉकों को अपने सींगों से घर्षण द्‌वारा आग उत्पन्न करने के लिए इस्तेमाल किया था। ऋषि इसके बिना वैदिक अनुष्ठानों के लिए आवश्यक अग्नि नहीं जला सकते थे। इसलिए, पांडव हिरण के खुरों के निशानों का पता लगाते हुए अरणि की खोज में निकल पड़े।

जब युधिष्ठिर मायावी हिरण का पीछा करते हुए थक गए और प्यासे हो गए, तो पांडवों में सबसे छोटे नकुल पानी की तलाश में बाहर निकले। उन्होंने एक शांत और आकर्षक नीली झील देखी और अपनी प्यास बुझाने के लिए तुरंत घुटनों के बल बैठ गए।

जैसे ही नकुल ने ताज़ा पानी अपने होठों तक उठाया, एक आवाज़ गड़गड़ाहट की तरह गूंजी, 'जब तक तुम मेरी पहेलियों को हल नहीं कर लेते, तब तक तुम्हें मेरी झील का पानी पीने की अनुमति नहीं है!' उलझन

में, नकुल ने चारों ओर देखा और झील के किनारे एक अकेला सारस खड़ा देखा। चेतावनी के बावजूद, उसने अपना चेहरा झुकाया और प्यास से पानी पीता रहा जब तक कि उसका चेहरा नीला नहीं पड़ गया, पांडव बेहोश हो गया। वह इतनी गहरी बेहोशी में गिर गया मानो वह मर रहा हो।

इस बीच, नकुल का इंतज़ार करते हुए, बाकी लोग पीपल के पेड़ के नीचे बेचैन हो गए। जब नकुल वापस नहीं लौटे, तो उनके जुड़वाँ भाई सहदेव उनकी तलाश में निकल पड़े और उन्हें वही झील मिल गई। नकुल को बेजान पड़ा देखकर और सारस द्वारा चेतावनी दिए जाने पर, सहदेव ने फिर भी पानी पी लिया और गहरी बेहोशी में गिर गए। अर्जुन और भीम का भी यही हश्र हुआ और वे भी उसी तरह मारे गए।

जब युधिष्ठिर के भाईयों में से कोई भी पानी लेकर वापस नहीं आया, तो वे झील तक गए और देखा कि वे सभी मर चुके हैं। खड़े होने में असमर्थ होने के कारण वे घुटनों के बल गिर पड़े और अविश्वसनीय

रूप से बुदबुदाने लगे, 'मेरे अजेय भाइयों के साथ ऐसा कौन कर सकता है? उन्होंने न तो लड़ाई की और न ही संघर्ष किया, फिर भी वे मर चुके हैं।'

युधिष्ठिरने अपनी शंका व्यक्त की, "एक विश्वासघाती कार्य किया गया है, और दुर्योधन की दुष्ट इच्छा युद्ध में शामिल हुए बिना ही पूरी हो गई है। क्या यह संभव है कि इस जादू-टोने के पीछे दुर्योधन का हाथ हो? मैं पांचाली और कुंती को क्या स्पष्टीकरण दूँगा?"

युधिष्ठिर ने विलाप करते हुए कहा, "मैं किस तरह से इतना अज्ञानी था? मैं सभी दुखों और पीड़ाओं के लिए जिम्मेदार हूं, और अब मैं आपके विनाश के लिए उत्तरदायी हूं। हे मेरे भाइयों! कृपया मुझे क्षमा करें; जबकि देवता (दिव्य प्राणी) और पितृ (पूर्वज) मुझे दोषमुक्त कर सकते हैं, मैं कभी भी खुद को दोषमुक्त नहीं कर पाऊंगा।"

युधिष्ठिर ने आगे कहा, "मैं अपने सामने मौत को देख रहा हूँ, उनके जीवन का उद्देश्य, उनके कौशल

और प्रतिभा बर्बाद हो गई है, उनका महान जन्म अधूरा रह गया है, मैं रो नहीं पा रहा हूँ। मेरे दिमाग में विचार और भय उमड़ रहे हैं, लेकिन मेरा दिल अजीब तरह से शांत क्यों है? मानो कुछ हुआ ही न हो? मानो वे मरे ही नहीं हों! मैं हैरान हूँ।"

युधिष्ठिर को अचानक प्यास लगी और उन्हें लगा कि उनके भाई गहरी नींद में हैं। फिर उन्होंने अपना ध्यान शांत नीली झील की ओर लगाया, जो बिल्कुल साफ दिख रही थी। अपनी प्यास बुझाने के इरादे से वे झील की ओर चल पड़े।

एक आवाज़ बोली, "जब तक तुम मेरी पहेलियाँ हल नहीं कर लेते, तब तक तुम्हें मेरी झील का पानी पीने की अनुमति नहीं है!"

युधिष्ठिर को तुरन्त समझ में आ गया कि मामले का राज सारस के पास है और उन्होंने उसके प्रश्नों का उत्तर देने की सहमति दे दी।

युधिष्ठिर अपने पैरों पर खड़े हुए और झील से दूर चले गए। हाथ जोड़कर पांडव ने सम्मानपूर्वक पक्षी को संबोधित किया और पूछा, "महान्। क्या मैं जान सकता हूँ कि आप कौन हैं? क्या आप मुझे बता सकते हैं कि मेरे भाइयों की मृत्यु के लिए कौन जिम्मेदार है और वे कहाँ मिल सकते हैं? और कृपया अपने आप को मेरे सामने प्रकट करें।"

आवाज़ ने धीरे से कहा, "मैं एक सारस हूँ, और झील मेरी है।"

युधिष्ठिर ने दृढ़तापूर्वक कहा, "तुम, सारस, मेरे वीर भाइयों के विनाश के लिए जिम्मेदार हो !"

"मैं यक्ष (प्रकृति-आत्मा) हूँ," आवाज़ ने कहा।

युधिष्ठिर ने जिज्ञासापूर्वक पूछा, "क्या आप जानते हैं कि मैं कौन हूँ?"

यक्ष ने हंसते हुए कहा, "हे पांडुपुत्र, ऐसी अनगिनत चीजें हैं जिनके बारे में मैं जानता हूं। हालांकि, मेरा ध्यान मेरे ज्ञान पर नहीं है। इसके बजाय, मैं केवल

आपके प्रश्नों या पहेलियों का उत्तर देने की आपकी क्षमता पर ध्यान केंद्रित करता हूं।"

युधिष्ठिर ने कहा, "महान्, आपसे मिलना मेरे लिए बड़े सम्मान की बात होगी।"

यक्ष की आवाज़ स्पष्ट और उन्मत्त थी। "मैंने तुम्हारे हर भाई से कहा था कि उन्हें मेरी पहेलियों को हल करना होगा, तभी वे मेरी झील से पानी पी सकते हैं। उन्होंने मेरी बात तब भी नहीं सुनी, जब उन्होंने देखा कि बाकी लोग मर चुके हैं। जब तक तुम मेरी पहेलियों का जवाब नहीं देते, तब तक तुम्हें पानी पीने की अनुमति नहीं है।"

युधिष्ठिर ने यक्ष के सामने झुककर प्रणाम किया।

युधिष्ठिर ने कहा, "महाराज, आप झील के मालिकाना हक का दावा करते हैं, क्या मैं आपकी झील का पानी पी सकता हूँ? मुझे भूख और प्यास लगी है। मैं आभारी रहूँगा यदि आप जल्दी से मुझसे अपनी पहेलियाँ पूछ सकें।"

यक्ष ने युधिष्ठिर से अनेक विषयों पर पूछताछ की, जिनमें देवता, तत्वमीमांसा, दर्शन और अन्य संबंधित विषय शामिल थे।

यक्ष ने पूछा, "पृथ्वी से अधिक मूल्यवान क्या है?"

युधिष्ठिर ने उत्तर दिया, "एक माँ।"

यक्ष ने पूछा, "स्वर्ग से भी ऊंचा क्या है?"

युधिष्ठिर ने उत्तर दिया, "अपने पिता।"

यक्ष ने पूछा, "हवा से भी तेज क्या है?"

युधिष्ठिर ने उत्तर दिया, "मानव मन में विचार की गति।"

यक्ष ने पूछा, "क्या ऐसी कोई चीज़ है जो घास के पत्तों की संख्या से भी अधिक हो?"

युधिष्ठिर ने उत्तर दिया, "किसी के मन में विचारों की संख्या।"

यक्ष ने युधिष्ठिर से पूछा, “आप अपनी सबसे मूल्यवान संपत्ति क्या मानते हैं?”

युधिष्ठिर ने उत्तर दिया, “ज्ञान।”

यक्ष ने पूछा, “सबसे मूल्यवान खजाना क्या था?”

युधिष्ठिर ने उत्तर दिया, “स्वास्थ्य।”

यक्ष ने पूछा, “सबसे बड़ा सुख?”

युधिष्ठिर ने उत्तर दिया, “संतोष।”

यक्ष ने पूछा, “सबसे महत्वपूर्ण धर्म क्या है?”

युधिष्ठिर ने उत्तर दिया, “किसी भी जीव को कोई हानि न पहुँचाना।”

यक्ष ने पूछा, “किस चीज़ पर नियंत्रण करने की ज़रूरत है?”

युधिष्ठिर ने कहा, “मानव मन।”

यक्ष ने पूछा, “मनुष्य को सुखी बनाने के लिए क्या त्यागना चाहिए?”

युधिष्ठिर ने उत्तर दिया, "घमंड।"

यक्ष ने पूछा, "किसी को धनवान बनाने के लिए क्या त्यागना पड़ता है?"

युधिष्ठिर ने उत्तर दिया, "इच्छा।"

यक्ष ने पूछा, "हम बिना किसी पछतावे के क्या त्याग सकते हैं?"

युधिष्ठिर ने उत्तर दिया, "क्रोध।"

यक्ष ने पूछा, "सुख पाने के लिए हमें क्या त्यागना होगा?"

युधिष्ठिर ने उत्तर दिया, "लालच।"

यक्ष ने पूछा, "मार्ग कौन दिखाता है?"

युधिष्ठिर ने उत्तर दिया, "मार्ग स्वयं के भीतर ही है, धर्म का मार्ग , वह स्वर्णिम पथ जिस पर महान लोग सदैव चलते आये हैं।"

यक्ष ने पूछा, "तपस्वी कौन है?"

युधिष्ठिर ने उत्तर दिया, "वह जो निष्ठावान रहता है।"

यक्ष ने पूछा, "वास्तव में शांति क्या है?"

युधिष्ठिर ने उत्तर दिया, "जब हृदय शांत हो।"

यक्ष ने पूछा, "दया क्या है?"

युधिष्ठिर ने उत्तर दिया, "जब कोई सभी प्राणियों की खुशी की इच्छा करता है।"

यक्ष ने पूछा, "सरलता क्या है?"

युधिष्ठिर ने उत्तर दिया, "जब किसी का हृदय शांत और स्थिर होता है।"

यक्ष ने पूछा, "अजेय शत्रु कौन है?"

युधिष्ठिर ने उत्तर दिया, "क्रोध।"

यक्ष ने पूछा, "कौन सी बीमारी लाइलाज है?"

युधिष्ठिर ने उत्तर दिया, "लोभ।"

यक्ष ने पूछा, "ईमानदार आदमी कौन है?"

युधिष्ठिर ने उत्तर दिया, "वह जो सभी जीवित प्राणियों की भलाई और खुशी की इच्छा रखने वाले हैं।"

यक्ष ने पूछा, "बेईमान व्यक्ति कौन है?"

युधिष्ठिर ने उत्तर दिया, "जिसमें दया या करुणा का अभाव हो।"

यक्ष ने पूछा, "अज्ञान क्या है?"

युधिष्ठिर ने उत्तर दिया, "यह अपने धर्म या धार्मिक कर्तव्य के प्रति अनभिज्ञता की स्थिति है।"

यक्ष ने पूछा, "अभिमान क्या है?"

युधिष्ठिर ने उत्तर दिया, "जब मनुष्य यह विश्वास करता है कि वह जीवन का एकमात्र कर्ता है।"

यक्ष ने पूछा, "दुःख क्या है?"

युधिष्ठिर ने उत्तर दिया: "यह अज्ञानता का परिणाम है।"

यक्ष ने पूछा, “दान वास्तव में क्या है?”

युधिष्ठिर ने उत्तर दिया, “सभी प्राणियों की रक्षा करना।”

यक्ष ने पूछा, “दुष्टता क्या है?”

युधिष्ठिर ने उत्तर दिया, “यह दूसरों की बुराई करने का कार्य है।”

यक्ष ने पूछा, “अगले लोक में आनंद कैसे प्राप्त किया जाए?”

युधिष्ठिर ने उत्तर दिया, “यह इस संसार में पुण्य कर्म करके प्राप्त किया जा सकता है।”

यक्ष ने पूछा, “इस संसार में सचमुच आश्चर्यजनक क्या है?”

युधिष्ठिर ने जवाब दिया, “हर दिन, अनगिनत जीव, मृत्यु के मंदिर में प्रवेश करते हैं। लेकिन जो लोग इस दुनिया में बचे रहते हैं, वे मानते हैं कि वे अमर हैं। इससे ज़्यादा अविश्वसनीय क्या हो सकता है?”

यक्ष ने पूछा, "सभी प्रकार की सम्पत्ति किसके पास है?"

युधिष्ठिर ने उत्तर दिया, "सुख और दुःख, सौभाग्य और दुर्भाग्य, तथा भूत और भविष्य के प्रति जो तटस्थ है?"

युधिष्ठिर का उत्तर सुनकर यक्ष प्रसन्नता से भर गया और बोला, "युधिष्ठिर, तुम संसार के सबसे पुण्यवान और ज्ञानी व्यक्ति हो। इसके बदले में मैं तुम्हें एक वरदान देता हूँ: अपने किसी भी भाई का जीवन मांग लो, मैं तुम्हें उसका जीवनदान दूंगा।"

युधिष्ठिर ने निश्चयपूर्वक घोषणा की, "नकुल ही जीवित बचेगा।"

यक्ष ने आश्चर्य व्यक्त करते हुए कहा, "मैं आश्चर्यचकित हूँ क्योंकि मैंने सोचा था कि आप भीम या अर्जुन में से किसी एक का जीवन माँगेंगे। भीम आपके सबसे प्रिय भाई हैं और अर्जुन अपने असाधारण कौशल के लिए प्रसिद्ध हैं। फिर भी, आप नकुल के जीवन को उनके जीवन से अधिक

प्राथमिकता देते हैं। क्या आप मुझे बता सकते हैं कि ऐसा क्यों?"

युधिष्ठिर ने जवाब दिया: "मैं धर्म की अपेक्षा से अधिक अपने प्राण त्यागना पसंद करूंगा। मेरे पिता की दो पत्नियाँ थीं, कुंती और माद्री। कुंती का पुत्र पहले से ही जीवित है। माद्री के पुत्रों में से किसी एक का भी जीवित रहना धर्म है।"

यक्ष ने हंसते हुए कहा, "ओह, तुम एक महान आत्मा हो, और मैं अपने जीवन में तुम्हारे जैसा दूसरा कभी नहीं देख पाऊँगा। मैं तुम्हें न केवल नकुल का जीवन देता हूं, बल्कि तुम्हारे सभी भाइयों का जीवन भी देता हूं!"

यक्ष झील में लुप्त हो गया। युधिष्ठिर ने रोते हुए कहा, "हे प्रभु! आप यक्ष नहीं हैं, न ही आप यक्ष हो सकते हैं, जो धर्म की सूक्ष्मताओं को आपकी तरह अच्छी तरह समझता है। आपको देव होना चाहिए, या कम से कम, कोई ऐसा व्यक्ति जो हमारा भक्त हो। आप जो भी हैं, मुझे अपना असली रूप दिखाइए!"

अचानक, एक तेज रोशनी प्रकट हुई, और वह भव्य व्यक्ति युधिष्ठिर की ओर मुस्कुराया। वह व्यक्ति एक सुंदर और गंभीर आवाज़ में बोला। "मैं वास्तव में तुम्हारा पिता हूँ, युधिष्ठिर, मेरे बेटे। मैं पांडु नहीं, बल्कि यम हूँ।"

"मेरे बच्चे, जितना मैं उम्मीद कर सकता था, उससे कहीं ज़्यादा, मैं तुमसे बहुत खुश हूँ, "वह दीप्तिमान व्यक्ति आगे बोला। तुम उतने ही धर्मी हो जितना मैंने सुना है, या उससे भी ज़्यादा।

तुम और तुम्हारे भाई राज्य वापस ले लेंगे। लेकिन, युधिष्ठिर, तुमने पहले ही एक बहुत बड़ा राज्य जीत लिया है: धर्म का राज्य!

यम ने कहा, "सांसारिक विजय या सिंहासन इस अमरता से क्या अलग लाएगा? तेरी कीर्ति न केवल पृथ्वी पर बल्कि आकाश में भी जीवित रहेगी।

यम ने कहा, "मैं आपको एक और वरदान देना चाहता हूँ," और युधिष्ठिर ने बिना किसी हिचकिचाहट के कहा। "भगवान, हम ऋषि अरणी की लकड़ियाँ खोजने

के लिए जंगल में आए हैं। कृपया हमें उन्हें खोजने की अनुमति दें।"

यम ने मुस्कुराते हुए कहा, "मैं वह हिरण था जिसके सींग अरणी की लकड़ियों में उलझे हुए थे। वे यहीं हैं। लेकिन यह कोई वरदान नहीं है; इसके बजाय, मुझसे कुछ और मांगो।"

युधिष्ठिर ने प्रार्थना की, "हे प्रभु, आप हमें यह वरदान दीजिए कि हमारे वनवास के तेरहवें वर्ष में, जो शीघ्र ही आरम्भ होने वाला है, हमें कोई नहीं खोज पाएगा।"

यमने कहा, "मैं तुम्हें वरदान देता हूँ: तुम सुरक्षित वेश धारण करके संसार में लौट जाओ। तुम्हारे मुखौटों के पार कोई नहीं देख पाएगा। हालाँकि, तुम मुझसे कुछ और माँग सकते हो।"

युधिष्ठिर ने कहा, "यदि आप मुझे एक और इच्छा प्रदान करें, तो वह यह कि मैं एक दिन अपने छह घातक शत्रुओं पर विजय प्राप्त कर पाऊँ।"

युधिष्ठिर क्या पूछ रहे थे यह जानते हुए भी भगवान ने पूछा, "वे कौन हैं?"

युधिष्ठिर ने कहा, "मेरे हृदय में छिपे शत्रु: वासना, क्रोध, लोभ, अधिकार, अहंकार और ईर्ष्या। पिताजी, मेरा मन हमेशा मुझे सत्य की ओर ले जाए। मुझे संसार में और कुछ नहीं चाहिए।"

यम ने कहा, "हे धर्म के राजकुमार, युधिष्ठिर, तुम वही मांग रहे हो जो तुम्हारे पास पहले से है। तुमने बहुत पहले ही इन शत्रुओं को हरा दिया है।"

यमने उन सभी को आशीर्वाद दिया। अंत में उन्होंने कहा, "जाओ, मेरे बेटों, और खुश रहो। मैं तुम्हारे साथ हूँ, और तुम जीतोगे।"

गुरुजी ने कहा, "रूपा, यक्ष ने जीवन की पहेलियाँ पांडव राजकुमारों को सौंपी थीं, जो एक-एक करके अपनी प्यास बुझाने गए लेकिन ऐसा नहीं कर सके (धर्म के राजकुमार युधिष्ठिर को छोड़कर) और उन्हें हल न कर पाने के कारण वे पत्थर में बदल गये। क्या हम कठोर और मुश्किल जीवन नहीं जी रहे हैं,

मृत्यु में कठोर, कई असंवेदनशील चीजों की तरह, शांति के राजकुमार के आगमन की प्रतीक्षा कर रहे हैं, जो पुराने यक्ष को जीतकर हमें वापस जीवन में लाएगा? जीवन की महान पहेली को सुलझाना होगा क्योंकि इसके बिना, हमारा संक्षिप्त अस्तित्व यहाँ बौना और अवरुद्ध है।"

गुरुजी ने कहा, "हममें से ज़्यादातर लोग उनकी तरह ही एक पशुवत जीवन जीते हैं। हम कभी भी उस भावनात्मक और मानसिक दुनिया से ऊपर नहीं उठ पाते हैं जिसे हमने अपने इर्द-गिर्द बनाया है और जिसने अब हम पर अपनी पकड़ मजबूत कर ली है। हममें से ज़्यादातर लोग 'स्वर्ग की रोशनी' को वास्तविकता के बजाय एक मानव निर्मित कल्पना मानते हैं।"

रूपा ने पूछा, "गुरुजी, हमारे सच्चे और अच्छे प्रयासों के बावजूद हम उसे क्यों नहीं देख पाते?"

गुरुजी ने उत्तर दिया, "मांस की आंखें उसे नहीं देख सकतीं, लेकिन जब गुरु भीतर की आंखों को रोशन

करते हैं, तो एक योग्य शिष्य अपने भीतर की सर्वोच्च शक्ति और महिमा को देखना शुरू कर देता है। हम अंधकार में घिरे हुए हैं और सर्वोच्चता के लिए अंधकार में प्रयास कर रहे हैं, इसलिए यहाँ और उसके बाद सफलता का एकमात्र रहस्य भीतर के 'स्व' को अपने अनुकूल बनाना है।"

हम मनुष्य के रूप में जन्म लेने के लिए अत्यंत भाग्यशाली हैं, और हमें इसका अधिकतम लाभ उठाना चाहिए। हमें सावधान रहना चाहिए कि सृष्टि की भव्य योजना में कमी न रह जाए। यह उस व्यक्ति के लिए दुखद स्थिति है जो पूरी दुनिया की संपत्ति तो प्राप्त कर लेता है, लेकिन अपनी आत्मा खो देता है; वे एक मृत क्षति, अपूरणीय क्षति और अपूरणीय नुकसान उठाते हैं, और इस प्रकार मानव स्तर पर लौटने से पहले युगों तक पीड़ित रहते हैं। जब कोई अवसर किसी की उंगलियों से फिसल जाता है, तो अब तक की गई उपलब्धियाँ खिड़की से बाहर फेंक दी जाती हैं। व्यक्ति जीवन की धारा के किनारों और रेत के टीलों पर असहाय रूप से छटपटाता रहेगा।

जीवन की सीढ़ी के शीर्ष पायदान से गिरना एक भयानक और अपरिवर्तनीय क्षति है!

कुछ देर तक अपनी आंखें बंद करने के बाद, गुरुजी अपने स्थान से उठे और धीमी गति से आगे बढ़ने लगे।

दिन के सत्र के बाद पदमा और अक्षत टहलने गये और जल्द ही अन्य लोग भी उनके पीछे चले गए।

पदमा ने कहा, "अक्षत, आपकी आवाज़ इतनी दिव्य है कि जब आप गा रहे थे तो पूरा माहौल ऊर्जा से भर जाता था और आपका गायन भावपूर्ण होता था। क्या कोई ऐसी खास बात है जो आपको मेरे सवाल का जवाब देने से रोक रही है?"

अक्षत ने हंसते हुए जवाब दिया, "मुझे आपके सवाल का जवाब देने में कोई झिझक नहीं है, लेकिन मैं अनिश्चित हूं कि कहां से शुरू करूं।"

पदमा, बहुत सोचने के बाद मैं अपनी कहानी आपके साथ साझा करना चाहता हूँ। मेरा जन्म एक अमीर

परिवार में हुआ था; मेरे पिता की एक कंपनी थी जिसमें हज़ारों लोग काम करते थे। सब कुछ ठीक चल रहा था, लेकिन एक दिन जब मैं छह साल की थी, मेरे पिता मुझे बगीचे में ले गए और बताया कि मेरी माँ का निधन हो गया है। उन्होंने कहा कि भगवान ने उन्हें बुलाया है।

अक्षत ने बताया, "पहले तो मुझे समझ में नहीं आया कि मेरे पिता का क्या मतलब था। लेकिन जैसे-जैसे समय बीतता गया, मुझे धीरे-धीरे उनकी बातों की सच्चाई का एहसास हुआ और मैं अपनी माँ के प्यार और ध्यान के लिए तरसने लगा। इतनी कम उम्र में उनकी अनुपस्थिति को सहना चुनौतीपूर्ण था, लेकिन मेरे पिता ने इसकी भरपाई करने के लिए हर संभव कोशिश की।"

अपने व्यस्त व्यक्तिगत और व्यावसायिक जीवन के कारण, उन्होंने धीरे-धीरे अपने स्वास्थ्य और व्यवसाय के लिए समय देने में समझौता कर लिया।

अक्षत ने बताया कि एक विशेषाधिकार प्राप्त और आरामदायक जीवन में जन्म लेने के कारण, उसके पिता ने हर समय उसकी खुशी सुनिश्चित की, खासकर उसकी माँ को खोने के बाद। हालाँकि, छोटा होने के कारण, वह उनके त्याग और प्रयास की सीमा को पूरी तरह से नहीं समझ पाया।

अक्षत ने कहा, “अत्यधिक आराम ने मेरे व्यक्तिगत विकास और आध्यात्मिक विकास में बाधा डाली। मैं दोस्तों के साथ घूमने और समय और पैसा बर्बाद करने में अधिक रुचि रखता था, और मेरा शैक्षणिक प्रदर्शन असाधारण रहा क्योंकि मैं एक उत्कृष्ट छात्र था।”

इस बीच, मेरे पिता की सेहत धीरे-धीरे खराब होती जा रही थी, और इसके परिणामस्वरूप, व्यापार में नुकसान हुआ। हालाँकि मेरे पिता ने मुझे व्यापार पर ध्यान केंद्रित करने के लिए प्रोत्साहित किया, लेकिन मेरी रुचियाँ व्यापार से मेल नहीं खाती थीं। हालाँकि, मैं कंपनी के बारे में बेहतर समझ हासिल करने के

लिए कई बार उनके साथ कंपनी में जाने के लिए सहमत हो गया।

आखिरकार, मैंने अपनी शिक्षा पूरी कर ली, और मेरे पिता चाहते थे कि मैं पारिवारिक व्यवसाय की जिम्मेदारी संभालूँ, लेकिन मुझे इसमें कोई दिलचस्पी नहीं थी। एक दिन, मैंने हिम्मत जुटाकर अपने पिता से कहा कि मुझे व्यवसाय में कोई दिलचस्पी नहीं है और उन्हें इस बारे में मुझे परेशान नहीं करना चाहिए।

पिता ने मुस्कुराते हुए कहा, "बेटा, कुछ ऐसी चीज़ें हैं जो हमें दूसरों की खुशी के लिए करनी चाहिए, जो हम अपनी खुशी के लिए शायद न कर सके। हो सकता है कि अभी तुम्हें यह बात समझ में न आए, लेकिन जैसे-जैसे समय बीतता जाएगा, तुम्हें इसका एहसास हो जाएगा।"

अक्षत ने कहा, "मैं उनकी बातें समझ नहीं सका।"

अक्षत ने कहा, "हमें देरी हो रही है क्योंकि हमें अन्य काम भी निपटाने हैं।"

अक्षय ने टिप्पणी की, “वास्तव में, हमें आगे बढ़ना होगा।”

भाग ३

परिपूर्णता में जीवन

अध्याय ३.१

माया

“सबसे बड़ी माया (छल; भ्रम) अपने सच्चे स्व को न जानना है। इस अज्ञान को समाप्त करने पर भ्रम दूर हो जाता है।”

मनुष्य शरीर ‘ओम’ ध्वनि से बना है, जिसने पदमा और अन्य लोगों को ज़ेन ध्यान केंद्र में शामिल होने के लिए प्रेरित किया है। एक घंटे के ध्यान और थोड़ी देर टहलने के बाद, वे बुद्ध हॉल में एकत्र हुए।

गुरुजी ने कहा, “इस धरती पर हम, महान निर्माता की असीम रचनात्मकता के बीच चुनौतियों और संघर्षों के क्षेत्र में रहते हैं। यह दुनिया तीखे विरोधाभासों और प्रतिकूल घटनाओं से भरी हुई है, जिसमें जीवन के विविध रूपों और रंगों का एक विशाल स्पेक्ट्रम है।”

गुरुजी ने कहा, “हालाँकि हम इस दुनिया में बहुत सी खामियाँ देख सकते हैं, लेकिन यह दुनिया ईश्वरीय योजना में एक उपयोगी उद्देश्य पूरा करती है। बड़ी मशीनरी में एक छोटे से दाँते की तरह। यह सांसारिक दुनिया एक प्रशिक्षण भूमि है जहाँ हम अनुभव के माध्यम से अपनी आत्मा को परिष्कृत कर सकते हैं, क्योंकि हम भौतिक और आध्यात्मिक क्षेत्रों के बीच में रहते हैं। पृथ्वी के धरातल पर, हम अभी भी 'आँख के बदले आँख और दाँत के बदले दाँत' की धारणा से चिपके हुए हैं, न्याय देने के लिए सभी प्रकार के तरीकों का उपयोग करते हैं। इस दुनिया में अपने अस्तित्व के उद्देश्य को समझना चाहिए और 'दुनिया के रास्ते' से हटकर सभी चेतना (परम आत्मा) के रास्ते की ओर मुड़ना चाहिए। पृथ्वी के धरातल पर जीवन दर्द और भय से भरा है, और दुनिया के भूलभुलैया वाले जंगल में हम ईश्वर के खोए हुए बच्चे हैं।”

डार्विन के सिद्धांत के अनुसार, विकास एक ऐसी प्रक्रिया है जिसके माध्यम से जीवित जीव समय के

साथ बदल सकते हैं। इसी तरह, मानव विकास की तुलना जीवित मोनाडों की गति से की जा सकती है जो समय के साथ धीरे-धीरे स्रोत की ओर बढ़ते हैं और उसके साथ एक हो जाते हैं।

गुरुजी ने कहा, "विद्यार्थी, यह हमारे लिए दुर्भाग्यपूर्ण है कि हम मनुष्य इस पृथ्वी पर बिना किसी उद्देश्य या तर्क के रह रहे हैं।"

विद्यार्थी ने बिना स्पष्टता के अपना सिर हिलाया।

गुरुजी ने कहा, "माया, लोकप्रिय धारणा के विपरीत, भ्रम नहीं है। माया वास्तविक और अवास्तविक दोनों है। यह इस अर्थ में वास्तविक है कि इसके पीछे वास्तविकता है, जो इसे वास्तविकता का आभास देता है। माया में जो वास्तविक है, वह माया के भीतर और उसके माध्यम से एक वास्तविकता है। हालाँकि, हम वास्तविकता को नहीं देखते हैं, इसलिए हम जो देखते हैं वह अवास्तविक है, और इसका अपना कोई वास्तविक स्वतंत्र अस्तित्व नहीं है, बल्कि यह अपने अस्तित्व के लिए वास्तविक पर निर्भर है। इस प्रकार

माया एक विरोधाभास है- वास्तविक लेकिन वास्तविक नहीं, एक भ्रम है लेकिन भ्रम नहीं। जो लोग वास्तविकता को जानते हैं, उनके लिए माया एक भ्रम नहीं, बल्कि वास्तविकता है। जो वास्तविकता को नहीं जानता, वह माया के भ्रम को देखता है और उसे वास्तविक मानता है।"

हम नहीं जानते कि हम यहाँ क्यों हैं। माया का भ्रम हमें भ्रमित करता है। यदि हम अपने सच्चे घर का पता नहीं लगा सकते, तो हमें शारीरिक और मानसिक अवस्थाओं के बंधनों और जालों से मुक्त होना चाहिए, जो माया की दुनिया में बेड़ियों के रूप में काम करते हैं। स्वयं की अवधारणा से खुद को अलग करके, हम आत्म-साक्षात्कार की यात्रा पर निकल पड़ते हैं। सदियों पुरानी कहावत 'नोस्से ते इप्सम', बाद में रोमन 'ग्नोथी' 'सीटोन', जिसका अर्थ है 'स्वयं का ज्ञान', प्राचीन यूनानी कहावत 'स्वयं को जानो' द्वारा इस पर बल दिया गया है।

'माया' शब्द ऋक्-संहिता युग से ही प्रचलित है, और इसकी उत्पत्ति 'प्रकृति' शब्द से हुई है, जैसा कि श्वेताश्वतर उपनिषद में बताया गया है। माया को आमतौर पर स्थान-समय-कारण या नाम-और-रूप के रूप में परिभाषित किया जाता है। उच्चतम ज्ञान से पता चलेगा कि किसी भी चीज़ में कोई गति, कोई परिवर्तन नहीं है और इसकी पूरी अवधारणा ही माया है।

माया प्रकृति का प्रतिनिधित्व करती है और अपने विभिन्न रूपों और नामों के माध्यम से सभी चीजों के निर्माण को संभालती है। माया काल्पनिक है या वास्तविक नहीं है। अगर यह वास्तविक होती, तो हम इसे नष्ट या बदल नहीं सकते थे। आवश्यक वास्तविकता नौमेनन है, जबकि माया घटना के रूप में कार्य करती है। प्रामाणिक स्व, जिसे मिटाया नहीं जा सकता, उस अभूतपूर्व स्व के साथ सह-अस्तित्व में है जो निरंतर परिवर्तन और विघटन से गुजरता है।

विद्‌यार्थी ने पूछा, "गुरुजी, आत्मज्ञान क्या है?"

गुरुजी ने कहा, "आत्मज्ञान का ज्ञान ईश्वर की प्राप्ति की ओर ले जाता है, जिसे 'ईश्वर-साक्षात्कार' या परम आत्मा का सर्वोच्च ज्ञान भी कहा जाता है।"

आत्म-साक्षात्कार व्यक्ति को मन और शरीर (देहा) के शक्तिशाली चक्रव्यूह से मुक्त होने की अनुमति देता है, और यह एक आंतरिक यात्रा है, जो संवेदी दुनिया से आंतरिक दुनिया की ओर बढ़ती है जो इस प्रक्रिया (परा विद्‌या) को आरंभ करती है।

गुरुजी ने कहा, "विद्‌यार्थी, हम अपने दैनिक जीवन में विभिन्न प्रकार की लालसाओं के प्रति संवेदनशील होते हैं, जैसे इंद्रियों और शरीर से संबंधित इच्छाएँ। ढेर सारी आकांक्षाएँ और असंख्य आसक्ति हमें लगातार प्रभावित करती रहती हैं और ऐसी इच्छाएँ जो हृदय की विभिन्न लालसाओं और मन की तहों में छिपी अज्ञात अव्यक्तताओं से उत्पन्न होती हैं। अनजाने में, विभिन्न प्रकार के अभिमान और पूर्वाग्रह, प्रेम और घृणा, प्राथमिकताएँ और घृणाएँ हमारी चेतना

पर आक्रमण करती रहती हैं, हमारी ऊर्जा को नष्ट करती हैं और हमारे जीवन के अंतिम लक्ष्य और उद्देश्य, 'आत्म-साक्षात्कार' तक पहुँचने में बाधा उत्पन्न करती हैं।"

मैं एक दृष्टांत सुनाता हूँ - एक बार की बात है, एक नदी के ऊबड़-खाबड़ और जंगली किनारे पर आचार्य नाम का एक बुज़ुर्ग रहता था। एक दिन, जब वह नदी के तेज़ बहाव के पास से गुज़र रहा था, तो आचार्य एक चिकनी चट्टान पर फिसल गया और तेज़ बहती धारा में समा गया। पानी उन्हे बहा ले गया, ओर एक विशाल झरने पर से गिरकर दूर ले गया, जिससे देखने वाले पूरी तरह से शक्तिहीन और भयभीत हो गए।

कई घंटों के बाद, उन्हें आश्चर्य हुआ कि आचार्य वापस आ गए, उनके हाथ और पैर चोटों से जख्मी थे, लेकिन वे जीवित और खड़े थे। गवाहों ने उनकी सुरक्षित वापसी को देखकर खुशी मनाई, और आभारी थे कि भाग्य ने उन्हें बचा लिया।

आचार्य के चारों ओर एकत्रित भीड़ में से एक जिज्ञासु व्यक्ति ने पूछा, "आप कैसे बच गए?"

आचार्य ने बताया, "मैं खतरे से अच्छी तरह वाकिफ था, लेकिन उससे लड़ने की बजाय, मैंने सोचा, 'मुझे इस भंवर में आराम करने दो और इसे अपनी इच्छानुसार आकार देने दो।' मैंने पानी की शक्ति को अपनाया और उसे मुझे ढालने दिया।"

आचार्य ने प्रसन्नतापूर्वक मुस्कुराते हुए कहा, "पानी को अपने अनुकूल बनाने की कोशिश करने के बजाय, मैंने स्वयं को उसके अनुकूल बना लिया।"

गुरुजी ने कहा, "'यह अज्ञान एक गंभीर बीमारी है जिससे हम पीड़ित हैं, और यह बंधन का कारण है।' आत्मा, जो 'पाप और दुःख से भरा हुआ है' पृथ्वी-तल पर गुलाम है, फिर भी हमारे भीतर अपनी आत्मा को पुनर्जीवित करने की शक्ति है। हमें 'माया की दुनिया' से दूर जाना चाहिए और अपने अस्तित्व के स्थिर केंद्र की तलाश करनी चाहिए। यह शरीर वास्तव में भगवान का मंदिर है, और वे इसके भीतर निवास

करते हैं। व्यक्ति को कामुक सुखों पर कीमती समय बर्बाद करने के बजाय आंतरिक अस्तित्व पर अधिक ऊर्जा केंद्रित करनी चाहिए; बाहर की ओर बढ़ने के बजाय, व्यक्ति को भीतर की ओर बढ़ना चाहिए।"

द्वितीय विश्व युद्ध के अंतिम दिनों में, एक व्यक्ति ने राष्ट्रपति हैरी ट्रूमैन से कहा कि वे अपने किसी भी पूर्ववर्ती की तुलना में राष्ट्रपति पद के दबावों का अधिक धैर्य से सामना करते हैं। युद्ध के दौरान राष्ट्र के नेता के रूप में उनके सामने आने वाली असंख्य चुनौतियों के बावजूद, ट्रूमैन अपने कर्तव्यों से न तो कमज़ोर दिखे और न ही बूढ़े।

"मेरे दिमाग में एक लोमड़ी की गुफा है," ट्रूमैन ने जवाब दिया, यह समझाते हुए कि वह अपनी कल्पना में गोता लगा सकता है और बाहरी दुनिया के तनावों से खुद को अलग कर सक़ता है।

वेदों में ब्रह्मरंध्र चक्र का उल्लेख मिलता है, जिसे निर्वाण चक्र के नाम से भी जाना जाता है। 'छेद' शब्द एक संकीर्ण मुंह या नाली को दर्शाता है जो

किसी व्यक्ति को ब्रह्म के साथ संबंध स्थापित करने में सक्षम बनाता है।

मैथ्यू के सुसमाचार से बाइबिल के अंश, अध्याय ७, श्लोक ७। यह श्लोक निरंतर प्रार्थना, विश्वास और परमेश्वर के मार्गदर्शन का पालन करने की इच्छा का आह्वान है, यह जानते हुए कि वह हमारी ज़रूरतों को पूरा करेगा और सही समय आने पर हमारे लिए अवसर के द्वार खोलेगा।

संत मैथ्यू ७:७ "मांगो, तो तुम्हें दिया जाएगा; ढूंढो तो दस्तक पाओगे, और तुम्हारे लिये खोला ज़ाएगा।"

गुरुजी ने कहा, "विद्यार्थी, पारलौकिकता का द्वार हमारे भौतिक अस्तित्व में निहित है। इस मार्ग को खोजने और वास्तव में दिव्यता का अनुभव करने के लिए, व्यक्ति को इसमें आस्था और विश्वास होना चाहिए। 'जब तक इसका अनुभव न हो, तब तक कुछ भी वास्तविक नहीं है।'"

हालाँकि हम निर्णय लेने के लिए अपनी बुद्धि पर भरोसा करते हैं, लेकिन इसकी सीमाएँ हैं और यह सत्य की संपूर्णता को समाहित नहीं कर सकती। कई महान गुरुओं और शास्त्रों ने इस सत्य पर चर्चा की है। यह समझा जाता है कि सभी तार्किक ज्ञान ग्रहण किए जाते हैं और उन पर पूरी तरह से निश्चितता के साथ भरोसा नहीं किया जा सकता। हम केवल अज्ञात में 'नश्वर छलांग' लगाने के परमानंद के माध्यम से निश्चितता प्राप्त कर सकते हैं, जो सत्य की खोज का सबसे तेज़ और सबसे सुनिश्चित मार्ग है। जबकि तार्किक तर्क, धारणा और अंतर्ज्ञान समझने में सहायता कर सकते हैं, लेकिन केवल बुद्धि पर आधारित वास्तविकता की वास्तविक प्रकृति को समझने के लिए उनकी अपनी सीमाएँ हैं।

मुझे एक कहानी सुनाने की अनुमति दें: अतीत में, तेजस नाम का एक बुद्धिमान व्यक्ति था, जो अपनी चतुर तर्कशक्ति और गहन जांच के लिए प्रसिद्ध था। वह एक चक्की वाले से आटा खरीदने के लिए एक पड़ोसी गांव की यात्रा पर निकला। चक्की पर पहुँचकर,

तेजस ने चक्की वाले से एक सवाल पूछा, "क्या आप कृपया मुझे अपना नाम बता सकते हैं?"

"मेरा नाम तुहिन है," चक्की वाले ने जवाब दिया। तेजस ने मुस्कुराते हुए पूछा, "मैं यहाँ आपसे आटा खरीदने आया हूँ।"

तुहिन ने पूछा, "तेजस, कृपया कुछ मिनट रुको, मैं इसे पीसता हूँ।"

तेजस ने देखा कि एक बैल अनाज पीसने के लिए इस्तेमाल की जाने वाली चक्की से जुड़ा हुआ एक जूआ खींच रहा है। उसने बैल के गले में बंधी एक घंटी भी देखी, जो हर हरकत के साथ बज रही थी। तेजस पूरी तरह से पीसने की प्रक्रिया में तल्लीन था। आखिरकार, तुहिन ने एक थैले में ताजा पिसा हुआ आटा भरकर तेजस को दे दिया।

तेजस ने कहा, "क्या मैं तुमसे एक सवाल पूछ सकता हूँ?"

तुहिन ने उत्तर दिया, "एक प्रश्न! मैं एक साधारण किसान हूँ, लेकिन आप एक बुद्धिमान और विद्वान व्यक्ति प्रतीत होते हैं। मैं आपके विद्वत्तापूर्ण प्रश्न का उत्तर कैसे दे सकता हूँ?"

तेजस ने कहा, "नहीं, मैं कोई विद्वान प्रश्न नहीं पूछ रहा हूँ; मैं तो बस आपकी दिनचर्या के बारे में पूछ रहा हूँ।"

तुहिन ने जवाब दिया, "मेरी दिनचर्या से, ठीक है, आगे बढ़ो..."

तेजस ने पूछा, "बैल के गले में यह घंटी क्यों रखी है?"

तुहिन ने कहा, "अरे, इस तरह से मैं दूसरे काम भी कर सकता हूँ। जब वह चलता है, तो मुझे घंटी की आवाज़ सुनाई देती है। अगर मुझे घंटी की आवाज़ सुनाई न दे, तो समझिए कि बैल खड़ा है। मैं बाहर आकर उसे धक्का देकर फिर से चलने का इशारा करता हूँ। नहीं तो मैं अपना सारा समय इस बैल की देखभाल में बरबाद कर दूँगा। इससे मेरा समय बचता

है और मैं अपनी दूसरी ज़िम्मेदारियाँ भी कुशलतापूर्वक पूरी कर पाता हूँ।"

तेजस ने कहा, "वाह, यह एक अच्छा विचार है।"

तेजस ने आगे कहा, "क्या होगा अगर बैल स्थिर खड़ा रहे और अपना सिर हिलाए ताकि घंटी बजती रहे? आपको कैसे पता चलेगा कि वह अभी भी काम कर रहा है?"

तुहिन ने जवाब दिया, "ओह, यह कोई समस्या नहीं है। मेरा बैल तुम्हारे जितना बुद्धिमान नहीं है।"

सभी शिष्य हंस पड़े...

गुरुजी ने मुस्कुराते हुए कहा, "देखना ही विश्वास करना है," उनका तात्पर्य अपनी आँखों से इस प्रवेश को देखना था। हमें शरीर के जीवन और आत्मा के जीवन के बीच अंतर करना चाहिए; हमें वर्तमान से पीछे हटना चाहिए और बाहर की ओर बढ़ना चाहिए, उच्चतर क्षेत्रों के मार्ग के माध्यम से विस्तार करना

चाहिए। दूसरे शब्दों में, हमें अपने अस्तित्व के केंद्र को ह्रदय से हटाकर आँखों की ओर ले जाना चाहिए।"

मैथ्यू के सुसमाचार, अध्याय ६, श्लोक २२ यह श्लोक एक बड़े अंश का हिस्सा है जिसमें इसु भौतिक चीज़ों की तुलना में आध्यात्मिक खोज को प्राथमिकता देने के बारे में सिखाते हैं। यदि किसी व्यक्ति का ध्यान स्पष्ट और एकाग्र है, तो उसका पूरा अस्तित्व समझ और अंतर्दृष्टि से प्रकाशित होगा।

"शरीर का दीया तेरी आंख है; इसलिये यदि तेरी आंख एक ही हो, तो तेरा सारा शरीर भी उजियाला होगा।"

गुरुजी ने कहा, "यदि किसी व्यक्ति के इरादे और प्रेरणाएँ शुद्ध हैं, तो उसके कार्य और निर्णय भी शुद्ध और धार्मिक होंगे। हम तीसरी आँख के माध्यम से उच्च आयामों या क्षेत्रों तक पहुँच सकते हैं, जिसे ऋषियों के अनुसार शिव नेत्र के रूप में भी जाना जाता है।"

गुरुजी ने कहा, "ईश्वर का राज्य अब हममें से अधिकांश के लिए एक खोया हुआ क्षेत्र है, लेकिन हमें

अखंड ध्यान, एकनिष्ठ दृष्टिकोण के साथ लगातार और बार-बार बहुत जोर से खटखटाना चाहिए, और 'जीवन के प्रकाश' तक पहुंचने के लिए प्रत्येक आवरण को छीलकर उसमें प्रवेश करने का रास्ता खोजना चाहिए। और आनंद की दुनिया में प्रवेश करके सच्ची मुक्ति, उच्च चेतना और ज्ञान प्राप्त करना चाहिए।"

गुरुजी ने कहा, "अब जागने का समय है।"

अध्याय ३.२

माया और नवनिर्माण

"क्या यह दुर्भाग्यपूर्ण नहीं है कि हम इस ग्रह पर अपने अस्तित्व के लिए किसी कारण या उद्देश्य के बिना रहते हैं?"

अक्षत ने कहा, "पदमा, हम माया की दुनिया में रहते हैं, जो रहस्य से भरी एक रहस्यमयी पहेली है। कोई भी किसी दूसरे को या हमारे आस-पास होने वाली घटनाओं को नियंत्रित नहीं कर सकता। जीवन बहुत तेज़ी से आगे बढ़ता है। एक पल आप दुनिया के शीर्ष पर होते हैं, और अगले ही पल..."

पदमा ने सहमति जताते हुए कहा, "सच है, अक्षत।"

अक्षत ने कहा, “यह जगह हमें अपनी मौजूदा भागदौड़ से दूर रहने, थोड़ा आराम करने, थोड़ा सपना देखने, वो काम करने में मदद करती है जो आप हमेशा से करना चाहते थे और गुज़रते पलों में मौजूद रहने में मदद करती है। अपनी पूरी क्षमता के साथ, हम अपने रास्ते में आने वाले हर अवसर का पूरा फ़ायदा उठाएँगे।”

पदमा और अक्षतने अन्य भक्तों के साथ बुद्ध हॉल में प्रवेश किया।

अपेक्षा ने पूछा, “गुरुजी, यदि ब्रह्म पूर्ण है और उसमें कोई इच्छा नहीं है, तो ब्रह्माण्ड की रचना क्यों की गई?”

गुरुजी मुस्कुराए, “अपेक्षा, श्री रामने अपने गुरु वशिष्ठ से भी ऐसा ही प्रश्न पूछा था।”

वशिष्ठ ने उत्तर दिया, “घोड़े के आगे गाड़ी मत लगाओ; आत्म-ज्ञान होने पर तुम माया की प्रकृति और उसकी गतिविधियों को स्वयं ही समझ जाओगे।

तुम संसार की आग में फंसे हो; इससे बाहर निकलने के तरीके हैं; ब्रह्म का अभ्यास करो और उसे पाओ; तभी तुम इस ब्रह्मांड के 'क्यों' को समझ पाओगे।"

गुरुजी ने कहा, "क्या बिच्छू के डंक से बहुत पीड़ा में पड़ा हुआ व्यक्ति डॉक्टर से पूछेगा कि यह दवा क्या है? इसमें क्या-क्या है?"

आस्था ने जवाब दिया, "वह दर्द से राहत पाने के लिए तुरंत दवा ले लेगा।"

गुरुजी ने कहा, "बस उस प्रश्न पर कुछ देर रुको, और तुम्हें खुद ही उत्तर मिल जाएगा। हम देखते हैं कि बहुत से लोग अनुत्तरित प्रश्नों के उत्तर खोजने की कोशिश में अपना पूरा जीवन बर्बाद कर देते हैं। बस अपने मन को शांत रखने की कोशिश करो और इस प्रश्न से विचलित मत हो जाओ।"

गुरुजी ने कहा, "अक्षत, आओ हम सृष्टि की ओर बढ़ें, जैसा कि ब्रह्म ने चाहा है।"

छांदोग्य उपनिषद ६.२.१ में कहा गया है कि प्रारम्भ में, केवल एक ही अविभाज्य सत्ता थी, अन्य कोई नहीं।

सदेव सोम्येदमग्र आसीदेकमेवाद्‌वितीयम्।

तद्‌धैक आहुरसदेवेदमग्र आसीदेकमेवाद्‌वितीयं
तस्मादसतः सज्जायत॥६.२.१॥

अर्थ: "सबसे पहले, अस्तित्व अकेला था, एकमात्र और केवल, दूसरा नहीं। कुछ लोगों का मानना है कि शुरुआत में, अस्तित्वहीनता अकेली थी, एकमात्र और केवल, दूसरा नहीं। अस्तित्व, अस्तित्वहीनता से उत्पन्न हुआ।"

ब्रह्म और माया के बीच का संबंध गर्मी और आग या ठंड और बर्फ जैसा है, क्योंकि वे अविभाज्य हैं। उसी तरह, शक्ति और शिव एकीकृत हैं, और शक्ति की पूजा करके, व्यक्ति ब्रह्म की पूजा कर रहा है। माया में तीन गुण शामिल हैं: सत्व, रजस और तमस, जो क्रमशः शुद्‌धता, जुनून और जड़ता का

प्रतिनिधित्व करते हैं। जब कोई गुण नहीं होता हैं, तो निर्गुण ब्रह्म मौजूद होता है, और माया अनुपस्थित होती है। सगुण ब्रह्म माया से जुड़ा हुआ है। माया शुद्ध सत्व का प्रतिनिधित्व करती है और सगुण ब्रह्म के नियंत्रण में है।

आस्था ने गुरुजी से पूछा, "माया और अविद्या में क्या अंतर है?"

गुरुजी ने कहा, "माया मूल कारण है, जबकि अविद्या इसका परिणाम है। माया शुद्ध चेतना या शुद्ध सत्व का प्रतीक है, जबकि अविद्या अशुद्ध या मलिन सत्व है, जो सत्व के साथ रजस और तमस का मिश्रण है। माया बड़े पैमाने पर ब्रह्मांड से संबंधित है, जबकि अविद्या व्यक्तियों से संबंधित है। सगुण ब्रह्म की उपस्थिति में, माया ब्रह्मांडीय जागरूकता को सुगम बनाती है। हालाँकि, अविद्या जीव या व्यक्तिगत आत्मा को शारीरिक जागरूकता तक सीमित रखती है। माया सगुण ब्रह्म का कारण शरीर

है, जबकि अविद्या जीव का कारण शरीर है। व्यक्तिगत आत्मा अविद्या के अधीन है।"

आस्था ने पूछा, "चैतन्य का क्या मतलब है?"

चैतन्य संस्कृत का एक शब्द है जिसका अर्थ 'चेतना' है तथा यह सर्वव्यापी आत्मा का प्रतीक है।

- सत्व गुण से सम्बन्धित चैतन्य श्री विष्णु हैं।
- श्री ब्रह्मा को रजो गुण के चैतन्य स्वरूप माना गया है।
- तमो गुण से जुड़े चैतन्य श्री शिव हैं।

अद्वैत वेदांत के अनुसार, सगुण ब्रह्म को सृजन, संरक्षण और विनाश में उनकी भूमिकाओं के आधार पर तीन श्रेणियों में विभाजित किया गया है। हालाँकि, चैतन्य चेतना स्थिर और एकरूप रहती है। अद्वैत वेदांत में विभिन्न चैतन्य चेतनाएँ हैं:

- ब्रह्म चैतन्य सम्पूर्ण या निरपेक्ष चेतना को दर्शाता है।
- ईश्वर चैतन्य सार्वभौमिक या ब्रह्मांडीय

चेतना का प्रतीक है।

- जीव चैतन्य का तात्पर्य व्यक्तिगत या वैयक्तिक चेतना से है।
- साक्षी चैतन्य अंतर्निहित या आंतरिक चेतना का प्रतिनिधित्व करता है।

ऋषि ब्रह्म के कारण शरीर की पूजा करते हैं, जो अधिकांश लोगों की पहुंच से परे है। इसलिए सगुण ब्रह्मा (ईश्वर) भी पूजा (पूजा) के लिए सूक्ष्म शरीर या हिरण्यगर्भ का रूप धारण करते हैं। जो लोग इस स्तर तक नहीं पहुंच सकते हैं, उनके लिए एक अधिक सुलभ स्थूल शरीर की अभिव्यक्ति है, वह विशाल रूप जो अर्जुन द्वारा देखा गया है। भले ही यह असंभव हो, श्रुति (जिसे सुना जाता है)ने ब्रह्मा, विष्णु और रुद्र की भूमिका को प्रकट करने के लिए अवतार लिया कि कैसे ब्रह्मा, राज्य और लय की पूजा (पूजा) की जाए।

गुरुजी ने कहा, “आस्था, चलो सृष्टि के बारे में बात करते हैं।”

आरंभ में हिरण्यगर्भ, सूक्ष्म सृष्टि- ब्रह्मांड की रचना करता है, जहाँ पदार्थ आदिम अवस्था में विद्‌यमान रहता है। इस अवस्था में पाँच तन्मात्राएँ, जो मूल तत्व हैं, बिना मिश्रित या पंचगुणित हुए विद्‌यमान रहती हैं। हिरण्यगर्भ सभी प्राणों और मनों का योग है और इसे ब्रह्मलोक के रूप में जाना जाता है, जबकि सगुण ब्रह्म का कोई विशिष्ट लोक नहीं है। माया अविभाजित या अप्रकट अवस्था में विद्‌यमान रहती है, जिसे अव्यक्त कहा जाता है, जहाँ ऊर्जा और पदार्थ अविभाज्य होते हैं, और ध्वनि भी अव्यक्त रूप में विद्‌यमान रहती है। जैसे एक वृक्ष बीज अवस्था में विद्‌यमान रहता है, वैसे ही संपूर्ण ब्रह्मांड माया की अव्यक्त अवस्था में विद्‌यमान रहता है। ब्रह्मांडीय प्रलय की अवस्था के दौरान, संपूर्ण विश्व इस अव्यक्त में एकीकृत या लीन हो जाता है।

गुरुजी ने कहा, “तन्मात्राओं के सात्विक पहलू ने पाँच ज्ञान इंद्रियों या ज्ञान के अंगों को जन्म दिया, जबकि मन का निर्माण सभी पाँच तन्मात्राओं से सत्व के संलयन से हुआ। प्राण, पाँच तन्मात्राओं में से प्रत्येक

के अलग-अलग राजसिक घटक से उत्पन्न हुआ, जबकि प्रत्येक तन्मात्रा के तामसिक घटकने पाँच स्थूल तत्वों का निर्माण किया। ये तत्व बाद में विभिन्न व्यवस्थाओं में संयोजित और पुनर्संयोजित हुए, अंततः पंचीकरण की प्रक्रिया के माध्यम से ब्रह्माण्ड के निर्माण की ओर अग्रसर हुए।"

सरीरा त्रया के अनुसार, तीन शरीरों का सिद्धांत, नश्वर भौतिक शरीर जो खाने, सांस लेने और चलने जैसी क्रियाएं करता है उसे विराट, स्थूल शरीर के रूप में जाना जाता है। वैश्वानर अंतर्निहित चैतन्य है, इसलिए विश्व (ब्रह्मांड) और नरः (मनुष्य) का उपयोग संस्कृत में 'सार्वभौमिक या ब्रह्मांडीय मनुष्य' को संदर्भित करने के लिए किया जाता है, जिसे आत्मा भी कहा जाता है।

हिरण्यगर्भ, संपूर्ण सूक्ष्म शरीर या सूक्ष्म शरीर (लिंग शरीर) या सूक्ष्म को समाहित करता है, जिसमें स्थूल जगत में प्राण, मन और बुद्धि शामिल हैं। इस संदर्भ में अंतर्निहित चैतन्य सूत्रात्मा है, जो धागा-आत्मा या

चांदी की डोरी के रूप में कार्य करता है। यह धागा-आत्मा जीवन देने वाला कनेक्शन है जो उच्चतर स्व (आत्मा) को अंतःकरण के माध्यम से भौतिक शरीर से जोड़ता है।

अव्यकृतम्, जो सभी कारण शरीर या कारण शरीर के आनंद का योग है, सूक्ष्म जगत में अंतर्निहित चैतन्य है। जाग्रत अवस्था के दौरान, विश्व (वैश्वानर) भौतिक शरीर के सूक्ष्म जगत से जुड़ा होता है, जबकि सूक्ष्म शरीर स्वप्न अवस्था में तैजस (प्रकाश से संपन्न) से जुड़ा होता है। गहरी नींद की अवस्था में, कारण शरीर से संबंधित चैतन्य प्रज्ञा(ज्ञान) है।

आस्था ने पूछा: "गुरुजी, ओमकारा या ओंकारा क्या है?"

गुरुजी ने कहा, "ओम या ॐ ॐ की पवित्र ध्वनि एक आध्यात्मिक प्रतीक है जो परम वास्तविकता, चेतना या आत्मा की मौलिक प्रकृति का प्रतिनिधित्व करती है।"

लय चिंतन की विधि का पालन करके अपने वास्तविक स्वरूप का बोध संभव है, जिसमें विश्व को विराट में, विराट को ओंकार के 'अ' में, तैजस को हिरण्यगर्भ में, हिरण्यगर्भ को ओंकार के 'उ' में, तथा प्रज्ञा को ईश्वर में, तथा ईश्वर को ओंकार के 'म' में मिलाना शामिल है। इस प्रक्रिया से ईश्वर साक्षी या कूटस्थ की प्राप्ति होती है, जो भौंहों के बीच का बिंदु है, जिसे शिव नेत्र भी कहा जाता है।

लय चिंतन के सिद्धांत के अनुसार, तत्वों का एक विशिष्ट संरचित क्रम होता है: पृथ्वी अपने कारण में, जल अपने कारण में, अग्नि अपने कारण में, अग्नि वायु में, वायु आकाश में, आकाश अव्यक्त में, और अव्यक्त ब्रह्म में। इसी तरह, अंतःकरण या मन के लय चिंतन में, व्यक्तिगत मन महत या बुद्धि में लीन होता है, जो ब्रह्मांडीय बुद्धि में लीन होता है, और वह अव्यक्त में लीन होता है, जो अंततः ब्रह्म की ओर ले जाता है।

गुरुजी ने कहा, “अध्यात्म में, विश्वास में सृष्टि, जगत और अन्य संबंधित पहलू शामिल हैं, जबकि अपवाद के रूप में पूरे विश्व का उन्मूलन केवल ब्रह्म ही रह जाता है।

गुरुजी ने कहा, अध्यारोप में, आस्था में सृष्टि, विश्व और अन्य संबंधित पहलू शामिल हैं, जबकि अपवाद में दुनिया के संपूर्ण अधिरोपण को समाप्त कर केवल ब्रह्म को छोड़ देना शामिल है।”

“मनोमत्रं जगत्, मनः कल्पितं जगत्।”

मन ही सृष्टि का स्रोत है; जहाँ मन है, वहाँ संसार भी है। गौड़पाद को अजति-वाद के सिद्धांत को तैयार करने का श्रेय दिया जाता है, जो सृजन न होने के विचार को प्रस्तुत करता है, जिसमें कहा गया है कि निरपेक्ष जन्म, परिवर्तन और मृत्यु की धारणाओं से परे है। गौड़पाद का मानना है कि निरपेक्ष अज है, या हमेशा के लिए अनिर्मित है। जिस तरह एक व्यक्ति जो लंबे समय तक संयुक्त राज्य अमेरिका में रहता है, वह अंततः अपनी मूल भाषा भूल सकता

है, उसी तरह दुनिया केवल संस्कारों या मानसिक छापों का एक उत्पाद है। साधना और समाधि में संलग्न होकर और सचेत रूप से मन से परे जाकर, दुनिया को खत्म किया जा सकता है।

दुनिया संवेदी छापों का एक विविध समामेलन है, और हमारा दृष्टिकोण हमारी धारणा को प्रभावित करता है। यहां तक कि एक वस्तु का आकार, जैसे कि एक गोलाकार मेज, एक निश्चित कोण से देखने पर एक वर्ग के रूप में दिखाई दे सकता है। हमारी इंद्रियां अक्सर हमें धोखा दे सकती हैं, और समय, स्थान और रूप सभी क्रमशः कला शक्ति (समय), दिक् शक्ति (स्थान), और रूप शक्ति (रूप) द्वारा निर्मित भ्रामक अवधारणाएं हैं, जो सभी माया के पहलू हैं। जब हम किसी चीज़ में तल्लीन होते हैं तो समय तेज़ी से बीतता हुआ प्रतीत होता है, और ऐसा महसूस हो सकता है कि केवल कुछ मिनट ही बीते हैं, जबकि एक घंटा बीत चुका है, जबकि जब हम विचलित होते हैं तो यह अनंत काल की तरह लग सकता है। अंततः, समय एक मानसिक रचना है, जो

यह सवाल उठाती है कि क्या हम जो कुछ भी अनुभव करते हैं वह माया द्वारा बनाया गया एक भ्रम मात्र है।

भगवद् गीता ७.१४ के अनुसार, माया ईश्वर की प्रचंड शक्ति है, जिसे जीतना बहुत कठिन है। अगर कोई यह दावा करता है कि उसने माया पर विजय पा ली है, तो उसने ब्रह्म पर भी विजय पा ली है, जो असंभव है, क्योंकि ब्रह्म अजेय है। इसलिए माया को अजेय माना जाता है।

दैवी ह्येषा गुणमयी मम माया दुरत्यया |
मामेव ये प्रपद्यन्ते मायामेतां तरन्ति ते ||14||

अर्थ: "प्रकति के तीन गुणों से युक्त मेरी दैवीय शक्ति माया से पार पाना अत्यंत कठिन है किन्तु जो मेरे शरणागत हो जाते हैं, वे इसे सरलता से पार कर जाते हैं।"

महामाया की कृपा प्राप्त करने वाले लोग तीनों गुणों के प्रभाव से पार जा सकते हैं और उनकी कृपा से

उन्हें ब्रह्म, परम सत्य से परिचय हो जाएगा। तभी वे शाश्वत शांति पा सकते हैं और अमरता के दायरे में प्रवेश कर सकते हैं।

मनुष्य विकास के शिखर पर है, इसलिए जन्म लेना एक दुर्लभ अवसर है, और इसलिए, इस अवसर का उपयोग केवल बेकार की बकबक, भोजन और पेय में लिप्त होने के बजाय उच्च उद्देश्य के लिए करना महत्वपूर्ण है। माँ की कृपा से, कोई भी व्यक्ति संसार के सागर पर विजय प्राप्त कर सकता है और सत्-चित-आनंद का सच्चा सार प्राप्त कर सकता है।

गुरुजी ने कहा, "जब सच्चा ज्ञान प्रकट होता है, तो मन को अपनी आत्मनिर्भरता की प्रकृति का एहसास होता है और वह आत्मा या चेतना के स्रोत में वापस लौटता है और उसके साथ एक होकर शांति से विश्राम करता है। यह व्यक्ति की मुक्ति है, जिसमें व्यक्ति 'अनंत चेतना' के साथ विलीन हो जाता है और 'परम' के रूप में विद्यमान रहता है।"

अध्याय ३.३

माया और अविद्या

"माया (भ्रम) गहन अज्ञानता को दर्शाता है। अज्ञानता सांसारिक पीड़ा का कारण बनती है। इस दुनिया में, कोई दर्द या पीड़ा नहीं हो सकती। अगर दर्द और पीड़ा जैसी कोई चीज़ होती।"

चर्चा के दौरान अक्षत और पदमा अन्य भक्तों के साथ अपने विचारों का आदान-प्रदान कर रहे थे।

अक्षत ने कहा, "जब हम अपनी दिनचर्या में व्यस्त होते हैं, तो समय धीरे-धीरे बीतता हुआ प्रतीत होता है। हालांकि, एक बार जब हम उस दिनचर्या से बाहर निकलते हैं और अपनी यादों पर विचार करते हैं, तो हमें पता चलता है कि समय बीतने के बावजूद वे कितनी ताज़ा लगती हैं। समय के प्रति सजग रहने के लिए, व्यक्ति को आत्मनिरीक्षण करने की

आवश्यकता होती है, जिसके लिए सभी अन्य विकर्षणों को अलग रखना और स्वयं पर ध्यान केंद्रित करना आवश्यक है।"

अक्षत ने कहा, "समय कितनी जल्दी बीत जाता है, यह बताने के लिए अक्सर 'समय उड़ जाता है' वाक्यांश का इस्तेमाल किया जाता है। मैं चाहता था कि समय उड़ जाए, ताकि मैं छोटी उम्र में स्वतंत्र हो सकूं और अपनी रुचियों को आगे बढ़ा सकूं। हालांकि, जैसे-जैसे मैं बडा हुआ, मैंने अपने माता-पिता के साथ गुणवत्तापूर्ण समय बिताने के महत्व को पहचाना, जिन्हें मैं अब मूल्यवान और अनमोल मानता हूं।"

जब उन्हें पता चला कि गुरुजी पास ही हैं, तो वे बुद्‌ध हॉल की ओर दौड़ पड़े।

गुरुजी मुस्कुराये और बोले, "माया कारण है और अविद्‌या प्रभाव है।"

गुरुजी ने कहा, "अक्षत, माया बुद्‌धि की अभिव्यक्ति है, जो शाश्वत और अवर्णनीय है और ब्रह्म से जुड़ी

हुई है। इस संदर्भ में, माया और अविद्‌या को एक ही इकाई के रूप में माना जाता है और वे एक दूसरे से समग्र रूप से या उसके भागों के रूप में संबंधित हैं। माया ब्रह्म की उपाधि है, जो जीव (आत्मा) की उपाधि है।"

माया ब्रह्मांड के उस हिस्से को दर्शाती है जहाँ शुद्‌ध सत्व प्रबल है, जबकि अविद्‌या उस क्षेत्र को दर्शाती है जहाँ सत्व, रजस और तमस से कम है, जो इसे अशुद्‌ध बनाता है। इस संदर्भ में, ब्रह्म माया में बुद्‌धि का प्रतिबिंब है, जबकि जीव अविद्‌या में बुद्‌धि का प्रतिबिंब है।

अविद्‌या ज्ञान को उसी तरह से अस्पष्ट कर देती है जैसे गंदगी की एक परत दर्पण को अस्पष्ट कर देती है। असत्य के आवरण से भ्रमित और धोखा खाए जाने के कारण, लोग वस्तुओं से चिपके रहते हैं और मानते हैं कि नाम और रूप की यह भ्रामक दुनिया बिल्कुल वास्तविक है।

संस्कृत में मूल प्रकृति शब्द का अर्थ है 'प्रकृति की जड़' या मूल पदार्थ। ब्रह्मांड की सुषुप्ति या सुप्त अवस्था के दौरान, जिसे महा सुषुप्ति या गहरी नींद भी कहा जाता है, गुण संतुलन की स्थिति में होते हैं। हालाँकि, जब गुण बाधित होते हैं, तो मूल प्रकृति को माया, अविद्या, तमस और अन्य सहित विभिन्न नामों से पहचाना जाता है।

गुरुजी ने कहा, "ब्रह्म का न तो कोई आरंभ है और न ही कोई अंत। माया का कोई आरंभ नहीं है, लेकिन उसका अंत है; जैसे ही व्यक्ति आत्म-ज्ञान प्राप्त कर लेता है, वह लुप्त हो जाती है।"

माया और ब्रह्म अविभाज्य हैं। क्या गर्मी आग से स्वतंत्र रूप से मौजूद हो सकती है? जैसे आग की विशेषता गर्मी है, वैसे ही ब्रह्म की विशेषता माया है। ब्रह्म को समझने के लिए माया आवश्यक है, क्योंकि माया के बिना ब्रह्म नहीं हो सकता।

महामाया ब्रह्म को भ्रम में डालती है -

- यह संसार उसके माध्यम से ब्रह्म की अभिव्यक्ति है।
- व्यक्ति स्वयं उठता है और उसके माध्यम से स्वयं को अनुभव करता है।
- ब्रह्म का वास्तविक स्वरूप उसके माध्यम से अनुभव किया जाता है।
- मोक्ष की प्राप्ति उसके माध्यम से होती है।

अक्षय ने पूछा, "गुरुजी, आप ऐसा कैसे करते हैं? हमने अभी तक उनकी एक झलक भी नहीं देखी है, तो मैं उस चीज़ पर कैसे ध्यान केंद्रित कर सकता हूँ और चिंतन कर सकता हूँ जिसे मैंने देखा ही नहीं है?"

मुस्कुराते हुए गुरुजी ने उत्तर दिया, "शिव नेत्र पर ध्यान दो, सब कुछ ठीक हो जाएगा। तुम्हें आत्म-जागरूकता प्राप्त होगी।"

गुरुजी ने कहा, "हम अंधेरे में टटोल रहे हैं, क्षणभंगुर छाया का पीछा करने में व्यस्त हैं, जो हमारे करीब आते ही हमसे दूर हो जाती है, फिर भी हम वही करने में संतुष्ट हैं। जब तक सभी आनंद और सद्भाव

का खजाना आपके भीतर है, अप्रयुक्त है, शिव नेत्र का दोहन करके, जो आत्मा का निवास है, कोई भी माया की भ्रामक दुनिया से जाग सकता है और उच्च क्षेत्रों के साथ एक अति-चेतन संबंध स्थापित कर सकता है। 'मानव मन के लिए ज्ञान के हमारे साधन इंद्रियां हैं; आत्मा इंद्रियों के बिना परिपूर्ण है।' एक बार जब आप दरवाजा खटखटा सकते हैं और आगे बढ़ सकते हैं, तो आपको एक-एक करके सर्वोच्च चेतना या सभी चेतना की ओर निर्देशित किया जाएगा, जो हमारा सच्चा घर है, और आप एक-एक करके एक पूर्ण जीवन जीने में सक्षम होंगे। 'पूर्णता में जीवन'।

जो मनुष्य स्वयं को माया जगत् से, अपने शरीर, मन और बुद्धि से अलग नहीं कर पाता, वह ईश्वर के निकट नहीं पहुंच पाता।

हम इस श्लोक को कुरिन्थियों को लिखे पौलुस के दूसरे पत्र में पाते हैं, खास तौर पर अध्याय ४, श्लोक १६ में। यहाँ, पौलुस अपरिहार्य शारीरिक गिरावट और

बुढ़ापे को स्वीकार करता है जो हम सभी को प्रभावित करता है। वह अपने पाठकों से आग्रह करता है कि वे आशा न खोएँ या इससे निराश न हों। इसके बजाय, वह इस बात पर ज़ोर देता है कि हमारे भीतरी स्व - हमारी आत्मा और जीवात्मा - को प्रतिदिन नवीनीकृत और मज़बूत किया जा सकता है। विश्वास और पवित्र आत्मा हमारे जीवन में इस कायाकल्प को सुगम बनाते हैं, जिससे हम प्रेम, बुद्धि और आध्यात्मिक परिपक्वता में विकसित होते हैं।

कोरिन्थियों ४:१६: “इसलिये हम हियाव न छोड़ें; यद्यपि बाहरी दृष्टि से हम नाश होते जाते हैं, तौभी भीतरी दृष्टि से दिन प्रतिदिन नया होते जाते हैं।”

केवल जब बाह्य मनुष्यत्व नष्ट हो जाता है, तभी आंतरिक मनुष्यत्व का नवीनीकरण होता है, और व्यक्ति सुधार के शिखर को प्राप्त करता है, सभी बाधाओं से मुक्त होकर एक जीवंत आत्मा बन जाता है, आंतरिक अनुभव प्राप्त करता है, तथा महान

गुरुओं और स्वयं ब्रह्म के मिलन में सहायता करता है।

यह आयत प्रकाशितवाक्य की पुस्तक में पाई जाती है, खास तौर पर अध्याय ३, आयत २० में। इसे आम तौर पर ईसु की ओर से उसके साथ एक व्यक्तिगत संबंध बनाने के निमंत्रण के रूप में समझा जाता है, जो दर्शाता है कि वह धैर्यपूर्वक हमारे द्वारा उसे अपने जीवन में स्वागत करने की प्रतीक्षा कर रहा है। उसके लिए अपने दिल खोलकर, हम उसे अपने जीवन को हमारे साथ साझा करने की अनुमति देते हैं।

प्रकाशितवाक्य ३:२०: "देख, मैं द्वार पर खड़ा हुआ खटखटाता हूँ; यदि कोई मेरा शब्द सुनकर द्वार खोलेगा, तो मैं उसके पास भीतर आकर उसके साथ भोजन करूँगा और वह मेरे साथ।"

यह श्लोक विश्वास और पश्चाताप के महत्व की याद दिलाता है, हमें अपने पापों से दूर होने और ईश्वर के प्रेम की परिवर्तनकारी शक्ति के प्रति ग्रहणशील होने के लिए प्रोत्साहित करता है। यह सुनिश्चित

करता है कि यदि हम ईसु को अपने दिलों और जीवन में आमंत्रित करते हैं, तो वह आएगा और हमारे साथ अपना निवास बनाएगा। ईसु की ओर से संगति का यह प्रस्ताव अपने साथ क्षमा, अनुग्रह और नई शुरुआत के उपहार लाता है।

यह श्लोक १ थेस्सालोनीयन्स की पुस्तक, अध्याय ५, श्लोक २ से लिया गया है। इसका उद्देश्य यह चेतावनी देना है कि ईसु मसीह की वापसी अपरिहार्य है और अप्रत्याशित रूप से घटित होगी। रात में चोर के रूपक का उपयोग मसीह की वापसी की अचानकता और अप्रत्याशितता को उजागर करने के लिए किया जाता है, जो कई लोगों को आश्चर्यचकित कर सकता है। संत जॉन ने हमें उस अनुभव के बारे में बताया जब वह 'आत्मा' में परिवर्तित हो गए और प्रभु के आने की बात कही।

थेस्सालोनीयन्स ५:२: "क्योंकि तुम भली भांति जानते हो कि जैसा रात को चोर आता है, वैसा ही प्रभु का दिन आएगा।"

गुरुजी ने कहा, “हम सभी मृत्यु से बहुत डरते हैं, हालाँकि हम सभी जानते हैं कि सभी जीवित प्राणियों को किसी न किसी समय मरना ही है। यह सत्य के ज्ञान का पूर्ण अभाव दर्शाता है।”

मैं एक ज़ेन कहानी साझा करना चाहूँगा। एक बार, एक अंधा आदमी अपने दोस्त से मिलने के बाद देर रात घर लौट रहा था। जब उसके दोस्त ने उसे जलती हुई लालटेन दी, तो अंधे आदमी ने पहले तो उसे लेने से मना कर दिया।

“मैं लालटेन क्यों लेकर चलू?” मेरे लिए सब कुछ एक जैसा है; इस लालटेन से मैं कितना बेहतर देख सकता हूँ? मेरे जैसे अंधे के लिए।

“नहीं,” दोस्त ने जवाब दिया, “शायद नहीं।” दूसरी ओर, दूसरे लोग आपको बेहतर तरीके से देख पाएँगे और आपसे नहीं टकराएँगे।

अंधे आदमी ने कहा, “ऐसी स्थिति में तो मैं इसे ले लूंगा।”

दोस्त ने अंधे आदमी को बांस की पट्टियों पर एक कागज़ की लालटेन दी। अपनी शुरुआती आपत्ति के बावजूद, अंधे आदमी ने लालटेन स्वीकार कर ली और अंधेरे में चल पड़ा। हालाँकि, जल्द ही वह कुछ ही गज की दूरी पर किसी से टकरा गया, जिससे उसका संतुलन बिगड़ गया और वह ज़मीन पर गिर गया।

अंधा आदमी गुस्से में था। उसने पूछा, "तुम नज़र क्यों नहीं रखते?"

"तुम इस लालटेन को क्यों नहीं देख पा रहे हो?" अंधा आदमी चिल्लाया।

यात्री ने धीरे से उत्तर दिया, "आप मोमबत्ती क्यों नहीं जलाते?"

क्या हम एक विरोधाभासी स्थिति में नहीं हैं, जहां हम जीवन के उद्देश्य और मृत्यु की यात्रा को नहीं समझ पा रहे हैं, जैसा कि पिछली कहानी में हुआ?

मृत्यु के कई पहलू रहस्य और अनिश्चितता में लिपटे हुए हैं:

- प्रथम, हमने जीवित रहते हुए 'इच्छा से मरना' नहीं सीखा है।
- दूसरा, हम नहीं जानते कि मृत्यु के बाद क्या होता है।
- तीसरा, हम इस बात पर विचार करते रहते हैं कि मृत्यु की दहलीज के पार क्या है, तथा दूसरी ओर हमारा कौन इंतजार कर रहा है।
- चौथा, मरने के बाद हम कहां जाते हैं?

अनसुलझे प्रश्नों की अधिकता मृत्यु की अवधारणा के प्रति व्यक्ति की आशंका और चिंता को और बढ़ा देती है।

गुरुजी ने मुस्कुराते हुए कहा, "मृत्यु इतनी भयावह घटना नहीं है, न ही यह उतनी कठोर और जटिल है, जितना अज्ञानी लोग मानते हैं। वास्तव में, यह एक सामंजस्यपूर्ण घटना है। भगवान कृष्ण की बांसुरी से निकलने वाली प्रेम की धुन और मधुर अमृत से भरपूर, यह कब्र और नश्वर अवशेषों को निगलने और विघटित करने वाली चिता की लपटों से परे जीवन का एक नया क्षितिज खोलती है।"

हेनरी लॉन्गफेलो की 'ए सालम ऑफ लाइफ' जीवन के महत्व और गंभीरता को रेखांकित करती है और इस बात पर जोर देती है कि अस्तित्व का लक्ष्य कब्र नहीं है। वह इस धारणा को खारिज करता है कि हम केवल धूल से बने हैं और उसी में वापस चले जाएंगे, और इस विचार की पुष्टि करता है कि आत्मा भौतिक क्षेत्र से परे है और क्षय के अधीन नहीं है।

जीवन सच्चा है! जीवन ईमानदार है!

और कब्र उसका लक्ष्य नहीं है;

तू धूल है, धूल में ही लौट जाएगा,

आत्मा के विषय में बात नहीं की गई।

हमारे और सभी जीवित प्राणियों के भीतर जीवन का सार शाश्वत बना रहता है; यह केवल इसका एक हिस्सा है जो एक परिवर्तनकारी प्रक्रिया से गुजरता है, जिसे हम गलती से मृत्यु कहते हैं और गलती से अंतिमता के रूप में समझते हैं।

गुरुजी ने कहा, “आस्था, एकमात्र सार्वभौमिक सत्य जो अस्तित्व के सभी स्तरों पर काम करता है, वह यह है की ‘मृत्यु जीवन को पोषित करती है और जीवन मृत्यु को प्रकाश प्रदान करता है।’ वास्तविकता की अनुभूति स्वयं के विनाश के साथ महसूस की जाती है। आत्मा स्वतः ही बंधनों को तोड़ देती है। प्रकाश की चमक परे की दुनिया से बरसेगी, जो इसे उज्ज्वल महिमा बनाती है रूपांतरण से व्यक्ति, रहस्योद्घाटन और परम आनंद प्राप्त करती है।”

“जब मैं समझ जाऊँगा कि मेरे पास कुछ भी नहीं है, तो मैं अँधेरे को प्रकाशमय पाऊँगा, शून्य को फलदायी पाऊँगा, कि मीनार में घंटी बजाने वालों ने आत्मा की योनिद्वार के लिए एक गुजरती हुई घंटी नियुक्त कर दी है।” - डब्ल्यू बी एट्स।

इस ब्रह्मांड में हर जीव पदार्थ से बना है, और हर जीव मरता है - अमीर या गरीब, युवा या बूढ़ा, स्वस्थ या बीमार, पक्षी या जानवर, झाड़ी या पेड़, गुरु या शिष्य। जो आत्मा जीवित रहने के लिए शरीर धारण

करती है, उसे एक दिन त्यागना ही पड़ता है; मृत्यु निश्चित और वास्तविक है, लेकिन बाकी सब कुछ अप्रत्याशित है। हम शायद ही कभी अपने आगे के लंबे रास्ते पर विचार करते हैं, और इसके बजाय दूसरों की मृत्यु पर शोक मनाते हुए दिन बिताते हैं, अपनी यात्रा- 'आत्मा की यात्रा' के लिए तैयार होने की जहमत नहीं उठाते।

सत्र के बाद, पदमा और अन्य भक्त इकट्ठे हुए, और पदमा ने अक्षत से पूछा, "इसके बाद क्या हुआ?"

अक्षत ने बताया, "एक दिन मेरे पिता के दोस्त मेरे पास आए और मुझसे अनुरोध किया कि मैं अपने पिता की देखभाल करूँ। मैं स्थिति को समझ नहीं पाया। मैं उलझन में था ..."

दिसंबर की एक सुहावनी सुबह, मेरे पिताने मुझसे बात की और कहा, "मेरे बच्चे, मुझे लगता है कि मैं तुम्हारे लिए एक अच्छा पिता रहा हूँ। मैंने हमेशा तुम्हारी खुशी सुनिश्चित करने और तुम्हारी माँ की अनुपस्थिति से होने वाले दर्द को छिपाने का प्रयास

किया।" उन्होंने यह भी अनुरोध किया कि जब वे अनुपस्थित हों तो मैं उनके कर्मचारियों की देखभाल करूँ।

अक्षत ने कहा, "मैं उनके बयानों से हैरान था और मैंने पूछा, 'आपकी अनुपस्थिती'?"

जाने से पहले मेरे पिता मुस्कुराये और स्नेहपूर्वक मेरे सिर पर थपथपाया।

अक्षत ने बताया, "उनकी बातें मुझे परेशान कर रही थीं और बाद में मुझे उन के दोस्त से पता चला कि वह कई सालों से एक लाइलाज बीमारी से जूझ रहे थे। अब वह अपने जीवन के अंतिम चरण में है... वह अपने कर्मचारियों और मेरे बारे में चिंतित थे।"

अक्षत ने कहा, "यह खबर सुनकर मैं अवाक रह गया। वह मुझे कैसे छोड़ सकते है? वह मेरा एकमात्र सहारा थे? मैं उनके बिना कैसे जी सकता था? मेरे मन में कई सवाल उठे। कुछ ही देर बाद मुझे पता चला कि

मेरे पिता अस्पताल में भर्ती हैं। मैं उनसे मिलने अस्पताल पहुंचा।"

मैं सिर्फ़ उनकी नज़रों के ज़रिए उनसे बातचीत कर सकता था, और जैसे ही उन्होंने मेरी तरफ़ देखा, उनके चेहरे पर आँसू बहने लगे और उन्होंने मुझे भरोसा दिलाया कि सब कुछ ठीक हो जाएगा और उन्हें मुझ पर गर्व है। कुछ ही देर बाद, उनकी आँखें बंद हो गईं और उन्होंने अपनी आखिरी साँस ली। भावनाओं से अभिभूत होकर, मैं अनिश्चित था कि आगे क्या करना है...

किरण ने कहा, "दर्द असहनीय है," और जब उसने चारों ओर देखा तो पाया कि हर किसी की आंखें आंसुओं से भरी हुई थीं।

अध्याय ३.४

अपनी सीमा के भीतर रहना

"आपके हृदय से चमकने वाली आशा की ज्योति आपकी आत्मा को प्रकाशित करती है।"

आस्था ने पूछा, "गुरुजी, इस यात्रा की तैयारी के लिए हम क्या कर सकते हैं?"

गुरुजी ने हंसते हुए कहा, "सबसे पहले, हम यह समझने की कोशिश करें: हमारे अस्तित्व का कारण क्या है? हम वास्तव में क्या हैं? हम कौन हैं? हम कहाँ से आए हैं? हम कहाँ जा रहे हैं? जीवन का अर्थ क्या है?"

मनुष्य शरीर, मन और बुद्धि से बना है, और ये सभी आत्मा द्वारा संचालित होते हैं। सदियों से हम बाहर की ओर और नीचे की ओर बहते रहे हैं, हमारे मन और इंद्रियों द्वारा संचालित, हमारी इच्छा से

नहीं, बल्कि इसलिए क्योंकि हम इसके आदी हो गए हैं। हम अभी भी उस घर पर नियंत्रण नहीं कर पाए हैं जहाँ हम रहते हैं।

मन और भौतिक चीज़ों के साथ हमारे दीर्घकालिक जुड़ाव ने हमें इतना ख़राब और क्षतिग्रस्त कर दिया है कि हम समझ से परे हो गए हैं, जिससे हम अपनी असली पहचान के बारे में अनिश्चित हो गए हैं। पवित्रता और सरलता प्राप्त करने के लिए, हमें अपने मुखौटे उतारकर खुद में गहराई से उतरना चाहिए, खुद को विभिन्न सीमाओं से अलग करना चाहिए।

मन की क्षमता में चार घटक शामिल हैं: संस्कारों का संचय (चित), विचार (मनस), तर्क करने की क्षमता (बुद्धि), और अहंकार या आत्म-मुखरता(अहंकार)। इसके अलावा, पाँच कोषों में अन्नमय कोष (भौतिक शरीर), प्राणमय और मनोमय कोष (सूक्ष्म शरीर), विज्ञानमय और आनंदमय कोष (कारण शरीर) शामिल हैं। त्रिगुण, मनुष्य की स्वाभाविक प्रवृत्तियों से संबंधित है, जो धार्मिकता (सत्व), निरंतर बेचैनी (रजस) और

अज्ञानता के कारण निष्क्रियता (तमस) की ओर होती हैं। अंत में, भौतिक दुनिया में पाँच तत्व शामिल हैं, अर्थात् अग्नि, जल, पृथ्वी, वायु और आकाश।

पंच क्लेश या पाँच क्लेश ये हैं:

- अविद्या: माया द्वारा उत्पन्न अज्ञान का मूल आवरण।
- अस्मिता: गर्व या अहंकार की झूठी भावना।
- राग: संवेदी वस्तुओं के प्रति प्रबल लगाव।
- द्वेष: इन्द्रिय विषयों के प्रति घृणा।
- अभिनिवेश: मृत्यु का भय।

त्रि-तप को तीन प्रकार के कष्टों में विभाजित किया जा सकता है:

- दैहिक तप - शारीरिक और मानसिक कष्ट, जैसे क्रोध, लोभ, ईर्ष्या, वासना, शारीरिक व्याधियाँ और बीमारियाँ।
- दैविक तप- पर्यावरणीय कारकों, जैसे सर्दी, गर्मी, हवा, बारिश और प्राकृतिक आपदाओं के कारण होने वाला दर्द।
- भौतिक तप - दूसरों के दर्द और दुख के

कारण होने वाला कष्ट, जैसे अपमान, क्रोध और शारीरिक दुर्व्यवहार।

हम जिस भौतिक शरीर में रहते हैं, वह विभिन्न आकार, पैटर्न, शेड और रंगों में आता है, जो हमारे कर्म प्रतिक्रियाओं से प्रभावित अनुपात (प्रकृति) की अलग-अलग डिग्री में विभिन्न मिश्रित तत्वों पर निर्भर करता है। हालाँकि, हम अक्सर खुद को विभिन्न प्रकार के बंधनों में फँसा हुआ पाते हैं, जिससे हमारे लिए अपने वास्तविक स्वरूप को समझना चुनौतीपूर्ण हो जाता है जब तक कि हम 'जीवन के प्रकाश' के माध्यम से आत्म-साक्षात्कार प्राप्त नहीं कर लेते, जो हमारा स्वयं-प्रकाशित 'स्व' है। इसे समझना जीवन को पूरी तरह से जीने की कुंजी है, या जिसे 'पूर्णता में जीवन' के रूप में जाना जाता है।

आस्था ने पूछा, "हम अपनी आंतरिक इच्छा को कैसे संतुष्ट कर सकते हैं?"

गुरुजी ने उत्तर दिया, "इस आंतरिक आग्रह को पूरा करने के लिए, आपको शिवनेत्र में पूरी तरह से डूब जाना चाहिए और पूरा ध्यान बनाए रखना चाहिए।

आँखों के नीचे से अपनी संवेदी धाराओं को स्वेच्छा से वापस खींचकर, सतगुरु की मदद से, आप परे के रहस्य को उजागर कर सकते हैं। शिष्य के जीवनकाल के दौरान दीक्षा के माध्यम से, वे सर्व-चेतना के साथ सचेत संपर्क का प्रत्यक्ष अनुभव प्राप्त कर सकते हैं।"

आस्था ने गुरुजी से पूछा, "क्या इस यात्रा में हमारी मदद करने के लिए किसी की आवश्यकता है?"

जवाब में, गुरुजी ने कहा कि मार्गदर्शन और सहायता के बिना आध्यात्मिक दुनिया तक पहुँचने का प्रयास चुनौतीपूर्ण है। पृथ्वी पर अपनी यात्रा के दौरान, हम जन्म से लेकर मृत्यु तक अपने जीवन के विभिन्न चरणों में कई शिक्षकों के मार्गदर्शन और निर्देश पर निर्भर रहते हैं। यह एक सतगुरु होने के महत्वपूर्ण महत्व को उजागर करता है ।

मुझे हमारे शास्त्रों से एक कहानी साझा करने की अनुमति दें जो हमारे जीवन में गुरु (मास्टर) होने के महत्व को रेखांकित करती है। बिना गुरु के मोक्ष प्राप्त करना कठिन हो सकता है, लेकिन उनका अटूट

प्रेम और समर्थन शिष्य को मार्ग पर दृढ़ रहने के लिए प्रेरित करता है।

तीनों लोकों की यात्रा के दौरान नारद मुनि स्वर्ग लोक गए, जहाँ उन्होंने एक सभा में भाग लिया जिसमें सभी देवता या भगवान शामिल थे। सभा में एक होम, जो एक पवित्र अग्नि अनुष्ठान है, का आयोजन किया जा रहा था। हालाँकि, नारद को वैदिक अनुष्ठानों से दूर, व्यवस्था के निचले हिस्से में बैठने का निर्देश दिया गया था।

इस घटना से दुखी होकर नारद ब्रह्मा के पास गए और पूछा कि ब्रह्मा के पुत्र होने के बावजूद उनके साथ ऐसा व्यवहार क्यों किया गया।

जवाब में ब्रह्मा ने कहा, "मैं समझता हूं, मेरे बच्चे, लेकिन तुम्हारा कभी कोई गुरु नहीं रहा।"

नारद ने ब्रह्मा से पूछा, "मैंने सोचा था कि आप मेरे गुरु हैं क्योंकि मैंने आपसे श्रीमद्भागवतम सीखा था।"

ब्रह्मा ने स्वीकार किया कि यह सत्य है और कहा कि नारद को गुरु द्वारा दीक्षा प्राप्त कोई मंत्र नहीं मिला था।

इसके अलावा, ब्रह्मा ने कहा कि यद्यपि नारद हमेशा भगवान नारायण का नाम जपते थे, परन्तु उन्हें कभी भी गुरु मंत्र की दीक्षा नहीं दी गयी थी।

नारद जी ने तुरन्त स्थिति को समझ लिया और दृढ़ निश्चय कर लिया। उन्होंने सभा में घोषणा कर दी कि भोर में जो भी उन्हें सबसे पहले दिखाई देगा, वही उनका गुरु होगा। और वे सभा से चले गए, और वचन दिया कि वे पुनः लौटेंगे।

भोर के समय नारद जी ने एक वृद्ध मछुआरे को कंधे पर मछली पकड़ने का जाल लिए हुए चलते हुए देखा, जो चलते-चलते जाल बुन रहा था।

उत्साह से अभिभूत होकर नारद मछुआरे की ओर दौड़े और बोले, “आप मेरे गुरु हैं!” उन्होंने दीक्षा और मंत्र की प्रार्थना की।

मछुआरे ने अपनी अयोग्यता व्यक्त की और कहा कि उसके पास नारद को अर्पित करने के लिए कोई दीक्षा या मंत्र नहीं है।

नारद ने पूछा, "इस समय आपके मन में जो भी विचार चल रहे हों, कृपया मुझे बताइए।"

नारद की दृढ़ता के कारण मछुआरे ने कहा, "हरि!" गुरु मंत्र प्राप्त करने के बाद नारद प्रसन्न होकर देवताओं की सभा में लौट आए।

गुरु और मंत्र दोनों प्राप्त करने के बाद नारद बोले, "मुझे सभा के सामने बैठने की अनुमति दीजिए।"

नारद की बात सुनकर सभा में उपस्थित लोगों ने उनसे अपने गुरु से मिलने का अनुरोध किया। इसलिए नारद मछुआरे के पास वापस गए और उनसे मदद की गुहार लगाई।

मछुआरे ने उत्तर दिया, "मैं आपके साथ नहीं आ सकता क्योंकि मैं बूढ़ा और लंगड़ा हूँ।"

नारद ने उस बूढ़े व्यक्ति को अपनी पीठ पर उठाकर स्वर्ग लोक ले जाने की योजना बनाई।

नारद ने मछुआरे का परिचय सभा में कराया और अपने गुरु के समक्ष पूर्ण रूप से नतमस्तक होकर पूर्ण साष्टांग प्रणाम किया। मछुआरे को नमस्कार (आठ अंगों वाला साष्टांग प्रणाम) करते देखकर सभी देवता आश्चर्यचकित हो गए। मछुआरे ने भगवान शिव का रूप धारण कर लिया।

गुरुजी ने सलाह दी, "आस्था, मन और शरीर से संवेदी धाराओं को वापस लेने की प्रक्रिया शुरू करो। मृत्यु जैसी प्रक्रिया शुरू होती है। व्यक्ति को शांत, संयमित और पूरी तरह से आराम की स्थिति में रहने के अलावा कुछ भी करने की ज़रूरत नहीं है, जिसमें उसका ध्यान, शिव नेत्र या नामों के दोहराव पर केंद्रित हो। महान गुरुओं का जीवन आवेग आपको द्वार खटखटाने में मदद करता है। व्यक्ति स्वस्थ वातावरण में एक आसान और आराम की मुद्रा में बैठता है, आसपास के वातावरण, खुद को और यहां

तक कि जीवन देने वाले और जीवन को बनाए रखने वाले प्राण (महत्वपूर्ण वायु) को भी भूल जाता है जो धीरे-धीरे धीमा हो जाएगा।"

सभी विकास एक लयबद्ध पैटर्न का अनुसरण करते हैं, जिसमें शरीर के छोरों से श्वसन और परिसंचरण तंत्र के माध्यम से संवेदी धाराओं को वापस लेना शामिल है। यह प्रक्रिया उंगलियों और पैरों की नोक से शुरू होती है, जो मूलाधार (आधार चक्र) से हृदय चक्र (अनाहत) तक, फिर गले के चक्र (विशुद्ध) तक और अंत में शिव नेत्र या आज्ञा चक्र तक विभिन्न शारीरिक केंद्रों से गुज़रती है। धाराएँ मुकुट चक्र (शस्त्राहार चक्र) के भीतर एक छेद में प्रवेश करती हैं, जो परे ब्रह्मांडीय ब्रह्मांड की एक झलक प्रदान करती हैं। यह एकमात्र प्रवेश द्वार है जहाँ व्यक्ति को 'दरवाजा खटखटाना चाहिए और परे तक पहुँचना चाहिए', जिससे पृथ्वी तल पर अनसुना एक विशाल, अधिक गौरवशाली और स्वयं-प्रकाशित दिव्य संगीत तक पहुँचा जा सके।

एक बार जब कोई शिष्य अपने गुरु के प्रकाशमय रूप को प्राप्त कर लेता है, तो उसका प्रयास सफल हो जाता है। फिर, उचित मार्गदर्शन और प्रशिक्षण के साथ, वे अपनी आत्मा के साथ आध्यात्मिक यात्रा पर निकल पड़ते हैं, आध्यात्मिक वैभव के विभिन्न क्षेत्रों की खोज करते हैं। अंततः, सुपर-कॉस्मिक क्षेत्र (परमब्रह्मंड), स्थिरता की दुनिया में प्रवेश करते हैं, और अंततः चेतना के सागर में विलीन हो जाते हैं, जिसे सतपुरुष कहा जाता है, जो परम वास्तविकता की मूल अभिव्यक्ति है।

यह तकनीक सरल, जन्मजात है और इसके लिए अत्यधिक प्राणिक विनियमन की आवश्यकता नहीं होती है। यह एक सक्षम गुरु या गुरु द्वारा सिखाया जा सकता है।

काफी देर तक मौन रहने के बाद गुरुजी धीरे-धीरे चलने लगे।

अक्षत ने कहा, "लगभग दो साल से चीजें गड़बड़ चल रही थीं। हमारी कंपनी बंद हो गई थी, और मुझ पर

सारे कर्ज चुकाने का बोझ आ गया था, और हमारी संपत्तियां खत्म हो गई थीं। मैं अपने अगले कदमों के बारे में कुछ नहीं जानता था।"

अक्षत ने कहा, "जबकि कोई व्यक्ति रोज़मर्रा की ज़िंदगी की बाधाओं में सक्रिय रूप से शामिल होता है, समय मुश्किल से आगे बढ़ता है। हर दिन मुझे दुखी लगता था। मैंने अपना सारा आकर्षण खो दिया था, मुझे समझ नहीं आ रहा था कि आगे क्या करना है, आत्मविश्वास की कमी थी और लोगों और अपने भविष्य का सामना करने से डर लगता था।"

मैं अपने विचारों में खोया हुआ था, तभी मेरे पिता के एक मित्र मेरे पास आए और पूछा, "आपको अपनी कंपनी को फिर से खोलने से क्या रोक रहा है? सभी कर्मचारी इसके फिर से शुरू होने का बेसब्री से इंतज़ार कर रहे हैं।"

अक्षत ने कहा, "मैंने हंसते हुए कहा, आप मुझे कंपनी खोलने का सुझाव दे रहे हैं, लेकिन मुझे यह भी नहीं पता कि आजीविका कमाने के लिए मेरा अगला कदम

क्या होना चाहिए। मैं दूसरों के लिए कैसे जिम्मेदार हो सकता हूँ?"

पिता के मित्र ने मुस्कुराते हुए कहा, "मेरे साथ आओ, मैं तुम्हें सच्चाई बताऊंगा।"

वह मुझे कुछ कर्मचारियों के घरों पर ले गये, और मैं बहुत परेशान हो गया, मुझे समझ नहीं आ रहा था कि इस परिस्थिति से कैसे निपटूँ। इस घटना ने मेरे दिमाग पर गहरा असर डाला, और जैसे-जैसे स्थिति बिगड़ती गई, मेरा असंतोष बढ़ता गया।

एक दिन हमारी कंपनी के एक भूतपूर्व कर्मचारी ने सुझाव दिया, "क्या आपने इस आश्रम में जाने के बारे में सोचा है? हो सकता है कि यह आपकी समस्याओं का कुछ समाधान दे।"

अक्षत ने पूछा, "जब मैं वित्तीय कठिनाइयों का सामना कर रहा हूं तो कोई मेरी मदद कैसे कर सकता है?"

बूढ़े कर्मचारी ने, सारे अंधेरे के बावजूद, जवाब दिया, 'आशा की एक रोशनी।'

अध्याय ३.५

परमेश्वर का कार्य

"जीवन एक यात्रा है; मायने यह नहीं रखता कि हम कहां जाते हैं, बल्कि यह मायने रखता है कि हम वहां कैसे पहुंचे। मंजिल के बजाय, यात्रा पर ध्यान दें। हमें चीजों को हासिल करने के बजाय उन्हें करने में खुशी मिलती है।"

आकांक्ष ने अक्षय से कहा, "जब दिन ढल जाता है, तो सूर्यास्त अपनी चमक और भव्यता खो देता है और शांति में बदल जाता है। जैसे-जैसे रात होती है, पूरी तरह से अंधेरा नहीं होता, लेकिन धीरे-धीरे सब कुछ ढक जाता है।"

आकांक्ष ने वासुदेव को बताया, "देखो कैसे सूरज धीरे-धीरे क्षितिज में डूब रहा है, और उसका लाल रंग अभी भी दिखाई दे रहा है। आसमान नारंगी से गुलाबी

रंग में बदलने से पहले गहरे नीले रंग में बदल गया। क्या यह लाल रंग के अपने विविध रंगों के साथ पश्चिमी आकाश को नहीं निखारता है? ऐसा लगता है जैसे सूरज क्षितिज पर अलविदा कह रहा है, और आसपास की हवा चमक रही है।"

अक्षय ने सहमति जताते हुए कहा, "आकांक्ष, मैं आपकी बात से पूरी तरह सहमत हूँ। पूरा माहौल अद्‌भुत है।"

आकांक्ष ने कहा, "सूर्यास्त एक शांत और मनोरम वातावरण बनाता है। आकाश, धरती और जल निकायों को भरने वाले रंगों की श्रृंखला बस लुभावनी है। सूर्य की सुनहरी किरणें तालाबों, नदियों और पेड़ों पर एक सुंदर प्रतिबिंब बनाती हैं। पश्चिमी क्षितिज असाधारण रूप से आश्चर्यजनक दिखता है। जैसे ही सूरज डूबता है, आकाश लाल चमक में नहा जाता है, जो सभी प्राकृतिक तत्वों को एक अवास्तविक रूप देता है। नदियों में लहरें ढलते सूरज के लाल रंग के भीतर बैंगनी दिखाई देती हैं। आखिरकार, जैसे ही

सूरज क्षितिज के नीचे डूबता है, लाल रंग का रंग अंधेरे में बदल जाता है।"

आकांक्ष ने कहा, "देखो कैसे धीरे-धीरे दुनिया में अँधेरा छा रहा है। जो लोग बाहर गए थे वे वापस आ रहे हैं, साथ ही चरवाहे भी अपने मवेशियों को वापस ला रहे हैं। पक्षी अपने घोंसलों की ओर उड़ रहे हैं और आसमान में हम कुछ तारे टिमटिमाते हुए देख सकते हैं। सूर्यास्त का शांत दृश्य हमें खुशी और शांति से भर देता है।"

आकांक्ष ने कहा, "अक्षय, क्या तुम्हें प्रकृति के साथ रोमांटिक संबंध की अपार शक्ति का एहसास नहीं होता, जो पहली नज़र में प्यार में पड़ने जैसा है? यह तुम्हें साँस लेने में असमर्थ कर सकता है और बोलने में असमर्थ बना सकता है, और एक पल के लिए, यह समय को धीमा कर देता है।"

आकांक्ष ने कहा, "मेरे अस्तित्व का हर हिस्सा, माँ प्रकृति के प्रति प्रेम और कृतज्ञता प्रकट करता है।"

पीछे मुड़ने पर आकांक्ष ने देखा कि आस्था रो रही है। यह देखकर न केवल आकांक्ष बल्कि अक्षय और वासुदेव भी घबरा गए।

वासुदेव ने आस्था से पूछा, “तुम्हें क्या परेशानी है? तुम उदास क्यों हो और आँसू क्यों बहा रही हो?”

आस्था ने वहां से जाने से पहले बस सिर हिलाया।

बुद्ध हॉल गुरुजी की प्रतीक्षा कर रहे भक्तों से भरा हुआ था, और जल्द ही उन्होंने कदमों की आहट सुनी।

लंबे समय तक मौन रहने के बाद गुरुजी ने कहा, “ईश्वर का पहला ‘कार्य’ ब्रह्मांडीय कंपन या ध्वनि के रूप में खुद को अभिव्यक्त करना है, जिसे पवित्र शब्दांश ‘ओम’ या प्रणव द्वारा दर्शाया जाता है। यह आदिम ध्वनि ब्रह्म की ध्वनि की अभिव्यक्ति है, जो सर्वोच्च ईश्वर के निराकार पहलू को दर्शाती है, जो गुणों और विशेषताओं से परे है। बाकी सब कुछ बनाने से पहले, ईश्वर ने ब्रह्मांडीय कंपन के साथ अंतरिक्ष

को आकार दिया। प्रत्येक जीवित प्राणी के शरीर की मूल ऊर्जा या मुख्य स्वर 'ओम' के विभिन्न क्रमपरिवर्तनों से बना है।"

हम अपने अस्तित्व के लिए 'ओम' के मूल मंत्र के ऋणी हैं, जो सापेक्ष अस्तित्व में हमारी यात्रा के आरंभ, इसके भीतर हमारे विकास, तथा इसके परम पारलौकिकता से ईश्वर में पूर्ण सत्ता की स्थिति तक पहुंचने का प्रतीक है।

सेंट जॉन का सुसमाचार १:१-४: "आदि में वचन था, और वचन परमेश्वर के साथ था, और वचन परमेश्वर था। शुरुआत में परमेश्वर के साथ भी ऐसा ही था। सब कुछ उसके द्वारा बनाया गया था, और उसके बिना कुछ भी नहीं बनाया गया था। उसमें जीवन था, और जीवन मनुष्यों की ज्योति थी।"

भगवद्गीता के अध्याय ८ के श्लोक १३ में श्रीकृष्ण कहते हैं, "जो कोई ब्रह्म के एकाक्षर नाम 'ओम' का उच्चारण करते हुए और मेरा स्मरण करते हुए अपना शरीर छोड़ता है, वह परम गति को प्राप्त होता है।"

ओमित्येकाक्षरं ब्रह्म व्याहरन्मामनुस्मरन्|
यः प्रयाति त्यजन्देहं स याति परमां गतिम् ||13||

अर्थ: "जो देह त्यागते समय मेरा स्मरण करता है और पवित्र अक्षर ओम् का उच्चारण करता है वह परम गति को प्राप्त करता है।"

इसलिए, इसमें कोई आश्चर्य नहीं होना चाहिए कि 'ओम' को प्रणव या जीवन का शब्द या जीवित शब्द माना जाता है, और अनाहत नाद, जो संपूर्ण सृष्टि में व्याप्त ध्वनि कंपन को दर्शाता है।

'ॐ' की ध्वनि को ईश्वर की तरह अनंत और अविनाशी माना जाता है, और यह पूरी सृष्टि में व्याप्त है। भगवद गीता के श्लोक ७.८ और ८.१३ में, श्री कृष्ण ने इस शब्दांश को पवित्र घोषित किया है। वैदिक दर्शन के अनुसार, इसे 'महावाक्य' या वेदों के महान ध्वनि कंपन के रूप में जाना जाता है और इसे अक्सर वैदिक मंत्रों की शुरुआत से जोड़ा जाता है। वे आमतौर पर वैदिक मंत्रों की शुरुआत में शुभता का आह्वान करते थे। किंवदंती है कि गायत्री मंत्र की

उत्पत्ति एकाक्षर 'ॐ' से हुई है, और वेद गायत्री मंत्र से निकले हैं।

वैदिक ऋषियों के अनुसार, प्रजापति (सृष्टिकर्ता ईश्वर) आरंभ में विद्यमान थे, और शब्द उनके साथ था, जो वास्तव में परम ब्रह्म था। यह घोषणा कृष्ण यजुर्वेद, काठक संहिता, १२.५ में पाई जा सकती है।

प्रजापति वैइदम आगरा असित |

तस्य वक द्वितीया असित |

वाग वै परमं ब्रह्म||

अर्थ: "आदि में प्रजापति (ब्रह्म) थे, जिनके साथ वाक या शब्द था, और शब्द निस्संदेह परम ब्रह्म था।"

विद्यार्थी ने पूछा, "ईश्वर का शब्द होना क्या दर्शाता है? 'शब्द ईश्वर कैसे हो सकता है?'"

गुरुजी ने कहा, "संपूर्ण ब्रह्मांड में कंपन ऊर्जा समाहित है, और इस ऊर्जा में प्रकाश और ध्वनि की दोहरी प्रकृति है, और दोनों ही चेतना हैं। दिव्य शब्द, ओम,

जिसे शब्द ब्रह्म, ध्वनि देवता के रूप में भी जाना जाता है, उस संपूर्ण चेतना को समाहित करता है और उसका प्रतिनिधित्व करता है।"

शब्द ब्रह्म या नाद ब्रह्म, शब्द का उपयोग अलौकिक ध्वनि या ध्वनि कंपन का वर्णन करने के लिए किया जाता है। शतपथ ब्राह्मण तृतीय - १२.४८ के अनुसार, यह वैदिक शास्त्रों में पाए जाने वाले वेदों की पारलौकिक ध्वनि को संदर्भित करता है। शब्द ब्रह्म की आंतरिक सूक्ष्म ध्वनि का अनुभव केवल तभी किया जा सकता है जब मन और इंद्रियाँ वश में हों। नाद ब्रह्म या शब्द ब्रह्म भारतीय शास्त्रीय संगीत, कला और कविता का अंतर्निहित सिद्धांत है और वैदिक धर्म से निकटता से जुड़ा हुआ है।

पूर्व मीमांसा स्कूल शब्द ब्रह्म पर ध्यान केंद्रित करता है, जो ब्रह्मांडीय ध्वनि या शब्द को संदर्भित करता है जिसके नाम और रूप दोनों होते हैं और जिसे वैदिक शास्त्रों में मंत्रों, भजनों, प्रार्थनाओं और ऐसे अन्य साधनों के माध्यम से प्रकट किया जाता है।

वेदांत परम ब्रह्म से संबंधित है, वह परम वास्तविकता जो सभी भौतिक नामों और रूपों से परे है और अभिव्यक्ति से परे है।

मांडूक्य उपनिषद में वर्णित अपरा ब्रह्म, नाद ब्रह्म या शब्द ब्रह्म के समतुल्य है। जैसा कि शिव संहिता में कहा गया है, स्पंदन या कम्पन के रूप में जाना जाने वाला कंपन या गति तब भी होती है जब और जहाँ भी कारणात्मक तनाव या दैवीय क्रिया होती है, और ध्वनि या शब्द उस कंपन से उत्पन्न होते हैं। शब्द ब्रह्म वह चेतना है जो सभी प्राणियों में व्याप्त है।

गुरुजी ने कहा, "ओम और ब्रह्म के बीच एक परम समानता है। ओम् शब्द, जिसमें अ, उ और म ध्वनियाँ शामिल हैं, सभी मानवीय उच्चारणों के उच्चारण के लिए एक संकेत के रूप में कार्य करता है। ओम् के उच्चारण में स्वर अंगों के विभिन्न भागों का उपयोग शामिल है, जिनका उपयोग अन्य ध्वनियों के उत्पादन में भी किया जाता है।"

ओम सभी की उत्पत्ति का काम करता है, जो भाषा में उनके विभिन्न रूपों में इस्तेमाल किए जाने वाले शब्दों को जन्म देता है। ध्वनि 'अ' सभी ध्वनियों की शुरुआत का प्रतिनिधित्व करती है, जो किसी भी शब्द को बोलने के लिए मुंह खोलने पर गले से निकलती है। इसके विपरीत, होठों को बंद करके उत्पन्न ध्वनि 'म' सभी ध्वनियों के अंत का प्रतिनिधित्व करती है। ध्वनि 'उ' गले में पैदा हुए आवेग की आगे की गति का प्रतिनिधित्व करती है, जो होठों को बंद करने पर समाप्त होती है।

जब कोई ओम का जाप करता है, तो शब्दों को बोलने के लिए इस्तेमाल किए जाने वाले स्वरयंत्र के सभी विभिन्न भाग काम में आते हैं। ओम सभी ध्वनियों को समाहित करता है और उनका आधार है। ओम सभी ध्वनियों का आधार है, और ब्रह्म सभी घटनाओं का आधार है। चूँकि ध्वनियाँ और घटनाएँ दोनों ही भ्रामक हैं, इसलिए वे अविभाज्य हैं। जब भ्रम मिट जाता है, तो केवल आधार ही बचता है, जो एकवचन

होता है और जिसमें कोई भेद नहीं होता। इसलिए, ब्रह्म को ओम कहा जाता है।

गौड़पाद के अनुसार, ओम ध्वनि चेतना की तीन अवस्थाओं से जुड़ी हुई है। पहला अक्षर 'अ' जाग्रत अवस्था (विश्व) को दर्शाता है, दूसरा अक्षर 'उ' स्वप्न अवस्था (तैजस) को दर्शाता है, और तीसरा अक्षर 'म' गहरी नींद की अवस्था (प्रज्ञा) को दर्शाता है। हालाँकि, जो व्यक्ति इन अक्षरों से मुक्त हो गया है, उसे आगे कोई सिद्धि प्राप्त नहीं होती (मांडूक्य कारिका१.२३)। ओम को शब्द ब्रह्म माना जाता है, और यह वह मूल ध्वनि है जिससे सभी सृष्टि क्रमपरिवर्तन की एक श्रृंखला के माध्यम से निकलती है।

चार पद या चतुर्थांश हैं - विश्व, जो जागृत अवस्था के अनुरूप है, तैजस, जो स्वप्न अवस्था के अनुरूप है, प्रज्ञा, जो स्वप्नरहित निद्रा अवस्था के अनुरूप है, तथा तुरीय, जो शुद्ध चेतना की अवस्था के अनुरूप है, जो गुणरहित ब्रह्म के समान है।

ओम का पहला तीन-चौथाई भाग तीन मंत्रों या अक्षरों, अ, उ और म से जुड़ा है, जो चेतना के तीन-चौथाई भाग, विश्व, तैजस और प्रज्ञा के अनुरूप हैं। ओम का चौथा भाग, जिसे अमात्रा कहा जाता है, में कोई स्पष्ट ध्वनि नहीं होती है और यह मौन का प्रतीक है, जो आत्मा की तुरीय अवस्था से मेल खाता है। ध्वनि की अवधारणा में ध्वनिहीनता या मौन की धारणा निहित है, जिसे ध्वनियों का मूल माना जाता है।

इस संदर्भ में, तुरीय को एक चौथाई के रूप में पहचाना जाता है, लेकिन यह शून्यता से संबंधित है। यह ब्रह्म को दर्शाता है, जो भेदभाव की अनुमति नहीं देता है। जागृत अवस्था स्वप्न अवस्था के साथ मिलती है, जो स्वप्नहीन नींद की अवस्था के साथ मिलकर तुरीय या शुद्ध चेतना अवस्था की ओर ले जाती है।

ओम का प्रारंभिक अक्षर 'अ': वैश्वानर नामक प्रथम तिमाही से मेल खाता है, जो स्थूल वस्तुओं के अनुभव से संबंधित है। यह जाग्रत अवस्था के दौरान कार्य करता है और बाहरी वस्तुओं के प्रति जागरूक होता

है। वैश्वानर के उन्नीस मुख और सात अंग हैं और यह भौतिक संस्थाओं के अनुभव का प्रतिनिधित्व करता है।

इस संदर्भ में, 'अंग' शब्द का तात्पर्य शरीर के अंगों से है, जैसे कि सांस, सिर, मुंह और आंखें, साथ ही शरीर का मध्य भाग, गुर्दे और पैर। ये सात अंग ब्रह्मांड में स्वर्ग के माध्यम से प्रतिबिम्बित होते हैं: अग्नि, जल, वायु, आकाश (अंतरिक्ष), पृथ्वी और सूर्य।

'उन्नीस मुख' शब्द का अर्थ है जाग्रत व्यक्ति (वैश्वानर) द्वारा स्थूल वस्तुओं को देखने के लिए उपयोग किए जाने वाले विभिन्न अंग। इन अंगों में पाँच अनुभूति की इंद्रियाँ (श्रवण, दृष्टि, स्पर्श, गंध और स्वाद), पाँच कर्मेन्द्रियाँ (ग्रहण, वाणी, उत्पादन, गति और उत्सर्जन), पाँच प्राण (प्राण, अपान, व्यान, समान और उदान) शामिल हैं, बुद्धि (बुद्धि), मन (मनस), अवचेतन मन (चित्त) और अहंकार-इंद्रिय

(अहंकार)। ये अंग अविद्या के माध्यम से आत्मा पर आरोपित होते हैं, जैसे सात अंग हैं।

जिन वस्तुओं को इंद्रियों के माध्यम से देखा जा सकता है, जैसे स्वाद, ध्वनि और स्पर्श, उन्हें स्थूल वस्तुएँ कहा जाता है। हम ब्रह्मांड को दो दृष्टिकोणों से देख सकते हैं: सूक्ष्म और स्थूल।

व्यक्तिपरक इकाई (अध्यात्म)और वस्तुनिष्ठ ब्रह्मांड को चार-चार भागों में विभाजित किया जा सकता है। व्यक्तिपरक इकाई के चार भाग विश्व या वैश्वानर, तैजस, प्रज्ञा और तुरीय हैं। और वस्तुनिष्ठ ब्रह्मांड में चंद्रमा, तारे, सूर्य और बहुत कुछ शामिल हैं, और इसके भी चार भाग हैं। तुरीय की तरह, चौथा भाग गुणहीन ब्रह्म है। ब्रह्म सभी कारण संबंधों से परे है और सभी दिखावटों के अंतर्निहित आधार के रूप में कार्य करता है, उनसे असंबंधित है।

समांतरता एक ऐसी अवधारणा है जो व्यक्तिपरक और वस्तुनिष्ठ क्षेत्रों के बीच संबंध स्थापित करती है। अविद्या के कारण, स्थूल जगत ब्रह्म पर

आरोपित है, और सूक्ष्म जगत आत्मा पर आरोपित है। चूँकि दोनों ही भ्रामक प्रतीतियाँ हैं, इसलिए व्यक्तिपरक और वस्तुनिष्ठ में अंतर नहीं किया जा सकता। वैश्वानर के अंगों का वर्णन वस्तुनिष्ठ ब्रह्मांड के संदर्भ में दिया गया है ताकि संपूर्ण भौतिक जगत की भ्रामक प्रकृति को दर्शाया जा सके और साथ ही आत्मा और ब्रह्म की अद्वैत प्रकृति को भी स्थापित किया जा सके।

स्वप्न अवस्था का प्रतिनिधित्व दूसरे भाग, तैजस द्वारा किया जाता है, जिसे ओम में 'उ' अक्षर द्वारा दर्शाया जाता है। यह स्वप्न जगत के भीतर आंतरिक वस्तुओं और कार्यों के बारे में जागरूक है। वैश्वानर की तरह, तैजस के भी उन्नीस मुख और सात अंग हैं और यह सूक्ष्म वस्तुओं के अनुभव से मेल खाता है।

ओम के तीसरे घटक का प्रतीक 'म' अक्षर है, जो गहरी नींद की अवस्था को दर्शाता है जिसे प्रज्ञा कहते हैं। इस अवस्था के दौरान, सभी अनुभव विलीन हो

जाते हैं, और प्रज्ञा शुद्ध चेतना की अवस्था में डूब जाती है, जो आनंद की अनुभूति से युक्त होती है। इसे जाग्रत और स्वप्न की अवस्थाओं को समझने का प्रवेश द्वार भी कहा जाता है।

तुरीय, ओम का चौथा और अंतिम पहलू, आंतरिक (व्यक्तिपरक) और बाहरी (वस्तुपरक) दोनों दुनियाओं से परे है। यह न तो किसी के बारे में जागरूक है, न ही यह चेतना का एक समूह है। यह शुद्ध चेतना और अचेतन से परे है, और यह अदृश्य, असंबद्ध, अकल्पनीय, समझ से परे और अवर्णनीय है। तुरीय सभी घटनाओं की समाप्ति का प्रतिनिधित्व करता है, और यह पूर्ण आनंद, शांति और अद्वैत का प्रतीक है। यह चेतना का सार है, जो तीन अवस्थाओं में स्वयं के रूप में प्रकट होता है, और इसे चौथे के रूप में भी जाना जाता है। आत्मा तुरीय का पर्याय है, और इसे पहचानना आवश्यक है।

अक्षय ने पूछा, “गुरुजी, तुरीय को समझने का महत्व या उद्देश्य क्या है?”

तुरीय के रूप में खुद को पहचानने से बाहरी वस्तुओं की इच्छाओं, झूठे भय और असाधारण जीवन की अपेक्षाओं से मुक्ति मिलती है। यह पहचान रेगिस्तान की वास्तविक प्रकृति को समझने जैसा है, जो मृगतृष्णा में भ्रामक पानी की खोज को खत्म कर सकता है, या रस्सी की वास्तविक प्रकृति को समझना सांप की झूठी आरोपित छवि को दूर कर सकता है। तुरीय को समझने से आसक्ति, इच्छा, अज्ञान, द्वेष और बहुत कुछ नष्ट हो जाता है। तुरीय की प्राप्ति तब होती है जब ज्ञान, ज्ञाता और ज्ञात के बीच कोई अंतर नहीं रह जाता।

मांडूक्य उपनिषद से श्लोक १२ का पाठ किया: "चौथा चरण शब्दों और विचारों के दायरे से परे है। यह सभी घटनाओं का अंत है; यह शांतिपूर्ण, शुभ और अद्वैत है। यह आत्मा है, जिसे चेतना की उच्चतम अवस्था में महसूस किया जाना चाहिए। जो इसे जानता है वह व्यक्तिगत आत्मा को सार्वभौमिक आत्मा में विलीन कर देता है, और आनंदमय एकता का अनुभव करता है।"

अमात्रश्चतुर्थोऽव्यवहार्यः प्रपञ्चोपशमः शिवोऽद्वैत एवमोङ्कार आत्मैव संविषत्यात्मनाऽऽत्मानं एवं य वेद॥12॥

अर्थ: "चौथा और सच्चा आत्मा वह है जिसका कोई भाग नहीं है (ध्वनि रहित), जो समझ से परे है (इंद्रियों की सहायता से), सभी घटनाओं, सभी आनंद और अद्वैत ओम का अंत है। जो इसे समझ लेता है, वह आत्मा में विलीन हो जाता है।"

शब्द, ध्वनि द्वारा अभिव्यक्त शब्द को दर्शाता है, और ऐसे शब्द में एक विशिष्ट भाव या अर्थ को व्यक्त करने की जन्मजात क्षमता होती है। शब्द मौलिक, रचनात्मक धारा है जो अस्तित्व की बहुत गहराई से उत्पन्न होती है। यह सर्वोच्च चेतना के प्रमुख बाहरी विस्तार का प्रतीक है जब वह ऐसा करना चाहती है।

"एकोहम् बहु स्याम।"

अर्थ: "मैं एक हूँ; मुझे अनेक बना दो।"

इस वाक्यांश का इस्तेमाल अक्सर इस विचार को व्यक्त करने के लिए किया जाता है कि भले ही हम अपनी अनूठी पहचान और अनुभवों वाले व्यक्ति हों, लेकिन हम सभी एक दूसरे से जुड़े हुए हैं और एक बड़े समूह का हिस्सा हैं। यह विविधता में एकता या एकता की अवधारणा को दर्शाता है, जो कई आध्यात्मिक और दार्शनिक परंपराओं में एक केंद्रीय विषय है।

विद्यार्थी ने गुरुजी से पूछा, "कोई ब्रह्म को कैसे प्राप्त कर सकता है?"

गुरुजी ने उत्तर दिया, "वह जो संसार सागर (जन्म और मृत्यु के चक्र) को पार कर गया है और परम आत्मा में विलीन हो गया है, जो जीवन का प्रकाश है।"

"आप हर हृदय के कमल के भीतर अमर, स्वयं प्रकाशमान और स्वर्णिम आभा वाले भगवान हैं। कला

के हृदय के भीतर, आप उन लोगों के लिए प्रकट हुए हैं जो आपको खोजते हैं।"

तैत्तिरीय उपनिषद १.६.२. बताता है कि जो लोग इस दिव्य सत्ता की खोज करते हैं, वे उसे अपने भीतर पा सकते हैं ।

"जो तुममें निवास करता है, वह स्वयं पर राजा बन जाता है। वह अपने भटकते विचारों को नियंत्रित करता है। और वह अपनी वाणी और अपनी सभी इंद्रियों का स्वामी बन जाता है। वह अपनी बुद्धि का स्वामी बन जाता है। तुम ब्रह्म हो, जिसका रूप आकाश की तरह अदृश्य है; जिसका आत्मा सत्य है? तुम पूर्ण शांति और अमरता हो, जीवन का सांत्वना, मन का आनंद हो। मैं तुम्हारी पूजा करता हूँ!" - तैत्तिरीय १.६.२.

तैत्तिरीय उपनिषद १.८.१ में सुझाव दिया गया है कि सही इरादे से 'ओम' का जप करने से ब्रह्म की प्राप्ति हो सकती है, जो साधकों के लिए अंतिम लक्ष्य है।

“ॐ ब्रह्म है। ॐ ही यह सब है। जो व्यक्ति ‘ब्रह्म को प्राप्त करूँगा’ इस भाव से ॐ का उच्चारण करता है, वह निश्चय ही ब्रह्म को प्राप्त करता है।” - तैत्तिरीय १.८.१।

गुरुजी ने कहा, तैत्तिरीय उपनिषद १.१०.१ में वर्णित है, आत्मसाक्षात्कार प्राप्त करने के बाद, त्रिशंकु ने घोषणा की, ‘मैं ही वह हूं जो संसार रूपी वृक्ष को सुदृढ़ करता है। मेरी ख्याति पर्वत की चोटी जितनी ऊंची है। मेरा स्रोत शुद्‍ध ब्रह्म है, और मैं सूर्य के भीतर विद्‍यमान आत्मा की शुद्‍ध वास्तविकता के समान हूं। मैं एक उत्कृष्ट बुद्‍धि द्‍वारा धारण की गई दीप्तिमान संपत्ति हूं, और मैं अमर और अविनाशी हूं।”

आत्मसाक्षात्कार प्राप्त करने के बाद, त्रिशंकु, एक महान राजा, ने अपनी वास्तविक प्रकृति की घोषणा की, जिससे सभी चीजों के परस्पर संबंध की गहरी समझ का पता चला। उन्होंने खुद को विश्व वृक्ष का प्रवर्तक घोषित किया, अपने आत्मसाक्षात्कार की

भव्यता पर जोर देते हुए कहा कि उनकी प्रसिद्धि एक पर्वत श्रृंखला जितनी ऊंची है। उन्होंने परम सत्य के साथ अपनी पहचान बनाई, उन्होंने कहा कि वे शुद्ध ब्रह्म से उत्पन्न हुए हैं और सूर्य के भीतर आत्मा की शुद्ध वास्तविकता की तरह हैं। त्रिशंकु ने अपनी आंतरिक स्थिति का वर्णन भी किया, जिसमें उनके पास दीप्तिमान धन, एक उत्कृष्ट बुद्धि और अमरता थी, जो उनके आत्मसाक्षात्कार के परिणामस्वरूप आंतरिक समृद्धि, स्पष्टता और शाश्वत प्रकृति की भावना का सुझाव देती है। त्रिशंकु का कथन उस गहन परिवर्तन को उजागर करता है जो परम सत्य की प्राप्ति पर एक व्यक्ति के जीवन में होता है।

गुरुजी ने कहा, "विद्यार्थी, सत्य की खोज करने वाले ईश्वर के प्रकाश और ध्वनि के सिद्धांत को समझकर व्यावहारिक अनुभव प्राप्त कर सकते हैं। शिक्षा, जिसका अर्थ है ज्ञान, और दीक्षा, जिसका अर्थ है दीक्षा, व्यक्ति के अंतिम घर तक पहुँचने की लंबी आध्यात्मिक यात्रा पर शुरुआती कदम हैं। जिन्होंने

इस मार्ग को चुना है वे भाग्यशाली हैं, क्योंकि वे मुक्त प्राणियों की दुर्लभ घटना को देखेंगे, जो अभी भी शरीर में रहते हुए, 'ईश्वर की इच्छा' के जिस भी स्तर पर वे चुनते हैं, उस पर जीवन को पूरी तरह से जीते हैं।"

कठोपनिषद १.३.३. और १.३.४ में प्रस्तुत रथ सादृश्य एक महत्वपूर्ण बिंदु को स्पष्ट रूप से दर्शाता है। इस सादृश्य में, पाँच घोड़े, जिन्हें सारथी लगाम के माध्यम से नियंत्रित करता है, एक रथ को खींचते हैं। रथ में बैठा यात्री, सारथी को घोड़ों को सही दिशा में चलाने का निर्देश देता है। हालाँकि, अगर यात्री सो जाता है:

आत्मानं रथिनं विद्धि शरीरं रथमेव तु। बुद्धिं तु सारथिं विद्धि मनः प्रग्रहमेव च॥

अर्थ: "आत्मा को रथ का स्वामी जानो, शरीर को केवल रथ, बुद्धि को सारथी और मन को लगाम जानो।"

कठोपनिषद १.३.३ में मनुष्य की जटिल संरचना को दर्शाने के लिए रूपकात्मक चित्रण का उपयोग किया

गया है। श्लोक में आत्मा या सच्चे स्व की तुलना रथ के स्वामी से की गई है, जो पूरी व्यवस्था को नियंत्रित करता है। शरीर की तुलना रथ से की गई है, जो यात्रियों को ले जाने वाली भौतिक संरचना के रूप में कार्य करता है। इस बीच, बुद्धि को सारथी के रूप में चित्रित किया गया है, जो रथ के संचालन और दिशा को निर्देशित करने के लिए जिम्मेदार है। अंत में, मन की तुलना लगाम से की गई है, जिसका उपयोग सारथी घोड़ों की गति और दिशा को नियंत्रित करने के लिए करता है।

रूपक के अनुसार, आत्मा, शक्ति और नियंत्रण का अंतिम स्रोत है। मन को नियंत्रित करने और शरीर की क्रियाओं का मार्गदर्शन करने के लिए बुद्धि को प्रशिक्षित किया जाना चाहिए। मन को सही तरीके से निर्देशित न करने से अनियंत्रितता पैदा हो सकती है जो शरीर और आत्मा को भटका सकती है।

इन्द्रियाणि हयानाहुर्विषयांस्तेषु गोचरान्।

आत्मेन्द्रियमनोयुक्तं भोक्तेत्याहुर्मनीषिणः॥

अर्थ: "इन्द्रियाँ घोड़े हैं; वे जो विषय देखती हैं, वे मार्ग हैं। आत्मा, इन्द्रियाँ और मन को संयुक्त करके बुद्धिमान लोगो को भोक्ता कहते हैं।"

उपर्युक्त दृष्टांत के अनुसार, शरीर को रथ के समान बताया गया है, पांचों इंद्रियों की तुलना घोड़ों से की गई है, मन को घोड़ों की लगाम के समान बताया गया है, बुद्धि को सारथी के समान बताया गया है, तथा शरीर में निवास करने वाली आत्मा को पीछे बैठे यात्री के समान दर्शाया गया है।

कठोपनिषद १.३.३. और १.३.४. में रथ के दृष्टांत का उपयोग आत्म-साक्षात्कार की अवधारणा को समझाने के लिए किया गया है। जब आत्मा भौतिक दुनिया से जुड़ी होती है, तो वह बुद्धि को ठीक से निर्देशित नहीं कर पाती। रथ की लगाम ढीली हो जाती है, और इंद्रियाँ मुक्त हो जाती हैं, जिससे क्षणिक खुशियाँ और क्षणभंगुर सुख प्राप्त होते हैं। आत्मा (यात्री) अनंत काल से इस रथ पर इसी तरह यात्रा कर रही है।

जब आत्मा (यात्री) जागती है और कार्यभार संभालती है, तो वह बुद्धि (सारथी) को सही दिशा में ले जा सकती है। तब बुद्धि निम्नतर आत्मा को नियंत्रित करेगी, जिसमें मन और इंद्रियाँ शामिल हैं, और रथ सही दिशा में आगे बढ़ेगा। इसलिए, उच्चतर आत्मा (आत्मा) को निम्नतर आत्मा (मन, बुद्धि और इंद्रियाँ) पर महारत हासिल होनी चाहिए।

जब आत्मा घोड़े की सवारी करती है, तो वह मन, बुद्धि और इंद्रियों की उपज होने के बजाय विस्तार की मूल प्रक्रिया को उलट देती है और व्यक्ति आंतरिक स्थिरता प्राप्त करता है। परिणामस्वरूप, मन की शांत अवस्था परम की चमक को प्रतिबिंबित करती है।

विद्यार्थी ने गुरुजी से पूछा, "यह तो पुनर्जन्म जैसा लगता है?"

गुरुजी मुस्कुराये और बोले, "पूर्णता से भरे जीवन के इस गहन अनुभव को अक्सर दूसरे जन्म के रूप में वर्णित किया जाता है।"

- हमारा पहला जन्म भौतिक प्राणी के रूप में होता है।
- हमारा दूसरा जन्म आध्यात्मिक प्राणी के रूप में होता है।

'दूसरा जन्म' की अवधारणा आत्मा या 'जीवन के प्रकाश' द्वारा निर्देशित होने से जुड़ी है। इसमें आत्मा के अनुसार जीवन जीना और चलना तथा सांसारिक इच्छाओं और आसक्तियों को त्यागना शामिल है, जो कर्म या कारण और प्रभाव के नियम से जुड़े हैं।

जैसे-जैसे यात्रा आगे बढ़ती है, मुक्त आत्मा को खुशी और आनंद की गहरी अनुभूति होती है, हर कदम पर नए क्षितिज और अंतर्दृष्टि का पता चलता है जो पूरे अस्तित्व को घेरे हुए है। ब्रह्मांड को अब एक एकल, सार्वभौमिक जीवन शक्ति के रूप में माना जाता है जो हर जीवित प्राणी और वस्तु के भीतर और उसके चारों ओर धड़कती है। सांसारिक क्षेत्र उस दुनिया से अलग है जिसे आत्मा कभी जानती थी, और दिव्य उपस्थिति को हर चीज में व्याप्त माना जाता है। दृष्टिकोण में यह बदलाव जीवन के प्रति एक बिल्कुल

नए दृष्टिकोण का परिणाम देता है, जिसमें मुक्त आत्मा निरंतर आनंद में रहती है।

विद्यार्थी ने पूछा, "गुरुजी, क्या हम शुरू से एक जैसे हैं?"

गुरुजी ने कहा, "मैं आपको एक रोचक कहानी सुनाता हूँ: एक घने जंगल में कर्मित नाम का एक मेंढक रहता था, जो एक दार्शनिक था और जंगल के सभी जीव उसकी बुद्धिमत्ता के कारण उसका बहुत सम्मान करते थे। नए परिचितों से मिलने के लिए एक बार जब वह वहाँ गया, तो उसकी नज़र एक कनखजूरा पर पड़ी। कनखजूरा को देखकर कर्मित हैरान रह गया और उसे समझ नहीं आया कि यह जीव अपने इतने सारे पैरों के साथ कैसे चलता है।"

कर्मित ने पूछा, "क्या आप मुझे अपना नाम बता सकते हैं?"

"मेरा नाम विगल है," कनखजूराने उत्तर दिया।

कर्मित ने पूछा, “विगल, मेरे पास तुम्हारे लिए एक सवाल है। मुझे अपने चार पैरों से चलना चुनौतीपूर्ण लगता है, लेकिन तुम सैकड़ों पैरों से चल सकते हो। यह किसी आश्चर्य से कम नहीं है!”

विगल ने कहा, “यह एक चमत्कार है!”

“हाँ,” कर्मिट ने सहमति जताई, “आप कैसे तय करते हैं कि कौन सा पैर पहले चलना चाहिए, फिर कौन सा पीछे, और इसी तरह... सैकड़ों पैरों के लिए?”

बातचीत जारी रखते हुए कर्मित ने कहा, “मैं हैरान हूँ; दार्शनिक होने के बावजूद, मैं इसे समझ नहीं पा रहा हूँ। यह असंभव लगता है। आप इससे कैसे निपटेंगे? आप कैसे चलेंगे?”

विगल ने स्पष्ट किया, “मैं अपनी पूरी ज़िंदगी पैदल ही चलता रहा हूँ। मेरे दोस्त, भाई-बहन और माता-पिता सभी पैदल ही चलते थे, इसलिए मुझे कोई संदेह नहीं था।” “हालाँकि, अब जब आपने यह सवाल उठाया है, तो मैं इस पर विचार करूँगा।”

विगल ने कर्मित के सवाल पर विचार किया और पहली बार, एक विचार उसके दिमाग में आया जैसे शांत पानी में एक छोटा सा पत्थर गिरा हो। उसे एहसास हुआ कि कर्मित सही था।

विगल कई मिनट तक बिना हिले-डुले खड़ा रहा, विचारों में खोया रहा। अब वह सोच रहा था कि पहले कौन-सा पैर आगे बढ़ाए, और उसे खुद पर संदेह होने लगा। कुछ देर बाद, वह हिलने-डुलने में असमर्थ हो गया, काँपने लगा, और अंततः गिर पड़ा।

विगल ने विनती की, “कर्मित, कृपया भविष्य में मेरे परिवार के सदस्यों के सामने यह सवाल मत उठाना। मैं अपनी पूरी ज़िंदगी बिना किसी परेशानी के खुशी-खुशी चलता रहा हूँ। हालाँकि, तुमसे मिलने के बाद, कर्मित, तुमने मेरा सारा आत्मविश्वास तोड़ दिया है और मुझे पूरी तरह से असहाय छोड़ दिया है।”

“मैं हिल नहीं सकता, मैं लकवाग्रस्त हूँ, और मुझे नहीं पता कि अपने सौ पैर कैसे हिलाऊँ,” विगल ने रोते हुए कहा और उसके चेहरे पर आँसू बह रहे थे।

गुरुजी ने कहा, "हालाँकि मांस और हड्डियों से बना बाहरी मनुष्य टीका रहता है, लेकिन वो जीवन के जाल (कर्म) के अवशेषों को बाहर निकालने के लिए मौजूद रहता हैं। जैसे-जैसे यह धीरे-धीरे खत्म होता जाता है, आंतरिक मनुष्य, जो आत्मा है, नवीनीकृत होता जाता है और मजबूत होता जाता है, हर गुजरते पल के साथ ओर अधिक दिव्य होता जाता है।"

"आत्मा के लिए शरीर को त्याग दो। मरना सीखो ताकि तुम जीना शुरू कर सको।"

गुरुजी ने कहा, "आस्था, इस तरह से, व्यक्ति जीवन की पूर्णता का अनुभव कर सकता है। व्यक्ति उच्चतर आत्मा से संपर्क करता है, जो उचित मार्गदर्शन के तहत सांसारिक जीवन के कांटों से मुक्त होने में सहायता करता है। यह अनुभव सार्वभौमिक है और किसी की जाति, रंग, पंथ या उम्र पर निर्भर नहीं करता है। जब तक व्यक्ति खुद को शुद्ध नहीं करता और सभी जीवित प्राणियों के प्रति प्रेम से मुक्त नहीं

होता, तब तक वह निर्माता के जीवन, 'पूर्णता के जीवन' का आनंद नहीं ले सकता।"

एक लम्बे विराम के बाद, गुरुजी ने अपना सिर झुकाया, अपने स्थान से उठे, और चलने लगे। भक्तगण भी इधर-उधर जाने लगे।

वासुदेव ने पूछा, "अक्षत, फिर क्या हुआ?"

अक्षत ने कहा, "ज़िम्मेदारी का बोझ मेरे ऊपर इतना हावी हो गया था कि मैं उसे बर्दाश्त नहीं कर सकता था। जब मैं सोच रहा था, तो मेरी नज़र मेज़ पर पड़ी एक पुरानी डायरी पर पड़ी। जब मैंने उसके पन्ने पलटे, तो मुझे एहसास हुआ कि मेरे पिताने अपनी खराब सेहत के बावजूद मेरे और अपने कर्मचारियों के लिए कितने बड़े त्याग किए थे। उन्होंने अपने कर्मचारियों के साथ वैसा ही व्यवहार किया जैसा वे अपने परिवार के सदस्यों के साथ करते थे। शारीरिक, मानसिक और भावनात्मक रूप से थके होने के बावजूद उन्होंने कभी भी अपने संघर्षों को दूसरों पर हावी नहीं होने दिया। डायरी के अंत में एक दृढ़

घोषणा ने मेरा ध्यान खींचा - 'मेरे न रहने की स्थिति में, मुझे विश्वास है कि मेरा बेटा मेरे कर्मचारियों की देखभाल करेगा। मुझे उसकी योग्यता पर पूरा भरोसा है।'"

डायरी पढ़ने के बाद, मैं खुद को रोक नहीं सका और रो पड़ा, और मुझे 'समय उड़ जाता है' वाक्यांश का वास्तविक महत्व समझ में आया। इससे मुझे एहसास हुआ कि यदि कोई उन चीजों पर बहुत अधिक समय खर्च करता है जो उसकी आत्मा को पोषण नहीं देती हैं, तो समय एक अमूल्य संसाधन बन जाता है।

अक्षत ने कहा, "मैं अपनी सीट से उठा और गुरुजी से मिलने का संकल्प लिया।"

वासुदेव ने कहा, "अब जाने का समय हो गया है।"

अक्षय ने बताया, "वहाँ देख रहे हो? आकांक्ष आसमान को देखने में मग्न है।"

जब आकांक्ष अकेला था और रात के आसमान को देख रहा था, तो उसके दिमाग में कई सारे विचार

आने लगे। उसे अपनी माँ की कही हुई बातें याद आने लगीं, "जब ज़िंदगी बोझिल लगने लगे, तो बस रात के आसमान की तरफ़ देखो और थोड़ी देर के लिए खुद को खो जाने दो और ऊपर टिमटिमाते लाखों तारों को देखो, जिनमें से हर एक कोई न कोई संदेश दे रहा है।"

बचपन में, मैं अपनी माँ के साथ रात के आसमान को घूरता रहता था, तारों की गिनती करता था और अंधेरी पृष्ठभूमि में चाँद की सुंदर चाल को देखकर आश्चर्यचकित होता था। ब्रह्मांड की उत्पत्ति और उसमें मौजूद सभी चीज़ों ने हमेशा मेरी दिलचस्पी जगाई है। मैं अक्सर अपनी माँ से दिन में सूरज के दिखने और रात में सितारों और चाँद के निकलने, और ब्रह्मांड का पैमाना कितना विशाल और समझ से परे है उसके के पीछे के कारण के बारे में पूछता था।

बचपन में, मैं यह मानता था कि रात का आकाश एक विशाल, अशुभ काला कंबल है जो स्वर्ग को धरती

से अलग करता है। मैं यह भी मानता था कि तारे कंबल के कपड़े में बने असंख्य छोटे-छोटे छेदों की तरह हैं, जिनके माध्यम से देवदूत हमें देखते हैं।

मेरी माँ मुझे सलाह देती थी, “जीवन क्षणभंगुर है। जब भी तुम उदास महसूस करो, बस आसमान की ओर देखो और रात में सितारों को घूमते हुए देखो। जब आसमान में कोई टूटता हुआ तारा दीखाई दे मुझे याद करो।”

आकांक्ष ने रोते हुए खुद से कहा, “मुझे हमेशा आपकी उपस्थिति का एहसास होता है, माँ। मुझे लगता है कि आप मुझ पर नज़र रख रही हैं।”

आकांक्ष अचानक नींद से जाग गया, उसे लगा कि चारों तरफ सन्नाटा है और हल्की ठंडी हवा चल रही है। वह बिस्तर से उठकर इधर-उधर घूमने लगा, यह सोचकर कि आस्था क्यों परेशान हो रही है।

अध्याय ३.६

अध्यास या अध्यारोप

"हम जिस दुनिया को देखते हैं, वह अपने असंख्य नामों, रूपों और विशेषताओं के साथ, समय, स्थान और कारण-कार्य से बंधी हुई है।"

एक बड़े बरगद के पेड़ के नीचे अक्षय ध्यान कर रहे थे। जब उन्होंने अपनी आँखें खोलीं तो उन्होंने देखा कि उनके बगल में विद्यार्थी और वासुदेव ध्यान कर रहे थे।

वासुदेव ने कहा, "वातावरण सुखद और उत्साहपूर्ण है, और 'ओम' की ध्वनि चारों ओर सुनी जा सकती है।"

विद्यार्थी ने कहा, "इस अद्भुत सूर्योदय को देखो!"

अक्षय ने उत्तर दिया, "हमने असंख्य सूर्योदय देखे हैं, फिर भी उनकी भव्यता हमें चकित करने में कभी विफल नहीं होती।"

वासुदेव ने कहा, "ध्यान दें कि यह बादलों की छाया से उभरता हुआ एक छोटा सा गोला जैसा प्रतीत होता है, जो धीरे-धीरे आकार में बढ़ रहा है, जबकि पृष्ठभूमि में चहचहाते पक्षियों, सरसराती हवाओं, गिरते पत्तों और बहते पानी की ध्वनि 'ओम' मंत्र के साथ तालमेल बिठाते हुए एक गूंजता हुआ वातावरण बना रही है।"

अक्षय ने कहा, "प्रकृति की अद्भुत सुंदरता ने हमारे दिलों पर कब्ज़ा कर लिया है। हम जिस फल की चाहत रखते हैं, वह पक रहा है और एक सुंदर सुनहरे रंग में बदल रहा है, यह देखने लायक नज़ारा है। हमारी त्वचा पर सूरज की किरणों की गर्माहट हमारी रीढ़ की हड्डी में सिहरन पैदा करती है और हमें पूर्ण शांति की जगह पर ले जाती है, एक ऐसी जगह जहाँ से हम कभी नहीं जाना चाहते। दृश्य लुभावने हैं।

हमारे नीचे की धरती हमें सुरक्षा का एहसास कराती है, जबकि ठंडी हवा सुखद धुनें लेकर आती है, और आसमान हमें एक पोषण करने वाली माँ की गर्मजोशी से नहलाता है। बस इतना ही! ब्रह्मांड हमें बता रहा है कि सब कुछ रोशन है; हमें बस अपनी आँखें खोलने और इसे देखने की ज़रूरत है।"

भक्तगण उत्सुकता से गुरुजी के सत्र की प्रतीक्षा कर रहे थे और अंततः उन्होंने उनके कदमों की ध्वनि सुनी।

गुरुजी धीरे-धीरे भक्तों की ओर बढ़े, सिर झुकाया और आखिरकार अपना आसन ग्रहण किया। उन्होंने कुछ मिनट के लिए अपनी आँखें बंद कीं और फिर एक चमकदार मुस्कान के साथ उन्हें खोला।

अक्षय ने पूछा, "गुरुजी, अध्योरोप या अध्यारोपण क्या है?"

गुरुजी ने अध्यारोप या अध्यास को परिभाषित किया, जिसका अर्थ है 'अध्यारोपण'। अद्वैत वेदांत का दर्शन, जिसके मुख्य प्रतिपादक शंकर थे, ब्रह्म को परम

वास्तविकता के रूप में स्वीकार करता है, जो नाम, रूप और गुणों से परे है और इस प्रकार सभी विवरणों को चुनौती देता है। समय, स्थान और कारणता की सीमाओं से बंधे इस संसार में हम जिन नामों, रूपों और विशेषताओं का अनुभव करते हैं, उनकी उपेक्षा या अनदेखी नहीं की जा सकती। इसलिए, ब्रह्म, जो निरपेक्ष है, घटनाओं की दुनिया के बीच संबंध को स्पष्ट करना महत्वपूर्ण हो जाता है।

अध्यास या अधयारोप एक शब्द है जिसका उपयोग 'अध्यारोपण' के विचार का वर्णन करने के लिए किया जाता है, जो तब होता है जब एक चीज दूसरी चीज के ऊपर दिखाई देती है, जो अस्थायी रूप से उसके वास्तविक स्वरूप को अस्पष्ट कर देती है। इस अवधारणा को अक्सर मंद प्रकाश में रस्सी पर सांप या चमकती मोती की माला में चांदी की गलत धारणाओं द्वारा चित्रित किया जाता है, जो दोनों अध्यास, रस्सी पर सांप या मोती की माला पर चांदी के अध्यारोपण से उत्पन्न होते हैं। अद्वैत वेदांत के दर्शन में, ब्रह्म या सत्य को माया या अविद्या से

जुड़ा माना जाता है, जो एक भ्रामक शक्ति है जो अभूतपूर्व ब्रह्मांड की उपस्थिति के लिए जिम्मेदार है।

श्री शंकराचार्य ने कहा कि संसार एक भ्रम है, और इसकी बहुलता मृगतृष्णा की तरह है। अविद्या या माया, ब्रह्म या सत्य से जुड़ी भ्रामक शक्ति, अभूतपूर्व ब्रह्मांड की अभिव्यक्ति का प्रबंधन करती है। उनके अनुसार, अविद्या का कोई आरंभ नहीं है, लेकिन जब साधक ब्रह्म ज्ञान प्राप्त कर लेता है, तो इसका अंत हो जाता है। परिणामस्वरूप, अविद्या को अनादि संतम के रूप में जाना जाता है, जिसका अर्थ है कि इसका कोई आरंभ नहीं है, लेकिन इसका अंत है। इस भ्रामक शक्ति को 'सत्' के रूप में वर्णित नहीं किया जा सकता है क्योंकि केवल ब्रह्म को ही 'सत्' कहा जा सकता है। न ही इसे 'असत्' कहा जा सकता है क्योंकि यह दुनिया की उपस्थिति को जन्म देती है। माया संवेदी ब्रह्मांड की झलक पैदा करने में ब्रह्म की सहायता करती है, ठीक वैसे ही जैसे एक जादूगर पतली हवा से विभिन्न वस्तुओं को बनाता है।

अविद्या के प्रभाव के कारण, व्यक्तिगत आत्मा, अविद्या के सहायक या वाहन (उपाधियाँ) की झूठी पहचान के साथ खुद को पहचानती है, जिसमें शरीर, इंद्रियाँ, प्राण, मन और बुद्धि शामिल हैं। खुद को शुद्ध ब्रह्म के रूप में पहचानने के बजाय, वह खुद को एक जीव के रूप में पहचानता है, एक व्यक्ति की आत्मा जैसा एक संवेदनशील अस्तित्व है। अविद्या एक परदे की तरह काम करती है, जो उससे उसके असली स्वरूप को छुपाती है, और वह इस परदे के पार नहीं देख सकता। अज्ञान की ताकत शरीर, इंद्रियों, मन और अन्य पहलुओं को शुद्ध आत्मा पर थोपने का कारण बनती है।

व्यक्तिगत आत्मा गलती से खुद को अपने शरीर, मन और इंद्रियों के साथ पहचानती है, गलती से खुद को कर्ता और भोक्ता मानती है। वास्तव में, आत्मा शुद्ध, सर्वव्यापी बुद्धि, निष्क्रिय और अनंत है। हालाँकि, अविद्या के प्रभाव के कारण, आत्मा ज्ञान, दायरे और शक्ति के मामले में विवश है। आत्मा अपने कर्मों के कारण पुण्य और पाप जमा करती है

और अगले जन्मों में उसके परिणाम भुगतने पड़ते हैं। जन्म और मृत्यु का यह चक्र, जिसमें सुख और दुख दोनों होते हैं, आत्मा को इस संसार में फंसाए रखता है।

गुरुजी ने कहा, "शंकराचार्य के अनुसार, दुनिया का एक सापेक्ष अस्तित्व है जो ब्रह्म की तरह वास्तविक नहीं है। ब्रह्म अतीत, वर्तमान और भविष्य में मौजूद है, जबकि दुनिया हमेशा तुलनात्मक रूप से वास्तविक नहीं होती है। माया, जो ब्रह्म या सत्य से जुड़ी है, शब्दों में व्यक्त करना कठिन है और मानव समझ से परे एक रहस्य है। यह समझ से परे या अनिर्वाचनीय (अनिर्वचनीय) है। ब्रह्म माया के कारण होने वाले भ्रम से अप्रभावित रहता है, जैसे कि एक जादूगर अपने द्वारा बनाए गए भ्रम से अप्रभावित रहता है। एक नाटककार की तरह जो अपने विचारों को अभिनय के माध्यम से जीवंत करता है, इसी तरह ब्रह्म ने अपनी इच्छा के माध्यम से इस ब्रह्मांड को प्रकट किया है। शंकराचार्य के दार्शनिक सिद्धांतों

को विवर्त वाद, माया वाद या अनिर्वचनीय ख्याति वाद कहा जाता है।”

जब आप किसी वस्तु को पहचानते हैं, तो उसकी सामान्य प्रकृति स्पष्ट हो जाती है, चाहे वह किसी सफ़ेद गाय में देखी गई हो, जिसे पहले काली गाय में देखा गया हो, या पदमा के मामले में, जिससे आप पहली बार मद्रास में और बाद में कांचीपुरम में मिले थे। हालाँकि, ऐसी वस्तुएँ जो केवल अतीत में देखी गई थीं, उन्हें केवल याद करके आपकी इंद्रियों के सामने दोबारा प्रकट नहीं किया जा सकता है। अध्यास, या गलत आरोपण, तब होता है जब आप मोती जैसी वस्तु को चाँदी समझ लेते हैं, जो उस समय मौजूद नहीं थी, बल्कि केवल याद करके आरोपित की गई थी।

अज्ञान या अविद्या (अज्ञान) अधिष्ठान की वास्तविक प्रकृति की गलत धारणा का कारण बनती है। रस्सी और मोती अविद्या के आधार का प्रतिनिधित्व करते हैं। हम इस अज्ञान को आनंदी या अनादि मानते हैं

क्योंकि इसमें कोई स्पष्ट प्रारंभिक बिंदु नहीं है। एक बार जब सही धारणा प्राप्त हो जाती है और अज्ञान दूर हो जाता है, तो त्रुटि अपने आप ही समाप्त हो जाती है।

अद्वैत तत्वमीमांसा, अध्यास सिद्धांत और उल्लिखित दो सादृश्यों के माध्यम से, तर्क देती है कि इंद्रियों के माध्यम से अनुभव की जाने वाली दुनिया ब्रह्म में अध्यास के परिणामस्वरूप एक गलत धारणा है। एक बार जब कोई व्यक्ति ब्रह्म की वास्तविक प्रकृति को समझ लेता है, तो दुनिया की अभिव्यक्ति समाप्त हो जाती है।

गुरुजी ने कहा, “अध्यास से व्यक्तिपरक स्तर पर शरीर-मन के संयोजन को आत्मा के रूप में गलत धारणा बनती है। हालाँकि, एक बार जब आत्मा की वास्तविक प्रकृति समझ में आ जाती है, तो शरीर-मन के संयोजन के साथ उसका जुड़ाव खत्म हो जाता है।”

हालाँकि आत्मा या ब्रह्म अनासक्त और उदासीन है, लेकिन यह हैरान करने वाला हो सकता है कि इसे अक्सर कोशों, आवरणों या शरीरों के साथ निकटता से जुड़ा हुआ कैसे माना जाता है, यहाँ तक कि उनके साथ एकरूप होने की सीमा तक। व्यक्ति दो प्रकार के संबंधों के बीच अंतर जांच सकता है।

- समवाय संबंध में आधार और अधिस्तर को अविभाज्य इकाई के रूप में स्वीकार किया जाता है। यह वस्तुओं और उनके घटक भागों, गुणों और उन्हें धारण करने वाली वस्तुओं, कार्यों और उनके कर्ता, प्रकार और व्यक्तियों आदि के बीच संबंधों को भी संदर्भित करता है।
- संयोग संबंध से तात्पर्य ऐसे रिश्ते से है जो दो चीजों के बीच शारीरिक संपर्क से उत्पन्न होता है, जैसे ढोल और छड़ी, या गिलास और पानी।

हम आत्मा और कोशों के बीच के संबंध को समवाय या संयोग के रूप में वर्गीकृत नहीं कर सकते। संबंध या संयोग संबंध । इसके बजाय, इसे अध्यास के रूप

में वर्गीकृत किया जाता है, जो रस्सी को साँप समझने की भूल के समान है। अध्यास को आगे दो प्रकारों में विभाजित किया जाता है: एक तरफा, जहाँ केवल एक चीज़ दूसरे पर आरोपित होती है (जैसे रस्सी पर साँप), और पारस्परिक या अन्योन्या अध्यास, जहाँ आत्मा और उसके गुण दोनों कोशों पर आरोपित होते हैं और कोश और उनके गुण आत्मा पर आरोपित होते हैं। परिणामस्वरूप, हम 'मैं एक आदमी हूँ। मुझे प्यास लगी है, भूख लगी है, गुस्सा है,' इत्यादि जैसे भावों का उपयोग करते हैं, जो इस पारस्परिक आरोपितता को दर्शाते हैं।

हम स्वयं पर शारीरिक विशेषताओं को आरोपित करते हैं, जो विभिन्न रूप ले सकते हैं, जैसे:

- एक आदमी अपने आप को मोटा, दुबला, गोरा आदि देखता है।
- एक आदमी जो अपने आप को गूंगा, बहरा आदि समझता है।
- मनुष्य अपनी पहचान आंतरिक अंगों की विशेषताओं जैसे इच्छा, लोभ और वासना से

करता है।

परिणामस्वरूप, अहंकार की अवधारणा को उत्पन्न करने के लिए जिम्मेदार आंतरिक अंग, स्वयं पर आरोपित हो जाता है। स्व, आंतरिक अंग के भीतर सभी परिवर्तनों का पर्यवेक्षक है। इसके विपरीत, स्व, सब कुछ का पर्यवेक्षक होने के नाते, आंतरिक अंग, इंद्रियों और अन्य संस्थाओं पर आरोपित होता है। आरोपित करने की यह प्रक्रिया, जो कि आरंभिक और अंतहीन दोनों है, एक झूठी अवधारणा बनाती है जिसके कारण व्यक्तिगत आत्माएं भोक्ता के रूप में प्रकट होती हैं।

मुस्कुराते हुए गुरुजी ने कहा, "साधना का उद्देश्य इस गलत धारणा को खत्म करना है कि 'मैं शरीर हूँ' और इसके बजाय यह सटीक समझ स्थापित करना है कि 'मैं ब्रह्म हूँ।' आत्म-ज्ञान प्राप्त करने से, शरीर के साथ पहचान करने का गलत विचार मिट जाता है, जिससे मुक्ति मिलती है।"

श्रुतियाँ दृढ़तापूर्वक घोषणा करती हैं कि आत्मज्ञान के बिना मुक्ति नहीं हो सकती - 'ऋते ज्ञानान्न मुक्ति।' वे कहते हैं, 'जब कोई आत्मा को जान लेता है, तो हृदय की गांठ खुल जाती है, सारे संदेह मिट जाते हैं और सारे कर्म जल जाते हैं।' स्वयं को जानने से व्यक्ति मृत्यु से ऊपर उठ जाता है और मुक्ति पाने का कोई दूसरा उपाय नहीं है।

संज्ञान के मामले में मनुष्य और जानवरों के बीच कोई खास अंतर नहीं है। उदाहरण के लिए:

- गाय जब किसी व्यक्ति को लाठी लेकर चलते हुए देखती है तो वह यह मानकर भाग जाती है कि वह उसे मारेगा।
- वही गाय घास या ताज़ा घास ले जा रहे व्यक्ति की ओर बढ़ेगी।
- इसी प्रकार, कोई व्यक्ति भी डंडा लेकर आते किसी व्यक्ति को देखकर भाग जाएगा।

आत्म-जागरूकता अतिव्यापन को मिटाने का साधन है। इसके लिए सिर्फ़ सैद्धांतिक या बौद्धिक ज्ञान से ज़्यादा की ज़रूरत होती है; निरंतर ध्यान के ज़रिए

ऐसे ज्ञान को साकार करने की ज़रूरत है। यह ब्रह्म के साथ व्यक्तिगत संपर्क के ज़रिए प्राप्त प्रत्यक्ष, सहज ज्ञान है।

गुरुजी ने कुछ देर मौन रहने के बाद कहा, "अविद्या अज्ञानता का प्रतिनिधित्व करती है। अविद्या आरोपित करना है। जब कोई व्यक्ति स्वयं के बारे में सच्चा ज्ञान प्राप्त कर लेता है, तो अविद्या या मिथ्या ज्ञान समाप्त हो जाता है। अविद्या का अर्थ ज्ञान का अभाव नहीं है, बल्कि विद्या स्वयं पर आरोपित की गई चीज़ों के विवेक के माध्यम से स्वयं के वास्तविक स्वरूप की पहचान है।"

वेदांत की उन्नत शिक्षाओं में, अधिरोपण की अवधारणा को स्वीकार नहीं किया जाता है। दो वस्तुएँ एक साथ सह-अस्तित्व में नहीं रह सकतीं, ताकि एक को दूसरे पर आरोपित किया जा सके। रस्सी साँप के रूप में अपने भ्रामक रूप से प्रकट होने से पहले, उसके दौरान और उसके बाद एकमात्र अस्तित्ववान इकाई बनी रहती है। इसी तरह, कोष केवल भ्रम हैं

और उनका कोई स्वतंत्र अस्तित्व नहीं है। केवल ब्रह्म ही वास्तविक है और अस्तित्व में है। कोष आत्मा से संबंधित हैं।

आत्मा किसी भी रूप या सहायक से जुड़ी नहीं है। अज्ञानता या विवेक की कमी के कारण परस्पर आरोपण होता है, जिसे योग्य गुरु के उचित मार्गदर्शन और साधना के अभ्यास से समाप्त किया जा सकता है। यह समझना महत्वपूर्ण है कि शरीर स्वयं से अलग है, जैसे घर मालिक से अलग होता है। कोई यह तर्क दे सकता है कि कोष हमारे भीतर हैं जबकि घर बाहर है। हालाँकि, यह समझना आवश्यक है कि आत्मा कोष से अलग है।

कठोपनिषद में कहा गया है कि आत्मा सभी जीवों के भीतर मौजूद है, हालांकि यह छिपी हुई है और इसे केवल विवेकशील बुद्धि वाले लोग ही पहचान सकते हैं। दुनिया ब्रह्म पर आरोपित है और केवल उसी स्थान पर मौजूद है जहाँ ब्रह्म मौजूद है; इसे अध्यारोप के रूप में जाना जाता है। युक्ति या तार्किक

तर्क के उपयोग के माध्यम से आरोपितता को हटाया जा सकता है, जिसे अपवाद कहा जाता है ।

गुरुजी ने कहा, "मैं आपको कुछ उदाहरण देकर समझाता हूँ।"

मामला 1:

अक्षय अपने दोस्त विधार्थी से मिलने के लिए निकला था और गांव की ओर जाते समय उसने दूर से एक पेड़ के नीचे एक व्यक्ति को खड़ा देखा। जब वह उस व्यक्ति के पास पहुंचा तो उसे लगा कि यह विधार्थी है और वह तेजी से चलने लगा। लेकिन जब वह उसके करीब पहुंचा तो उसे एहसास हुआ कि यह विधार्थी का भाई विशाल है। यह सकारात्मक अध्यारोपण का एक उदाहरण है।

- प्रारंभ में, जब अक्षय सुरक्षित दूरी पर था, तो उसके मन ने उसे विश्वास दिलाया कि पेड़ के नीचे खड़ा व्यक्ति विधार्थी था।
- जब वह नजदीक पहुंचा तो उसे पता चला कि वह विशाल था।

- अंततः अक्षय के मन में विशाल के स्थान पर विधार्थी का विचार आया।

अध्यारोप के संदर्भ में, श्रोडिंगर के बिल्ली विचार प्रयोग पर विचार करें, जो क्वांटम यांत्रिकी में क्वांटम सुपरपोजिशन का विरोधाभास प्रस्तुत करता है। जब विधार्थी पेड़ के नीचे खड़ा होता है, लेकिन अक्षय उसे पहचानने में विफल रहता है, तो यह एक नकारात्मक सुपरइम्पोज़िशन का उदाहरण होगा।

अध्यारोप की उत्पत्ति सही वस्तु की समझ की कमी या गलत पहचान से होती है। उदाहरण के लिए, हम पेड़ को भूत समझ सकते हैं, रेगिस्तान में पानी की मृगतृष्णा, छाया को भूत-प्रेत या रस्सी को सांप समझ सकते हैं, जिससे डर और भ्रम की स्थिति पैदा हो सकती है।

मामला 2:

शाम के समय धुंधली रोशनी होने का अनुमान लगाते हुए आस्था जल्दी से वापस लौटी और दावा किया कि उसने एक साँप को देखा है जो भयावह फुफकार

मार रहा है। हालाँकि, उसके साथी ने पुष्टि करना चाहा और प्रकाश के स्रोत का उपयोग करके जाँच की। पता चला कि वह एक साधारण रस्सी थी।

मामला 3:

इसके बाद, धुंधली रोशनी के साथ शाम के एक और दृश्य में, आस्था को एक ऐसी ही वस्तु दिखी जो स्थिर दिख रही थी और शुरू में उसे लगा कि यह रस्सी है। हालाँकि, करीब से देखने पर उसे एहसास हुआ कि यह असली साँप था और वह चुपचाप और जल्दी से वहाँ से चली गई।

गुरुजी ने पूछा, “आकांक्ष, पहली घटना में आस्था ने, उसके दोस्त द्वारा पुष्टि कि की यह एक हानिरहित रस्सी है, उससे पहले या उसके बाद उसने साँप के बारे में सोचा नहीं था, फिर उसने रस्सी को साँप क्यों समझा?”

आकांक्ष ने गुरुजी को उत्तर देते हुए कहा, “उसे यह साँप जैसा लगा होगा।”

गुरुजी ने माना, “यह सच है कि हम इससे आगे कोई जवाब नहीं दे सकते। हालाँकि, यह भी सच है कि हम अपनी इंद्रियों के माध्यम से जो कुछ भी अनुभव करते हैं - जो हम देखते हैं, सुनते हैं, महसूस करते हैं, सूँघते हैं और छूते हैं - वे सभी ब्रह्म की अलग-अलग अभिव्यक्तियाँ हैं।”

गुरुजी ने कहा, “एक प्रबुद्ध व्यक्ति या ज्ञानी के लिए, दुनिया की कोई अवधारणा नहीं है; वे सभी चीजों में ब्रह्म को देखते हैं। हालांकि, जो व्यक्ति अज्ञानता की स्थिति में रहता है, वह मानता है कि उसके परे एक दुनिया है। वे बहुत सी वस्तुओं का अवलोकन करते हैं, सुख और दुख दोनों का अनुभव करते हैं, दुख और चुनौतियों को झेलते हैं, और पसंद और नापसंद से प्रभावित होते हैं।”

आकांक्षा ने पूछा, “गुरुजी, माया से बचने का उपाय क्या है?”

गुरुजी ने उत्तर दिया, “गुरु की कृपा और निरंतर साधना (ध्यान) के माध्यम से, व्यक्ति शुद्धि प्राप्त

कर सकता है। इसमें सभी इंद्रियों - श्रवण, अनुभूति, गंध, स्पर्श और दृष्टि - को शामिल करना और अपने भीतर की खोज करना शामिल है जब तक कि व्यक्ति सत्य का एहसास न कर ले, और दुनिया अब वास्तविक न लगे।"

गुरुजी मुस्कुराये और पूछा, "आकांक्ष, तुम केवल ब्रह्म का ही अनुभव क्यों करते हो?"

- क्या आपको लगता है कि मैं किसी के प्रति नफरत रख सकता हूं?
- क्या आप मानते हैं कि आप किसी के प्रति घृणा का भाव रख सकते हैं?
- क्या आप पसंद और नापसंद का अनुभव करने की उम्मीद करते हैं?
- क्या स्वयं के प्रति घृणा होना संभव है?

गुरुजी ने कहा, "आकांक्ष, जब तुम स्वयं और मुझ सहित हर चीज को ब्रह्म के रूप में देखते हो, तो तुम शुद्ध ब्रह्मांडीय प्रेम की अभिव्यक्ति बन जाते हो।"

गुरुजी ने पूछा, "आकांक्ष, अगर तुम हर चीज़ को अपने जैसा ही समझो, तो तुम किससे नापसंद कर सकते हो? ऐसी कौन सी चीज़ें हैं जो तुम्हें परेशान करती हैं? तुम सच में क्या चाहते हो?"

गुरुजी ने टिप्पणी की, "अक्षय, लंबी यात्रा पर निकलने के लिए, व्यक्ति को अध्यारोपण की पूरी समझ होनी चाहिए। यदि कोई व्यक्ति इस धारणा के साथ साधना करता है कि उसके भीतर का आत्मा सभी प्राणियों में मौजूद है, तो यह समझना महत्वपूर्ण है कि संपूर्ण विश्व केवल ब्रह्म का एक आवरण है। किसी के मन में कोई भी संदेह, दुख और पीड़ा की दुनिया को जन्म दे सकता है।"

जो लोग आवरण से परे आंतरिक आत्मा को समझ लेते हैं और 'जीवन के प्रकाश' का अनुभव करते हैं, वे गहन शांति, एक चमकदार चमक, दिव्य शब्द और शाश्वत आनंद - 'जीवन की संपूर्णता' की खोज करेंगे।

अक्षय ने पूछा, "क्या इस सत्य पर चिंतन करना और लगातार बदलती परिस्थितियों के बीच, हर्षित और

दुःखद, शोरगुल, विचारों के प्रदूषण और सांसारिक जीवन की अराजकता के बीच खुशी बनाए रखना संभव है?"

गुरुजी मुस्कुराए और बोले, "अक्षय, तुम ब्रह्म में ही जड़ जमाओ, जो इस शरीर, मन और आत्मा, जीव और जगत, माया और ब्रह्म, कारण और प्रभाव का आधार है! वह ऋषि जिसने यह समझ लिया है कि ब्रह्माण्ड में ब्रह्म के अलावा कोई और वास्तविकता नहीं है, वह पहचानता है कि वह ब्रह्म है और सब कुछ ब्रह्म है और जन्म-मृत्यु के चक्र से मुक्त हो जाता है। वही जीवन मुक्त है, जो जीते हुए मुक्ति प्राप्त करता है - 'जीवन उसकी संपूर्णता में है ।'"

अक्षय ने पूछा, "अक्षत, तुम गुरुजी से कैसे मिले?"

अक्षत ने मुस्कुराते हुए जवाब दिया, "हां, मुझे यहां एक पूर्व कर्मचारी ने मार्गदर्शित किया था। मुझे इस जगह के बारे में कुछ असाधारण लगा, और वातावरण शांतिपूर्ण और शांत था। मैंने पाया कि सब कुछ

व्यवस्थित था। हमने गुरुजी से मिलने से पहले एक घंटे से अधिक समय तक इंतजार किया था।"

गुरुजी चुपचाप खड़े रहे, कुछ मिनट तक मुझे देखते रहे, फिर अपनी आँखें बंद कर लीं और पूछा, "तुम्हें डर क्यों लगता है?"

अक्षत ने कहा, "गुरुजी, मेरे पास कुछ भी नहीं बचा है। मैं अपने अगले कदम के बारे में अनिश्चित हूँ। मेरे कर्मचारियों ने मुझसे कंपनी को फिर से शुरू करने का आग्रह किया है, लेकिन मैं अपर्याप्त धन के कारण ऐसा नहीं कर सकता। मैंने जो एकमात्र काम पूरा किया है, वह है अपने सभी कर्ज चुकाना। मेरे पास सिर्फ़ एक घर बचा है। अगर मुझे व्यवसाय को फिर से शुरू करना है, तो मुझे अपना घर बेचना होगा।"

गुरुजी ने मेरी आँखों में देखा और पूछा, "तुम्हें डर क्यों लगता है?"

अक्षता ने कहा, "मैं कुछ मिनट तक चुप रहा..."

गुरुजी ने कहा, "अक्षत, डर या तो किसी स्थिति से निपटने के तरीके की समझ की कमी से या फिर अपने आराम क्षेत्र से बाहर कदम रखने की अनिच्छा से उत्पन्न होता है। डर कई तरह से प्रकट हो सकता है, जैसे भौतिक संपत्ति या प्रियजनों को खोने का डर। डर हर जगह हो सकता है, जिससे लगातार बेचैनी हो सकती है। खुद के बारे में ईमानदार होना और दूसरों के सामने अपनी सच्ची भावनाओं को व्यक्त करना महत्वपूर्ण है, भले ही यह चुनौतीपूर्ण हो। हमारे लगातार असंतोष के कारणों से अनजान होने के बावजूद, हम महसूस करते हैं कि वहाँ कुछ और अधिक महत्वपूर्ण है, लेकिन डर हमें यह पता लगाने और खोजने से रोकता है कि यह क्या है, यह कहाँ है, और यह कौन हो सकता है।"

डर को नज़रअंदाज़ करने से हमारी चिंता और बढ़ेगी और समय के साथ डर बढ़ता जाएगा और हम जाल में फंसते चले जाएँगे। अगर इस पर ध्यान न दिया जाए तो डर धीरे-धीरे हमें अप्रभावी बना सकता है

और हर गुज़रते दिन के साथ हमें अक्षम बना सकता है।

गुरुजी ने मुस्कुराते हुए कहा, "जिन चीज़ों से हमें सबसे ज़्यादा डर लगता है, अक्सर वे चीज़ें होती हैं जिन्हें हम सच में चाहते हैं, और उन्हें पाने की चाहत हमें ज़्यादा खुशी दे सकती है। यह आश्चर्यजनक है कि जीवन में हम जिन चीज़ों को संजोते हैं, वे चीज़ें हम अनिवार्य रूप से खो देते हैं। यह सोचने के बजाय कि क्या हम उन्हें खो देंगे, महत्वपूर्ण बात यह पहचानना है कि यह केवल समय की बात है।"

अपनी आकांक्षाओं को पूरा करने में विफल होने से आपको जीवन भर पछतावा हो सकता है। सफलता की कोई गारंटी नहीं है, न ही असफलता अपरिहार्य है। लेकिन आप इस बात को लेकर निश्चिंत हो सकते हैं कि आपके प्रयासों को पुरस्कृत किया जाएगा।

दुनिया में सुंदरता की भरमार होने के बावजूद, हर गुज़रते दिन के साथ सराहना करने के लिए बहुत कुछ है। हालाँकि, बहुत से लोग एक-दूसरे के खिलाफ़

साज़िश रचने, माफ़ी न देने या अतीत के दुखों को फिर से जीने में व्यस्त रहते हैं। आपको इससे कहीं ज़्यादा होने के लिए डिज़ाइन किया गया था। आपको इससे कहीं ज़्यादा सहज होने के लिए बनाया गया था। आपको इससे कहीं ज़्यादा जीवंत होने के लिए बनाया गया था। जैसे-जैसे समय आगे बढ़ता है, जीवन आगे बढ़ता रहेगा। रोलर कोस्टर की ऊँचाई और चढ़ाव का आनंद लें, क्योंकि आपको अपनी अनूठी सुंदरता के साथ चमकने के लिए बनाया गया था।

जीवन तेजी से बीत सकता है, और चिंताएँ भी उतनी ही तेजी से बढ़ सकती हैं। यदि कोई उन्हें ठीक से प्रबंधित नहीं करता है, तो एक बार का होनहार व्यक्ति एक नकारात्मक, अप्रेरित वयस्क में बदल सकता है। चिंताओं को नदी के किनारे एक लट्ठे की तरह अपने ऊपर हावी न होने दें। इसके बजाय, नदी के साथ बहने वाले एक खिलते हुए फूल या हवा में उड़ने वाले पंख की तरह बनें। यदि आप कर सकते हैं, तो जीवन को सहजता से जीएँ, अपने मन का

बोझ हल्का करें, और खुद को अन्य लोगों की चिंताओं और कार्यों से मुक्त करें। अपने आप को हर चीज से मुक्त होने दें, और जीवन के प्रवाह के रूप में हर उतार-चढ़ाव का आनंद लें क्योंकि यह आपको समय के साथ ले जाता है। यह यात्रा जल्द ही समाप्त हो जाएगी, और आपको अपने समय के उपहार के साथ जो कुछ भी किया है, उसके लिए खुद को जवाबदेह ठहराना होगा।

गुरुजी ने कहा, "अक्षत, हम सभी को खोने का डर है। तुम अंततः अपने जीवन में सब कुछ खो दोगे। कुछ भी, यहाँ तक कि तुम भी, स्थायी नहीं है । असली सवाल यह है कि तुम्हें सबसे ज़्यादा किस बात से डर लगता है? एक पल के लिए, निडर होकर उस जीवन में डूब जाना जो हमेशा तुम्हारा था... या बस कुछ भी न करना?"

अक्षत ने कहा, "गुरुजी से सुनने के बाद, मुझे लगा कि मुझे ऊंची उड़ान भरने के लिए नए पंख मिल गए हैं। जब मैं विचार कर रहा था, गुरुजी ने शिव नेत्र

पर अपना अंगूठा रखा, जिससे मेरे शरीर में ऊर्जा का संचार हुआ। भावनाओं से अभिभूत होकर, मेरे चेहरे पर आंसू बहने लगे और मैं बेकाबू होकर रोने लगा। मुझे तुरंत हल्कापन महसूस हुआ, राहत की भावना के साथ, जैसे कोई बोझ उतर गया हो और मैं एक नए व्यक्ति की तरह महसूस कर रहा था। मैं आत्मविश्वास से भर गया। कृतज्ञता से अभिभूत होकर, मैं तुरंत उनके चरणों में गिर गया और उनके आशीर्वाद के लिए अपने सामने एक पिता की तरह खडा हुआ। आंखों में आंसू भरकर मैंने गुरुजी से कहा, 'मैं यह कर सकता हूं।'"

गुरूजी मुस्कुराये और चले गये।

अक्षत ने कहा, "उनका बाकी इतिहास। आज मैं एक कंपनी का मालिक हूँ। जहाँ हमारे सभी पूर्व कर्मचारी काम करते हैं, और उनमें से कई गुरुजी के भक्त हैं। मैं हर बार जब भी यहाँ आता हूँ, तो खुद को ज़्यादा ऊर्जावान और धन्य महसूस करता हूँ।"

पदमा ने कहा, “आपने हमें बहुत गौरवन्वित किया है...”

अध्याय ३.७

विश्व की भ्रामक प्रकृति

"दुनिया एक भ्रम है। हमें इसे गंभीरता से लेना चाहिए क्योंकि यह वास्तविकता के सबसे करीब की चीज़ है जिसे हम समझ सकते हैं।"

गुरुजी ने कहा, "माया द्वारा संचालित दुनिया में हम सभी की अपनी भूमिकाएँ हैं। हम में से प्रत्येक नाटक में एक अलग बिंदु पर एक अभिनेता की भूमिका निभाता है, और मंच पर हमारा समय सीमित होता है। जब तक मंच बना रहता है, नाटक की विषय-वस्तु और उसके अभिनेता निरंतर परिवर्तनशील रहते हैं।"

गुरुजी ने कहा, "अक्षय, यह विरोधाभासी है। मनुष्य जिज्ञासापूर्ण प्रश्न उठाता है: क्या हम वास्तविक या भ्रामक दुनिया में रह रहे हैं?"

हमारी दुनिया रंगों और धुनों का एक जीवंत मिश्रण है, जो हमारे विचारों, संवेदनाओं और तंत्रिकाओं द्वारा आकार दिया गया एक जटिल भ्रम है। हम अपने नश्वर जीवन की क्षणभंगुर प्रकृति से ग्रस्त हैं। हम भीतर के अमर आत्मा के शाश्वत, शांतिपूर्ण, आनंदमय जीवन के विपरीत, कर्कश, नीरस कामुक जीवन से ग्रस्त हैं।

गुरुजी ने कहा, "जैसे-जैसे हम बड़े होते हैं या बीमारी या चोट का अनुभव करते हैं, हम दुनिया को अपने लचीलेपन और धैर्य की परीक्षा के रूप में देखते हैं। यह नसों का खेल बन जाता है, जिसमें हमें विभिन्न चुनौतियों और बाधाओं से गुजरना पड़ता है।"

- जब श्रवण तंत्रिका लकवाग्रस्त हो जाती है, तो मधुर संगीत से आनंद प्राप्त करना असंभव हो जाता है।
- रेटिना या ऑप्टिक तंत्रिका के पक्षाघात के कारण व्यक्ति अपने आस-पास के वातावरण के सौंदर्य को देखने में असमर्थ हो जाता है।
- जब घ्राण तंत्रिका लकवाग्रस्त हो जाती है,

तो स्वाद की इंद्रिय भी प्रभावित होती है, और व्यक्ति स्वाद का स्वाद नहीं ले पाता।

- कामुक संवेदना के लिए जिम्मेदार तंत्रिका के पक्षाघात के कारण वैवाहिक संबंधों का अनुभव करना असंभव हो जाता है।

अच्छे स्वास्थ्य की स्थिति में नीम के पत्ते और करेला अपने स्वाभाविक स्वभाव के कारण कड़वे लगते हैं। हालाँकि, अगर किसी व्यक्ति को साँप ने काट लिया है और उसके शरीर में ज़हर है, तो नीम का पत्ता उसे कड़वा नहीं लगेगा। पत्तियों में कड़वाहट या मिठास नहीं होती, बल्कि व्यक्ति अपनी इंद्रियों के ज़रिए इन गुणों को महसूस करता है। इसलिए, अगर हम खुशी के लिए अपनी नसों और इंद्रियों पर निर्भर हैं, तो क्या इसका मतलब यह है कि अगर वे तालमेल से बाहर हो जाएँ तो हम दुखी हो जाएँगे?

गुरुजी ने जोर देकर कहा, “आप अपनी इंद्रियों से भ्रमित हैं; जो क्षणभंगुर और अनित्य है उसे वास्तविकता नहीं माना जा सकता। हम केवल उसी को सत्य मान सकते हैं जो हमेशा के लिए बना रहे।

वास्तव में, कोई मन नहीं है, कोई भौतिक पदार्थ नहीं है, कोई संसार नहीं है और कोई सृजनात्मक कार्य नहीं है। केवल ब्रह्म, परम सत्य, अपनी शुद्ध और प्राचीन महिमा में चमकता है।"

आइए इस सादृश्य पर विचार करें: एक जादूगर अपनी सहायक को लकड़ी के बक्से में बंद कर देता है, जिससे वह दर्शकों के लिए अदृश्य हो जाती है। बक्से का बंधन, साथ ही उसके हाथ, पैर और गर्दन को बांधने वाली रस्सियाँ, उसके भागने में असमर्थ होने का भ्रम पैदा करती हैं। फिर, जादूगर उसे दो हिस्सों में काट देता है, लेकिन कुछ ही क्षणों बाद वह बिना किसी चोट के उसके बगल में खड़ी दिखाई देती है। क्या सहायक वास्तव में मर गई, या यह सब एक नाटक था? भले ही हम मौजूद थे और आवाज़ें सुनी थीं, लेकिन हमें सच्चाई पर विचार करना बाकी है।

संपूर्ण अनुभव, जिसमें पर्यवेक्षक और अवलोकन दोनों शामिल हैं, मानसिक अवधारणा से उत्पन्न होता है। जो कुछ भी केवल कल्पना के दायरे में मौजूद है,

उसका वास्तविक वास्तविकता में ठोस अस्तित्व नहीं होता। जब तक कारण और प्रभाव में विश्वास दृढ़ रहता है, तब तक दुनिया निरंतर बनी रहती है; हालाँकि, अगर यह विश्वास डगमगाता है, तो दुनिया अस्तित्वहीन हो जाती है।

गुरुजी ने पूछा, "आकांक्ष, क्या तुम गहरी नींद में संसार का अनुभव करते हो?"

आकांक्ष ने कहा, "नहीं।"

गुरुजी ने उत्तर दिया, "हाँ, दुनिया का अनुभव इंद्रियों या अवलोकन की क्रिया पर निर्भर नहीं है, क्योंकि गहरी नींद के दौरान दोनों ही क्रियाशील नहीं होते हैं। इसलिए, यह अनुमान लगाया जा सकता है कि दुनिया मन के अस्तित्व पर निर्भर है, जो इस कथित वास्तविकता को बनाता और बनाए रखता है।"

जैसा कि कहावत है: **"मनो मात्रम् जगत् मनो कल्पितम् जगत"**

अर्थ: "मन ही संसार है, और मन ही संसार का निर्माण करता है।"

दुनिया सिर्फ़ एक मानसिक रचना या कल्पना है। हम जिस वास्तविकता का अनुभव करते हैं, वह हमारे दिमाग का एक प्रक्षेपण मात्र है, और इसका अपना कोई स्वतंत्र अस्तित्व नहीं है। यह कहावत इस विचार पर जोर देती है कि हमारे विचार और धारणाएँ हमारी दुनिया को आकार देती हैं, और जिस तरह से हम दुनिया की व्याख्या करते हैं और उससे बातचीत करते हैं, वह हमारे मानसिक ढांचे पर निर्भर करता है।

गुरुजी ने कहा, "हमारे विचार और चेतना दुनिया के बारे में हमारी धारणा को आकार देते हैं, और बाहरी वास्तविकता हमारी आंतरिक स्थिति को दर्शाती है। इसका तात्पर्य यह है कि हम चीजों के बारे में जिस तरह से सोचते हैं, उसका प्रभाव इस बात पर पड़ता है कि हम उन्हें कैसे अनुभव करते हैं और हमारे पास अपनी धारणाओं को बदलने और अपने विचारों को

बदलकर अपनी वास्तविकता को आकार देने की शक्ति है।”

गुरुजी ने कहा, “आकांक्ष, एक छोटा सा बदलाव भी बहुत बड़ा बदलाव ला सकता है। विचारों में बदलाव व्यक्ति के जीवन को बदल सकता है, और मानसिकता में बदलाव चमत्कार कर सकता है। जब कोई समाधि या अति-चेतन अवस्था में प्रवेश करता है, तो मन नष्ट हो जाता है, और कोई दुनिया नहीं रह जाती। कोई अंधकार का लंबा रास्ता तय कर सकता है, प्रकाश की गति से गहरी शांति में तेजी से आगे बढ़ सकता है, और अंत में उज्ज्वल प्रकाश और रंग के क्षेत्र में प्रवेश कर सकता है, जहां उसे परम आनंद का अनुभव होता है।”

एक बार जब मन शांत और स्थिर हो जाता है, तो कोई भी गलत धारणा या आरोपितता भी गायब हो जाती है, ठीक वैसे ही जैसे रस्सी पर लटका सांप एक छोटे से दीपक की रोशनी में गायब हो जाता है। जो लोग आसक्ति से मुक्त होते हैं, उन्हें एहसास होता

है कि सब कुछ ब्रह्म है और कोई अलग दुनिया नहीं है। आसक्त व्यक्ति दुनिया के अस्तित्व में विश्वास करते हैं और भौतिक वस्तुओं को प्राप्त करने और उनका आनंद लेने में व्यस्त रहते हैं। वे संसार के सागर में गहराई से डूब जाते हैं और जो कुछ भी वे देखते हैं उसे सच मानते हैं, भौतिक दुनिया से परे किसी भी चीज़ का एहसास नहीं करते हैं।

आकांक्ष ने पूछा, "गुरुजी, क्या हमें यह संसार छोड़ना होगा? क्या कर्म योग का त्याग करना आवश्यक है?"

गुरुजी ने कहा, "पृथ्वी हमारे कर्मों का समाशोधन गृह है। यह जीवन के सबक सीखने के लिए एक उत्कृष्ट स्थान है। इस दुनिया में रहना ज़रूरी है, लेकिन सांसारिक मामलों में आसक्त न होना बहुत ज़रूरी है। अपने दृष्टिकोण को बदलकर और यह पहचान कर कि दुनिया ब्रह्म है, ज्ञान और खुशी प्राप्त करना संभव है। इस जागरूकता के साथ जीना कि यह दुनिया वास्तविक नहीं है, बेहद फायदेमंद हो सकता है।"

आकांक्ष ने पूछा, "गुरुजी, हमने यह स्थापित कर लिया है कि स्थान एक भ्रम है; क्या आपका मतलब है कि समय भी एक भ्रम है?"

गुरुजी ने जवाब दिया, "क्या तुम्हें कोई संदेह है? ब्रह्म समय से परे है; वह शाश्वत है, फिर भी मन की एक और रचना है। अलग-अलग स्थानों में अलग-अलग स्थानीय समय का क्या महत्व है? समय से परे जाओ और कालातीतता में आराम करो।"

हमने अपनी मानसिक संरचनाएं बना ली हैं, जैसा कि इन उदाहरणों से पता चलता है:

- ऊपर और नीचे की अवधारणा, जहाँ ऊपर जाने वाला अंततः नीचे आना ही चाहिए, एक विशाल पहिये की तरह है। उदाहरण के लिए, प्रकाश शुरू में गरीब था, लेकिन कुछ सालों बाद, वह अमीर बन गया, जबकि सैम पहले अमीर था, लेकिन बाद में गरीब हो गया।
- प्रकाश की छड़ी की सैम की छड़ी से, तथा सैम की छड़ी की सतीश की छड़ी से तुलना में बड़े और छोटे का विचार स्पष्ट है।

- सकारात्मक और नकारात्मक का द्वंद्व, जहां एक व्यक्ति के लिए जो अच्छा माना जाता है वह दूसरे के लिए अच्छा नहीं हो सकता है।

हम जीवन के विभिन्न पहलुओं में तुलना करने के लिए सापेक्ष शब्दों पर निर्भर करते हैं, जैसे कि अंदर और बाहर, ऊँचा और नीचा, पतला और मोटा, अच्छा और बुरा, अच्छा और कुरूप, सुख और दुःख, धर्म और अधर्म, यहाँ और वहाँ।

- परिणामस्वरूप, जिसे हम एक बार अच्छा मानते थे, हो सकता है कि बाद में उसका उतना महत्व न रहे, और जिसे हम धर्म मानते थे, वह भी वैसा न रहे।
- इसी तरह, कल अंततः आज बन जाता है, और आज अंततः कल बन जाता है। भविष्य वर्तमान में बदल जाता है, और वर्तमान अतीत बन जाता है।

मुझे एक कहानी सुनाने की इजाज़त दें: लैला और मजनूं की कहानी। क़ैस नामक एक बेडौइन कवि की कहानी सुनकर, प्रसिद्ध अब्बासिद शासक हारून अर-

रशीद, लैला के प्यार में पागल हो गया और अपनी मानसिक स्थिति खो बैठा।

सम्राट को उस महिला के बारे में जानने की उत्सुकता बढ़ती जा रही थी जिसने उसे इतनी पीड़ा दी थी, उसे यकीन था कि वह कोई असाधारण महिला होगी, बेजोड़ सुंदरता और आकर्षण वाली जादूगरनी। वह मोहित हो गया और खुद लैला की एक झलक पाने के लिए बहुत दूर तक गया। आखिरकार, उसकी दृढ़ता रंग लाई और लैला को सम्राट के महल में लाया गया।

हारुन अर-रशीद तब निराश और हताश हो गए जब लैला ने खुद को उजागर किया, यह बताते हुए कि वह न केवल बदसूरत थी बल्कि शारीरिक रूप से विकलांग और बुजुर्ग भी थी। वह असाधारण और आकर्षक महिला नहीं थी जिसकी उन्होंने कल्पना की थी। वह सिर्फ एक औरत थी जिसकी सामान्य मानवीय ज़रूरतें थीं, अनगिनत अन्य लोगों की तरह एक साधारण महिला।

हारुन अर-रशीद अपनी निराशा को छिपा नहीं सका और खुद से सोचने लगा, “क्या लैला के प्रति मेरा मोह सच्चा था?”

हारुन रशीद ने पूछा, “क्या तुम वही औरत हो जिस पर मजनूं मोहित है? तुम मुझे बिलकुल साधारण लगती हो, और मैं तुम्हें आकर्षक नहीं पाता।”

लैला ने जवाब दिया, “हाँ, मेरा नाम लैला है।”

“आपमें क्या खासियत है?” हारुन अर-रशीद ने पूछा।

लैला खिलखिलाकर हंस पड़ी और बोली, “महाराज, आप मजनूं नहीं हैं।”

हारुन अर-रशीद उलझन में पड़ गए और पूछा, “तुम्हारा क्या मतलब है?”

लैला ने जवाब दिया, “आपको मुझे मजनूं के रूप में देखना होगा, अन्यथा आप कभी भी प्रेम के रहस्य को नहीं सुलझा पाएंगे।”

गुरुजी ने पूछा, "क्या यह समझना संभव है कि बिना प्रेमी बने प्रेम क्या होता है? प्रेम को समझाया नहीं जा सकता; इसे केवल महसूस किया जा सकता है। इसी तरह, अगर हम ब्रह्मांड को उसकी संपूर्णता में, उसकी सभी असमानताओं और विरोधाभासों के साथ गले लगा सकें, तो सब कुछ एक इकाई में विलीन हो जाएगा। सब कुछ और हर कोई चेतना के माध्यम से आपस में जुड़ा हुआ है; चाहे हम इसे महसूस करें या नहीं, हम सभी एक मौन बातचीत में लगे हुए हैं।"

गुरुजी ने पूछा, "अब, क्या तुम यह नहीं मानते कि ब्रह्म समय से परे है? जब हम खुश होते हैं, तो समय जल्दी बीत जाता है; जब हम दुःख में होते हैं, तो समय रुक जाता है।"

- यद्यपि आप एक दिन में पांच किलोमीटर चल सकते हैं, लेकिन जब आप थके हुए हों तो एक किलोमीटर चलना भी कठिन हो सकता है।
- उंगलियों की संख्या शुरुआती बिंदु के आधार

पर अलग-अलग हो सकती है। उदाहरण के लिए, छोटी उंगली से गिनती करते समय, हम अंगूठे को पाँचवीं उंगली मानेंगे, जबकि अंगूठे से गिनती करने पर छोटी उंगली पाँचवीं उंगली बन जाएगी।

गुरुजी ने पूछा, "क्या आपको नहीं लगता कि समय सापेक्ष है?"

हम अपनी इंद्रियों के माध्यम से जो कुछ भी अनुभव करते हैं, वह हमारे मन की रचना है। ब्रह्म, परम वास्तविकता, पूर्ण ज्ञान और आनंद के मिलन का प्रतीक है और मन, इंद्रियों, समय और स्थान की सीमाओं से परे है। एक द्रष्टा या जीवन मुक्त, जिसने अभी भी जीवित रहते हुए मुक्ति प्राप्त कर ली है, उसके लिए ब्रह्म कालातीत और स्थानहीन, सर्वव्यापी और अनंत है।

गुरुजी ने कहा, "अक्षय, आइंस्टीन का सापेक्षता का सिद्धांत माया और इस दुनिया की प्रकृति पर कुछ प्रकाश डालता है।"

आइंस्टीन के सापेक्षता के सिद्धांत में, समय विस्तारण से तात्पर्य दो घटनाओं के बीच बीते समय के अंतर से है, जैसा कि उन पर्यवेक्षकों द्वारा देखा जाता है जो एक दूसरे के सापेक्ष या गुरुत्वाकर्षण द्रव्यमान से अलग-अलग दूरी पर गति कर रहे हैं।

आइंस्टीन के विशेष सापेक्षता के सिद्धांत में बताया गया है कि स्थिर पर्यवेक्षक के सापेक्ष गतिशील घड़ी, संदर्भ फ्रेम में मौजूद घड़ी की तुलना में धीमी गति से चलेगी, जो त्वरित नहीं हो रही है। इस घटना को 'विशेष सापेक्षतावादी समय फैलाव' कहा जाता है, जिसका अर्थ है कि चलती हुई घड़ी के लिए समय अधिक धीरे-धीरे बीतता हुआ प्रतीत होता है। सरल शब्दों में कहें तो घड़ी जितनी तेज़ गति से चलेगी, समय उतना ही धीमा बीतता हुआ प्रतीत होगा।

वसुदेव ने पूछा, "स्थान और समय का क्या महत्व है और वे किस प्रकार सापेक्ष हैं?"

धीमी गति से यात्रा करने वाले व्यक्ति की तुलना में, उच्च गति वाले रॉकेट में सवार व्यक्ति को समय का

धीमा प्रवाह अनुभव होगा और वह छोटी वस्तुओं की लंबाई देख पाएगा। ऐसा अंतरिक्ष और समय की सापेक्ष प्रकृति के कारण होता है, जो पर्यवेक्षक के वेग से प्रभावित होते हैं। विशेष और सामान्य सापेक्षता प्रभावों दोनों को ध्यान में रखते हुए, परमाणु घड़ियों को अक्सर कैलिब्रेट किया जाता है, और पृथ्वी के सापेक्ष उपग्रह के सापेक्ष वेग के कारण होने वाले समय फैलाव के कारण जीपीएस घड़ियाँ धीमी हो जाती हैं।

आइंस्टीन का मानना था कि समय एक भ्रम है, भविष्य और अतीत दोनों अपरिवर्तनीय हैं, तथा घटनाएँ ठीक उसी प्रकार घटित होंगी जैसा कि उनका इरादा था।

आइंस्टीन के सिद्धांतों के आधार पर, समुद्र तल पर रहने वाले लोग ग्रह के सबसे ऊंचे पहाड़ों पर रहने वाले लोगों की तुलना में समय का अनुभव अलग तरह से करते हैं। कई अध्ययनों से पता चलता है कि 'समुद्र तल पर, माउंट एवरेस्ट की चोटी पर रहने

की तुलना में हर साल एक सेकंड के एक अरबवें हिस्से से व्यक्ति की उम्र कम हो जाती है।' गुरुत्वाकर्षण समय फैलाव, सामान्य सापेक्षता द्वारा प्रस्तुत एक घटना, इस अंतर को संभालती है।

गुरुत्वाकर्षण को, समय फैलाव से सरलता समझाया जा सकता है: विशाल वस्तुएं एक मजबूत गुरुत्वाकर्षण क्षेत्र उत्पन्न करती हैं जो अंतरिक्ष-समय के ढांचे को विकृत करती है, जिससे गुरुत्वाकर्षण उत्पन्न होता है। जब फोटॉन की किरण प्रकाश की गति से चलती है और किसी विशाल वस्तु के पास से गुजरती है, तो वह वस्तु के गुरुत्वाकर्षण के कारण घुमावदार दिखाई देती है।

इसके अलावा, किसी वस्तु का द्रव्यमान, समय के ढांचे को विकृत कर सकता है, जिसके परिणामस्वरूप वस्तु के द्रव्यमान और उसके गुरुत्वाकर्षण बल की ताकत के आधार पर समय धीमा या तेज़ हो सकता है। इसलिए, समय का फैलाव हमें अजीब लग सकता है।

उच्च-गुरुत्वाकर्षण वाले वातावरण में किसी व्यक्ति के लिए, समय सामान्य गति से आगे बढ़ता हुआ प्रतीत होता है, जबकि कम-गुरुत्वाकर्षण वाले वातावरण में घड़ी तेज़ चलती है। इसके विपरीत, उच्च-गुरुत्वाकर्षण वाले वातावरण में घड़ी कम-गुरुत्वाकर्षण वाले वातावरण में किसी पर्यवेक्षक को धीमी गति से चलती हुई प्रतीत होती है। यह ध्यान रखना महत्वपूर्ण है कि घड़ियों में स्वयं कुछ भी गड़बड़ नहीं है। अंतरिक्ष-समय के ढांचे पर द्रव्यमान के सापेक्ष प्रभावों के कारण, समय धीमा या तेज़ हो रहा है।

जैसे-जैसे वेग बढ़ता है, स्थिर पर्यवेक्षक की धारणा के सापेक्ष समय धीमा होता प्रतीत होता है। प्रकाश की गति से यात्रा करने वाला पदार्थ स्थिर बिंदु की तुलना में न तो समय और न ही दूरी का अनुभव करता है। जब कोई अंतरिक्ष यान पृथ्वी से दूर गहरे अंतरिक्ष में जाता है, तो पृथ्वी पर रहने वाले लोग इसे अंतरिक्ष और समय के माध्यम से जहाज पर सवार लोगों की तुलना में अधिक धीमी गति से चलते

हुए देखते हैं। इसके अलावा, अधिक गति से यात्रा करने वाले चालक दल के सदस्य आराम करने वालों की तुलना में अधिक धीरे-धीरे बूढ़े होंगे।

आइंस्टीन ने जोर देकर कहा था, "हमें यह नहीं भूलना चाहिए कि अकेले मानव ज्ञान और कौशल मानवता को खुशहाल और सम्मानजनक जीवन की ओर नहीं ले जा सकते।"

गति एक व्यक्तिपरक अनुभूति है, और यह सापेक्ष है। केवल वस्तु ही गति में प्रतीत होती है। इसी तरह, रंग और आकार की तरह ध्वनियाँ भी मन की उपज हैं, और यदि आप ध्यान देना बंद कर देते हैं, तो वे गायब हो जाती हैं, और आप गहन मौन की स्थिति में प्रवेश करते हैं।

सभी जीवित प्राणियों के पास अपनी अनूठी भाषा या संचार का तरीका होता है। चाहे वह आपस में संवाद करने वाले पशु-पक्षी हों या फिर अपने-अपने संसार में अपने माध्यम से संवाद करने वाले बहरे, अंधे या बच्चे हों।

मैं उदाहरण देकर समझाता हूँ: कोको गोरिल्ला की देखभाल करने वाली फ्रैन्सिन पैटरसन को उसकी मृत्यु से पहले उससे एक मार्मिक संदेश मिला था। कोको ने कहा:

"मैं गोरिल्ला हूँ... मैं फूल हूँ, जानवर हूँ। मैं प्रकृति हूँ। मनुष्य कोको प्यार। पृथ्वी कोको प्यार। लेकिन मनुष्य मूर्ख है... मूर्ख! कोको माफ़ करना। कोको रोता है। समय जल्दी करो! पृथ्वी को ठीक करो! पृथ्वी की मदद करो! जल्दी करो! पृथ्वी की रक्षा करो... प्रकृति तुम्हें देखती है। धन्यवाद।"

लंबे समय तक अमेरिका में रहने के बाद, व्यक्ति अपनी जीवनशैली, दोस्तों और परिवार से संपर्क खो देता है और अपना अस्तित्व विकसित करता है। हालाँकि, अपने वतन लौटने पर, वह इस स्व-निर्मित दुनिया को भूल जाता है। क्या आपको लगता है कि इस भ्रम को बनाने वाले मन से छुटकारा पाने से आपके लिए कोई दुनिया बचेगी?

मैं एक कहानी सुनाता हूँ: एक भिक्षु और उसके शिष्य एक बार एक खतरनाक चट्टान पर चढ़ रहे थे, तभी उनका सामना एक भयानक प्राणी से हुआ। भिक्षुने अपने अनुयायियों को शांत और संयमित रहने की सलाह दी, लेकिन उनका एक शिष्य, चेंग, भयभीत था। जब उस प्राणी ने उसका पीछा किया, तो चेंग घबराकर भाग गया। पीछा इतना तीव्र हो गया कि वह प्राणी उस पर हमला करने की कगार पर था।

तभी चेंग को एहसास हुआ कि वह एक चट्टान के किनारे पर पहुँच गया है। जब वह प्राणी उसके करीब आ रहा था, तो उसे दुविधा का सामना करना पड़ा। अगर वह और देर तक रुका, तो एक राक्षसी जानवर उस पर झपट पड़ेगा और उसे अपना भोजन बना लेगा। अगर वह चट्टान से कूदता, तो वह नीचे की चट्टानों से टकराकर मर जाता।

इससे पहले कि वह समझ पाता कि उसे क्या करना है, उसे अपनी पीठ पर कोई झटका महसूस हुआ? चेंग को अपनी पीठ में एक झटका लगा, उसके बाद

वह काफी ऊंचाई से अचानक गिर गया। वह डर गया, उसे बहुत पसीना आ रहा था, बहुत खून बह रहा था, और जब उसने एक आवाज़ सुनी तो वह मरने के करीब था। उसे आश्चर्य हुआ, उसने पाया कि वह अपने बिस्तर से गिरकर ज़मीन पर पड़ा था। उसकी सारी पीड़ा और मरने का डर एक पल में गायब हो गया।

गुरुजी ने समझाया, “अक्षय, चेंग के लिए, अनुभव, सपनों की दुनिया और उसकी वस्तुएँ उतनी ही वास्तविक थीं जितनी कि जाग्रत दुनिया में। गहरी नींद में, वह सपने और वास्तविकता दोनों से बेखबर था और जबकि वस्तुएँ बदलती रहती थीं, केवल मन बदलता था। चेतना में परिवर्तन के कारण या तो जाग्रत या स्वप्न जैसा अनुभव होता था। इसलिए, दोनों मानसिक अवस्थाएँ हैं, और इसे ही हम ‘स्वप्न या जाग्रत’ अवस्था कहते हैं।”

मन एक महत्वपूर्ण भूमिका निभाता है; स्वप्नदर्शी वस्तुओं और अनुभवों को प्रामाणिक मानता है, लेकिन

स्वप्न से जागने पर ही उनकी भ्रामक प्रकृति का पता चलता है। इसी तरह, माया के भ्रम से बंधी आत्मा (जीव) जागने और अविद्या को दूर करने के बाद इंद्रिय तृप्ति को वास्तविक मानती है। हालाँकि, यह जल्द ही स्पष्ट हो जाता है कि जाग्रत दुनिया, सपनों की दुनिया की तरह, अवास्तविक है।

माया मन की कल्पना पर कहर बरपाती है, जैसे रंग, आकार, स्थान, समय और बहुत कुछ। माया के सार को समझने के लिए, व्यक्ति को मन से कल्पना के आवरण को हटाने और ब्रह्म में रहने के लिए विचार (सही सोच) का उपयोग करना चाहिए।

अक्षय ने पूछा, "गुरुजी, हम अपनी कल्पना, परदे पर कैसे अंकुश लगाएं?"

गुरुजी ने उत्तर दिया, "कल्पना के आवरण को कम करने के लिए कई तकनीकें हैं। विपश्यना, जिसका अर्थ है 'चीजों को वैसा ही देखना जैसा वे हैं', आत्म-अवलोकन पर आधारित मानसिक शुद्धि की यह एक तर्कसंगत प्रक्रिया है। जैसा कि प्रबुद्ध आत्माओं ने

सलाह दी है, 'खुद को जानो', जिसका अर्थ है केवल बौद्धिक, भावनात्मक या भक्ति ज्ञान के बजाय अनुभवात्मक स्तर पर अपने बारे में सच्चाई को समझना। विपश्यना इस प्रक्रिया में सहायता करती है।"

इसे खुद अनुभव करने के लिए, आप दस दिनों के लिए खुद को एक कमरे में बंद कर सकते हैं, अखबार पढ़ने, टीवी देखने या इलेक्ट्रॉनिक मीडिया की जानकारी का उपयोग करने से बचें जो सांसारिक छापों (संस्कारों) को पुनर्जीवित कर सकते हैं जो आपके दिमाग को उत्तेजित करते हैं, भावनात्मक अशांति और बेचैनी पैदा करते हैं। एक कमरे को अध्ययन और ध्यान के लिए और दूसरे को स्नान और खाने के लिए समर्पित करें, और इस दौरान हानिकारक कार्यों से बचें।

शुरुआती साढ़े तीन दिनों के दौरान, सांसों के प्रति जागरूकता पर जोर दिया जाना चाहिए क्योंकि इससे मन को नियंत्रित करने में मदद मिलती है। शेष साढ़े

छह दिन विपश्यना अभ्यास के लिए समर्पित हैं, जहाँ व्यक्ति अपनी संपूर्ण शारीरिक और मानसिक संरचना का गहराई से निरीक्षण करता है और किसी भी अंतर्निहित मानसिक अशुद्धियों को दूर करने के लिए शुद्धिकरण करता है।

दस दिवसीय अभ्यास के दौरान, दूसरों के साथ संवाद करने और बाहरी उत्तेजनाओं से दूर रहना ज़रूरी है, जैसे कि संदेश देखना या किसी से बातचीत करना। ऐसा करने से, आप बाहरी दुनिया की नश्वरता और क्षणभंगुर प्रकृति को देख और पहचान सकते हैं, जो पहले की तरह गहरा प्रभाव नहीं छोड़ेगी।

गुरुजी ने कहा, "अक्षय, यदि कोई ध्यान करता रहे और आत्म-विश्रान्ति करता रहे, तो यह संसार पूरी तरह से लुप्त हो जाएगा।"

गुरुजी ने विस्तार से बताया, "एकमात्र अस्तित्व ब्रह्म है, जिसे सर्वोच्च आत्मा भी कहा जाता है। ब्रह्म हमारा अंतरतम स्व है, जिसे आत्मा या जीवन का प्रकाश भी कहा जाता है। वह अतीत में भी था,

वर्तमान में भी है और भविष्य में भी रहेगा। ब्रह्म सर्वशक्तिमान, सर्वव्यापी और सर्वज्ञ है। वह संसार को बनाए रखता है। ब्रह्म अमर, सर्वव्यापी, अविभाज्य, कालातीत और अंतरिक्ष से परे है। आप ध्यान के माध्यम से अपने हृदय को शुद्ध करके ब्रह्म को महसूस कर सकते हैं और स्वतंत्रता, अमरता और शाश्वत आनंद प्राप्त कर सकते हैं।"

काफी देर तक मौन रहने के बाद गुरुजी चलने लगे।

अक्षय, वासुदेव, विद्यार्थी, रूपा और अक्षत एकत्र हुए और सत्र के बारे में गहन बातचीत में शामिल हुए।

कुछ ही देर बाद आकांक्ष भी बातचीत में शामिल हो गया और उसने पूछा, "उस दिन आस्था क्यों रो रही थी? इसने मुझे पूरी रात परेशान किया। क्या हमने जो कुछ भी बात की, उसका उस पर भावनात्मक असर हुआ?"

अक्षय ने आकांक्ष को आश्वस्त करते हुए कहा, "चिंता करने की कोई ज़रूरत नहीं है। चलो आस्था के पास

जाते हैं और उसे अपने आँसुओं का कारण बताने देते हैं।"

भाग ४

बंधन में मृत्यु

अध्याय ४.१

मृत्यु जीवन का अंत है

"जीवन की जेल और दुःख की बेड़ियाँ एक जैसी हैं। अंधकार प्रकाश को नहीं निगल सकता। और कोई मृत्यु जीवन को समाप्त नहीं कर सकती।"

अक्षय, किरण और विद्यार्थी ने पदमा के साथ एक केंद्रित चर्चा की, जिसमें उन्होंने सभी अस्पष्ट शंकाओं का समाधान किया।

पदमा ने पूछा, "मृत्यु एक तरह से जीवन का अंत है, लेकिन दूसरे रूप में फिर से जीने की शुरुआत है, और आम तौर पर पहले से ज़्यादा ऊंचे स्तर पर और अपने कर्मों के आधार पर बेहतर और ज़्यादा उपयुक्त वातावरण में। क्या मेरा बच्चा फिर से किसी अलग जगह और बेहतर उपयुक्त वातावरण में जन्म लेगा?"

अक्षय और किरण ने सिर हिलाकर कहा, “हाँ।”

चेहरे पर मुस्कान लाते हुए और आंसू पोंछते हुए पदमा ने कहा, “अमर सृष्टि के पीछे हमेशा एक उद्देश्य होता है और हमें बस उसका ईमानदारी और निष्ठा से पालन करना होता है।”

जैसे ही भक्तों ने गुरुजी को बुद्ध हॉल की ओर आते देखा, वे उनके चारों ओर इकट्ठा हो गए। अपनी पारंपरिक सुखद मुस्कान और चमक के साथ, गुरुजी भक्तों के चारों ओर घूमे, उन्हें आशीर्वाद दिया और अंततः अपने आसन पर बैठ गए।

गुरुजी ने कहा, “विकास जीवन का नियम है, इसमें आध्यात्मिक पदार्थ में निहित क्षमता की सक्रिय अनुभूति शामिल है। यह क्रमिक प्रक्रिया पारदर्शिता के एक उच्च स्तर की ओर ले जाती है क्योंकि यह धूल के विकास से खनिजों, जीवित प्राणियों, मानव संस्थाओं और अंततः आत्म-चेतना तक आगे बढ़ती है। मृत पदार्थ मृत नहीं है, हालांकि इसमें ऊर्जा अस्थायी रूप से निष्क्रिय हो सकती है।”

गुरुजी ने कहा, "पदमा, हमें जो कुछ भी दिया गया है, उसके लिए उनका आभार मानने के बजाय, हम खुद को, अपने आस-पास के लोगों को और दूसरों को कोसते हैं। हम अपने भाग्य या नियति की आलोचना करने में संकोच नहीं करते। हम हर चीज में दोष खोजने की कोशिश करते हैं और कभी-कभी हम उनकी रचना में भी दोष खोजने की हद तक चले जाते हैं। क्या आपको यह बेतुका नहीं लगता?"

गुरुजी ने कहा, "आकांक्ष, अपने चारों ओर देखो। क्या तुम इस पृथ्वी - तल पर जीवन के असंख्य आवश्यक तत्वों को देख सकते हो - प्रेम, प्रकाश और जीवन, और उनके लिए आवश्यक सहायक पंचभूत- आकाश, वायु, अग्नि, जल, पृथ्वी; पंच महाभूत अर्थात तन्मात्रा (सूक्ष्म सार), ध्वनि (शब्द), स्पर्श (स्पर्श), दृष्टि (रूप), स्वाद (रस), गंध (गंध)। सर्वव्यापी अत्यधिक दयालु है और सभी को मुफ्त में समान प्रदान करता है, चाहे आप कोई भी हों। उनकी कृपा असंख्य और अक्षय है और उन्होंने हमें युगों से विविधतापूर्ण तरीके

से खिलाया है और वे निष्पक्ष रूप से ऐसा करना जारी रखेंगे।"

गुरुजी ने आगे कहा, "आकांक्ष, असीमित उपहारों की वर्षा होने के बावजूद, हम असंतुष्ट रहते हैं और हर चीज की अधिक से अधिक लालसा करते हैं - अधिक सोना, अधिक भूमि, अधिक सुख-सुविधाएँ और अधिक विलासिता। यह अतृप्त लालच हमें इन भौतिक सम्पत्तियों के लिए अंतहीन संघर्ष और प्रयास करने के लिए प्रेरित करता है।"

गुरुजी ने कहा, "आइये एक क्षण के लिए कल्पना करें कि निम्नलिखित परिदृश्यों में क्या होगा।"

- अगर अगले एक घंटे तक हवा उपलब्ध न हो।
- यदि पूरे एक सप्ताह तक सूर्य उदय न हो।
- अगर कुछ दिनों तक पानी उपलब्ध नहीं हुआ।

कृतज्ञता व्यक्त करने के बजाय, हम अक्सर अपने आस-पास की हर चीज़ को कोसते हैं। हालाँकि, यह पहचानना महत्वपूर्ण है कि मानव जीवन एक दुर्लभ और मूल्यवान विशेषाधिकार है, जो एक लंबी विकास प्रक्रिया से गुजरने के बाद प्राप्त होता है। जीवन हमे आध्यात्मिकता के खजाने को इकट्ठा करने का मौका देता है जो हमारे भीतर छिपा रहता हैं, जिन्हें अक्सर अनदेखा और अज्ञात किया जाता है।

गुरुजी ने कहा, "आकांक्ष, अफसोस की बात है कि हममें से बहुत से लोग सांसारिक जीवन के क्षणभंगुर, गैर-जरूरी सुखों के पीछे पागल हो जाते हैं, जो अंततः हमें सच्ची खुशी नहीं दे सकते। लोग इन अल्पकालिक सुखों को किसी भी तरह से, उचित या अनुचित, अथक रूप से प्राप्त करने का प्रयास करते हैं, भले ही इससे उन्हें दर्द और दुःख ही क्यों न हो। इस तरह की ज़िंदगी जीने से अक्सर गहरा पछतावा, दुःख, पीड़ा और दर्द होता है।"

गुरुजी ने पूछा, “आकांक्ष, क्या तुम मानते हो कि यह एक सार्थक प्रयास था?”

आकांक्ष ने जवाब दिया, “नहीं।”

नीतिवचन २३:७ बताता है कि एक व्यक्ति के विचारों में बहुत ताकत होती है और वे उसके चरित्र और कार्यों को आकार दे सकते हैं। इसमें कहा गया है कि एक व्यक्ति का स्वभाव उसके विचारों में झलकता है और वह वही बन जाता है जिसके बारे में वह सोचता है। इसका मतलब है कि किसी व्यक्ति के विचारों की गुणवत्ता का उसके व्यवहार, विकल्पों और समग्र पहचान पर सीधा प्रभाव पड़ता है। इसका मतलब है कि हमारे विचारों में यह परिभाषित करने की शक्ति है कि हम कौन हैं और हम क्या करते हैं, जो सकारात्मक और रचनात्मक सोच पैटर्न विकसित करने के महत्व पर जोर देता है।

“मनुष्य जैसा अपने हृदय में सोचता है, वह वैसा ही होता है।”

गुरुजी ने आगे कहा, "जब हमारा भौतिक शरीर नष्ट हो जाता है, तो हमारी अंतरतम भावनाएँ, विचार, जुनून, इच्छाएँ और आकांक्षाएँ समाप्त नहीं होती हैं। वे हमारे भौतिक मुखौटे के नीचे स्थित सूक्ष्म शरीर का एक आंतरिक आवरण बनाते हैं; और आत्मा जो आवरण ओढ़े रहती है, वह अपने कर्मों के बोझ से अपने प्रारब्ध कर्म के आधार पर एक और आवरण से ढक जाती है। यह कारण शरीर या साधन शरीर ही है जो अपने विशाल संसाधनों के साथ कैदी (आत्मा) को नए साँचे से ढँकने में मदद करता है। यह नया साँचा (शरीर) अचेतन आत्मा की पूर्ति के लिए एक उपयुक्त वाहन के रूप में काम करेगा, जिसे उसने अपनी पिछली मृत्युशैया के दौरान साथ रखा था। अंततः, पर्दा उठ जाता है, जीवन के पूरे परिदृश्य को बहुत विस्तार से प्रकट करता है, इससे पहले कि कोई जीवन के चरण से बाहर निकले।"

गुरुजी ने कहा, "मृत्युशय्या पर किसी को वास्तविकता का एक क्षणिक आभास हो सकता है, लेकिन उसे स्वीकार करने में बहुत देर हो चुकी होती है। यह

प्रक्रिया पृथ्वी पर जीवन के प्रत्येक पड़ाव पर जारी रहती है, जो 'जीवन और मृत्यु के चक्र' को नई गति प्रदान करती है।"

गुरुजी ने आकांक्षा से पूछा, "क्या तुम्हें लगता है कि इस धरती पर रहते हुए जो कुछ भी कोई प्राप्त करता है, उससे वह कभी संतुष्ट हो सकता है?"

आकांक्ष ने जवाब दिया, "नहीं गुरुजी। इसका कारण यह है कि वह हमेशा नई उम्मीदें और इच्छाएँ जोड़ता रहता है, साथ ही उसे इस बात का पछतावा भी होता है कि उसे क्या चाहिए था और क्या नहीं मिला। इस तरह वह अनजाने में 'जीवन दर जीवन' इच्छाओं के बीज बोता रहता है और अपना पूरा जीवन इस धरती पर अपनी खुद की शुरू की गई लड़ाइयों में बिताता है।"

गुरुजी मुस्कुराए, "हाँ, आकांक्ष, कुम्हार के चाक की तरह, यह प्रत्येक व्यक्ति की अतृप्त प्यास और अपेक्षा को शांत करने के लिए एक के बाद एक कई साँचे बनाने का साधन प्रदान करता है। हालाँकि,

असंख्य इच्छाओं के बोझ तले दब जाना हमें खुद का गुलाम बना सकता है। अगर हम खुद को इन इच्छाओं से मुक्त कर सकें, तो हम अपने ईश्वरत्व (आत्मा) को प्रकट कर सकते हैं।"

गुरुजी ने पूछा, "आखिर मनुष्य क्या है?"

आकांक्ष ने उत्तर दिया, "क्या यह आत्मा और इच्छा का संयोजन हो सकता है?"

गुरुजी मुस्कुराये और पूछा, "तो, वास्तव में आत्मा क्या है?"

आकांक्ष ने उत्तर दिया, "आत्मा सच्चा स्व है, जो इच्छाओं, घृणा और भ्रम से मुक्त है।"

गुरुजी ने कहा, "जैसा कि बुद्‌ध ने बताया, तृष्णा या इच्छा, दुख का मुख्य कारण है। इसमें लालच, अज्ञानता, भ्रम और घृणा शामिल हैं, जो सभी विनाश की ओर ले जाते हैं। इसके बावजूद, हम अभी भी अधिक धन और शक्ति की लालसा करते हैं, क्षणभंगुर

सुखों का पीछा करते हैं और अपनी इंद्रियों को भोगते हैं।"

अपेक्षा ने पूछा, "गुरुजी, क्या आप समझा सकते हैं कि तन्हा का क्या मतलब है?"

गुरुजी ने मुस्कुराते हुए उत्तर दिया, "अपेक्षा, बौद्ध धर्म में, तन्हा एक महत्वपूर्ण अवधारणा है जो शारीरिक या मानसिक 'प्यास, इच्छा, लालसा या लालच' को समाहित करती है। इसे तीन प्रकारों में विभाजित किया गया है: काम -तन्हा, भाव-तन्हा और विभाव -तन्हा। इसे आमतौर पर लालसा के रूप में अनुवादित किया जाता है।"

बुद्ध ने तीन प्रकार के तन्हा का वर्गीकरण किया है, जो अक्सर ध्यान में नहीं आते क्योंकि वे जल्दी ही उत्पन्न होते हैं और उनकी जगह दूसरे ले लेते हैं। पहला है काम-तन्हा, जो छह प्रकार की इंद्रिय इच्छाओं की लालसा को संदर्भित करता है: विशिष्ट खाद्य स्वाद, सुखद ध्वनि या मौन, स्नेही या आरामदायक स्पर्श, आकर्षक और सुखद दृश्य, ताज़ा

गंध और ऐसे विचार जो आश्वस्त करने वाले, व्यावहारिक, उत्तेजक या उत्थानशील हों।

गुरुजी ने कहा, “अपेक्षा, जरा सोचो कि किसी भी समय तुम्हारे मन में कितनी इन्द्रिय इच्छाएं होती हैं।”

बुद्ध ने जिस दूसरे प्रकार की लालसा की पहचान की है, वह है अस्तित्व की इच्छा और जो हम हैं उससे अलग कुछ होने की आकांक्षा। इस लालसा को पाली में भाव-तन्हा के नाम से जाना जाता है। यह खुद को बेहतर बनाने की सकारात्मक इच्छा हो सकती है, आप अमीर, अधिक एथलेटिक या बेहतर संगीतकार बनना चाह सकते हैं। 'बनने' की इच्छा स्वस्थ हो सकती है - उदाहरण के लिए, एक बेहतर माता-पिता बनना या अधिक उदार, स्वस्थ या अनुशासित होना। हालांकि, सकारात्मक इच्छाएँ भी दुख का कारण बन सकती हैं यदि उन्हें ठीक से प्रबंधित नहीं किया जाता है। यहाँ तक कि किसी की आध्यात्मिक आकांक्षाओं को भी भाव-तन्हा माना जा सकता है, जिससे 'क्या

मैं अपना लक्ष्य प्राप्त कर पाऊँगा?' या 'क्या मैं इसे सही तरीके से कर रहा हूँ?' जैसे प्रश्न उठते हैं। ये विचार अनियंत्रित लालच, ईर्ष्या, आत्म-निर्णय, अधीरता और अन्य प्रकार के प्रलोभनों को जन्म दे सकते हैं।

भाव तन्हा, दुख के सबसे प्रचलित स्रोतों में से एक है। प्राप्त करने और संचय करने की इच्छा आपको ऐसे व्यक्ति के रूप में पुनर्जन्म की ओर ले जाती है जो अपने कार्यों और संपत्तियों से परिभाषित होता है। जो कभी एक महान लक्ष्य था वह आसानी से एक अस्वास्थ्यकर जुनून में बदल सकता है, जिससे आप जुनूनी और बाध्यकारी बन जाते हैं।

मैं एक घटना बताता हूँ: एक बार एक पिता था जो अपने बच्चों से बहुत प्यार करता था और हमेशा चाहता था कि वे बैडमिंटन मैच जीतें। वह जीतने के लिए इतना जुनूनी था कि वह अपने बच्चों के हारने के बारे में सोच भी नहीं सकता था, जिससे वह डर जाता था। नतीजतन, उसने अपने विरोधियों की पानी

की बोतलों में नशीला पदार्थ मिलाना शुरू कर दिया। पिता की हरकतें क्रूर थीं और उसने आवेगपूर्ण और अनजाने में ऐसा किया। यह तब तक जारी रहा जब तक कि युवा खिलाड़ियों में से एक को गंभीर प्रतिक्रिया नहीं हुई और उसकी मृत्यु नहीं हो गई। जबकि पिता को पागल करार देना आसान है, लेकिन यह समझना महत्वपूर्ण है कि कोई भी इस तरह से जुनूनी हो सकता है जो दुख का कारण बनता है, हालांकि जरूरी नहीं कि यह उसी चरम पर हो।

तीसरे प्रकार का तन्हा तब होता है जब आप अपने जीवन में किसी चीज़ से इतने निराश हो जाते हैं कि आप उसके उन्मूलन या समाप्ति की इतनी तीव्र इच्छा रखते हैं कि आप अस्तित्वहीन होने की इच्छा रखते हैं। इस मानसिक स्थिति को विभाव-तन्हा के रूप में जाना जाता है। उदाहरण के लिए, आप पुराने दर्द या किसी कठोर भावना से इतने अभिभूत हो सकते हैं कि आप जीवन के प्रति ही असंवेदनशील हो जाते हैं। वैकल्पिक रूप से, आप अपनी शारीरिक बनावट, उम्र बढ़ने या बीमारी से इस हद तक घृणा

कर सकते हैं कि जीवन असहनीय लगने लगे। इनमें से प्रत्येक मामले में, इस लालसा से उत्पन्न तीव्र ऊर्जा आपके तंत्रिका तंत्र को अभिभूत कर सकती है, जिससे ऐसा लगता है कि आपका पूरा अस्तित्व, अस्तित्व को अस्वीकार कर रहा है, और विनाश की इच्छा विभाव-तन्हा बन जाती है।

गुरुजी ने कहा, "यदि आपने कभी भी आत्महत्या का विचार महसूस किया है, भले ही थोड़े समय के लिए, तो आपने चरम विभाव-तन्हा का अनुभव किया है।"

विभाव तन्हा रोजमर्रा की जिंदगी में हल्के रूप में मौजूद होता है। उदाहरण के लिए, जब आप दूसरों के सामने कोई बड़ी गलती करते हैं, तो अपमान की भारी भावना के कारण आप एक पल के लिए भागने या अस्तित्व को खत्म करने की तीव्र इच्छा महसूस कर सकते हैं।

गुरुजी ने कहा, "आइए हम परिवर्तन की अपरिहार्य प्रक्रिया को देखें जिसे मृत्यु कहते हैं। जीवन की एक अवस्था से दूसरी अवस्था में जाना जीवन का एक

आवश्यक अंग है। यह अपनी गति से, अपने समय पर, जब कम से कम उम्मीद हो, तब आश्चर्यजनक रूप से घटित होता है। प्रत्येक जीव की एक निश्चित अवधि होती है; कोई भी इससे बच नहीं सकता और न ही इसे मात दे सकता है। हम सभी अपनी समझ के अनुसार जीवन जीते हैं और अपने जीवन को आगे बढ़ाते हैं। जब समय की रेत खत्म हो जाती है, तो मृत्यु आ जाती है और यह बार-बार आती रहती है, जब तक कि व्यक्ति सबसे दूर से आगे निकलकर कालातीतता में नहीं पहुंच जाता।"

आकांक्ष ने पूछा, "गुरुजी, तो मृत्यु एक वास्तविक और अपरिहार्य चीज़ है।"

गुरुजी ने मुस्कुराते हुए कहा, "इस क्षणभंगुर भ्रम की दुनिया में, मृत्यु ही एकमात्र सच्ची वास्तविकता है जो हम सभी का इंतजार कर रही है। चाहे हम कितने भी अमीर या गरीब, शक्तिशाली या शक्तिहीन, युवा या बूढ़े, स्वस्थ या बीमार क्यों न हों, हमें सभी को अपरिहार्य का सामना करना होगा। हममें से कोई भी

अनिश्चित काल तक एक ही भौतिक रूप में नहीं रह सकता। अंततः, यह शरीर थका देने वाला बोझ बन जाएगा और निश्चित रूप से क्षय होगा, और हम मुक्ति की लालसा करेंगे।"

"तुमने जीवन भर दूसरों की मृत्यु पर विलाप किया है, तो क्यों न तुम थोड़ी देर बैठ कर अपने भाग्य पर विचार करो?"

यहाँ एक अनुस्मारक है कि जब हम अक्सर दूसरों की मृत्यु पर शोक मनाते हैं, तो हमें अपनी मृत्यु के बारे में भी सोचने के लिए समय निकालना चाहिए। हमें दूसरों की मृत्यु से इतना प्रभावित नहीं होना चाहिए कि हम अपने अपरिहार्य अंत के बारे में भूल जाएँ। अपनी मृत्यु के बारे में सोचने के लिए समय निकालकर, हम जीवन के लिए अधिक सराहना प्राप्त कर सकते हैं और शायद वर्तमान क्षण में अधिक पूर्ण रूप से जी सकते हैं। हम अपने अंतिम समय के लिए मानसिक और आध्यात्मिक रूप से खुद को तैयार भी कर सकते हैं।

खलील जिब्रान का एक सुंदर वाक्यांश हमें याद दिलाता है कि भले ही हमारे पूर्वज मर गए हों और जमीन में दफन हो गए हों, लेकिन उनकी आत्मा जीवित है और हमारा मार्गदर्शन करती रहती है।

देखो! इन पहाड़ों और मैदानों के बीच कोई कब्र नहीं मिलती। इसके बजाय, वे पालने और कदम के पत्थरों के रूप में काम करते हैं, जो आपकी आगे की यात्रा के लिए रास्ता बनाते हैं। जब आप उन खेतों से गुज़रते हैं जहाँ आपके पूर्वज आराम करते हैं, तो रुकें और सोचें। वहाँ आपके प्रतिबिंब की एक झलक है, आपके बच्चों के साथ हाथ में हाथ डाले, एक साथ नाचते हुए।

मुझे आपको एक ऐसी असाधारण रानी के बारे में कहानी सुनाने की अनुमति दें जिसने असाधारण प्रतिभा और शालीनता के साथ एक विशाल राज्य पर शासन किया। उसके लोग उसकी सुंदरता के लिए उसकी प्रशंसा करते थे और उसके तेज दिमाग और बुद्धि के लिए उसकी प्रशंसा करते थे, जिससे उसके

राज्य में रहने वाले सभी लोगों को खुशी मिलती थी। उसने बुद्धिमानी से शासन किया, एक बार भी मृत्यु की अनिवार्यता को स्वीकार नहीं किया।

जैसे-जैसे उसका जीवन समाप्ति की ओर बढ़ रहा था, वह गहरी उदासी और अत्यन्त दुःख से घिर गई, तथा अपने चिकित्सकों से सांत्वना की गुहार लगाने लगी, जो उसके भय और पीड़ा को कम नहीं कर पा रहे थे।

जैसे-जैसे उनकी मृत्यु का समय नजदीक आता गया, उनकी देखभाल करने वाले लोग उन्हें सांत्वना देने और अंतिम यात्रा की तैयारी करने के लिए प्रोत्साहित करने लगे।

भयभीत होकर रानी ने पूछा, "मैं कहां जा रही हूं?"

चिकित्सक ने उत्तर दिया, "उस भूमि पर जहां से वापसी संभव नहीं है।"

रानी को यकीन नहीं हुआ और वह बोली, "मैं इसे समझ नहीं पा रही हूँ। क्या आप कह रहे हैं कि मैं

वापस नहीं आऊँगी?" इस पर चिकित्सक ने सरलता से उत्तर दिया, "हाँ।"

रानी ने आगे पूछा, "क्या आपका मतलब ऐसी भूमि से है जहाँ से वापसी संभव नहीं है? और अगर ऐसा है, तो वह कहाँ है?" दरबारियों ने उत्तर दिया, "हम केवल इतना जानते हैं कि वह इस दुनिया से बहुत दूर है।"

रानी ने पूछा, "क्या इस भूमि का पता लगाना संभव है, क्योंकि मेरे पास समय कम है?" दरबारी चुप रहे, कोई जवाब नहीं दे पाए।

रानी ने बिना विचलित हुए पूछा, "वहां रहने के दौरान मेरी सुविधा सुनिश्चित करने के लिए क्या तैयारियां की गई हैं?" दरबारियों ने उत्तर दिया, "कोई भी नहीं।"

अंत में, रानी ने पूछा, "आप में से कितने लोग मेरे साथ इस यात्रा पर चलेंगे जहाँ से वापसी नहीं होगी?" दरबारियों ने एक गंभीर सत्य के साथ उत्तर दिया, "कोई नहीं। यह यात्रा आपको अकेले ही करनी है,

क्योंकि हर व्यक्ति को अपने समय में ऐसी ही यात्रा करनी होती है।"

गुरुजी ने कहा, "हम सांसारिक मामलों में श्रेष्ठ हैं, जैसे तार्किक तर्क, नवाचार और असंभव को प्राप्त करना। हालाँकि, हम जीवन की गहरी सच्चाइयों से अनजान रहते हैं, इसके बजाय भौतिकवाद और सुख की लालसा से प्रेरित भ्रम की दुनिया में रहते हैं। हम 'पूर्णता में जीवन' की अवधारणा को समझ नहीं पाते हैं और इसे साकार करने की उपेक्षा करते हैं।"

इस दुनिया में आने वाला हर व्यक्ति एक दिन इस दुनिया से चला जाएगा, जो एक मार्मिक सत्य है। जब एक नवजात शिशु माँ के गर्भ से बाहर आता है, तो वह रोता है क्योंकि वह 'जीवन के प्रकाश' से अलग हो जाता है। यह समझ में आता है कि ऐसा क्यों होता है। लेकिन, उनके जाने पर क्यों रोना चाहिए? क्या वे घर वापस नहीं लौट रहे हैं? यह हमारी शक्ति में है कि हम अपने भीतर जीवन की

डोर को फिर से जोड़ने की दिशा में सचेत रूप से काम करें और उस लक्ष्य को प्राप्त करें।

अध्याय ४.२

जीवन की क्षणभंगुरता

"ऐसा क्या है जो आरंभ में अस्तित्व में नहीं था और भविष्य में या अब अस्तित्व में नहीं रहेगा?"

गुरुजी ने कहा, "यह संसार असत्(अवास्तविक) है, यह केवल दिखावा है, इसका न तो कोई आरंभ है और न ही कोई अंत, जो अपरिवर्तनीय सत् है। सत् ही ब्रह्म या आत्मा है। जो वास्तविक है, स्वयंभू है, स्वतंत्र है और स्वयं ज्योति है, लेकिन जो आप अपनी खुली आँखों से देखते हैं, वह हमेशा परिवर्तनशील है, वह अनित्य है और क्षणभंगुर है।"

गुरुजी ने कहा, "रूपा, यह संसार ब्रह्म का अध्यारोपण है, ब्रह्म की छाया या प्रतिबिंब है।"

आइए हम कुछ ऐसे सादृश्यों पर विचार करें जो नश्वरता की अवधारणा को स्पष्ट करते हैं:

- जिस तरह समुद्र की सतह पर बुलबुले उठते हैं और वापस समुद्र में विलीन हो जाते हैं, उसी तरह हमारा अस्तित्व भी अस्थायी और क्षणभंगुर है। हम अपने अस्तित्व के स्रोत से निकलते हैं, कुछ समय के लिए इस दुनिया में रहते हैं, और अंततः अपने स्रोत पर वापस लौट आते हैं।
- इसी प्रकार, दर्पण या पानी में हमारे चेहरे का प्रतिबिंब वास्तविक प्रतीत हो सकता है, लेकिन यह महज एक भ्रम है, एक अस्थायी छवि है जो हमारे दूर जाते ही गायब हो जाती है।

माया या अविद्या एक भ्रम पैदा करती है जो हमें विश्वास दिलाती है कि दुनिया वास्तविक है। हमारे मन में अशुद्धियाँ दर्पण में गंदगी की तरह काम करती हैं, जो ब्रह्म के सच्चे प्रतिबिंब को देखने की हमारी क्षमता को बाधित करती हैं। जब तक हम अपने मन को शुद्ध करने के लिए कदम नहीं उठाते,

तब तक वास्तविकता की हमारी धारणा हमारे विचारों और विश्वासों की घनी गंदगी से फीकी रहेगी। चित्त-शुद्धि प्राप्त करना, मन की एक ऐसी अवस्था जो शुद्ध और स्पष्ट है, माया के पर्दे को देखने और उससे परे स्थित सत्य की झलक पाने के लिए आवश्यक है।

रूपा ने पूछा, "गुरुजी, चित्त-शुद्धि प्राप्त करने के लिए हम क्या कदम उठा सकते हैं?"

गुरुजी ने समझाया, "चित्त-शुद्धि प्राप्त करने के लिए, आसक्ति, अहंकार, वासना, क्रोध, लोभ, अभिमान और स्वार्थ से खुद को अलग करना आवश्यक है। एक बार जब आप इन नकारात्मक भावनाओं को छोड़ देते हैं, तो आप उदात्तता की दिव्य भावनाओं का अनुभव करेंगे। हम जिस दुनिया में रहते हैं, वह सीखने के लिए एक उत्कृष्ट कक्षा के रूप में कार्य करती है। बर्तन, खिलौने, दीवार पर लटकने वाली वस्तुएँ और अन्य सभी वस्तुएँ धरती की मिट्टी से बनी हैं और केवल दिखावा हैं। वास्तव में, जब ये

वस्तुएँ टूट जाती हैं या नष्ट हो जाती हैं, तो वे अपनी मूल स्थिति में वापस आ जाती हैं, जो कि मिट्टी है। हालाँकि ये नाम और रूप ब्रह्म से निकले हैं, ब्रह्म के रूप में विद्यमान हैं, और अंततः ब्रह्म में ही विलीन हो जाते हैं।"

जैसे रस्सी पर साँप दिखाई देता है, वैसे ही वास्तविकता का एहसास होते ही भ्रम या भ्रांति गायब हो जाती है। इसी तरह, ब्रह्म का ज्ञान प्राप्त करने से संसार और इस शरीर की वास्तविकता तुरंत गायब हो जाती है। यह अविद्या ही सभी मानवीय दुखों और क्लेशों का मूल कारण है।

इसी तरह, जब आप कोई फिल्म देखते हैं, तो आप भावनात्मक रूप से जुड़ सकते हैं, खुशी या दुख महसूस कर सकते हैं, और पात्रों और उनके अनुभवों से जुड़ सकते हैं। हालाँकि, आप पूरी तरह से जानते हैं कि यह वास्तविक नहीं है। दुनिया एक ही है, अलग-अलग रूपों और वस्तुओं के साथ, सभी

अंतर्यामी द्‌वारा निर्देशित हैं, जो अकेले और वास्तविक हैं।

गुरुजी ने पूछा, “रूपा, क्या तुम्हें जागृत अवस्था और स्वप्न अवस्था में कोई अंतर महसूस होता है?”

रूपा ने उत्तर दिया, “गुरुजी, मुझे जाग्रत अवस्था और स्वप्न अवस्था में कोई अंतर नहीं दिखता, सिवाय इसके कि स्वप्न, जाग्रत अवस्था की तुलना में कम समय तक चलते हैं।”

गुरुजी ने कहा, “जब हम आग से जल जाते हैं, गिरने से घायल हो जाते हैं, या कटने से खून बहता है, या भयावह अनुभवों का सामना करते हैं, तो हम अपनी नींद से जाग जाते हैं, और जल्द ही महसूस करते हैं कि यह सिर्फ एक बुरा सपना था। यह अहसास तुरंत होता है। इसी तरह, एक आत्मसाक्षात्कारी आत्मा या ज्ञानी के लिए जो ब्रह्म को जानता है, यह दुनिया एक सपने की तरह लगती है। हालाँकि वह दुनिया में चल सकता है, बोल सकता है और बातचीत कर

सकता है, लेकिन उसका मन अपने स्वरूप (स्वभाव) पर केंद्रित होता है, जो उसका सच्चा स्वभाव है।"

गुरुजी ने कहा, "रूपा, हमें दो स्थितियों का सामना करना पड़ा होगा।"

- पहली स्थिति में, जब आप चलती रेलगाड़ी में होते हैं, तो सभी पेड़ और धान के खेत हिल रहे होते हैं, और आपको ऐसा लगता है जैसे रेलगाड़ी स्थिर है।
- दूसरे मामले में, जब आप किसी स्टेशन पर ट्रेन में सवार होते हैं, तो जिस ट्रेन में आप बैठे होते हैं, वह बगल वाली ट्रेन की गति के कारण चलती हुई प्रतीत होती है।

चलती हुई रेलगाड़ी स्थिर दिखाई देती है, और स्थिर रेलगाड़ी उपरोक्त मामलों में चलती हुई दिखाई देती है। इसी तरह, आत्मा गतिहीन और निष्क्रिय (निष्क्रिय) है, लेकिन अविद्या के कारण, हम आत्मा को कर्म और भोग का श्रेय देते हैं। यह बादलों की गति का श्रेय सूर्य या चंद्रमा को देने जैसा है। हम

शरीर और इंद्रियों की गति को अचल आत्मा के लिए जिम्मेदार ठहराते है।

जब कोई व्यक्ति पीलियाग्रस्त आँखों से देखता है, तो उसे सब कुछ पीला दिखाई देता है। लेकिन अगर कोई व्यक्ति समाधि की अवस्था में दिव्य दृष्टि से देखता है, तो उसे सत्य का अनुभव हो सकता है।

आदरणीय ऋषि शांडिल्य को परम वास्तविकता का गहन बोध हुआ था, जिसका उल्लेख छांदोग्य उपनिषद के तीसरे अध्याय के खंड १४ में मिलता है:

“सर्वं खल्विदं ब्रह्म”

अर्थ: “यह सब वास्तव में ब्रह्म है।”

श्लोक से पता चलता है कि ब्रह्म, परम वास्तविकता या निरपेक्ष, एकमात्र वास्तविकता है जिसमें संपूर्ण ब्रह्मांड समाहित है। यह अनुभूति इस समझ की ओर ले जाती है कि परम वास्तविकता से अलग व्यक्तिगत आत्मा का कोई अस्तित्व नहीं है। इसलिए, सब कुछ एक ही है।

गुरुजी ने कहा, "रूपा, जहाँ भी मन है, वहाँ संसार है और यदि कोई आसक्ति, आकर्षण, इच्छा और लोभ को समाप्त कर सकता है, तो मन नष्ट हो सकता है, जिसे मनोनास कहते हैं। यदि कोई सचेत रूप से अपने मन को शुद्धि और शांति के माध्यम से नष्ट कर सकता है, तो यह संसार गायब हो जाता है और सब कुछ ब्रह्म बन जाता है। इस अवस्था में, व्यक्ति हर जगह और हर चीज में आत्मा को देख सकता है।"

बेहतर ढंग से समझने के लिए, आइए एक सादृश्य का उपयोग करें - एक इन्सुलेटेड तार के माध्यम से बहने वाली जीवन ऊर्जा विभिन्न वस्तुओं को प्रकाशित कर सकती है, जैसे विभिन्न आकारों और रंगों के बल्ब या लैंप। जब ऊर्जा इन वस्तुओं को रोशन करती है, तो वे विभिन्न रंगों और चमक के साथ चमकते हैं, लेकिन जीवन ऊर्जा स्वयं समान और एक रहती है। इसी तरह, ब्रह्म सभी जीवित प्राणियों में समान है, लेकिन अंतर, अंतःकरण(आंतरिक कारण) के विभिन्न गुणों और प्रकारों के कारण उत्पन्न होते हैं।

अंतःकरण में चार प्रकार शामिल हैं - अहंकार, बुद्धि (बुद्धि या उच्च मन), चित्तम (स्मृति), और मनसु (मन या निचला मन) जो विभिन्न वासनाओं, संस्कारों और रुचिओं के साथ, स्पष्ट अंतर पैदा करते हैं। हालाँकि, ये सभी अंतर अवास्तविक और केवल मानसिक रचनाएँ हैं।

गुरुजी ने समझाया, "विद्यार्थी, एक बार जब कोई व्यक्ति माया और मन द्वारा बनाए गए सभी भ्रामक भेदों के पीछे के मूल ज्ञान को समझ लेता है, तो वे भेद गायब हो जाएंगे और शुद्ध और स्पष्ट हो जाएंगे। उन्हें तुरंत एहसास हो जाएगा कि ब्रह्म ही सभी रूपों और नामों का स्रोत है, और वे उन्हें त्यागकर 'सत्-चित्-आनंद' - अस्तित्व, चेतना और आनंद का सत्य-का अनुभव करेंगे। शुद्धि, ध्यान और आत्म-जांच के माध्यम से, वे समझ जाएंगे कि आत्मा इस दुनिया और शरीर का आधार है। इससे शाश्वत आनंद, अमरता और अनंत ज्ञान की प्राप्ति होगी।"

गुरुजी ने कहा, “अक्षत, ब्रह्मांड में चार प्रकार की वस्तुएं हैं।”

- असत वस्तुएं: ये वे वस्तुएं हैं जिनका नाम होता है।
- मिथ्या वस्तुएं: ये ऐसी वस्तुएं हैं जिनके नाम और रूप तो होते हैं लेकिन अंततः वे भ्रामक होती हैं।
- व्यावहारिक वस्तुएं: ये वे वस्तुएं हैं जिनके नाम और रूप होते हैं और जो सांसारिक मामलों के लिए उपयोगी होती हैं।
- परमार्थिक वस्तु: ये शाश्वत, अपरिवर्तनीय और अविनाशी वस्तुएं हैं।

गहराई से समझने, चिंतन करने और विचार करने से व्यक्ति को यह एहसास हो सकता है कि दुनिया, अपनी विविध और रंग-बिरंगी वस्तुओं के साथ, एक लंबे सपने की तरह है, रस्सी पर दिखाई देने वाले सांप की तरह, लेकिन वास्तविक नहीं है। ये वस्तुएं भ्रामक हैं और केवल अस्थायी अस्तित्व रखती हैं। वे मिथ्या (धोखेबाज) हैं। जो लोग सांसारिक सोच वाले हैं वे कामुक वस्तुओं को वास्तविक मानते हैं, लेकिन

द्रष्टा या जो लोग कुशाग्र बुद्धि से संपन्न हैं वे उनकी अवास्तविकता को पहचानते हैं। हम जो कुछ भी देखते हैं वह एक मृगतृष्णा की तरह है, और जैसे एक हिरण गर्मी के दिन मृगतृष्णा में पानी देखता है, उसे पीने के लिए कोई पानी नहीं मिलता है।

पानी की एक छोटी बूंद के संघनित होने से बर्फ का एक टुकड़ा बनता है। एक छोटा सा बीज एक विशाल वृक्ष बन जाता है। जाग्रत अवस्था में हम जो चीजें देखते हैं, वे भी भ्रामक होती हैं। सपने या फिल्म में हम ऐसी घटनाएँ देखते हैं जो कई वर्षों की लगती हैं, लेकिन वे कुछ घंटों के भीतर घटित होती हैं। जिस तरह ब्रह्मा का एक दिन मनुष्यों के एक हजार चतुर्युग के बराबर होता है और देवताओं का एक दिन मनुष्यों के ३६० दिनों के बराबर होता है, उसी तरह समय भी धोखा दे सकता है। एक खुशमिजाज व्यक्ति एक मिनट में एक रात का अनुभव करता है, जबकि एक दुखी व्यक्ति एक रात को कई वर्षों की रात के रूप में अनुभव करता है। समय हर समय एक जैसा नहीं दिखता।

गुरुजी ने किरण को बताया, “यह एक विरोधाभास है। हो सकता है कि आप विद्यार्थी को एक अच्छा व्यक्ति मानें, लेकिन कोई और उन्हें बुरा मान सकता है।” अन्य भक्तों ने व्यक्तिगत धारणाओं और अनुभवों की जटिलता को समझते हुए सहमति में सिर हिलाया।

गुरुजी ने कहा, “ऋषियों ने कहा है कि संसार की वस्तुएँ भ्रामक और भ्रमपूर्ण हैं। वे सत्य नहीं हैं? जैसा कि हम स्वप्न में देखते और महसूस करते हैं। वे इस संसार को दीर्घ स्वप्न या एक लंबा स्वप्न कहते हैं। ‘जो शुरू में अनुपस्थित था, वह अंत में नहीं रहेगा, न ही वह अब मौजूद है?’ - यही वे कहते हैं।”

आधुनिक विज्ञान के अनुसार, हमारे शरीर की हर कोशिका में पुनर्जनन होता है। पुरानी कोशिकाएँ मर जाती हैं और उनकी जगह नई कोशिकाएँ आ जाती हैं। ऐसा माना जाता है कि सात साल के भीतर शरीर की सभी कोशिकाएँ नवीनीकृत होकर नई हो जाती

हैं। इस पूरे बदलाव के बावजूद, हम अभी भी खुद को वही इंसान मानते हैं।

मैं एक दृष्टांत पर चर्चा करना चाहता हूँ: बहुत समय पहले आदि नाम का एक अमीर आदमी रहता था जो एक आलीशान घर में रहता था। वह बहुत घमंडी आदमी था। एक दिन, एक साधु अपने रास्ते से इस घर के पास आया। वह आराम करना चाहता था, इसलिए वह पास के एक पेड़ के नीचे आराम करने लगा। जल्द ही उसने एक आवाज़ सुनी जो उसे उठने के लिए कह रही थी। साधु ने पूछा, "क्या मैं यहाँ सोकर किसी को परेशान कर रहा हूँ?" उसे जगाने वाले आदमी ने कहा, "मैं बस अपना काम कर रहा हूँ।"

आदि ने अपने सेवक को बुलाया और उस बुजुर्ग व्यक्ति को उसके सामने लाने का अनुरोध किया। आदि ने पूछा, "ऋषिवर, आप यहाँ क्यों आराम कर रहे हैं? क्या आपको पता नहीं है कि यह ज़मीन मेरी है?"

ऋषि ने मुस्कुराते हुए उत्तर दिया, "आदि, क्या यह संपत्ति तुमने अपने प्रयासों से प्राप्त की है, या तुमसे पहले ही इसका स्वामित्व किसी के पास था?"

ऋषि द्वारा संपत्ति के पिछले मालिक के बारे में पूछे जाने पर, आदि ने जवाब दिया, "यह जमीन मेरे पिता की थी।"

ऋषि ने पूछा, "और तुम्हारे पिता से पहले यह संपत्ति किसकी थी?"

आदि ने उत्तर दिया, "मेरे दादा, परदादा, वगैरह।"

ऋषि ने फिर प्रश्न किया, "और उनसे पहले यह किसके पास था?"

आदि ने कहा, "मुझे यकीन नहीं है।"

ऋषि ने टिप्पणी की, "आदि, यह स्थान अभी भी मौजूद है। क्या तुम मानते हो कि यह केवल तुम्हारी कल्पना है कि तुम इस पर कब्ज़ा कर चुके हो?"

सच्चाई का एहसास होने पर आदि को शर्म आई और वह ऋषि के चरणों में गिर पड़ा।

गुरुजी ने कहा, "हम कल्पना के दायरे में रहते हैं, जहाँ हमारी कल्पना हर उस चीज़ को वास्तविक मानती है जिसे हम देखते हैं। इस भ्रम से खुद को मुक्त करना एक चुनौती साबित होता है क्योंकि हम इसे अपनी स्पर्श, स्वाद, गंध और दृष्टि की इंद्रियों के माध्यम से अनुभव कर सकते हैं। भ्रम से वास्तविकता को पहचानना और दिखावे से परे देखना एक कठिन बाधा है।"

अक्षत ने पूछा, "गुरुजी, इस गॉर्डियन गाँठ को सुलझाने का क्या तरीका है?"

गुरुजी ने मुस्कुराते हुए कहा, "आस्था, खुद पर विश्वास करके अपनी आंतरिक यात्रा शुरू करो। यह एक बहुआयामी और समय लेने वाली प्रक्रिया है।"

गुरुजी ने कहा, "मैं एक अमीर आदमी का विरोधाभास साझा करता हूं: हर्ष नाम का एक गरीब आदमी एक साधारण निवास में रहता था, उसके पास खुद को

बनाए रखने के लिए पर्याप्त धन नहीं था, इस तथ्य से अनजान कि वह अपने दादा द्‌वारा छुपाए गए विशाल खजाने के ऊपर बैठा था।"

सड़क के दूसरी तरफ केशव नाम का एक समृद्‌ध व्यापारी था जो एक आलीशान जीवन जी रहा था। एक दिन, एक ऋषि ने आश्रम बनाने में केशव से मदद मांगी और केशव ने मदद की, इस बात से अनजान कि एक चोर पिछले दरवाजे से उसके घर में घुस आया था और कुछ ही देर पहले उसका सारा धन लूटकर ले गया था।

गुरुजी ने मुस्कुराते हुए पूछा, "अब, असल में दरिद्र कौन है? क्या हर्ष, जो खुद को दरिद्र समझता है, या केशव, जो खुद को धनवान समझता है?"

गुरुजी ने कहा, "अक्षत, हमारे आस-पास की हर चीज़ एक भ्रम है, जिसमें हम जो चीज़ें देखते हैं उनके रंग भी शामिल हैं।"

अक्षत ने पूछा, “गुरुजी, सूर्योदय और सूर्यास्त के समय आकाश में अलग-अलग रंग क्यों दिखाई देते हैं?”

गुरुजी ने उत्तर दिया, “अक्षत, यह प्रकीर्णन नामक एक घटना है जो सूर्यास्त के रंगों का निर्माण करती है। वायुमंडल में मौजूद अणु और सूक्ष्म कण प्रकाश किरणों को प्रकीर्णित करके उनकी दिशा बदल देते हैं।”

प्रकीर्णन किस प्रकार प्रभावित करता है, आकाश से निकलने वाले प्रकाश का रंग प्रकाश की तरंगदैर्घ्य और कण के आकार से निर्धारित होता है। वायु के अणु स्पेक्ट्रम में अन्य रंगों की तुलना में लघु-तरंगदैर्घ्य वाले नीले और बैंगनी प्रकाश को अधिक प्रकीर्णित करते हैं। इसलिए, नीला और बैंगनी प्रकाश सभी दिशाओं से देखा जा सकता है और एक स्पष्ट दिन पर हमारी आँखों तक पहुँच सकता है। आकाश नीला दिखाई देता है क्योंकि हमारी आँखों में बैंगनी रंग की सीमित धारणा होती है।

सूर्योदय और सूर्यास्त के दौरान प्रदर्शित होने वाले विविध रंगों के लिए प्रकीर्णन जिम्मेदार है। जब सूर्य इन समयों के दौरान क्षितिज पर नीचे स्थान पर होता है, तो सूर्य का प्रकाश दिन के दौरान जब सूर्य आकाश में अधिक ऊँचा होता है, उससे अधिक हवा से होकर गुजरता है। परिणामस्वरूप, वायुमंडल में अणुओं की बढ़ी हुई संख्या पर्यवेक्षक की आँखों से दूर नीले और बैंगनी प्रकाश को बिखेर देती है। यदि पथ पर्याप्त रूप से लंबा है, तो सभी नीले और बैंगनी प्रकाश दृष्टि के क्षेत्र से फैल जाते हैं, जबकि अन्य रंग बने रहते हैं। इसलिए, हम सूर्यास्त को पीले, नारंगी और लाल रंगों से भरपूर देखते हैं।

जब सूरज क्षितिज पर होता है, तो वह लाल दिखाई देता है क्योंकि लाल प्रकाश की तरंगदैर्घ्य सभी दृश्यमान प्रकाशों में सबसे लंबी होती है। जब यह वायुमंडल में एक लंबे रास्ते से गुजरता है, तो लाल प्रकाश अन्य सभी रंगों को अवरुद्ध कर देता है।

अक्षत ने पूछा, "गुरुजी, इंद्रधनुष दिखने के पीछे क्या कारण है?"

गुरुजी ने जवाब दिया, "बारिश के बाद वातावरण में निलंबित बारिश की बूंदों के कारण इंद्रधनुष होता है। जब प्रकाश की किरण इन बूंदों में प्रवेश करती है, तो यह मुड़ जाती है और अलग-अलग रंगों में अलग हो जाती है, इस घटना को फैलाव के रूप में जाना जाता है। बारिश की बूंदें प्रकाश के विभिन्न रंगों को फैलाती हैं, जिसमें सबसे ऊपर लाल और सबसे नीचे बैंगनी रंग होता है, जिसके परिणामस्वरूप इंद्रधनुष बनता है।"

अक्षत ने गुरुजी से पूछा, "अंधेरे कमरे में हम कुछ भी क्यों नहीं देख पाते?"

गुरुजी ने उत्तर दिया, "जब वस्तुएं अपनी सतह पर पड़ती हैं तो वे प्रकाश को परावर्तित करती हैं, और यह परावर्तित प्रकाश हमारी आँखों में प्रवेश करता है, जिससे हम उन्हें देख पाते हैं। अंधेरे कमरे में प्रकाश का कोई स्रोत नहीं होता, इसलिए वस्तुओं की सतह

पर कोई प्रकाश नहीं पड़ता और हम उन्हें नहीं देख पाते। यही कारण है कि हम अंधेरे कमरे में कुछ भी नहीं देख पाते।"

वस्तुएं अपने परमाणुओं की व्यवस्था के कारण अलग-अलग रंगों में दिखाई देती हैं, जो कुछ रंगों या तरंगदैर्घ्य को अवशोषित करते हैं और दूसरों को परावर्तित या संचारित करते हैं। हम जो रंग देखते हैं, वे परावर्तित या संचारित होने वाली तरंगदैर्घ्य द्वारा निर्धारित होते हैं।

लाल रंग की वस्तु लाल दिखाई देती है, इसका कारण यह है कि कपड़े में मौजूद रंगअणु स्पेक्ट्रम के बैंगनी/नीले सिरे से प्रकाश तरंगदैर्ध्य को अवशोषित करते हैं, जबकि केवल लाल प्रकाश को परावर्तित करते हैं। यदि लाल रंग की वस्तु को केवल नीली रोशनी से प्रकाशित किया जाता है, तो वह काली दिखाई देगी क्योंकि नीली रोशनी अवशोषित हो जाती है, और परावर्तित करने के लिए कोई लाल प्रकाश नहीं होता है। सफ़ेद वस्तुएँ सफ़ेद दिखाई देती हैं

क्योंकि वे सभी रंगों को परावर्तित करती हैं, जबकि काली वस्तुएँ सभी रंगों को अवशोषित करती हैं, और इसलिए कोई प्रकाश परावर्तित नहीं करती हैं।

मानव आँख रेटिना में दो प्रकार के प्रकाशग्राही कोशिका की उपस्थिति के माध्यम से रंगों का पता लगा सकती है, जिन्हें छड़ और कोन के रूप में जाना जाता है। जबकि छड़ हमें काले, सफेद और भूरे रंग में देखने में सक्षम बनाती हैं, शंकु, रंग का पता लगाते हैं। हालांकि, शंकु केवल उज्ज्वल प्रकाश में कार्यात्मक होते हैं और कम रोशनी की स्थिति में प्रभावी रूप से काम नहीं करते हैं। इसलिए, रात में जब प्रकाश मंद होता है तो वस्तुएं ग्रे दिखाई देती हैं और रंग नहीं दिखाई देते हैं। मानव आँख में तीन प्रकार के शंकु होते हैं जो दृश्यमान स्पेक्ट्रम में प्रकाश की विभिन्न तरंगदैर्ध्य के प्रति संवेदनशील होते हैं: लघु (एस), मध्यम (एम), और लंबा (एल)। ये शंकु मस्तिष्क को रेटिना के संकेतों को विभिन्न रंगों के रूप में समझने की अनुमति देते हैं, और यह अनुमान

लगाया जाता है कि मनुष्य लगभग दस मिलियन रंगों में अंतर कर सकते हैं।

प्रकाश के प्राथमिक रंग लाल, हरा और नीला हैं। इन रंगों को विभिन्न अनुपातों में मिलाकर, हम कई रंग बना सकते हैं जो हम देखते हैं। यह टेलीविजन और कंप्यूटर स्क्रीन के कामकाज के पीछे का मूल सिद्धांत है। यदि आप आवर्धक कांच के नीचे एक स्क्रीन का निरीक्षण करते हैं, तो आप देखेंगे कि छवि बनाने के लिए केवल इन तीन रंगों का उपयोग किया जाता है। उदाहरण के लिए, लाल और हरे रंग के प्रकाश के संयोजन का उपयोग हमारे मस्तिष्क में पीले रंग की धारणा बनाने के लिए किया जाता है।

गुरुजी ने बताया कि वस्तुओं में स्वयं कोई अंतर्निहित रंग नहीं होता। यह हमारी धारणा ही है जो हमें पत्ते को हरा, बर्फ को सफेद, खून को लाल और घास को हरा बताने के लिए प्रेरित करती है। इसी तरह, जो चीज एक व्यक्ति को खुशी दे सकती है, वह दूसरे को असहज कर सकती है।

- एक व्यक्ति को मसालेदार भोजन पसंद है, जबकि दूसरे को हल्का स्वाद पसंद है।
- कुछ लोगों को बारिश में खेलने में आनंद आता है, जबकि अन्य को इसमें आनंद नहीं आता।

गुरुजी ने पूछा, "अक्षत, कपड़ा किस चीज़ से बनता है?"

अक्षतने उत्तर दिया, "गुरुजी, कपड़ा धागे से बना है।"

गुरुजी ने कहा, "शुरू में केवल धागा होता है। धागा कपड़े का रूप ले लेता है, लेकिन जैसे-जैसे समय बीतता है, कपड़ा घिसता और फटता जाता है, अंततः धागे के अपने मूल रूप में वापस आ जाता है। यह चक्र कहाँ शुरू होता है और कहाँ खत्म होता है? धागा केवल क्षण भर के लिए कपड़े के रूप में रहता है।"

गुरुजी ने पूछा, "अक्षत, धागे के घटक क्या हैं?"

अक्षत ने उत्तर दिया, "गुरुजी, कपास का उपयोग किया जाता है।"

गुरुजी ने कहा, “हमने हमेशा यह माना है कि धागा ही स्रोत है, लेकिन अब जब हम जानते हैं कि कपास धागे का स्रोत है, तो हमें खुद से पूछना चाहिए कि कपास का स्रोत क्या है?”

गुरुजी ने पूछा, “अक्षत, जल की उत्पत्ति क्या है?”

अक्षत ने जवाब दिया, “पानी के अणु तब बनते हैं जब हाइड्रोजन और ऑक्सीजन के परमाणु एक साथ आते हैं। एक पानी के अणु में दो हाइड्रोजन परमाणु और एक ऑक्सीजन परमाणु होता है, यही वजह है कि इसे एच टु ओ (H2O) के नाम से जाना जाता है।”

गुरुजी ने पूछा, “और हाइड्रोजन और ऑक्सीजन कहाँ से आते हैं?”

गुरुजी ने आगे कहा, “कल्पना कीजिए कि यदि हाइड्रोजन जैसी गैसों का मिश्रण न होता और केवल ऑक्सीजन होती, तो दुनिया जलकर राख हो जाती।”

उपनिषदों के अनुसार, अग्नि वायु से उत्पन्न हुई और जल अग्नि से उत्पन्न हुआ।

- हमारी आकाशगंगा की तरह ही हमारे आस-पास भी कई आकाशगंगाएँ हैं, जो हमें दिखाई नहीं देतीं। जब यह सच है, तो हम इस छोटी सी दुनिया के अस्तित्व पर विश्वास करते हैं। क्या यह भ्रामक नहीं है?
- परमाणु एक दूसरे के चारों ओर अविश्वसनीय रूप से तेज़ गति से घूमते हैं। यहां तक कि एक छोटे से पत्थर में भी अनगिनत परमाणु होते हैं, फिर भी हमें वह एक स्थिर वस्तु के रूप में दिखाई देता है। क्या यह सच में ऐसा है?

गुरुजी ने कहा, "अक्षत, आइए हम समझें कि पदार्थ कैसे व्यवहार करता है?"

पदार्थ की चार अवस्थाएँ होती हैं, अर्थात् ठोस, द्रव, गैस और प्लाज्मा। प्लाज्मा केवल तारों के कोरोना और कोर में मौजूद होता है। इसे बनाने वाले परमाणुओं के बीच के बंधन की मजबूती पदार्थ की प्रकृति को निर्धारित करती है। यदि किसी पदार्थ में

कणों को एक साथ रखने वाले आकर्षक बल पर्याप्त रूप से मजबूत हैं, तो वे एक ठोस बनाते हैं जिसमें कण स्थिर रहते हैं। इसके विपरीत, द्रव में कण कंटेनर के तल पर रहते हुए एक दूसरे के पास से गुजरते हैं। अंत में, गैस में, कण एक सीधी रेखा में निरंतर गति में होते हैं।

एक प्रयोग में, जब बर्फ जैसी ठोस वस्तु को गर्म किया जाता है, तो वह तरल पानी में बदल जाती है, और फिर उसे और गर्म करने पर वह भाप या वाष्प में बदल जाती है । जबकि यह केवल रूप में परिवर्तन है, सवाल उठता है: इस परिवर्तन का स्रोत क्या है?

तेज़ हवा के वेग से पेड़ एक दूसरे से रगड़ सकते हैं, जिससे घर्षण पैदा होता है और आग लग सकती है। यह घटना जंगलों में आम है। घर्षण एक ऐसा बल है जो ठोस सतहों, द्रव परतों और भौतिक तत्वों की गति का विरोध करता है क्योंकि वे एक दूसरे के खिलाफ़ फिसलते हैं।

गुरुजी ने कहा, "सभी दृश्यमान वस्तुओं का एक मूल स्रोत होता है जिसे धूल या वैज्ञानिक संदर्भ में क्वार्क और ग्लूऑन कहा जाता है। समय के साथ, असंख्य वस्तुएं इस स्रोत से निकलीं। अणुओं की व्यवस्था के परिणामस्वरूप विभिन्न आकार, रूप और रंग बने। अणु परमाणुओं से बने होते हैं, जिनमें प्रोटॉन, न्यूट्रॉन और इलेक्ट्रॉन शामिल होते हैं, और इन परमाणु कणों में हैड्रॉन (परमाणु नाभिक) होते हैं, जो क्वार्क और ग्लूऑन के मिश्रित कण होते हैं।"

गुरुजी ने पूछा, "क्वार्क और ग्लून का स्रोत क्या है?"

उपनिषदों में इस बात पर जोर दिया गया है कि जो कुछ भी दिखाई देता है वह मिथ्या और भ्रामक है।

रूपा ने पूछा, "गुरुजी, चीज़ें वैसी क्यों नहीं दिखतीं जैसी वे हैं?"

गुरुजी ने कहा, "रूपा, हमारी आँखें सीधे वस्तुओं को नहीं देखती हैं। यह केवल परावर्तित प्रकाश को ही देखती हैं। अगर हम चीजों को देख सकते हैं, तो हमें

अंधेरे कमरे में वस्तुओं के साथ-साथ आस-पास की हवा को भी देखने में सक्षम होना चाहिए।"

रूपा ने पूछा, "गुरुजी, अगर हम वस्तुओं को स्वयं नहीं देख सकते, तो फिर लोग 'पहाड़ सुंदर है', 'आप बहुत खूबसूरत लग रहे हैं', या 'यह बिल्ली प्यारी है' जैसे वाक्यांशों का उपयोग क्यों करते हैं?"

गुरुजी ने उत्तर दिया, "जब लोग ऐसे भावों का प्रयोग करते हैं, तो वे उन रंगों का उल्लेख करते हैं जो वस्तुओं द्वारा परावर्तित होते हैं। यदि प्रकाश वस्तु से होकर गुजरता है, तो आप कुछ भी नहीं देख सकते। इसी तरह, यदि प्रकाश मुझसे होकर गुजरता है, तो मेरे शिष्य मुझे नहीं देख सकते।"

यह सुनकर सभी भक्तजन हंसने लगे।

हम जो वस्तु देखते हैं उसका आकार कौन ग्रहण करता है - परावर्तित प्रकाश या मस्तिष्क/मन? जब प्रकाश हमारी आँख में प्रवेश करता है, तो यह सबसे पहले कॉर्निया नामक स्पष्ट, घुमावदार परत से होकर

गुजरता है, उसके बाद आईरिस और पुतली से होकर गुजरता है। आईरिस के पीछे का लेंस प्रकाश को रेटिना पर केंद्रित करने के लिए आकार बदलता है, जहाँ फोटोरिसेप्टर छवि को विद्युत संकेतों में परिवर्तित करते हैं जो ऑप्टिक तंत्रिका द्वारा मस्तिष्क तक पहुँचाए जाते हैं।

जिस तरह पानी का आकार बर्तन के आकार के आधार पर बनता है, उसी तरह इंद्रियओं के आधार पर यह वस्तुओं के आकार और रूप धारण करता है। जीव, मन द्वारा देखे गए रूपों, रंगों और वस्तुओं का अनुभव करता है। मन हमारी इंद्रियों से रूप ग्रहण करता है जिन्हें इंद्रियाँस कहते हैं ।

गुरुजी ने पूछा, “रूपा, तब हमारे मन में कई सवाल उठेंगे, जैसे, ‘वस्तु कहाँ है?’ जीव क्या-क्या अनुभव करता है? जो कुछ भी हम वास्तविक समझते हैं, वह एक भ्रम या कल्पना है।”

ये मानसिक रचनाएँ कई तरह की भावनाएँ पैदा कर सकती हैं, जैसे दर्द, खुशी, लालच, गर्व, भ्रम, वासना

और क्रोध, लेकिन वे केवल मन में ही मौजूद होती हैं, वास्तविकता में नहीं। नतीजतन, व्यक्ति जन्म और मृत्यु के चक्र में फंस जाता है, जिसे संसार के सागर के रूप में भी जाना जाता है, क्योंकि दुनिया और शरीर की प्रकृति भ्रामक है।

आत्मा परम सत्य है। यह सत्-चित्-आनंद स्वरूप के रूप में शाश्वत रूप से विद्यमान है। हालाँकि, अपने भ्रामक मन के माध्यम से, हम सुख और दुःख, जन्म और मृत्यु का संसार बनाते हैं। मन का उद्गम आत्मा है, और मन के बिना, संसार का अस्तित्व समाप्त हो जाता है। मन संसार और आत्मा के बीच सेतु का काम करता है। एक अशांत मन दुख से भरी दुनिया का अनुभव करता है, जबकि एक शांत मन अपने स्रोत में स्थिर हो सकता है और सत्-चित्-आनंद की प्राप्ति प्राप्त कर सकता है।

हम अक्सर वेदांत में ब्रह्म की अवधारणा को सत्-चित्-आनंद के रूप में वर्णित करते हैं, जिसका अर्थ है सदा-वर्तमान, सदा-चेतन और सदा-आनंदित।

छांदोग्य उपनिषद ३.१४.१. में कहा गया है कि सत् अस्तित्व और वास्तविकता का प्रतिनिधित्व करता है।

सर्वं खल्विदं ब्रह्म तज्जलानिति शान्त उपासीत।
अथ खलु क्रतुमयः पुरुषो यथाक्रतुरस्मिल्लोके पुरुषो
भवति तथेतः प्रेत्य भवति स क्रतुं कुर्वीत॥

अर्थ: "यह सब (ब्रह्मांड) वास्तव में ब्रह्म है - ब्रह्म ही सबका स्रोत और पालनकर्ता है। जो कुछ भी मौजूद है, वह ब्रह्म से आता है और अंततः ब्रह्म में ही लौट जाता है। इसलिए मौन में ब्रह्म का ध्यान करना महत्वपूर्ण है। प्रत्येक व्यक्ति का अपना मन होता है, और उसके वर्तमान विचार और कार्य मृत्यु के बाद उसके भविष्य की स्थिति निर्धारित करेंगे। ध्यान करते समय इस बात को ध्यान में रखना आवश्यक है।"

चित्, चेतना या ज्ञान का प्रतिनिधित्व करता है, जैसा कि ऐतरेय उपनिषद ३.१.३ में कहा गया है

"प्रज्ञानं ब्रह्म।"

अर्थ: "ब्रह्म शुद्ध चेतना है।"

श्लोक का तात्पर्य है कि चेतना केवल व्यक्ति के स्व तक सीमित नहीं है, बल्कि यह परम वास्तविकता या ब्रह्म का एक अंतर्निहित पहलू है। कथन से पता चलता है कि ज्ञान और जागरूकता परम वास्तविकता से स्वतंत्र नहीं हैं, बल्कि इसके अभिन्न अंग हैं।

बृहदारण्यक उपनिषद ३.४.२: तुम देखने वाले द्रष्टा को नहीं देख सकते; तुम सुनने वाले श्रोता को नहीं सुन सकते; तुम सोचने वाले विचारक के बारे में नहीं सोच सकते; तुम जानने वाले ज्ञाता को नहीं जान सकते। यह तुम्हारा आत्मस्वरूप है जो सबके भीतर है; बाकी सब कुछ, लेकिन यह नाशवान है...

गुरुजी ने कहा, "आत्मा, दृष्टि और अन्य इंद्रियों का पर्यवेक्षक है। दृष्टि दो प्रकार की होती है: साधारण और वास्तविक। साधारण दृष्टि मन की एक क्रिया है जो तब होती है जब वह आंख से जुड़ती है। यह क्षणभंगुर है और परिवर्तन के अधीन है। वास्तविक (वास्तविक) दृष्टि अग्नि के प्रकाश और गर्मी की

तरह है; यह पर्यवेक्षक में निहित है और अपरिवर्तनीय है। चूंकि प्रामाणिक दृष्टि साधारण दृष्टि से जुड़ी हुई प्रतीत होती है, जो अस्थिर है, इसे वस्तुओं का पर्यवेक्षक कहा जाता है। आंख द्वारा देखी जाने वाली वस्तुएं सामान्य दृष्टि को प्रभावित करती हैं। यह स्वयं की वास्तविक दृष्टि से जुड़ी हुई प्रतीत होती है, लेकिन यह केवल एक प्रतिबिंब है। इसके अलावा, सामान्य दृष्टि की शुरुआत और अंत होता है और यह वास्तविक दृष्टि से व्याप्त होती है। इसलिए, स्वयं की वास्तविक दृष्टि को रूपक रूप से पर्यवेक्षक कहा जाता है और इसे कभी-कभी देखने और कभी-कभी न देखने के रूप में वर्णित किया जाता है, हालांकि यह स्थिर रहता है।"

आनंद कहते हैं कि अस्तित्व, चेतना और आनंद, ब्रह्म के गुण नहीं हैं, बल्कि ब्रह्म ही हैं। इसका समर्थन तैत्तिरीय उपनिषद ३.६.१ से होता है, जिसमें कहा गया है कि "ब्रह्म ही आनंद (आनंद) है।"

छांदोग्य उपनिषद ७.२३.१.: अनंत ही आनंद है। किसी भी परिमित वस्तु में आनंद नहीं है। केवल अनंत ही आनंद है। अनंत को समझने की इच्छा होनी चाहिए...

यो वै भूमा तत्सुखं नाल्पे सुखमस्ति भूमैव सुखं भूमा त्वेव विजिज्ञासितव्य इति भूमानं भगवो विजिज्ञासा इति ||७.२३.१||

अर्थ: "अनंत ही आनंद है। किसी भी परिमित वस्तु में आनंद नहीं है। केवल अनंत ही आनंद है। अनंत को समझने की इच्छा होनी चाहिए। हे महान ऋषि, अनंत को जानने का प्रयास करो।"

तब सनत्कुमार ने नारद को निर्देश दिया:

अनंत वह है जो किसी सीमा या बाधा से सीमित नहीं है। यह शाश्वत, अपरिवर्तनीय और हमेशा मौजूद है। इसे मापा या परिमाणित नहीं किया जा सकता है, न ही सीमित मन इसे पूरी तरह से समझ सकता है।

अनंत को समझने के लिए सबसे पहले हमें सीमितता से जुड़ी सभी आसक्तियों को त्यागना होगा। इसका मतलब है कि हमें भौतिक दुनिया से बांधने वाली सभी इच्छाओं, लालसाओं और घृणाओं को त्यागना होगा। हमें उन सभी चीज़ों के प्रति वैराग्य और उदासीनता विकसित करनी होगी जो अस्थायी और क्षणभंगुर हैं।

एक बार जब मन ऐसी आसक्तियों से मुक्त हो जाता है, तो व्यक्ति अपने अंदर की ओर मुड़ सकता है और अपने अस्तित्व के शाश्वत और अपरिवर्तनीय पहलू पर ध्यान केंद्रित कर सकता है। यह वह अनंत है जो हमारे भीतर है, सभी खुशियों और तृप्ति का स्रोत है। यह आत्मा है, हमारे अस्तित्व का सच्चा स्वरूप है।

अपने भीतर अनंत पर ध्यान लगाने से व्यक्ति धीरे-धीरे अपनी चेतना का विस्तार कर सकता है और अनंत में विलीन हो सकता है। यही मानव जीवन का

लक्ष्य है, अनंत और शाश्वत प्राणियों के रूप में अपने सच्चे स्वरूप का बोध।

नारद ने सनत्कुमार को उनकी शिक्षाओं के लिए धन्यवाद दिया और आत्म-साक्षात्कार के अंतिम लक्ष्य को प्राप्त करने के लिए लगनपूर्वक उनका अभ्यास करने लगे।

गुरुजी ने कहा, "अक्षत, इस उलझन से बाहर आने के लिए, अपने मन पर विजय पाने के लिए तुम्हें श्रेष्ठ आत्माओं और गुरु की कृपा की आवश्यकता है। तुम ब्रह्म की प्रकृति को समझोगे और गुरु के निर्देश के माध्यम से अपने मन को नियंत्रित कर पाओगे। हालाँकि श्रेष्ठ आत्माएँ और गुरु, ब्रह्म जितने वास्तविक नहीं हैं, लेकिन वे इस संसार या जन्म और मृत्यु के सागर को पार करने में तुम्हारी मदद करने वाली नावों की तरह हैं।"

परम वास्तविकता ब्रह्म है, जबकि 'मैं' द्वारा स्वयं को व्यक्त करने की सीमित भावना भ्रामक है। उच्चतर अवस्था को प्राप्त करने के लिए, व्यक्ति को

लेबल और दिखावे से ऊपर उठना चाहिए, अहंकार पर विजय प्राप्त करनी चाहिए और माया और अविद्या के भ्रम से परे जाना चाहिए। ब्रह्म (ब्रह्म-चिंतन) पर लगातार ध्यान करने और उसकी प्रकृति पर विचार करने से आंतरिक शांति और अस्तित्व की वास्तविक प्रकृति की समझ प्राप्त होगी, जिसकी विशेषता शाश्वत अस्तित्व, चेतना और आनंद (सच्चिदानंद स्वरूप) है।

अध्याय ४.३

अस्तित्व और चेतना

"आत्मा की आंतरिक आँख सभी चीज़ों के आपसी संबंध को देखती है और चीज़ों की भव्य योजना में हमारे स्थान की निरंतर याद दिलाती है।"

अक्षत ने पूछा, "ओडिक और एक्टिनिक बल क्या हैं?"

गुरुजी ने कहा, "ओडिक बल एक शक्तिशाली ऊर्जा है जो पेड़, फूल, पहाड़ और यहां तक कि मानव शरीर जैसी भौतिक अस्तित्व के निर्माण में योगदान देती है। भौतिक दुनिया में ओडिक बल घना और भारी है। भौतिक शरीर के चारों ओर की आभा और पृथ्वी पर मानव अस्तित्व को नियंत्रित करने वाली प्राकृतिक घटनाएं ओडिक बल के उदाहरण हैं।"

इसके विपरीत, एक्टिनिक बल शुद्ध जीवन शक्ति है जो किसी व्यक्ति के भीतर से उत्पन्न होती है और उसके तंत्रिका तंत्र से होकर गुजरती है। हालाँकि, जब यह शुद्ध जीवन शक्ति भौतिक और सूक्ष्म शरीर के परमाणुओं के साथ विलीन हो जाती है, तो यह ओडिक बल में बदल जाती है। इन दो मूल शक्तियों की विशेषताओं को समझना और उनका अन्वेषण करना महत्वपूर्ण ज्ञानोदय की ओर ले जा सकता है।

सिर और गले के केंद्रों में सहस्रार, आज्ञा और विशुद्धि चक्र मुख्य रूप से एक्टिनिक बल से जुड़े हैं - आंतरिक चेतना का एक परिष्कृत स्तर जो स्वयं अति-चेतना के भीतर मौजूद है। हृदय केंद्र में स्थित अनाहत चक्र, जो आंतरिक और बाहरी दोनों दुनियाओं की धारणा को सक्षम बनाता है, एक्टिनिक और ओडिक दोनों शक्तियों का एक संयोजन है। शक्तियों के इस समामेलन को 'एक्टिनॉडिक' के रूप में जाना जाता है ।

इसके विपरीत, निचले तीन चक्र - मणिपुर, स्वाधिष्ठान और मूलाधार - मुख्य रूप से ओडिक बल से जुड़े हैं, जो मूलभूत शक्तियों का निर्माण करते हैं जो दुनिया को उस रूप में बनाते हैं जैसा हम इसे देखते हैं।

इडा और पिंगला की शक्तियां मुख्य रूप से ओडिक बल से जुड़ी हुई हैं। जब हम इन चैनलों से ओडिक बल को वापस लेते हैं और इसे सुषुम्ना में पुनर्निर्देशित करते हैं, जो मुख्य रूप से एक्टिनिक पदार्थ से बना होता है, तो हम बाहरी दुनिया से पूरी तरह से अलग हो जाते हैं, जिससे हम ध्यान की स्थिति में प्रवेश कर पाते हैं। इन दो शक्तियों के बीच के स्थान को प्राण के रूप में जाना जाता है, जो ओडिक और एक्टिनिक बलों के बीच एक कड़ी के रूप में कार्य करता है।

हालाँकि इन शक्तियों को भौतिक शरीर के माध्यम से महसूस किया जा सकता है, लेकिन उन्हें ओडिक और एक्टिनिक शब्दों से तुलना करके उनकी प्रकृति

को समझना आसान है। उदाहरण के लिए, अपने हाथ या पैर को हिलाने में भीतर की आत्मा की गति शामिल होती है, जो मुख्य रूप से एक्टिनिक बल है, जबकि भौतिक अंग और आसपास के कंपन मुख्य रूप से ओडिक बल हैं। इसलिए, इन दो बलों के संयोजन को एक्टिनोडिक बल के रूप में जाना जाता है, जो प्राण को समझने के लिए सबसे करीब है।

जब हम क्रियात्मक बल की स्थिति में होते हैं और इसके बारे में जागरूक होते हैं, तो हम अपने बाहरी जीवन में सामंजस्य और शांति का अनुभव करते हैं। सब कुछ सुचारू रूप से चलता है, और व्यक्तियों के एक-दूसरे के साथ सहमत होने और समान आधार खोजने की अधिक संभावना होती है। असहमति या अस्पष्टता के लिए कोई जगह नहीं है। जब हम सचेत हो जाते हैं और जागरूकता ओडिक बल क्षेत्रों के माध्यम से प्रवाहित होती है, तो हम खुद को ओडिक बल से बना हुआ मानते हैं। हमें एक असंतुलित स्थिति में रहना पड़ता है जहाँ व्यक्तियों के असहमत

होने और बहस और विवाद में शामिल होने की अधिक संभावना होती है।

चक्रों को परस्पर जुड़े विचार क्षेत्रों के विस्तृत क्षेत्रों के रूप में सोचें, जो विशाल स्थानों के समान हैं, और इन चक्रों से गुजरते समय यात्री की जागरूकता की कल्पना करें। जब आप एक्टिनॉडिक या एक्टिनिक बल के इन व्यापक ऊर्जा क्षेत्रों में से किसी एक के माध्यम से जागरूकता को आगे बढ़ाते हैं, तो उनके विचार या धारणा की संबंधित परतों के साथ, आप विशेष रूप से सोचते हैं जब आप विचार के प्रत्येक स्तर का सामना करते हैं। इसे इस संदर्भ में देखना महत्वपूर्ण है। रीढ़ की हड्डी में तंत्रिका गैंग्लिया सब कुछ पंजीकृत कर रही हैं और जब आप इन चक्रों से गुजरते हैं तो आप जो अनुभव करते हैं उसे आपकी तत्काल चेतना में लाते हैं। इस प्रकार, आप इसे अपनी रीढ़ की हड्डी में तंत्रिका गैंग्लिया के माध्यम से महसूस करते हैं।

एक्टिनिक और ओडिक बल का संयोजन मन की इन परतों के माध्यम से यात्रा को आगे बढ़ाता है, जो इच्छाशक्ति और जागरूकता से प्रेरित है। जब आप किसी विशेष चक्र में प्रवेश करते हैं तो तंत्रिका बल पंजीकृत होता है, यह कंपन पैदा करता है जो रंग और ध्वनि उत्सर्जित करता है, जिससे आपके भीतर डिस्क जैसे पहिये घूमने लगते हैं। ये पहिए सात चक्रों में से प्रत्येक को भौतिक शरीर से जोड़ते हैं। क्षेत्र, आयामों के भीतर मौजूद हैं, जो चेतना के विभिन्न स्तरों का प्रतिनिधित्व करते हैं। चेतना के एक विशिष्ट स्तर के रूप में जहां एक व्यक्ति रहता है, एक क्षेत्र एक आयाम के भीतर पाया जा सकता है जिसमें कई क्षेत्र हो सकते हैं।

सात मानसिक आयामों का ढांचा चेतना को सात स्तरों में विभाजित करता है, जो सबसे सरल से लेकर सबसे जटिल तक होते हैं। पहले दो आयाम भौतिक अस्तित्व, विशेष रूप से वस्तुओं के आंतरिक और बाहरी भाग से संबंधित हैं। तीसरा आयाम मानव चेतना के विशिष्ट स्तर का प्रतिनिधित्व करता है,

जिसमें व्यक्ति के अपने जीवन और दूसरों के जीवन के बारे में विचार और भावनाएँ शामिल हैं। चौथा से सातवाँ आयाम चेतना के आंतरिक, रहस्यमय या उच्चतर क्षेत्रों का प्रतिनिधित्व करता है। जबकि ये आयाम सभी के लिए सुलभ हैं, उन तक लगातार पहुँचने के लिए प्रशिक्षण और अभ्यास की आवश्यकता होती है।

इस अनूठी रूपरेखा का उपयोग करके हम चेतना की आंतरिक अवस्थाओं तक पहुँचने की अपनी खोज में सहायता कर सकते हैं। आंतरिक अनुभव किस मानसिक आयाम में स्थित है, इसकी पहचान करना महत्वपूर्ण है। एक बार जब हम किसी अति-चेतन अनुभव की पहचान कर लेते हैं, तो हम लगातार उस पर वापस लौट सकते हैं, ठीक वैसे ही जैसे नाविक किनारे का पता लगाने के लिए चार्ट और मानचित्र का उपयोग करते हैं। ध्यान के दौरान, हम विभिन्न चक्रों से आंतरिक दुनिया का पता लगा सकते हैं, जैसे कि चौथे आयाम के लिए अनाहत चक्र, पाँचवें आयाम के लिए विशुद्ध चक्र, छठे आयाम के लिए आज्ञा

चक्र और सातवें आयाम (मुकुट) के लिए सहस्रार चक्र।

आयाम, जीवन को समझने और हमारे भीतर की यात्रा में आने वाले अनुभवों को समझने का एक सहायक और सकारात्मक तरीका प्रदान करते हैं। अपने अनुभवों को एक विशेष आयाम से संबंधित के रूप में वर्गीकृत करके, हम हमेशा यह निर्धारित कर सकते हैं कि हम अपनी चेतना में कहाँ खड़े हैं। प्रगति करते रहने के लिए, हमें अपनी जागरूकता को प्रबंधित करने की क्षमता की आवश्यकता होती है। भले ही हम लगातार सभी आयामों से गुज़रते हों, लेकिन वे पहले से ही हमारे भीतर मौजूद हैं। हम उनके बारे में समय-समय पर तभी सचेत होते हैं जब जागरूकता व्यापक होती है और उन पर ध्यान केंद्रित करके एक आयाम की पहचान होती है।

जागरूकता की कार्यप्रणाली आयाम के आधार पर भिन्न होती है। जब हम चौथे आयाम से अनुभव करते हैं, तो हम दूसरे या तीसरे आयाम की तुलना

में जीवन की अधिक गहरी समझ प्राप्त कर सकते हैं। याद रखें कि हमें दूसरे आयाम में कोई गहराई नहीं मिली, और हमने केवल तीसरे आयाम में वस्तुओं में जीवन और जीवंतता लाई। लोगों और चीजों के बीच इन संबंधों में शामिल होने के कारण, अवचेतन उभरा। अहंकार, या स्वयं की भावना, विशुद्ध रूप से एक ओडिक, चुंबकीय शक्ति है, और यह तीसरे आयाम से एक प्रगति है, जहां हमारे विचार और भावनाएं प्रमुख हैं।

मन के भीतर जागरूकता को स्वतंत्र रूप से घूमने देना और दूसरे और तीसरे आयामों को सकारात्मक रूप से नियंत्रित करना एक अलग दृष्टिकोण प्रदान करेगा। माउंटेन व्यू के रूप में जानी जाने वाली चेतना हमें तीसरे आयाम की जटिलताओं और इसके निर्माण के तरीके की समग्र तस्वीर को समझने में सक्षम बनाएगी। इससे मन की रहस्यमय गहराई का प्रकाश होगा। इस संदर्भ में, 'जागरूकता' शब्द व्यक्तिगत चेतना, धारणा और 'आत्मा की आंतरिक आंख' को दर्शाता है।

तीसरे आयाम में, हम अक्सर खुद को आंतरिक भ्रम और अस्पष्टता की स्थिति में पाते हैं। हालाँकि, इस आयाम में प्रवेश करने वाले प्रकाश की मात्रा को बढ़ाकर, हम इस बारे में बेहतर समझ प्राप्त कर सकते हैं कि यह कैसे काम करता है और चौथे आयाम में प्रवेश कर सकते हैं। चौथे आयाम में, हम मानस और मानसिक तंत्रिकाओं के कामकाज के साथ-साथ उन्हें शक्ति देने वाले ऊर्जा के प्राथमिक स्रोत के बारे में गहरी जानकारी प्राप्त करते हैं। पांचवें आयाम में, खोपड़ी को भरते हुए एक चमकदार रोशनी देखी जा सकती है, जिससे ज्ञान की प्रचुरता होती है और एक विस्तारित अवधि में चीजों के निर्माण, संरक्षण और विनाश को समझने की क्षमता होती है।

जैसे-जैसे हम आंतरिक पथ पर आगे बढ़ते हैं, एक गहन और सर्वव्यापी प्रेम विकसित होता है, और दूसरों के संघर्षों के बारे में अधिक जागरूक होने पर करुणा प्रवाहित होती है। इस बढ़ी हुई जागरूकता के साथ, शारीरिक गति के बिना मन के भीतर किसी भी क्षेत्र पर ध्यान केंद्रित करने और जांच करने की

हमारी क्षमता भी बदल जाती है। अनुभव हमारी आंतरिक दृष्टि को समृद्ध करते हैं, और हम अतीत और भविष्य को भी वर्तमान क्षण में ला सकते हैं। जैसे-जैसे हम छठे आयाम में पहुँचते हैं, सभी रूप ध्वनि और रंग तक सीमित हो जाते हैं, और हम विकसित होते रहते हैं। छठा आयाम तीसरी आँख या आज्ञा चक्र से जुड़ा हुआ है, और जैसे-जैसे प्रकाश शरीर में भरता है, आंतरिक दुनियाएँ खुलती जाती हैं।

सातवें आयाम में, सहस्रार चक्र से जुडी, शुद्ध चेतना का अनुभव होता है - एक ऐसा स्थान जिसका कोई रूप नहीं है, जहाँ जागरूकता केवल अपने बारे में जागरूक है। यहाँ तक कि भव्य अति-चेतन दर्शन भी अंततः यहीं समाप्त हो जाते हैं। सर्प अंततः अपनी पूंछ खा जाता है, और जागरूकता गायब हो जाती है, केवल 'वह' - ईश्वर, जो सभी मानसिक आयामों से परे है, बचता है।

अपेक्षा ने पूछा, "हम व्यक्तिगत अनुभवों के आधार पर मानसिक आयामों की पहचान कैसे कर सकते हैं?"

गुरुजी ने उत्तर दिया, "अपेक्षा, निम्नलिखित प्रश्न किसी के मन में उठ सकते हैं।"

- यह अनुभव किस आयाम से संबंधित है?
- स्वयं के भीतर मौजूद मानसिक आयाम किस प्रकार परस्पर संबंधित और अस्तित्वमान होते हैं?

मनुष्य एक संपूर्ण इकाई है, जिसमें सूक्ष्म और स्थूल दोनों कंपन उसके भीतर के पूरे अस्तित्व को घेरे हुए हैं। जैसे-जैसे सातत्य उनके अस्तित्व में गहराई तक प्रवेश करता है, वह स्वयं की कालातीत और स्थानहीन वास्तविकता तक पहुँचता है, जिसे अंततः अस्तित्व में एकमात्र वास्तविकता के रूप में पहचाना जाता है।

प्रथम आयाम:

पहले आयाम में, हम उन चीज़ों पर विचार करते हैं जो अमूर्त हैं और जिन्हें छुआ नहीं जा सकता।

उदाहरण के लिए, एक फल का आंतरिक भाग उसका पहला आयाम है, जबकि उसकी सतह दूसरा आयाम है। एक भौतिक शरीर, एक पत्ता, एक पेड़ और एक पत्थर का आंतरिक भाग सभी पहले आयाम में रहते हैं। फल को खोलकर, हम पहले से अनदेखे और अछूते हिस्से को प्रकट कर सकते हैं और इसे दूसरे आयाम में ले जा सकते हैं, जिससे यह दृश्यमान और स्पर्शनीय हो जाता है।

दिलचस्प बात यह है कि अधिकांश आधुनिक विज्ञान पहले आयाम को समझने के लिए समर्पित है, जबकि अन्य सात आयामों की खोज पदार्थ के आणविक, परमाणु और उप-परमाणु घटकों के भीतर की जा रही है। वैज्ञानिक, पदार्थ की जांच करके उसके गहरे आयामों की खोज करते हैं, अंततः पदार्थ को ऊर्जा में और ऊर्जा को ध्वनि और प्रकाश में बदल देते हैं। ध्वनि और प्रकाश को चेतना और प्रतिपदार्थ में और कम करके, वैज्ञानिक लंबे समय तक ध्यान के माध्यम से प्राप्त होने वाले चिंतनशील बोध तक

पहुँचते हैं। नतीजतन, ब्रह्मांड में हर कोशिका और परमाणु में मन के सभी आयाम समाहित हैं।

मन के पहले आयाम में ऊर्जा प्रवाह शामिल है, जिसमें स्थिर और बहने वाली ऊर्जा शामिल है। ऊर्जा उठाने, धकेलने, खींचने, ऊपर उठने, गिरने, आकर्षण, प्रतिकर्षण, रूप बदलने, भरने, खाली करने, प्रकट होने और गायब होने का कारण बन सकती है। पहले आयाम में अठारह प्रकार की ऊर्जाओं की परस्पर क्रिया गुरुत्वाकर्षण, गति, जड़ता, चुंबकत्व और बिजली जैसी शक्तियों का उत्पादन करती है, जिनका विज्ञान द्वारा अध्ययन किया जाता है। प्रकृति के भीतर क्रियाओं और अंतःक्रियाओं को देखकर, जैसे कि पौधे, पत्थर, पानी, हवा और आग, बिना किसी पूर्व धारणा के, हम आसानी से काम पर इस ऊर्जा प्रवाह को समझ सकते हैं।

दूसरा आयाम:

दूसरा आयाम मूर्त और दृश्यमान वस्तुओं से बना है, जैसे कि पत्तियों, फूलों, पत्थरों और पानी की सतह।

हम दूसरे आयाम को तब महसूस करते हैं जब हम इन वस्तुओं को बिना किसी भावनात्मक या बौद्धिक लगाव के देखते हैं।

विश्लेषण या मूल्यांकन के अभाव के कारण, दूसरा आयाम सपाट दिखाई देता है, जिसमें केवल दो परतें होती हैं। बिना किसी मानसिक जुड़ाव के दुनिया को शांति से वस्तुनिष्ठ रूप से देखने पर, हम धीरे-धीरे एक आँख खोलकर और फिर दूसरी आँख खोलकर दुनिया के इस सपाट दृश्य को देख सकते हैं। हालाँकि, जब दोनों आँखें खुली होती हैं, तो कथित दुनिया में शामिल होने की प्रवृत्ति होती है। गंध, श्रवण, स्पर्श, स्वाद और दृष्टि सहित हमारी पाँच इंद्रियाँ सभी द्वि-आयामी हैं, और उनकी व्याख्या मन के उच्च आयामों में की जाती है।

जब रहस्यवादी, वस्तुओं की दुनिया पर नज़र डालते हैं, तो वे दूसरे आयाम को 'चीजों' के एक सुसंगत संग्रह के रूप में देखते हैं। वे इन वस्तुओं की सीमित मानसिक क्षमता या दूसरे आयामी बुद्धि की सीमा

को समझते हैं, और इसलिए उनके साथ अपने रिश्ते में फंसने से बचते हैं। रहस्यवादी दूसरे आयाम के साथ इसका उपयोग करके, इसका अवलोकन करके, इसकी सराहना करके या इसे त्याग कर इसके साथ जुड़ता है। वे दो-आयामी क्षेत्र को उस स्थान पर रखते हैं जहाँ यह सही मायने में होना चाहिए।

रहस्यवादी के दृष्टिकोण से, सभी रूप, समय के सभी चक्रों में, मन में मौजूद हैं, और दूसरा आयाम परिवर्तन का एक निरंतर रूप दिखाता है। इन वस्तुओं को बनाने वाली सामग्री को विभिन्न तरीकों से पुनर्नवीनीकरण किया जाता है। रहस्यवादी के दृष्टिकोण के अनुसार, कुछ भी बनाया, संरक्षित या नष्ट नहीं किया जाता है, और सभी चीजें एक साथ होती हैं, समय-समय पर विभिन्न आयामों में प्रकट होती हैं।

दूसरा आयाम निरंतर परिवर्तन का रूप प्रदर्शित करता है, और जिस सामग्री से चीजें बनाई जाती हैं, उसे विभिन्न तरीकों से पुनर्चक्रित किया जाता है। समय

चक्रों के माध्यम से दूसरे आयाम में रूप का क्षय और परिवर्तन तब स्पष्ट होता है जब हम छोटे समय चक्रों वाली चीजों, जैसे कि फूलों का निरीक्षण करते हैं। उनके छोटे जीवनकाल के कारण, हम कुछ दिनों या घंटों में ही फूल की कली, खिलना, जीवन और मृत्यु को देख सकते हैं। एक फूल द्वारा समय चक्र को तोड़कर खुद को विचुंबकित करने के बाद, उसके परमाणु अन्य रूपों में परिवर्तित हो जाएंगे। दूसरी ओर, उदाहरण के लिए, एक पहाड़ या बरगद का पेड़ अधिक टिकाऊ लगता है या समय के साथ कम दिखाई देने वाला क्षय दिखाता है।

दूसरा आयाम समय चक्रों का एक उत्पाद है और इसमें दो भाग शामिल हैं: समय की निरंतरता या स्मृति और सहज चेतना। सहज चेतना जानवरों और मनुष्यों दोनों में पाए जाने वाले आदतन पैटर्न के आधार पर स्वचालित रूप से कार्य करती है। यह प्रकृति को सहज मन से जोड़ता है। दूसरे आयाम में स्मृति पैटर्न अत्यधिक लचीले होते हैं, जिसमें एक फूल साल दर साल, सदी दर सदी अपना आकार

बनाए रखता है। इसलिए, दूसरा आयाम प्रकृति की सहज शक्तियों, जानवरों और मनुष्यों के सहज मन और प्रकृति के सार्वभौमिक मन के स्मृति पैटर्न से उत्पन्न होता है। मनुष्य ने इसे अपनी ज़रूरतों और इच्छाओं के आधार पर बनाया है।

दूसरे आयाम में समय चक्रों का नियंत्रण आंशिक रूप से मनुष्य के हाथ में है, लेकिन पूरी तरह से नहीं। वस्तु के निर्माण के आधार पर, मनुष्य इसे छोटे, मध्यम या लंबे समय के चक्रों के लिए चेतना में एक साथ रख सकता है। यदि वह वस्तु का निर्माण करने वाला है, तो निर्माण चक्र की लंबाई आवश्यक योजना और स्पष्ट सोच की मात्रा पर निर्भर करेगी। दूसरे आयाम की वस्तुओं में प्रवेश करके, मनुष्य एक निर्माता, संरक्षक या विध्वंसक के रूप में कार्य कर सकता है, प्राकृतिक समय चक्रों को लंबा या छोटा कर सकता है। उसका शरीर दूसरे आयाम से संबंधित है, इसलिए जब वह उनमें प्रवेश करता है तो यह चक्र और उसकी वस्तुओं को शक्ति प्रदान करता है। उदाहरण के लिए, एक आदमी खड़े होकर एक मेज

को प्राकृतिक रूप से विघटित होते हुए देख सकता है, या वह दूसरे दूसरे आयाम की वस्तु के रूप में दृश्य में प्रवेश कर सकता है और या तो उसे संरक्षित कर सकता है या नष्ट कर सकता है।

दूसरा आयाम बाहरी दुनिया है। मानव मन द्वारा नामों और लेबलों की पहचान के कारण, यह दुनिया हमें वास्तविक और स्थायी लगती है। हालाँकि, संपत्ति अर्जित करने और उसका उपयोग करने के बजाय, कई व्यक्ति अपनी पसंद और नापसंद के कारण उससे जुड़ जाते हैं। यह लगाव उनके मन में समा जाता है, और संपत्ति उनके लिए वास्तविक हो जाती है। वे उसे गंभीरता से लेते हैं, और जब अपनी संपत्ति को त्यागने का समय आता है, तो वे परेशान हो जाते हैं। यह मन की संकीर्णता को दर्शाता है जो भाषा और दृष्टिकोण के कारण होता है जो भौतिक संपत्ति के महत्व पर अत्यधिक जोर देते हैं।

पदमा ने पूछा, “पहला आयाम कितना विशाल है?”

दूसरे आयाम की तुलना में, जिसे स्पर्श और दृष्टि के माध्यम से देखा जा सकता है। पहला आयाम वह है जहाँ कोशिका की वास्तविक कार्यप्रणाली छिपी होती है, और दूसरा आयाम केवल एक सतह है, जिसकी तुलना हमारे शरीर की त्वचा या कोशिका भित्ति से की जा सकती है। जिन चीज़ों को हम देख या छू नहीं सकते, उनका आंतरिक भाग बाहरी भाग से कहीं ज़्यादा ठोस होता है, और यह उससे कहीं ज़्यादा बड़ा होता है जिसे हम देख सकते हैं। कोशिका सबसे जटिल और बेहतरीन ढंग से तैयार की गई प्रणाली है जिसे मानव जाति ने कभी देखा है। जीवविज्ञान के प्रोफेसर माइकल डेंटन ने अपनी पुस्तक 'इवोल्यूशन: ए थ्योरी इन क्राइसिस' में कोशिका की जटिलता को दर्शाया है।

“आणविक जीव विज्ञान द्वारा प्रकट जीवन की वास्तविकता को समझने के लिए, हमें एक कोशिका को एक हजार मिलियन गुना बड़ा करना होगा जब तक कि यह बीस किलोमीटर व्यास का न हो जाए और एक विशाल हवाई जहाज जैसा न हो जो लंदन

या न्यूयॉर्क जैसे बड़े शहर को कवर करने के लिए पर्याप्त बड़ा हो। तब हम जो देखेंगे वह अद्‌वितीय जटिलता और अनुकूली डिजाइन की वस्तु होगी। कोशिका की सतह पर, हम लाखों छिद्र देखेंगे, एक विशाल अंतरिक्ष यान के पोर्ट छिद्रों की तरह, जो लगातार सामग्री के प्रवाह को अंदर और बाहर जाने की अनुमति देने के लिए खुलते और बंद होते हैं। यदि हम इनमें से किसी एक छिद्र में प्रवेश करते हैं, तो हम खुद को सर्वोच्च तकनीक और हैरान करने वाली जटिलता की दुनिया में पाएंगे... (एक जटिलता) हमारी रचनात्मक क्षमताओं से परे, एक वास्तविकता जो संयोग के बिल्कुल विपरीत है, जो मनुष्य की बुद्‌धि द्‌वारा उत्पादित किसी भी चीज़ से हर मायने में श्रेष्ठ है..."

तीसरा आयाम:

अधिकांश व्यक्ति, अपना अधिकांश समय तीसरे आयाम में बिताते हैं, जिसमें विचार, भावनाएँ और अमूर्त अवधारणाएँ शामिल हैं। यह निरंतर परिवर्तन,

नए विचारों, संवेदनाओं, प्रवृत्तियों और सफलताओं पर पनपता है। तीसरे आयाम के ब्रह्मांड का विकास जारी है।

जब हम अपनी आँखें खोलते हैं और अपनी पाँच इंद्रियों दृष्टि, श्रवण, स्पर्श, गंध और स्वाद के माध्यम से बाहरी दुनिया को देखते हैं, तो वे हमारे व्यक्तित्व और आदतन पैटर्न के आधार पर प्रतिक्रिया करते हैं। हम परिचित गंध का आनंद लेते हैं और अपरिचित गंधों के प्रति जानवरों की तरह प्रतिक्रिया करते हैं, कहते हैं 'मुझे यह पसंद नहीं है।' दोहराव के माध्यम से, हम पसंद और नापसंद विकसित करते हैं, जिससे खुशी और उदासी के अनुभव होते हैं। लोगों और वस्तुओं के प्रति हमारे आकर्षण और विकर्षण से उत्पन्न तंत्रिका तंत्र की गतिविधि की हड़बड़ाहट मनुष्यों में तीसरे आयाम के उद्‌भव का प्रमाण है।

मनुष्य का अहंकार उसके तंत्रिका तंत्र की भौतिक दुनिया और अन्य लोगों के प्रति सूक्ष्म प्रतिक्रियाओं के माध्यम से निर्मित होता है। वह अपने अनुभवों

का विश्लेषण करता है और क्रिया और प्रतिक्रिया के आदतन पैटर्न बनाता है। वह सभी सकारात्मक और आरामदायक छापों को इकट्ठा करता है और अपरिचित या परेशान करने वाले छापों को त्याग देता है जो उसे परेशान करते हैं। यह प्रक्रिया उसे मन के तीसरे आयाम में पूरी तरह से प्रवेश करने की अनुमति देती है, जो पहले या दूसरे आयाम से अधिक महत्वपूर्ण है, क्योंकि यह वह जगह है जहाँ दुनिया का अधिकांश हिस्सा होता है जैसा कि हम जानते हैं।

तीसरे आयाम का उद्भव हमारी अवचेतना और मानसिक क्षमताओं को दूसरे आयाम में लाने की हमारी क्षमता पर निर्भर करता है। दुनिया को अलग-अलग कोणों से देखकर, जैसे ऊपर, नीचे, दाएँ और बाएँ, हम दूसरे आयाम में चीज़ों की तुलना और विश्लेषण करते हैं। हमारी पसंद और नापसंद तीसरे आयाम की पहली और सबसे बुनियादी संरचना बनाती है। अगला कदम इन प्राथमिकताओं का मूल्यांकन करना और तीसरे आयाम के अस्तित्व की अधिक जटिल परतें बनाना है। इसमें हमारे छापों का

विश्लेषण करना और उनकी तुलना दूसरों के छापों से करना शामिल है।

जब हम अपने विचारों और भावनाओं की निरंतर तुलना करते हैं, तो तीसरे आयाम की जटिल संरचना विकसित होती है और हमारी चेतना के साथ गहराई से जुड़ जाती है। यह एक आकर्षक और अंतहीन फिल्म बनाता है जो हमारी जागरूकता को रोमांचित करता है, वस्तुओं की तुलना से शुरू होकर, तंत्रिका तंत्र के माध्यम से उनके साथ हमारी बातचीत और अंततः, हमारे स्वयं-निर्मित विचार और भावनाएं।

लोगों से भरे कमरे में, तीसरा आयाम प्राथमिक केंद्र बन जाता है और गतिविधि को अपने नियंत्रण में ले लेता है। हालाँकि दूसरा आयाम पहले से ही व्यवस्थित था और हमारे इर्द-गिर्द घूमता है, जैसे कि फर्नीचर, सफाई, या यहाँ तक कि भोजन तैयार करना, एक बार जब हम कमरे में प्रवेश करते हैं और इकट्ठा होते हैं, तो हम दूसरे आयाम से बेखबर हो जाते हैं।

हमारा ध्यान अपनी भावनाओं, इच्छाओं, अवधारणाओं, पसंद और नापसंद पर चला जाता है क्योंकि हम किसी भी चीज़ से ज़्यादा उनसे जुड़ जाते हैं। बात करने, हंसने और बहस करने के ज़रिए हम अपनी प्राणिक जीवन शक्ति को तीसरे आयाम में छोड़ते हैं, जहाँ हम इस विषय पर दूसरों के उत्साह से प्रभावित और प्रभावि होते हैं। अंतरिक्ष में मौजूद सभी लोगों के बीच बलों की परस्पर क्रिया समूह की गतिशीलता के आधार पर या तो सकारात्मक, रचनात्मक अभिव्यक्ति या नकारात्मक, विवादास्पद अभिव्यक्ति उत्पन्न करती है।

व्यवसायी या कलाकार कुछ हद तक जानबूझकर बनाई गई रचना हैं। दुनिया में दूसरों को प्रभावित करने वाली शक्तियों को आकार देने में उनका हाथ होता है। खुद के साथ सक्रिय और सकारात्मक तरीके से पेश आकर, रचनात्मक और व्यस्त रहकर और दूसरों की घूमती ऊर्जाओं से अभिभूत होने से बचकर, वे तीसरे आयाम की शक्तियों को नियंत्रित कर सकते हैं। अनुशासन, ज्ञान और संयम के माध्यम से, वे

मानसिक और भावनात्मक शक्तियों को सकारात्मक रूप से निर्देशित करते हुए आंतरिक-आयामी जीवन के चक्रों को सुचारू कर सकते हैं।

अनुभवी ध्यानी, तीसरे आयाम के अपरिहार्य उतार-चढ़ाव से अलग हो सकते हैं और इसके बजाय चौथे आयाम में जागरूकता बनाए रखने पर ध्यान केंद्रित कर सकते हैं। इस अवस्था में, वे पहले, दूसरे और तीसरे आयामों को प्रेमपूर्ण अलगाव के साथ देखते हैं। एक बार जब वे ध्यान करना समाप्त कर लेते हैं, तो वे इस चौथे आयाम में वापस आ जाते हैं, जहाँ वे अपनी जागरूकता को तीसरे आयाम में अपनी स्थूल प्रवृत्ति और बुद्धि की चरम सीमाओं से दूर रख सकते हैं।

मनुष्यों में तीसरे आयाम में सहज चक्रों की तुलना में अधिक भावनात्मक और बौद्धिक चक्र होते हैं। हर व्यक्ति भावनात्मक चक्रों का अनुभव करता है, और खुशी और उदासी के साथ उनका रिश्ता हमेशा स्थिर नहीं होता है। इसी तरह, उनकी भूख और तृप्ति

में उतार-चढ़ाव होता रहता है। ओडिक बलों का निरंतर बढ़ना और घटना इस आयाम को परिभाषित करता है, जिसके परिणामस्वरूप निरंतर परिवर्तन और अस्थिरता होती है।

चौथा आयाम:

मानवता की प्राकृतिक अवस्था चौथे आयाम में है, जहाँ व्यक्ति तब तक रहता है जब तक बाहरी घटनाएँ उसकी जागरूकता को खत्म नहीं कर देतीं। इसी तरह से व्यक्ति को प्रतिदिन जीना चाहिए, एक ऐसी चेतना के साथ जो सब कुछ स्पष्ट रूप से समझती है और उन्हें अपनी सटीक मानसिक स्थिति के बारे में जागरूक रहते हुए दुनिया में पूरी तरह से भाग लेने की अनुमति देती है।

यह मन के माध्यम से बहने वाली शुद्ध जागरूकता की अनुभूति प्रदान करता है और अधिक आंतरिक स्थान और आध्यात्मिक प्राप्ति के लिए प्रवेश द्वार के रूप में कार्य करता है। यह रहने के लिए एक अद्भुत स्थान है, और कोई भी अपनी रीढ़ की शक्ति

को महसूस करके वहाँ रह सकता है। एक बार जब वे अपनी रीढ़ में उस उज्ज्वल ऊर्जा को महसूस करते हैं, तो वे तीसरे आयाम से अलग हो जाते हैं और चौथे आयाम में उड़ जाते हैं।

जैसे-जैसे संक्रमण होता है और हम चौथे आयाम में प्रवेश करते हैं, हम अपने सिर के भीतर आंतरिक प्रकाश की पहली झलक देखते हैं। यह प्रकाश, आमतौर पर एक पीला और चाँद जैसा चमकीला होता है, जिसे चौथे आयाम से पाँचवें आयाम में देखा जा सकता है। यह तीसरे आयाम के अंधेरे को रोशन करने का काम करता है, जो मन का धुंधला क्षेत्र है। स्पष्टता के साथ इस अंधेरे से गुजरने के लिए, हम चौथे आयाम की दो रोशनी पर भरोसा करते हैं: सूरज की रोशनी और बिजली की रोशनी। मनुष्य ने तीसरे आयाम को रोशन करने और अज्ञात के डर को खत्म करने के लिए बिजली की रोशनी का आविष्कार किया, जो अंधेरे के डर के समान है।

चौथे आयाम में रहने के लिए, हमें एक स्थिर चेतना बनाए रखने की आवश्यकता है जो हमें कल और आने वाले कल दोनों का निरीक्षण करने की अनुमति देती है, साथ ही दूसरों और खुद के बीच ऊर्जा और कंपन के प्रवाह को भी। यदि हम भावनात्मक रूप से परेशान हैं और इसके बारे में जानते हैं, तो हम चौथे आयाम में प्रवेश कर चुके हैं, जहाँ पर्यवेक्षक महत्वपूर्ण है। इसके विपरीत, यदि हम तीसरे आयाम में पूरी तरह से डूबे हुए थे, तो हम इसे पहचानने की क्षमता के बिना भावनात्मक उथल-पुथल का अनुभव करेंगे। यह देखने के लिए कि हमारा मन कैसे काम करता है, हमें चौथे आयाम की क्षमता का उपयोग करने की आवश्यकता है। जब हम भयानक और भ्रमित महसूस करते हैं, तो हम अपनी भावनाओं को समझने के लिए इस कौशल का उपयोग कर सकते हैं।

क्रिया में विचारों का अवलोकन केवल चौथे आयाम में ही संभव है। हम चौथे आयाम को केवल पर्यवेक्षक या साक्षी के रूप में देख सकते हैं, जो एक स्पष्ट और सहायक दृष्टिकोण प्रदान करता है। जबकि

चेतना चौथे आयाम में विभिन्न तरीकों से प्रकट हो सकती है, यह परिभाषा सबसे सटीक और समझने योग्य समझ प्रदान करती है।

चौथे आयाम से अंतर्दृष्टि प्राप्त करने से शिक्षक और दार्शनिक के रूप में व्यक्ति की योग्यता में वृद्धि हो सकती है। कलाकार भी चौथे आयाम में मौजूद होते हैं, क्योंकि सृजन और डिजाइनिंग के कार्य में तंत्रिका तंत्र की मदद से आंतरिक सुंदरता को मूर्त रूप में सामने लाना शामिल होता है। इस प्रक्रिया के परिणामस्वरूप कल्याण होता है, जो स्वयं के उप-अचेतन पहलू से उत्पन्न होता है। यह आयाम दूसरों की बेहतरी के लिए ज्ञान प्राप्त करने की कल्पनाशील बुद्धि की इच्छा और सीखने की लालसा को संभालता है।

चौथे आयाम में, एक व्यक्ति तब सचेत होता है जब उसके पास खुला दिमाग होता है और वह अपने विचारों को साझा करने की अपेक्षा दूसरों के विचारों को सुनना प्राथमिकता देता है। एक आधुनिक व्यक्ति

इस विशेषता का उदाहरण है, क्योंकि दुनिया के बारे में उनका दृष्टिकोण अक्सर उनके साथियों के भौतिकवादी दृष्टिकोण से भिन्न होता है। इसलिए, जब यह व्यक्ति बोलता है, तो वह उद्देश्य के साथ ऐसा करता है, जिसका उद्देश्य कुछ महत्वपूर्ण बात संप्रेषित करना होता है।

उसके पास विभिन्न दृष्टिकोणों को समझने की क्षमता है, जिससे वह किसी स्थिति के सभी पहलुओं को एक साथ समझ सकता है, भले ही वे उसके अपने से अलग हों। यह व्यक्ति अत्यधिक प्रेरक है और संतोष और खुशी का अनुभव करता है। वह मौलिकता और रचनात्मकता प्रदर्शित करता है, पारंपरिक मानदंडों से परे सोचता है। वह आत्मनिर्भर है और उसके पास एक मजबूत रीढ़ है, जिससे वह बाहरी प्रभावों में शामिल हुए बिना सहायता प्रदान कर सकता है। वह स्पष्ट उद्देश्य रखता है और अत्यधिक प्रेरित है, अपनी ऊर्जा का कुशलतापूर्वक उपयोग करता है, बिना अपनी प्रेरणा को बर्बाद या कम किए। वह जीवन में प्रेरणा पाता है, इसके लिए गहरा आकर्षण

रखता है और आध्यात्मिक विकास को आगे बढ़ाने की तीव्र इच्छा प्रदर्शित करता है।

चौथे आयाम से जुड़ी कठिनाई का स्तर अक्सर इसकी वास्तविक जटिलता से कहीं ज़्यादा बढ़ा-चढ़ाकर बताया जाता है। कई व्यक्ति यह बिना जाने चौथे आयाम में ज्यादा समय बिताते हैं। चौथे आयाम सहित किसी भी आयाम पर पहुँचने का एहसास, इस बात को समझने की क्षमता को शामिल करता है कि कोई व्यक्ति कब मौजूद है या नहीं। इस अंतर को समझकर, व्यक्ति उचित तरीके से प्रतिक्रिया कर सकता है जब वह खुद को चौथे आयाम में नहीं पाता है।

तीसरे से चौथे आयाम में जाने से हमारे अवचेतन को परस्पर विरोधी शक्तियों से मुक्ति मिलती है, जिससे हमें यह स्वीकार करने की अनुमति मिलती है कि जागरूकता मन के माध्यम से यात्रा करती है और भावनाओं और विचारों के बजाय इसके साथ पहचान करती है। हम भीड़भाड़ वाले तीसरे आयामी क्षेत्रों पर

अधिक नियंत्रण प्राप्त करते हैं, जिससे धारणा में वृद्धि होती है। यह बदलाव हमें तीसरे आयाम को अधिक स्पष्टता के साथ समझने और अधिक विस्तारित अवधि के लिए दूसरे, तीसरे और चौथे आयामों के साथ संतुलित संबंध बनाए रखने में सक्षम बनाता है।

पांचवां आयाम:

मन का पाँचवाँ आयाम हमें रूप के सम्पूर्ण विकास को समझने की अनुमति देता है। जब हम किसी फूल को देखते हैं, तो हम न केवल उसकी वर्तमान स्थिति को समझते हैं, बल्कि सृजन से लेकर संरक्षण और विघटन तक के उसके जीवन चक्र को भी समझते हैं। यह आयाम हमें घास के एक पत्ते में जीवन की विशालता और रेत के एक कण में ब्रह्मांड को समझने की क्षमता प्रदान करता है। यह हर चीज़ के भीतर हर चीज़ की अवधारणा को समाहित करता है। हालाँकि पाँचवाँ आयाम समय से बंधा नहीं है, यह

कालातीत नहीं है; बल्कि, यह समय और तीसरे आयाम की सीमाओं से बाहर मौजूद है।

पाँचवाँ आयाम यह धारणा प्रदान करता है कि दुनिया में सब कुछ पूर्ण सामंजस्य में है, जहाँ सब कुछ वैसा ही है जैसा होना चाहिए, वर्तमान क्षण में परिपूर्ण है। इस अवस्था में, हम असीम आनंद और ब्रह्मांड की संपूर्णता की गहन स्वीकृति का अनुभव करते हैं, जो अस्तित्व में मौजूद हर चीज़ के जटिल अंतर्संबंध और आनुपातिकता को प्रकट करता है। यह सामंजस्य इतना नाजुक है कि इसके किसी भी पहलू में थोड़ा सा भी परिवर्तन या सुधार इसकी पूर्णता को बाधित कर देगा। इस प्रकार, किसी को कभी भी कुछ भी बदलने, सुधारने, रोकने या शुरू करने की आवश्यकता महसूस नहीं होगी क्योंकि सब कुछ ठीक वैसा ही है जैसा होना चाहिए। तीसरे या चौथे आयाम में मन की ऐसी स्थिति अप्राप्य है।

पाँचवाँ आयाम अपार शक्ति रखता है क्योंकि यह अपूर्णता की किसी भी धारणा को तुरंत समाप्त कर

देता है और अपनी शुद्ध बुद्धि के साथ सभी चीजों के पूर्ण सामंजस्य को प्रकट करता है। इस अंतर्दृष्टि को फिर चौथे आयाम में अनुवादित किया जाता है, जहाँ इसे मनुष्य की बाहरी चेतना द्वारा समझा जा सकता है। हम अक्सर पाँचवें आयाम को तत्वमीमांसकों द्वारा 'प्रकाश का मन' के रूप में संदर्भित करते हैं, क्योंकि यह अति-चेतन क्षेत्र का प्रतिनिधित्व करता है जहाँ से एक स्पष्ट, सफ़ेद प्रकाश को सिर में आंतरिक रूप से भरने के लिए माना जाता है। कुछ लोग इसे भगवान से भी जोड़ते हैं। जैसे-जैसे कोई व्यक्ति छठे आयाम में आगे बढ़ता है, यह प्रकाश उसके पूरे भौतिक शरीर में फैल जाता है और चलते समय उसके पैरों पर भी दिखाई दे सकता है।

पांचवें आयाम में काम करने वाले व्यक्ति रोजमर्रा की जिंदगी से अलग नहीं होते। इसके विपरीत, यह उनकी चौकसी और चमक को बढ़ाता है। वे मौजूद रहते हैं, जागरूक होते हैं और हमेशा काम करने के लिए तैयार रहते हैं। वे नई चुनौतियों का सामना

निश्चितता के साथ करते हैं, जैसे कि वे पहले ही अनगिनत बार उन्हें पूरा कर चुके हैं क्योंकि वे ऊर्जा के व्यापक भंडार और व्यापक विकासवादी दृष्टिकोण से आकर्षित होते हैं। अपरिचित परिस्थितियों का सामना करने पर भी, वे शांत, आश्वस्त और शालीन बने रहते हैं, अपने कार्यों को जीवन के हर पहलू में सहजता से एकीकृत करते हैं।

पांचवें आयाम के साथ हमारी प्रारंभिक मुठभेड़ में आमतौर पर अचानक और क्षणभंगुर ज्ञानोदय के क्षण शामिल होते हैं। इन उपदेशों में हमारे जीवन को बदलने की क्षमता होती है और अक्सर वे पाँचवें आयाम में उत्पन्न होने वाली सहज चमक से उत्पन्न होते हैं। आंतरिक आवाज़, जिसे कभी-कभी शांत, छोटी आवाज़ के रूप में संदर्भित किया जाता है, इस आयाम से भी निकलती है, साथ ही छठे आयाम से भी, जिसे तीसरी आँख के माध्यम से पहुँचा जाता है। हालाँकि, पाँचवें आयाम को समझने की कोशिश करते समय हमारे सामने एक चुनौती यह है कि इसकी अंतर्दृष्टि अक्सर इतनी गहन और सूक्ष्म होती है कि हम उन्हें

अपने दिमाग में व्यक्त करने और याद रखने के लिए संघर्ष करते हैं।

हम अक्सर स्पष्टता के क्षणों का अनुभव करते हैं जिसमें पाँचवाँ आयाम हमारे लिए स्पष्ट हो जाता है, और हमें विश्वास होता है कि हम उन्हें कभी नहीं भूलेंगे। हालाँकि, थोड़े समय के बाद, ये अनुभव एक सपने की तरह फीके पड़ने लगते हैं। लेकिन, इन अनुभवों के अधिक संपर्क में आने से, हमारा मस्तिष्क उन्हें आसानी से याद रख सकता है और उन्हें छाप सकता है, जिससे पाँचवाँ आयाम अधिक स्पष्ट हो जाता है।

महान महत्व के आविष्कार और संगीत अक्सर पांचवें आयाम से अचानक उभरे हैं, लेकिन उनके विवरण और कार्यान्वयन के लिए आमतौर पर चौथे और तीसरे आयाम में व्यापक काम की आवश्यकता होती है। जिन लोगों के पास उच्च मानसिक क्षमताएँ हैं, वे पाँचवें आयाम में प्रवेश कर सकते हैं और अपनी

तीसरी आँख का उपयोग करके भविष्य और अतीत के पैटर्न को समझ सकते हैं।

पाँचवाँ आयाम गले के चक्र से जुड़ा है। इस आयाम में सचेत रहने वाले व्यक्तियों में दूसरों के लिए गहरा प्यार होता है जो सार्वभौमिक होता है, जो उन्हें आदर्श मानवतावादी बनाता है। उनके लिए जीवन एक आनंदमय और आनंदमय अनुभव होता है, क्योंकि सब कुछ एकदम सही जगह पर होता है। उनका खुलापन, उपस्थिति और दूसरों की ज़रूरतों के प्रति चौकस रहना उन्हें एक सुखद साथी बनाता है। उनका अस्तित्व सचेत प्रयास के ज़रिए नहीं बल्कि पाँचवें आयाम की अति-चेतन दिशा के ज़रिए निर्देशित होता है, जो सभी पहलुओं में संतुलन बनाए रखता है।

इन व्यक्तियों को इन सूक्ष्म निर्देशों को क्रियान्वित करने के लिए एक अच्छी तरह से विकसित चतुर्थ-आयामी क्षमता और सुपर-चेतना की शक्तियों को बनाए रखने के लिए एक मजबूत तृतीय-आयामी क्षमता की भी आवश्यकता होती है। यदि उन्हें तीसरे

आयाम से चुनौतियों का सामना करना पड़ता है, जिनसे वे परिचित नहीं हैं, तो वे पांचवें आयाम से समाधान की तलाश करते हैं। ये समाधान उनके पास स्पष्ट रूप से आते हैं, और वे अपनी मजबूत चतुर्थ-आयामी क्षमताओं के साथ उन्हें लागू करते हैं।

पाँचवें आयाम में, जिसमें दूसरे और तीसरे आयाम के घटक शामिल हैं, अहंकार या व्यक्तिगत स्वामित्व की कोई भावना नहीं होती। जो व्यक्ति सामान्य चेतना से इस परिवर्तन का अनुभव करते हैं और पाँचवें आयाम के प्राणी की तीव्रता को बनाए रख सकते हैं, वे अपने साथी मनुष्यों के प्रति शांत करुणा के साथ प्रेम प्रदर्शित कर सकते हैं।

ये व्यक्ति दयालु मानवतावादी होते हैं जो दूसरों के साथ सहानुभूति रखते हैं और न्याय नहीं करते। उनका जीवन सही समय पर स्वाभाविक रूप से आगे बढ़ता है, और वे पांचवें आयाम से सकारात्मक मार्गदर्शन प्राप्त करने के लिए खुले रहते हैं, जो उनके अस्तित्व के सभी पहलुओं को सिंक्रनाइज़ और

संतुलित करता है। उनके पास संसाधनशीलता की एक मजबूत भावना है और वे यह पता लगा सकते हैं कि कार्यों को कैसे पूरा किया जाए।

पाँचवें आयाम की चेतना प्राप्त करने के लिए, व्यक्ति को एक सद्‌गुणी आंतरिक और बाह्य जीवन जीने की आवश्यकता होती है जो सकारात्मकता को बढ़ावा देता है। यह अभ्यास व्यक्तियों को अस्तित्व की सूक्ष्म परतों के बारे में अपनी जागरूकता बढ़ाने में सक्षम बनाता है। ध्यान के शुरुआती चरणों में, पाँचवाँ आयाम अपनी अत्यधिक संकीर्णता के कारण लगभग अस्तित्वहीन या पहुँच से बाहर लग सकता है। हालाँकि, वर्षों तक निरंतर प्रयास करने से, हम धीरे-धीरे इसके दायरे से अधिक परिचित और सहज हो जाते हैं।

छठा आयाम:

छठे आयाम में रंग, ध्वनि, कंपन और इन तत्वों से बने सूक्ष्म रूप और प्राणी शामिल हैं। छठे आयाम में पाए जाने वाले रंग पृथ्वी पर हमारे द्‌वारा देखे गए

किसी भी रंग से बिल्कुल अलग हैं। वे चमकीले, फिर भी अधिक सूक्ष्म हैं, और एक दूसरे के साथ मिश्रित और अंतर्संबंधित हैं, जिससे रूप के साथ आश्चर्यजनक रंग भिन्नताएँ बनती हैं। छठे आयाम में प्रकाश का उत्तम, सक्रिय शरीर है, जो शुद्ध आंतरिक शरीर है।

छठे आयाम की सर्वज्ञता क्षमता को चौथे आयाम के शब्दों में व्यक्त करना कठिन है। परिणामस्वरूप, रहस्यवादियों को छठे आयाम में गहन अनुभव हो सकते हैं, लेकिन बाद में याद रखने में उन्हें कठिनाई हो सकती है। यह आयाम सामान्य विचार और समय प्रक्रियाओं से परे है, और छठे आयाम में एक दीर्घकालिक अनुभव एक महीने तक चल सकता है। वास्तव में, यह भौतिक दुनिया में केवल कुछ सेकंड तक रहता है। हम समय-स्थान स्मृति पैटर्न के लिए चौथे आयाम की क्षमता के भीतर ऐसे विशाल अनुभवों को दर्ज नहीं कर सकते हैं।

अभ्यासी चौथे आयाम से अंतर्ज्ञान के माध्यम से अनुभव के कुछ तत्वों को समझ सकता है और उन्हें

अपने दैनिक जीवन में एकीकृत कर सकता है। लगातार अभ्यास, आत्म-जागरूकता और अनुशासित चिंतन के अन्य रूपों के माध्यम से, व्यक्ति दैनिक धारणाओं के गहरे आयामों के बारे में अपनी जागरूकता बढ़ा सकता है।

हाल ही में वैज्ञानिक खोजों के माध्यम से हमें छठा आयाम पता चला है। इन खोजों से पता चलता है कि सभी पदार्थ अधिक ठोस रूप में ऊर्जा हैं और यहां तक कि एक मेज को भी उप-आणविक स्तर पर ध्वनि और रंग में बदला जा सकता है। यह एक वैध दृष्टिकोण है। एक स्तर पर, एक कुर्सी की आवाज़ एक सिम्फनी जैसी हो सकती है, और इसका स्वरूप एक लाइट शो जैसा हो सकता है। हालाँकि, दूसरे आयाम में, यह केवल एक साधारण कुर्सी है। यह सभी आयामों में एक साथ मौजूद है, प्रत्येक में अलग-अलग दिखाई देती है।

मानवता के प्रतिष्ठित संतों और ऋषियों ने चेतना के इस असाधारण स्तर पर एक पूर्ण और सचेत जीवन

जिया है। कुछ व्यक्ति भौतिक शरीर और चौथे आयाम में रहते थे, लेकिन वर्तमान में केवल छठे आयाम में रहते हैं। इस आयाम में, पूर्ण जागरूकता बनाए रखते हुए भौतिक शरीर के बिना अस्तित्व में रहना संभव है, और व्यक्ति अपने स्वयं के आंतरिक शरीर के भीतर मौजूद रहता है।

छठा आयाम महान गुरुओं और देवताओं का घर है जो इस आयाम के प्राणी हैं। जब हम उनसे प्रार्थना करते हैं, तो वे हमारी प्रार्थनाओं को सुन सकते हैं। इसके अलावा, इस आयाम में महान प्राणी भी रहते हैं जिन्हें अब भौतिक शरीर की आवश्यकता नहीं है।

अच्छी तरह से प्रशिक्षित एकाग्रता के साथ, जागरूकता शांत रह सकती है और परस्पर जुड़ी आंतरिक शक्तियों का निरीक्षण कर सकती है जो छठे आयाम में व्यक्ति के आंतरिक शरीर का निर्माण करती हैं, जैसे कि एक्टिनॉडिक या सूक्ष्म शरीर और स्वर्णिम एक्टिनिक शरीर जो आत्म-साक्षात्कार के बार-बार के अनुभवों के बाद उभरता है।

छठा आयाम मन के भीतर एक सुरक्षित क्षेत्र है, जिस तक पहुँचना अन्य मानसिक अवस्थाओं की तुलना में अधिक चुनौतीपूर्ण है। इस क्षेत्र तक पहुँचने वाले प्रवेश द्वार दुर्जेय और दुष्ट शक्तियों द्वारा संरक्षित हैं, और केवल एक बार ही प्रवेश दिया जाता है।

कोई भी व्यक्ति सातवें आयाम से आकर छठे आयाम में सबसे प्रभावी ढंग से प्रवेश कर सकता है। एक राजा की तरह जो दूसरे राजा से मुलाक़ात करता है, छठे आयाम के मानसिक केंद्रों में जबरन प्रवेश करने के बजाय क्षेत्र की पूरी समझ होना बेहतर है। जब समय उचित होगा तो छठे आयाम का अनुभव स्वाभाविक रूप से होगा। हालाँकि, रीढ़ की हड्डी में ऊर्जा को निर्देशित करके और फिर शुद्ध चेतना तक पहुँचकर समान रूप से आनंदमय सातवें आयाम में प्रवेश करना बहुत आसान है। सातवें आयाम में आनंद की स्थिति छठे आयाम से अलग है।

छठे आयाम का अति-चेतन तल तीसरी आँख में है, जिसे आज्ञा चक्र भी कहा जाता है। इस आयाम के

भीतर, मानव आभा, विचार रूप, सूक्ष्म तल और प्रकाश के अति-चेतन शरीर की आंतरिक कार्यप्रणाली है। एक्टिनिक ऊर्जा, चुंबकीय ऊर्जा विखंडन, सातवें आयाम से एक्टिनिक बल क्षेत्र और तीसरे और चौथे आयाम से ओडिक चुंबकीय बल क्षेत्र की शक्तियाँ और किरणें छठे आयाम के भीतर, बहुत तीव्रता से अभिसरित होती हैं।

छठा आयाम मानव बुद्धि के रचनात्मक और पुनर्स्थापनात्मक पहलू में महत्वपूर्ण भूमिका निभाता है, जबकि पांचवां आयाम सभी प्रकार की बुद्धि को नियंत्रित करता है।

जागरूकता का अनुभव करने के संक्षिप्त क्षण, खुद के प्रति जागरूक होना, जिसे आनंद के रूप में जाना जाता है, हर किसी के लिए सुलभ है। हालाँकि, इस तीव्रता को बनाए रखने के लिए बहुत प्रयास की आवश्यकता होती है और यह चेतना के विभिन्न आयामों, छठे से दूसरे तक, के माध्यम से एक लहर प्रभाव पैदा कर सकता है। यदि मन के निचले आयामों

में अनसुलझे मुद्दे मौजूद हैं, तो लहर उन्हें ट्रिगर कर सकती है और जागरूकता को आनंद की स्थिति से बाहर निकाल सकती है। इसलिए, अभ्यासियों के लिए बिना किसी रुकावट के आनंद की स्थिति में रहना दुर्लभ है।

शुद्ध जागरूकता का प्रवाह तंत्रिका नेटवर्क में फैलता है और प्रतिध्वनित होता है। हालाँकि आनंद प्राप्त करना अपेक्षाकृत आसान है, लेकिन इसे लंबे समय तक बनाए रखना और आत्म-साक्षात्कार के लिए खुद को उसमें विलीन करना कहीं अधिक चुनौतीपूर्ण है। इसलिए, साधक उन ऊर्जाओं पर स्थिर महारत हासिल करने के लिए दूसरे, तीसरे और चौथे आयामों की बाहरी अभिव्यक्तियों को परिष्कृत करने पर ध्यान केंद्रित करता है। इस तरह, जब आनंद की स्थिति में वापस लौटते हैं, तो मन में फैलने वाली लहर इतनी मजबूत प्रतिक्रिया नहीं करती है कि जागरूकता को तीसरे आयाम में वापस जाने से रोक सके।

आनंद का अनुभव करना एक सीधी प्रक्रिया है, लेकिन इसके बारे में हमारी पूर्व धारणाओं पर काबू पाना चुनौतीपूर्ण हो सकता है। हम अक्सर सोचते हैं कि शुद्ध चेतना प्राप्त करने के लिए हमें संत जैसा जीवन जीने की आवश्यकता है। हालाँकि, आकांक्षी लोगों को अपने भीतर झाँककर यह महसूस करना शुरू करना चाहिए कि वे पहले से ही सब कुछ समेटे हुए हैं - अंदर और बाहर दोनों। फिर उन्हें अपने अवचेतन मन को यह विश्वास दिलाना चाहिए कि वे अपनी चेतना में परिपूर्ण जीवन जी रहे हैं। उनके पास अस्तित्व के सभी आयाम हैं, और वे अभी जो हैं, उससे न तो अधिक हैं और न ही कम। क्या इस प्रकाश में शुद्ध चेतना प्राप्त करना आसान नहीं है? एक बार जब हम अपनी संचित राय और गलतफहमियों को छोड़ देते हैं तो यह आसान हो जाता है।

सातवां आयाम:

सातवें आयाम में, प्रत्यक्ष मानसिक पैटर्न की अनुपस्थिति, इसे शांति के क्षेत्र के रूप में चिह्नित करती है। बल्कि, इस आयाम का प्राथमिक घटक शुद्ध ऊर्जा है, जो शुद्ध स्थान के बराबर है। इस क्षेत्र में विशिष्ट विशेषता एक्टिनिक बल कण हैं, जो अन्य आयामों में अपने समकक्षों की तुलना में अधिक शक्तिशाली हैं। नतीजतन, इस आयाम में एक्टिनिक बल किरणों की अभिव्यक्ति शुद्ध रंग या शुद्ध ध्वनि के रूप में दिखाई देती है। उल्लेखनीय रूप से, सातवें आयाम में, ध्वनि और रंग परस्पर विनिमय करने योग्य शब्द हैं।

जैसे-जैसे चेतना उच्च आयामों में आगे बढ़ती है, व्यक्ति आंतरिक प्रकाश में परिवर्तन देख सकता है। चौथे आयाम में, सिर के भीतर एक सूक्ष्म, चाँद जैसी चमक देखी जा सकती है। पाँचवें आयाम में जाने पर, आंतरिक प्रकाश बहुत अधिक चमकीला हो जाता है, जो पूरे सिर को रोशन करता है। छठे आयाम में, चमक शरीर की हर कोशिका को घेरने के लिए फैलती है, धड़, हाथ, पैर और पैरों के माध्यम से चमकती

है। अंत में, सातवें आयाम में, व्यक्ति शुद्ध आंतरिक स्थान के दायरे में प्रवेश करता है, अपने भीतर एक विशाल विस्तार को महसूस करता है जो असीम लगता है। इस स्तर पर, प्रकाश की धारणा उतनी प्रमुख नहीं हो सकती है क्योंकि यह शुद्ध बल और चुंबकीय बलों के बीच परस्पर क्रिया से उत्पन्न होती है।

शुद्ध आंतरिक स्थान, जो अनंत आंतरिक आकाश की तरह अनंत तक फैला हुआ है, सातवें आयाम की विशेषता है। इसके विपरीत, दूसरे आयाम में अंतर-आकाशगंगा का स्थान अंधकारमय दिखाई देता है, जबकि हमारा वायुमंडल प्रकाश को परावर्तित करने वाले प्रतिरोध या घर्षण के कारण उज्ज्वल दिखाई देता है। इसी तरह, सातवें आयाम में गहराई से उतरने वाला व्यक्ति अपनी चेतना के बारे में बढ़ी हुई जागरूकता का अनुभव करता है, लेकिन हो सकता है कि वह उसी तरह से प्रकाश को न देख पाए। वे प्रकाश की कंपन आवृत्ति से परे हो सकते हैं और अपनी जागरूकता के प्रति सचेत हो सकते हैं, बिना

किसी बाहरी चीज़ पर ध्यान केंद्रित किए। इस तरह, चेतना बिना किसी बाहरी उत्तेजना के आत्म-जागरूक हो जाती है।

जागरूकता का सार स्थिर रहता है; जो बदलता हुआ प्रतीत होता है वह है इसके ध्यान में आने वाली वस्तुएँ। इसलिए, शुद्ध जागरूकता या आनंद का अनुभव सातवें आयाम में भी वैसा ही है जैसा कि बाहरी आयामों में है। अंतर जागरूकता में नहीं है, बल्कि उन आयामों में है जो इसकी धारणा को आकार देते हैं। इसका मतलब यह है कि जागरूकता की वही क्षमता जो दूसरे आयाम में भौतिक वस्तुओं को देखती है, वह पांचवें और छठे आयामों में सूक्ष्म रूपों को भी देखती है। जब जागरूकता सभी वस्तुओं को पार कर सकती है और खुद पर वापस आ सकती है, तो यह शुद्ध जागरूकता बन जाती है। इसे पहचानने के लिए, व्यक्ति सातवें आयाम में गहरे ध्यान से धीरे-धीरे उभरने का निरीक्षण कर सकता है, बजाय इसके कि वह अचानक निचले आयामों में लौट जाए, जैसा कि अक्सर होता है।

शुरुआत में हमारा ध्यान शुद्ध चेतना की ओर आकर्षित होता है। धीरे-धीरे बाह्यकरण प्रक्रिया को धीमा करके, हम प्रकाश के सूक्ष्म रूपों और सघन स्थान के विभिन्न स्तरों को महसूस करते हैं जो दृष्टिगोचर होते हैं। यह बदलाव हमें मात्र दृश्य धारणा से आगे बढ़ने में सक्षम बनाता है, क्योंकि हम आंतरिक ध्वनियों, जैसे कि ऊँची आवाज़ वाली 'ई' या 'ओम' की ध्वनि के प्रति भी सचेत हो सकते हैं। इसके बाद, हम वास्तविक आंतरिक दर्शन का अनुभव कर सकते हैं। जैसे-जैसे हमारी जागरूकता मन में आगे बढ़ती है, विशेष वस्तुओं पर ध्यान केंद्रित करने के बजाय, यह प्रवाहित होती है या चलती है, अंततः स्मृति पैटर्न, तंत्रिका तंत्र ऊर्जा और यहां तक कि भौतिक शरीर की खोज की ओर ले जाती है।

इस अवस्था में, व्यक्ति अपने शरीर में ऊर्जा के एक आनंदमय उछाल का अनुभव कर सकता है, या उसे बेचैनी या दर्द का अनुभव हो सकता है। अपनी आँखें खोलकर, उनकी जागरूकता दूसरे आयाम में चली जाती है, जहाँ वस्तुओं और संस्थाओं को देखा जाता

है। यही जागरूकता सभी आयामों में काम करती है और मन से जुड़े किसी भी अन्य पहलू की तुलना में किसी की आत्म-पहचान के अधिक करीब होती है।

सातवें आयाम के विशाल विस्तार में गहन ज्ञान के लिए एक असाधारण प्रवेश द्वार है। यह क्षेत्र अति-चेतन में प्रवेश करता है, जो स्वर्गीय क्षेत्रों में दिव्य देवताओं के दिव्य निवास के समान है। पांचवें आयाम से अलग, यह छठे, आठवें, नौवें, दसवें, ग्यारहवें, बारहवें और उससे आगे तक अपनी पहुंच बढ़ाता है, जिसमें कुल मिलाकर बत्तीस तक के कई आयाम शामिल हैं। आयामों की यह विस्तृत चित्रयवनिका हमारे अस्तित्व को हमारी सामान्य धारणा से परे विविध क्षेत्रों में पार करने की अनुमति देती है। वास्तव में विस्मयकारी बात यह है कि यह सब मानव मन की अनंत गहराई में प्रकट होता है, जो हम में से प्रत्येक के भीतर निहित असीम क्षमता को उजागर करता है।

सातवें आयाम तक पहुँचने के लिए, व्यक्ति को वह सब भूल जाना चाहिए जो सीखा गया है। यह अवधारणाओं, भावनाओं, विचारों या व्यक्तियों से रहित क्षेत्र है; वहाँ केवल शुद्ध स्थान या शुद्ध चेतना है। इस उच्च अवस्था में, चेतना को स्वयं को पहचानने और अंततः, स्वयं को अपने में समाहित करने के अलावा कोई कार्य नहीं करना है, जिससे केवल स्वयं ही पीछे रह जाए। शुद्ध चेतना फिर अपने कदम पीछे खींचती है, खुद को भूल जाती है, मन में लौटती है, पाँचवें आयाम में प्रवाहित होती है, चौथे में वापस आती है, तीसरे और दूसरे आयाम में देखती है, और एक बार फिर से जुड़ जाती है। इस प्रकार, चक्र फिर से शुरू होता है, एक अविश्वसनीय और अद्भुत घटना।

अध्याय ४.४

अंत:करण से अधिक चेतना

"कई चीजें हमारी समझ से परे हैं; हम उन्हें केवल अनुभव कर सकते हैं; हम उन्हें अपनी बुद्धि से समझा नहीं सकते।"

गुरुजी ने पूछा, "आकांक्षा, चाहे हम इसे स्वीकार करें या न करें, जन्म से लेकर मृत्यु तक मानव अस्तित्व, बिना किसी उद्देश्य के चलता है। हम अपने शिक्षकों पर सवाल उठाते हैं और उन पर आरोप लगाते हैं, और हम केवल वही स्वीकार करते हैं जो हमारी तार्किक सोच से मेल खाता है। हम इसे तभी सच मानते हैं जब इसे साबित किया जा सके, और अगर नहीं किया जा सके तो इसे झूठ मानते हैं।"

आकांक्षा ने पूछा, "गुरुजी, क्या हमें तार्किक तर्क का उपयोग करने से बचना चाहिए?"

गुरुजी ने मुस्कुराते हुए जवाब दिया, “नहीं, आपको हमेशा सटीक तथ्यों और सत्य की उचित समझ के साथ तार्किक तर्क का उपयोग करना चाहिए। जानकारी की प्रचुरता के साथ, हम ऐसी आधार-सामग्री का चयन करते हैं जो हमारी मान्यताओं के अनुरूप होता है, जिससे एक ठोस निष्कर्ष निकलता है। कई चीजें हमारी समझ से परे होती हैं, और हम उन्हें अपनी बुद्धि से समझाए बिना ही समझ सकते हैं।”

गुरुजी ने कहा, “प्रकृति हमारे अधिकांश आविष्कारों और खोजों के लिए प्रेरणा का स्रोत है। यह एक विशाल कक्षा की तरह है जो उन लोगों को कई सबक प्रदान करती है जो चिंतन, समझ और अन्वेषण के लिए रुकते हैं। वैज्ञानिकों और आविष्कारकों ने प्रकृति के विभिन्न पहलुओं की जांच और शोध कि है, जिसके परिणामस्वरूप उल्लेखनीय तकनीक और उत्पाद सामने आए हैं। इसी तरह, हमारे वैदिक ऋषियों और महान गुरुओं जैसे आध्यात्मिक वैज्ञानिकों ने प्रकृति, खगोल विज्ञान और स्वयं से बहुत कुछ सीखा है,

जिससे वे माया के पर्दे से परे उन्हें समझने में सक्षम हुए हैं।”

मुझे उन बिंदुओं को पुनः कहने की अनुमति दें:

- पक्षियों की उड़ान के अध्ययन ने आविष्कारकों को मानव निर्मित उड़ान मशीनें बनाने के लिए प्रेरित किया। स्ट्रिंग फेलोने १८४८ में एक छोटा मानव रहित ग्लाइडर बनाया, उसके बाद १८५६ में अल्बाट्रॉस की ग्लाइडर उड़ान बनाई। राइट ब्रदर्स ने १९०३ में पहली बार संचालित हवाई जहाज बनाया, और आज हम सभी प्रकार के विमानों को पक्षियों की तरह आसमान में उड़ते हुए देखते हैं।
- पनडुब्बियों का डिज़ाइन व्हेल के आकार पर आधारित था, क्योंकि आविष्कारक विशाल महासागरों के नीचे खोज और नौकायन करना चाहते थे। पनडुब्बी का आविष्कार करने का विचार समुद्री जीवन के अवलोकन और समुद्र की गहराई में नेविगेट करने की इसकी क्षमता से उत्पन्न हुआ।

- वेल्क्रो - १९४८ में, स्विस इंजीनियर जॉर्ज डे मेस्ट्रल ने देखा कि जंगली कुठ के कांटे उनकी ड्रेस और कुत्ते पर चिपके हुए हैं। उनके इंटरलॉकिंग तंत्र का अध्ययन करने के बाद, उन्होंने इसे वेल्क्रो बनाने के लिए प्रेरणा के रूप में इस्तेमाल किया।
- फ़्लिपर(मछली का पंख) - बत्तखें पानी में तैरने के लिए अपने जालदार पैरों का इस्तेमाल करती हैं, जिससे फ़्लिपर्स और पंखों के आविष्कार की प्रेरणा मिली। गोताखोर समुद्र में गोता लगाते समय खुद को आगे बढ़ाने के लिए फ़्लिपर्स का इस्तेमाल करते हैं।

इसके कई अन्य उदाहरण हैं, जैसे कि दीमक जो कई छेदों और छिद्रों के माध्यम से पर्याप्त वेंटिलेशन के साथ मिट्टी के टीले बनाते हैं। बिल्ली की आंख का डिज़ाइन और गुरुत्वाकर्षण बल के सिद्धांत कई अन्य उदाहरणों के अलावा अतिरिक्त उदाहरण हैं।

गुरुजी ने आगे कहा, "आकांक्षा, ठीक वैसे ही जैसे प्रकाश की वास्तविक प्रकृति क्या है? क्या यह एक

तरंग है या शायद छोटे कणों का प्रवाह है? इन सवालों ने वैज्ञानिकों को लंबे समय से उलझन में डाल रखा है।”

आइज़ैक न्यूटन ने कहा कि प्रकाश एक कण है, फ्रांसेस्को ग्रिमाल्डी ने १६६५ में विवर्तन की घटना की खोज की, और क्रिश्चियन ह्यूजेंस ने १६७८ में प्रकाश के तरंग सिद्धांत की स्थापना की। १८६४ में, जेम्स मैक्सवेल ने विद्युत चुम्बकीय तरंगों के अस्तित्व की भविष्यवाणी की, और उनके विद्युत चुम्बकीय समीकरण ने चुंबकीय और विद्युत क्षेत्रों के बीच अविभाज्य संबंध दिखाया, जिससे एक इकाई का निर्माण हुआ जिसे विद्युत चुम्बकीय क्षेत्र के रूप में जाना जाता है।

१९ वीं सदी के अंत में, प्रकाश के कण सिद्धांतने धीरे-धीरे अपनी जमीन खो दी, जब तक कि अल्बर्ट आइंस्टीनने अपने नए सिद्धांत के साथ इसे पुनर्जीवित नहीं किया। विद्युत चुम्बकीय विज्ञान पर निर्माण करके और क्वांटम यांत्रिकी में विस्तार करके,

आइंस्टीन ने प्रस्तावित किया कि प्रकाश एक तरंग और एक कण दोनों के रूप में व्यवहार करता है, जिसमें बहते हुए फोटॉन शामिल होते हैं। उनके सिद्धांत के अनुसार, प्रकाश की ऊर्जा उसके दोलन की आवृत्ति से जुड़ी होती है, जिसमें फोटॉन की ऊर्जा 'प्लैंक के स्थिरांक से दोलन आवृत्ति के बराबर होती है।' दोलन आवृत्ति की ऊँचाई फोटॉन की ऊर्जा निर्धारित करती है, जबकि प्रकाश की तीव्रता फोटॉन की संख्या के अनुरूप होती है। आइंस्टीनने फोटोइलेक्ट्रिक प्रभाव को यह कहकर समझाया कि 'प्रकाश अपने आप में एक कण है', जिसके लिए उन्हें १९२१ में नोबेल पुरस्कार मिला। उन्होंने यह प्रदर्शित करके अपने सिद्धांत को मान्य किया कि फोटोइलेक्ट्रिक प्रभाव पर उनके प्रयोगों से प्राप्त प्लैंक का स्थिरांक प्रकाश की दोहरी प्रकृति से मेल खाता है, जो एक कण और एक तरंग दोनों है।

गुरुजी ने कहा, "आकांक्ष, विचार का विकास, समझ और मौजूदा तथ्यों की खोज अपने-अपने क्षेत्र के महान् दिमागों द्वारा किए गए अथक प्रयास हैं। वे

अपने क्षेत्र में एक संत हैं। जो शुरू में सही लगता था, वह बाद में गलत हो सकता है और इसके विपरीत? जब तक कोई परम सत्य में गहराई से नहीं उतरता, तब तक वह पूरी तरह से निश्चित नहीं हो सकता क्योंकि चीजें बदलने के लिए बाध्य हैं।"

मैं रिचर्ड फेनमैन को उद्धृत करना चाहूंगा: "मुझे लगता है कि मैं सुरक्षित रूप से कह सकता हूं कि कोई भी क्वांटम यांत्रिकी को नहीं समझता है।"

यद्यपि प्रौद्योगिकी ने निस्संदेह हमारा समय बचाया है और हमारे जीवन को सरल बनाया है, फिर भी यह महत्वपूर्ण है कि विज्ञान और प्रौद्योगिकी की आड़ में प्रकृति में असंतुलन पैदा न किया जाए।

आकांक्षा ने पूछा, "गुरुजी, असंतुलन से आपका क्या मतलब है?"

गुरुजी ने कहा, "आकांक्ष, हमने जो कुछ आविष्कार किए हैं, उनसे न केवल मानव जाति को बल्कि उन मासूम प्रजातियों को भी नुकसान पहुँचा है, जिनका हमारी इच्छाओं और लालच से कोई लेना-देना नहीं

है। कुछ आविष्कार, जैसे एटम बम, टीएनटी, फ्रीऑन (सीएफसी), एजेंट ऑरेंज, डीडीटी, सरीन गैस और ज़ाइक्लोन बी, उनके आविष्कारकों के इरादे भले ही नेक रहे हों, लेकिन क्या उनका इस्तेमाल अच्छे इरादों से किया गया था?"

हिरोशिमा और नागासाकी पर हुए विशाल परमाणु विस्फोटों को देखने के बाद, प्रमुख वैज्ञानिक डॉ. जे. रॉबर्ट ओपेनहाइमर ने निम्नलिखित बात कही, जिसकी रोशनीने अधिकांश आकाश को ढक लिया।

यदि हज़ार सूर्यों की दीप्ति

एकसाथ आकाश में फूट पड़े, तो

वह उस पराक्रमी के वैभव के समान होगा...

मैं संसार को खंडित करने वाला, मृत्यु बन गया हूँ ।

भगवद गीता के अध्याय ११, श्लोक १२ में भगवान की महिमा का वर्णन करते हुए कहा गया है कि यदि एक साथ हज़ार सूर्य भी चमकें, तो भी वे भगवान की चमक से मेल नहीं खाएँगे। भगवद गीता में

भगवान कृष्ण ने अर्जुन को अपना दिव्य रूप दिखाया, जिससे अर्जुन अचंभित और भयभीत हो गया।

दिवि सूर्यसहस्रस्य भवेद्युगपदुत्थिता |

यदि भा: सदृशी सा स्याद्भासस्तस्य महात्मन:
||12||

अर्थ: "यदि आकाश में हजारों सूर्य एक साथ उदित होते हैं तो भी उन सबका प्रकाश भगवान के दिव्य तेजस्वी रूप की समानता नहीं कर सकता।"

अर्जुन ने पूछा, "आप कौन हैं?"

मुस्कुराते हुए, कृष्ण ने भगवद गीता अध्याय ११.३२ से अर्जुन के प्रश्न का उत्तर दिया:

श्रीभगवानुवाच|

कालोऽस्मि लोकक्षयकृत्प्रवृद्धो

लोकान्समाहर्तुमिह प्रवृत्त:|

ऋतेऽपि त्वां न भविष्यन्ति सर्वे

येऽवस्थिताः प्रत्यनीकेषु योधाः ||32||

अर्थ: परम प्रभु ने कहा- "मैं प्रलय का मूलकारण और महाकाल हूँ। मैं जगत का संहार करने के लिए आता हूँ। तुम्हारे युद्ध में भाग नहीं लेने पर भी युद्ध में खड़े विरोधी पक्ष के योद्धा मारे जाएंगे।"

गुरुजी ने कहा, "मैं इस बारे में कोई निर्णय नहीं ले रहा हूँ कि क्या सही है या क्या गलत। हमें उन परिस्थितियों पर विचार करना चाहिए जिनके तहत किसी चीज़ का आविष्कार किया गया था और उसे क्यों बनाया गया था। हालाँकि, हम निश्चित नहीं हो सकते क्योंकि हम उस समय मौजूद नहीं थे। हमारे पास केवल साहित्यिक सत्य तक ही पहुँच है जिसे लेखक और पाठक समझते हैं।"

जब हम प्रकृति के विरुद्ध जाते हैं, तो हमारे कार्य असंतुलन पैदा करते हैं। हालाँकि, प्रकृति के पास संतुलन बहाल करने का एक तरीका है। इसी तरह, जब हम अपने पवित्र ग्रंथों को पढ़ते हैं, तो हम अपनी समझ और अपने पर्यावरण के संदर्भ के आधार पर

उनकी व्याख्या करते हैं। हम सोच सकते हैं कि हमने अपने आध्यात्मिक मार्गदर्शकों द्वारा हमें जो सिखाया है उसका सार समझ लिया है। फिर भी, कुछ लोग अपनी व्याख्या के आधार पर आलोचना कर सकते हैं। यह संभव है कि दो व्यक्ति एक ही शास्त्र को अलग-अलग तरीके से समझ सकते हैं। ऐसे मामलों में, यह कहना मुश्किल है कि कौन सही है या कौन गलत।

गुरुजी ने कहा, "आकांक्ष, एक वैज्ञानिक अपना पूरा जीवन अपने सिद्धांत को सिद्ध करने में बिता देता है, जो कि अस्तित्व का एक छोटा सा हिस्सा है, जबकि शास्त्र अनंत की चर्चा करते हैं। क्या किसी मनुष्य के लिए सीमित समय में - एक जीवनकाल में - उस ज्ञान को प्राप्त करना संभव है?"

गुरुजी ने पूछा, "अक्षय, क्या यह सच है कि हम शास्त्रों में लिखी हर बात समझते हैं?"

अक्षय ने मुस्कुराते हुए जवाब दिया, "नहीं, गुरुजी।"

गुरुजी ने कहा, "हमें अपने समय का बुद्धिमानी से उपयोग करने में सावधानी बरतनी चाहिए। हम इस धरती पर एक उद्देश्य के लिए पैदा हुए हैं, और अगर हम अपना समय अनावश्यक गतिविधियों पर बर्बाद करते हैं, तो हम नकारात्मक कर्म जमा करते हैं और अस्तित्व की सीढ़ी से नीचे चले जाते हैं। हम अस्तित्व के पैमाने पर नीचे चले जाते हैं, और सीढ़ी के शीर्ष पायदान से नीचे गिर जाते हैं, जिससे दुनिया के अर्जित रिश्तों से नाता टूट जाता है जो कई सालों तक दर्द और तीखे दुखों में फैलते हैं। हम इस दुनिया को छोड़ने के लिए तैयार नहीं हैं। हम नहीं जानते कि किराए के घर को कैसे छोड़ा जाए। हम नहीं जानते कि कहाँ जाना है। खुद के भीतर जानने और उससे आगे बढ़ने के रास्ते से बाहर निकलने की संभावना। लेकिन हमने इस रास्ते के लिए तैयारी नहीं की है, इसलिए व्यक्ति को लगता है कि मृत्यु के बाद उसे अज्ञात में फेंक दिया जाएगा। यह उसे भ्रमित करता है और उसे सबसे खराब प्रकार की अकल्पनीय भयावहता देता है।"

१७ वीं शताब्दी के रहस्यवादी कवि फ्रांसिस क्वार्ल्स ने मृत्यु के संबंध में अंतर्दृष्टि प्रदान की है:

“यदि तुम मृत्यु को मित्र के रूप में देखते हो, तो उसे स्वीकार करने के लिए तैयार रहो; यदि तुम मृत्यु को शत्रु के रूप में देखते हो, तो उसे पराजित करने के लिए तैयार रहो; मृत्यु से कोई लाभ नहीं है, परन्तु जब वह आती है, तो अजनबी है।”

गुरुजी ने कहा, “विद्यार्थी, परिस्थितियाँ चाहे जैसी भी हों, परिणाम दोनों ही स्थितियों में एक ही रहता है।”

- यदि हम तैयार नहीं हैं, तो मृत्यु हमारे लिए तभी बोझ बन जाती है जब वह अचानक और अप्रत्याशित रूप से हमारे पास आती है, हमें अचंभित कर देती है और हम उसका सामना करने के लिए पूरी तरह से तैयार नहीं होते।
- इसके विपरीत, यदि हम तैयार हैं, तो हम मृत्यु का खुले हाथों से स्वागत करते हैं, इसे घर वापसी तथा ईश्वर के साथ एक होने का

मार्ग मानते हैं।

कुछ देर की खामोशी के बाद गुरुजी ने अपनी आँखें खोलीं और चले गए। बाद में, वासुदेव, अक्षय, आकांक्षा, विद्यार्थी, पदमा और किरण वृंदावन में चर्चा में व्यस्त थे, तभी उन्होंने आस्था और अक्षत को अपनी ओर आते देखा। वे भी बातचीत में शामिल हो गए।

वासुदेव ने आस्था से पूछा, “अगर तुम्हें कोई आपत्ति न हो तो कृपया हमें बताइए कि उस दिन किस बात ने तुम्हें रुलाया था?”

आस्था ने जवाब में पूछा, “क्या आप मेरी कहानी सुनना चाहते हैं?”

आकांक्ष ने तुरंत जवाब दिया, “हां, कृपया।”

आस्था ने धीरे से कहा, “मेरा एक बहुत ही बढ़िया परिवार था जिसमें मेरे पिता, माता, दादा-दादी और बार्बी नाम की एक प्यारी सी पालतू जानवर शामिल थी। चूँकि मैं उनकी इकलौती बेटी थी, इसलिए मेरे

माता-पिता ने मेरी बहुत अच्छी देखभाल की और मेरे दादाजी हमेशा मेरे साथ रहे।"

जब मैं दस साल की थी, तब हमारी छुट्टियों के दौरान, मेरा परिवार और मेरे दादा-दादी हमारे पैतृक गांव कुमारकोम गए थे। हमारा घर सुंदर वेम्बनाड झील के पास था, जो केरल की सबसे बड़ी और भारत की सबसे लंबी झील है। यह झील पथिरमनल, पेरुम्बलम और पल्लीपुरम जैसे खूबसूरत द्वीपों को घेरती है और अरब सागर के बगल में है, जिसमें दो जल निकायों को अलग करने वाली भूमि की संकरी पट्टियाँ हैं। वेम्बनाड झील केरल के सबसे प्रसिद्ध ब्लेक वाटर स्ट्रेच के रूप में प्रसिद्ध है।

जब मैं दस साल का था, तब अपने माता-पिता और दादा के साथ कुमारकोम गांव की यात्रा के दौरान मैंने विभिन्न जलमार्गों, नहरों, जीवंत नारियल के पेड़ों और पृष्ठभूमि में आश्चर्यजनक नीले पानी को देखने का भरपूर आनंद लिया था।

एक दिन मेरे पिता ने सुझाव दिया, “चलो पथिरामनल द्वीप पर चलते हैं।”

उलझन में पड़कर मैंने पूछा, “पथिरामनल द्वीप?”

वेम्बनाड झील पर एक छोटा सा द्वीप है, जहाँ केवल नाव से ही पहुँचा जा सकता है,” पिता ने समझाया। “इस द्वीप का नाम ‘रात की रेत’ का अनुवाद करता है। हम साफ़ आसमान में हज़ारों दुर्लभ पक्षियों को उड़ते हुए देख सकते हैं। पथिरामनल द्वीप एक सच्चा प्राकृतिक स्वर्ग है, जहाँ दुर्लभ पक्षी, नीला आसमान और हरी-भरी हरियाली है।”

आस्था ने पूछा, “पिताजी, हम कब निकलेंगे?”

पिता ने उत्तर दिया, “हम कल चले जायेंगे।”

मैं उस स्थान पर जाने के लिए उत्साहित था और मेरी माँ ने अगली सुबह मुझे यात्रा के लिए तैयार होने के लिए जगाया।

अगली सुबह, मेरी माँ ने मुझे यात्रा की तैयारी के लिए जल्दी जगाया। मैं द्वीप पर जाने के लिए

उत्साहित था, लेकिन मेरे दादाजी ने मौसम के बारे में शिकायत की और सुझाव दिया कि हम यात्रा को स्थगित कर दें और भविष्य की तारीख की योजना बनाएँ। पिताजी ने सुझाव पर तुरंत सहमति जताई।

पहले तो मैं निराश हो गयी जब मेरे दादाजी ने मौसम के कारण यात्रा स्थगित करने का सुझाव दिया, लेकिन जब तक उन्होंने अपना मन नहीं बदला, तब तक मैं डटी रही और आखिरकार हम पथिरामनल द्वीप के लिए निकल पड़े। यह द्वीप आश्चर्यजनक था, जहाँ बच्चे रेत पर खेल रहे थे और पक्षियों और हरियाली की भरमार थी। मैंने रेत का महल बनाने में अपने पिता की मदद भी ली। हालाँकि, मेरे दादाजी असहज लग रहे थे और बार-बार मेरे पिता से द्वीप छोड़ने के लिए कह रहे थे। उनकी शंकाओं के बावजूद, हम दोपहर तक रुके और एक शानदार सूर्यास्त देखा। अचानक, पूरे द्वीप पर काले बादलों ने कब्ज़ा कर लिया और भारी बारिश होने लगी। मेरे माता-पिता मेरे दादाजी के पीछे चले गए, मुझे नाव में खींच लिया और कहा, 'हमें तुरंत इस द्वीप को छोड़ना

होगा।' इसके तुरंत बाद, हम अपने गाँव के लिए रवाना हो गए।

स्थिति और भी खराब हो गई, और तेज़ पानी और भारी बारिश ने चीजों को और भी चुनौतीपूर्ण और असहनीय बना दिया। अचानक, हमारी नाव पलट गई, और एक पल में, मैं डर के मारे देखती रही कि पानी मेरे पूरे परिवार को बहा ले गया। इसके तुरंत बाद मैं बेहोश हो गयी। जब मैं कुछ घंटों बाद वापस आयी, तो मैंने पाया कि मैं लोगों से घिरी हुई थी, लेकिन मेरा परिवार कहीं नहीं दिख रहा था। आखिरकार, मैं अपने प्यारे पालतू कुत्ते, बार्बी से टकराई, जो अकेले बैठा था और रो रहा था। एक पल में, मैंने अपने परिवार के हर सदस्य को खो दिया, और वे मुझे यह सोचने पर मजबूर कर गए कि मेरा क्या होगा और मेरी देखभाल कौन करेगा।

प्रसंशापत्र

“जर्नी ऑफ सोल - कर्मा” – "हम अपने बिसवां दशा में मर जाते हैं और अस्सी साल की उम्र में दफनाया जाता है। याद रखें कि जो रुकने से इनकार करता है उसे कोई नहीं रोक सकता। ज्यादातर लोग असफल नहीं होते हैं; वे सिर्फ हार स्वीकार करते हैं। श्री शामबव को पूरा श्रेय दिया जाना चाहिए। यह मुझे रुकने और इस बात पर विचार करने की अनुमति देते है कि मैं जीवन में क्या खो सकता हूं। लेखक ने हमारे दैनिक जीवन के हर पहलू का ध्यान रखा है। मामूली दिखने वाले मामलों में थोड़ा सा भी बदलाव हमें इतनी खुशी कैसे दे सकता है? आत्मा की यात्रा आपको "जीने की कला" और "मरने की कला" सिखाती है।

“ट्वेंटी + वन” श्रृंखला – एक समृद्ध सांस्कृतिक विरासत के साथ, अविश्वसनीय कल्पना, नैतिकता और

एक विशेष समय में प्रचलित मूल्यों के साथ एक छोटी कहानी, मेजबान ने प्रदर्शित किया है कि लोग किसी संकट या किसी भी स्थिति पर कैसे प्रतिक्रिया करते हैं और यह उन्हें कैसे प्रभावित करता है। लेखक ने सार्वभौमिक मूल्यों और नैतिकता के साथ छवियों को फिर से बनाया है। दूर-दराज के देशों के आकर्षक आधुनिक नाटक और कहानी बहुत सारे लेखक के लिए एक विरासत छोड़ जाएंगे। यह पुस्तक विश्वास और अपार मूल्यों का समर्थन करती है, जो आने वाली पीढ़ियों के लिए आशा जगाती है।

विस्पर्स ऑफ इटरनिटी – श्री शाम्बव द्वारा लिखित 'व्हिस्पर्स ऑफ इटरनिटी' पढ़ना एक परिवर्तनकारी अनुभव था जिसने मुझे शुरू से अंत तक मंत्रमुग्ध कर दिया। इस उत्कृष्ट संग्रह का प्रत्येक खंड अस्तित्व के असंख्य पहलुओं पर प्रकाश डालता है, जीवन, मृत्यु और बीच की हर चीज पर मार्मिक प्रतिबिंब प्रस्तुत करता है। श्री शामबव की पंक्तियाँ भाषा की सुंदरता

और अभिव्यक्ति की शक्ति का प्रमाण हैं, जो पाठकों को आत्म-खोज और आध्यात्मिक जागृति की यात्रा शुरू करने के लिए आमंत्रित करती हैं। चाहे वह जीवन की सरल खुशियों का उत्सव हो या मानवीय भावनाओं की जटिलताओं से जूझना, यह पुस्तक एक कालातीत साथी है जो हर पाठक के दिल और आत्मा से बात करती है।

"लाइफ चेंजिंग जर्नी- इंस्पिरेशनल कोट्स सीरीज़"-

श्री शाम्बव द्वारा लिखित 'व्हिस्पर्स ऑफ इटरनिटी' पढ़ना एक परिवर्तनकारी अनुभव था जिसने मुझे शुरू से अंत तक मंत्रमुग्ध कर दिया। इस उत्कृष्ट संग्रह का प्रत्येक खंड अस्तित्व के असंख्य पहलुओं पर प्रकाश डालता है, जीवन, मृत्यु और बीच की हर चीज पर मार्मिक प्रतिबिंब प्रस्तुत करता है। श्री शम्बाव की पंक्तियाँ भाषा की सुंदरता और अभिव्यक्ति की शक्ति का प्रमाण हैं, जो पाठकों को आत्म-खोज और आध्यात्मिक जागृति की यात्रा शुरू करने के लिए आमंत्रित करती हैं। चाहे वह जीवन की सरल खुशियों का उत्सव हो या मानवीय भावनाओं की जटिलताओं

से जूझना, यह पुस्तक एक कालातीत साथी है जो हर पाठक के दिल और आत्मा से बात करती है।

लर्न टू लव योरसेल्फ: ए जर्नी ऑफ डिस्कवरिंग इनर ब्यूटी एंड स्ट्रेंथ थ्रू १० ट्रांसफॉर्मेटिव रूल्स - "एक प्रामाणिक आत्म-प्रेम के लिए एक हार्दिक मार्गदर्शक। "खुद से प्यार करना सीखें" पाठकों को बाहरी विश्वास पर केंद्रित दुनिया में अपने सच्चे सार को अपनाने के लिए एक परिवर्तनकारी यात्रा पर आमंत्रित करता है। दस व्यावहारिक अध्यायों के माध्यम से, वह सच्चे आत्म-प्रेम के सिद्धांतों को हल्के ढंग से व्यक्त करता है, पाठकों को स्वयं से अपने संबंध को गहरा करने के लिए मार्गदर्शन करता है। सतही सकारात्मकता से आगे बढ़ते हुए, यह लचीली आत्म-स्वीकृति की शिक्षा को प्रोत्साहित करता है, किसी व्यक्ति के अद्वितीय गुणों को अपनाने से लेकर शक्तिशाली सीमाएँ निर्धारित करने तक। प्रेरक कहानियों और व्यावहारिक ज्ञान के साथ, यह पुस्तक आंतरिक शांति, तृप्ति और आनंद के

मार्ग पर एक विश्वसनीय साथी है, जो पाठकों को एक ऐसा जीवन बनाने में मदद करती है जो उनके प्रामाणिक स्वभाव को दर्शाता है।

द पावर ऑफ लैटिंगो:- यह पुस्तक मेरी आध्यात्मिक यात्रा का एक उपहार है। श्री शामबव की लगाव, व्यक्तिगत विकास और क्षमा के चक्र में अंतर्दृष्टि ज्ञानवर्धक है। सात साल के चक्र की अवधारणा मुझमें गूंजी जिसने मुझे जीवन के प्राकृतिक चरणों को समझने में मदद की। मैं उस चीज़ को छोड़ने के लिए और अधिक सशक्त महसूस करता हूँ जो अब मेरे लिए उपयोगी नहीं है और स्वतंत्रता और पूर्णता के जीवन में कदम रखता है। वास्तव में अच्छा पढ़ा!

ए जर्नी ऑफ लास्टिंग पीस - "स्थायी शांति की यात्रा" एक विश्वसनीय मित्र की तरह लगता है जो आपको आत्म-खोज की भूलभुलैया के माध्यम से मार्गदर्शन कर रहा है। 18 परिवर्तनकारी सिद्धांत व्यावहारिक और गहराई से गुंजयमान हैं, जो कृतज्ञता के तरीकों से लेकर जाने देने की कला तक सब कुछ संबोधित करते हैं।

प्रत्येक अध्याय गर्मजोशी और ज्ञान से भरा है जो इन अवधारणाओं को मेरे जीवन में लागू करना आसान बनाता है। मैंने विशेष रूप से मानसिक फिटनेस के साथ शारीरिक स्वास्थ्य के संबंध पर जोर देने की सराहना की। इसने मेरे स्वास्थ्य को प्राथमिकता देने के लिए एक वेक-अप कॉल के रूप में कार्य किया। यह पुस्तक व्यक्तिगत विकास के बारे में गंभीर किसी भी व्यक्ति के लिए एक अमूल्य शोध है!

एस्ट्रोलॉजी अनवेईल्ड - फाउंडेशन ऑफ एन्सियंट विसड़म सीरीज - एक गहन, तार्किक और प्रेरक श्रृंखला का अनावरण किया गया। ज्योतिष में जो बात सबसे अलग है, वह वैदिक ज्योतिष को तार्किक और सुलभ बनाने के लिए लेखक का समर्पण है। प्रत्येक विचार स्वाभाविक रूप से अगले विचार में प्रवाहित होता है, जो उदाहरणों और अभ्यासों द्वारा समर्थित होता है। कर्म और जीवन चक्र में अंतर्दृष्टि दार्शनिक गहराई को जोड़ देगी जो ज्योतिष की किताबों में शायद ही कभी पाई जाती है। ज्योतिषीय ज्ञान के साथ-साथ आध्यात्मिक विकास चाहने वाले किसी भी व्यक्ति के लिए उपयुक्त!

"ध **एनलाइटनमेंट ट्रैप: गेट ओवर इट, गेट ऑन**- यह पुस्तक पाठकों को अपने स्वयं के अधिकार की भावना का सामना करने की चुनौती देती है और यह आसान नहीं है - लेकिन यह आवश्यक है। पात्रता जाल एक आकार-फिट-सभी दृष्टिकोण प्रदान नहीं करता है। बल्कि, यह एक विचारशील, स्तरित परीक्षा है कि पात्रता हमारे विकास को कैसे सीमित कर सकती है। अध्याय "अपनी खुद की पहाड़ी को परिभाषित करना" विशेष रूप से प्रभावी था क्योंकि इसने मुझे पुनर्विचार करने पर मजबूर कर दिया कि वास्तव में कौन सी चुनौतियाँ वास्तव में आगे बढ़ने लायक हैं। उन लोगों के लिए एक विचारोत्तेजक पठन जो आंतरिक रूप से काम करना चाहते हैं ताकि वे एक ऐसा जीवन बनाना चाहते हैं जिस पर उन्हें गर्व हो सके।

व्हिस्पर्स ऑ ध डाइंग सॉल - अन स्पोकन रिगरेट्स एण्ड अन लिवड ड्रीम्स- "अनकहे पछतावे और बेजान सपने" अव्यक्त भावनाओं और अधूरी आकांक्षाओं की गहन खोज है जो हमारे जीवन को इस तरह से आकार देती है कि हम अक्सर महसूस नहीं करते हैं। यह पुस्तक पाठकों को आत्मनिरीक्षण और उपचार की यात्रा पर मार्गदर्शन करते हुए पछतावे के शक्तिशाली, अक्सर छिपे हुए प्रभावों का सामना करने के लिए आमंत्रित करती है। प्रत्येक पृष्ठ उन

विकल्पों पर विचार करने के लिए एक स्थान खोलता है जो हमें परिभाषित करते हैं - अनकहे प्रेम के क्षणों से लेकर उन उपेक्षित आवेगों तक - ईमानदारी और साहसपूर्वक जीने के लिए एक विनम्र अनुस्मारक।

"व्हिस्पर्स ऑफ द सोल: ए जर्नी थ्रू हाइकू" एक मंत्रमुग्ध कर देने वाला संग्रह है जो सीधे दिल से बात करता है। प्रत्येक हाइकू एक नाजुक ब्रशस्ट्रोक है जो जीवन की क्षणभंगुर सुंदरता और कालातीत ज्ञान को दर्शाता है, जो पाठकों को गहन चिंतन और शांति के क्षणों में आमंत्रित करता है। यह पुस्तक आत्मा के लिए एक मरहम है, जो हमें सरलता और संबंध में अर्थ में स्थिरता खोजने के लिए मार्गदर्शन करती है। प्रकृति, प्रेम और सचेतनता के विषय सार्वभौमिक सत्यों के साथ प्रतिध्वनित होते हैं, जो शांत, शक्तिशाली अनुग्रह के साथ प्रतिध्वनित होते हैं। यह एक ऐसी किताब है जिसका धीरे-धीरे आनंद लिया जा सकता है, गहराई से अपनाया जा सकता है और अक्सर वापस किया जा सकता है। सचमुच, यह उन लोगों के लिए एक उपहार है जो जीवन की अराजकता में शांति और स्पष्टता चाहते हैं।

"विस्पर्स ऑफ साईलेन्स -अनलॉकिंग इनर पावर थ्रु स्टीलनेस- शांति के माध्यम से आंतरिक शक्ति को खोलना," श्री शामबव एक दुर्लभ रत्न हैं जो पाठकों को रुकने, प्रतिबिंबित करने और उन्हें अपने आंतरिक स्व से फिर से जोड़ने के लिए प्रेरित करते हैं। ऐसी दुनिया में जो कभी बोलना बंद नहीं करती, यह पुस्तक मौन की गहन खोज प्रदान करती है - एक निर्वात के रूप में नहीं, बल्कि एक समृद्ध और परिवर्तनकारी स्थान के रूप में। पहले पृष्ठ से, श्री शम्बाव का लेखन गहराई से दर्शाता है, वैज्ञानिक अंतर्दृष्टि को आध्यात्मिक ज्ञान के साथ इस तरह से मिश्रित करता है जो सार्वभौमिक और गहराई से व्यक्तिगत दोनों लगता है। मूर्त और पारलौकिक को दूर करने की लेखक की क्षमता इस पुस्तक को आधुनिक जीवन की अराजकता की खोज करने वाले किसी भी व्यक्ति के लिए एक अमूल्य मार्गदर्शक बनाती है।

ध पवार ऑफ वर्ड्स: ट्रांसफॉर्मीन्ग स्पीच, ट्रांसफॉर्मीन्ग लाइवस - शब्दों की शक्ति एक गहन और ज्ञानवर्धक मार्गदर्शिका है जिसने मेरे संवाद करने के तरीके को बदल दिया है। श्री शामबव कुशलता से रिश्तों, आत्म-धारणा और समग्र कल्याण पर हमारे शब्दों के छिपे प्रभाव पर प्रकाश डालते हैं। यह किताब आपको बोलना नहीं सिखाती। यह सचेत संचार को प्रेरित करता है जो संबंध और विश्वास को बढ़ावा देता है। गपशप और निर्णय लेने जैसे नकारात्मक पैटर्न को दयालुता और ईमानदारी से बदलने की अंतर्दृष्टि वास्तव में जीवन बदलने वाली है। व्यावहारिक रणनीतियाँ और आकर्षक कहानियाँ इसे व्यक्तिगत और व्यावसायिक विकास के लिए एक अमूल्य संसाधन बनाती हैं। इरादे, स्पष्टता और करुणा के साथ संवाद करने का प्रयास करने वाले किसी भी व्यक्ति के लिए इसे अवश्य पढ़ा जाना चाहिए। बहुत, बहुत अनुशंसित!

ध आर्ट ऑफ इंटेशनल लिविंग: मिनीमालिजम फॉर अ लाइफ ऑफ परपझ- जानबूझकर जीवन जीने की कला

एक अराजक दुनिया में स्पष्टता खोजने के लिए एक ताज़ा मार्गदर्शिका है। व्यावहारिक ज्ञान और गहरी अंतर्दृष्टि के साथ, यह आपको सरल बनाने, प्राथमिकता देने और उद्देश्य के साथ जीने के लिए प्रेरित करता है। संतुलन और पूर्ति की तलाश करने वाले किसी भी व्यक्ति के लिए इसे अवश्य पढ़ना चाहिए।

अवेकनिंग ध इन्फिनिटी: ध पवार ऑफ कॉनसीयसनेस इन ट्रासफॉर्मींग लाइफ – अनंत को जागृत करना एक परिवर्तनकारी मार्गदर्शक है जो मन का विस्तार करता है और आत्मा का पोषण करता है। गहन अंतर्दृष्टि और व्यावहारिक ज्ञान के साथ, यह पुस्तक चेतना की शक्ति का खूबसूरती से मार्गदर्शन करती है, जिससे पाठकों को उनके वास्तविक उद्देश्य और आंतरिक क्षमता से जुड़ने में मदद मिलती है। यह आत्म-खोज, उपचार और आध्यात्मिक जागृति की यात्रा है, जो हर मोड़ पर स्पष्टता और प्रेरणा प्रदान करती है। यह उन लोगों के लिए अवश्य पढ़ा जाना चाहिए जो अधिक

जागरूकता, अर्थ और ईमानदारी के साथ जीना चाहते हैं।

स्वीकृतियाँ

मेरे दादा, दादी, माता, पिता, चाची और चाचा, पड़ोसियों, बहनों, भाइयों, दोस्तों और शिक्षकों को जिन्होंने अनगिनत नैतिक कहानियाँ, रामायण, महाभारत, पुराण, उपनिषद सिखाए इत्यादि का पुनर्कथन डाला है।

मेरे शिक्षक, पड़ोसी और रिश्तेदार आत्माओं, जिन्होंने हमें अद्भुत पौराणिक कथाओं का प्रदर्शन करने के लिए एक मंच प्रदान किया और हमारे प्रयासों को स्वीकार करने के लिए पर्याप्त कृपा प्रदान की।

महाकाव्यों के कलाकारों और अनुवादकों जिन्हों ने हमें प्रेरित किया है, हमें जीवंत और सुलभ बनाया और गहरे आयामों की गहराई को समझाया।

मैं श्रीमती नीता राठोड को इस कृति का गुजराती में अनुवाद करने के उनके अपार प्रयास के लिए हृदय से धन्यवाद देता हूं। उसने अपनी क्षमता के अनुसार

मूल अंग्रेजी पाठ की गहराई और सार को बनाए रखने के लिए खुद को समर्पित कर दिया है।

पांडुलिपि को समझने और संशोधित करने में उनके प्रोत्साहन, सुझाव और सलाह के लिए मैं सुश्री नंदिनी योगेश, श्री अक्षय राजेश, श्री एन. शैलेन्द्र राव और सुश्री स्वाति रिक को धन्यवाद देना चाहूंगा। उन्होंने पूरे प्रवाह में मेरे विचारों और दृष्टिकोण को बेहतर बनाने में मेरी मदद की।

मेरी अद्भुत माताओं पुनीता, मुनि स्वामी और उमादेवी के साथ मेरी बातचीत।

यह पुस्तक हमारे परिवार की सबसे छोटी सदस्य अध्या से प्रेरित है, जो हमेशा मुझे सवालों से अभिभूत कर देती है। इसी तरह, मैं श्री शिवकुमार, श्रीमती रूपा शिवकुमार, श्रीमती अक्षता राजेश, श्रीमती अपेक्षा प्रभु, श्री आकांक्षा प्रभु, श्री निकाश सरसांबी, श्रीमती स्पूर्ति निकाश को उनके बहुमूल्य इनपुट के लिए धन्यवाद देना चाहता हूं।

मुझे श्री राजेश, श्री सावन प्रभु, श्रीमती रेवती राजेश, श्रीमती रजनी सरसांबी और श्रीमती मंजू रेशमा को मुझे प्रोत्साहित करने और मुझे बार-बार पुस्तक लिखने का सुझाव देने के लिए धन्यवाद देना चाहिए। उनका अटूट विश्वास है कि मेरे पास पेशकश करने के लिए कुछ अमूल्य है, उसने मुझे अपने लेखन सत्रों में तरल रखा है ।

आप सभी को प्यार,

श्री शामबव

Web: www.shambav.org

Email: shreeshambav@gmail.com

शब्द साधन

शब्द	अर्थ	शब्द	अर्थ
अभिन्न	अवियोज्य	मत्सर्या	ईर्ष्या
अचल	गतिहीन	मिथ्या	छल से
अहंकार	अभिमान	मोह	लगाव
अहम	मैं	मुख्य प्राण	मुख्य प्राण श्वास
अजति - वाद	गैर निर्माण	मूलाधार	आधार चक्र
अजन	तीसरी आंख	नाराह	आदमी
अकार्ता	न करने वाला	निर- बीजा	बिना आधार के
आकाश	ईथर	निर्विकल्प रूपम	अविभेदित रूप
अल्पाज्ना	सीमित ज्ञान	निष्क्रिया	काम धाम न करने वाला

अल्पा-शक्तिमान	सीमित शक्ति	पंचीकरण	पंचगुणित
अनादि	न शुरुआत न अंत	परिच्चिन्ना	सीमित
अनादि	कोई शुरुआत या अंत नहीं	परोक्ष	पारंपरिक
अनाहत	हृदय चक्र	पिंड	मनुष्य का सूक्ष्म दर्शन
अनादि	बिना शुरुआत के	पिंड	चावल के गोले
अनावा	अहंकार	पित्र	पूर्वज
अंड़ज	डिंबप्रसू	प्रज्ञा	बुद्धि
अनिरवचनिया	अवर्णनीय	प्रलय	विघटन
अनिरवचनिया	अपरिभाष्य	प्राण	अंदर की ओर गतिशील ऊर्जा

अनित्या	अनस्थिरता	प्रत्यक्ष	प्रयोगसिद्ध
अन्तःकरण	आंतरिक कारण	सा- बीजा	समर्थन के साथ
अंतर्यामिन	आंतरिक आत्म/साक्षी	सहस्रार	ताज
अनुग्रह	अनुग्रह	समाना	पाचन और आत्मसात
अपान	बाहर की ओर गतिशील ऊर्जा	समष्टि	पूरा
अपंचिकृता	गैर-पंचगुणित	समष्टि अहम्	सामूहिक अहंकार,
अपरोक्ष	ट्रान्सेंडैंटल	संकल्प	हार्दिक इच्छा
अपस्मार	माया	सत या असत	वास्तविक न अवास्तविक

अपवाद	हटाना	सतगुरु /सद्गुरु	सच्चा गुरु
अरिषद्वर्ग	बाधाएं	शमशान	अंतिम बलिदान
असंग	कर्ता, अनासक्त	स्पंदना	ज़िंदगी
असत	अवास्तविक	श्राद्ध	प्रस्ताव
अवराणा	तमस या जड़ता	सृष्टि	निर्माण
अवरण शक्ति	पर्दा या भ्रम	स्थिति	संरक्षण
अविद्या	अज्ञान या अज्ञान	सुप्रभातम	शुभ प्रभात
अव्यकृता	न सुलझा हुआ	सुषुप्ति	गहरी नींद
अव्यक्त	अप्रकट अवस्था	सूतक	परहेज की अवधि
भ्रांति	हेत्वाभास	सूत्रात्मा	धागा-आत्मा
ब्रह्म	सर्वोच्च, ईश्वर	स्वर्गस	स्वर्ग

ब्रह्माण्ड	जहान	स्वतंत्र	स्वतंत्रता
बुद्धि	बुद्धि	स्वयं ज्योति	स्व चमकदार
चेतना	चेतना	स्वयंभू	स्वयं प्रकट
चिट	छापे	स्वेदाजा	पसीने से पैदा हुआ
दया	दया	स्वयंभू	अपने दम पर पैदा हुआ
धन्यावदः	आभार	तपस	कठिन
धारा	एक लाइन	तिरोभावा	परदा
ध्यान	ध्यान	उदाना	सिर और गले की ऊर्जा
गुरु	मालिक	उदबिजा	बीज जनित
हिरण्याक्ष	सुनहरा आंखों	उपाधि	आरोपण
जैडा	बेसुध	उत्तर मार्ग	उत्तरी पथ
जरायाजा	विविपेरस	वैकुंठ	विष्णु का निवास
जीव	प्राणियों	वायु	वायु

जीवन मुक्त	मुक्त प्राणी	विचार	जाँच करना
ज्ञान -चक्षु	ज्ञान की आँख	विकल्प	अलग विचार
काम	वासना	विक्षेप	राजस या गतिशील ता
कर	करने के लिए	विक्षेपा शक्ति	प्रक्षेपण
कारण-शरीरा	कारण शरीर	विशुद्ध	गले का चक्र
क्रोध	गुस्सा	विश्व	ब्रह्मांड
क्षमा	माफी	विवेक	सत्व या बुद्धिमान सोच
क्षणभंगुर	क्षणभंगुर	विवेक शक्ति	विभेदक शक्ति
लय	विनाश	व्रत	संकल्प
लिंगा सरीरा	सूक्ष्म शरीर	व्याना	ऊर्जा परिसंचरण
मद	अत्यधिक गर्व	व्यष्टि	व्यक्ति

महा सुषुप्ति	गहन निद्रा	व्यष्टि अहम्	व्यक्तिगत अहंकार
महा वाक्य	महान सत्य	युक्ति	विचार या समाधान
महात	महान		
मणिपुर	नाभि चक्र		

"आत्मा से परमात्मा"

बहुत समय पहले, एक शिष्य ने अपने गुरु से, अपने पूज्य गुरु से पूछा, परमात्मा को प्रसन्न करने के लिए मुझे क्या अर्पित करना चाहिए।

गुरु ने उत्तर दिया, जब सब कुछ, सूक्ष्म पहलुओं सहित, सर्वशक्तिमान, सर्वव्यापी है। उन्हें "भगवान" के रूप में जाना जाता है क्योंकि वह संपूर्ण ब्रह्मांड हैं रोकना। जब सब कुछ उसका है तो हम उसे अपना क्या दे सकते हैं? एकमात्र चीज़ जो वह खोजती है वह है हमारी आत्मा! हमारी भक्ति, हमारी आत्मा को उसके लिए तरसना चाहिए, उसकी ओर मुड़ने की आकांक्षा करनी चाहिए और अंततः उसमें विलीन हो जाना चाहिए। आत्मा की अंतिम और अंतिम यात्रा "आत्मा से ईश्वर तक" है।

मास्टर ने आगे कहा, एक बार एक भक्त ने भगवान श्री विष्णु से प्रार्थना की और पूछा कि भगवान को

प्रसाद के रूप में कौन सा फूल सबसे अधिक प्रिय है। क्या यह कमल, मौलसारी, जूही, चमेली, अशोक, मालती, वसंती, कदम, केवरा, चंपा, वैजयंती या कुछ और है? भगवान श्री विष्णु ने उत्तर दिया:

अहिंसा पहले आती है पुष्पम इन्द्रिय-निग्रह:

सर्व-भूत-दया पुष्पम क्षमा पुष्पम गुण: |

ज्ञानम् पुष्पम तपः पुष्पम ध्यानम पुष्पम तथैव च

सत्यम अष्टविधम् पुष्पम विष्णु: प्रीतिकरम भवेत् ||

भावार्थ:- “पहला फूल अहिंसा है, दूसरा फूल इंद्रिय पर नियंत्रण है।”(निग्रहम), तीसरा फूल सभी जीवित प्राणियों के लिए करुणा है (सर्व भूत दया पुष्पम), चौथा फूल है सहनशीलता (क्षम), पांचवां फूल है ज्ञान (ज्ञानम ज्ञान), छठा फूल है तपस (तपस्या) है, सातवां फूल चिंतन (ध्यान) है, आठवां फूल सत्य (सत्य) है। इसकी शुरुआत अहिंसा से होती है और अंत सत्य पर होता है। नतीजतन, जब शुरुआत और अंत मिलते हैं, तो मानव जीवन बच जाता है।

मौत

नीता के बारे में

नरेंद्र मोदी मेडिकल कॉलेज, अहमदाबाद, भारत के फिजियोलॉजी विभाग में एसोसिएट प्रोफेसर डॉ. नीता राठोड, अपने काम के प्रति बहुत प्रतिबद्ध हैं। अपनी यात्रा के दौरान, वह अनगिनत लोगों से मिली है, जिनमें से प्रत्येक की अपनी चुनौतियां, खुशी और भावनात्मक दुनिया है। लोगों के साथ इस संपर्क ने उन्हें जीवन के सबसे गहन प्रश्नों में से एक पर विचार करने के लिए प्रेरित किया: प्यार क्या है? अपने पूरे करियर के दौरान, उन्हें उन लोगों के जीवन की विभिन्न कहानियों और अनुभवों से मूल्यवान अंतर्दृष्टि मिली, जिनके साथ वह संपर्क में आईं, साथ ही साथ उनके बीच की बातचीत भी। वह समझने लगी कि प्रेम मानव जीवन की सबसे बुनियादी ऊर्जा है। प्यार, हमारे जीवन को आकार देता है, हमारी गतिविधियों को आगे बढ़ाता है और हमारी दुनिया को उद्देश्य और जुनून से भर देता है। हमारे जीवन

में अपनी केंद्रीय स्थिति के बावजूद, प्यार अक्सर रहस्यमय और समझाने और समझने में मुश्किल होता है।

"टेन सीक्रेट्स ऑफ लव" उनकी पहली किताब है जो इस शक्तिशाली भावना को दिल में गहराई से उतारती है। यह पुस्तक डॉ. राठोड की आजीवन जिज्ञासा और उनके सभी पहलुओं में प्यार को समझने के प्रयासों की परिणति है। वह प्यार के रहस्यों को जानने और अपने पाठकों को ज्ञान का एक और संपूर्ण टुकड़ा प्रदान करने के लिए प्यार की पेचीदगियों में डूब जाती है। एक अखबार के दैनिक भविष्य से प्रेरित, डॉ राठोड, ने आत्म-खोज का मार्ग शुरू किया, वह यह था। “असंभव यात्रा वह है जो कभी शुरू नहीं होती है।” आरंभ करने के लिए, बात करना बंद करें और कुछ करें। आपका समय सीमित है, इसलिए इसे दूसरों का जीवन जीने में बर्बाद न करें। इस विचार ने उन्हें प्यार के अपने ज्ञान में गहराई से डुबकी लगाने के लिए प्रेरित किया, जिसके परिणामस्वरूप

इस बुद्धिमान और भावनात्मक पुस्तक का लेखन हुआ।

आध्यात्मिकता के मार्ग ने मुझे गहराई से बदल दिया है, और इस यात्रा के सबसे गहन क्षणों में से एक श्री शामबव की पुस्तक "जर्नी ऑफ द सोल" का अनुवाद करना था। यह सिर्फ एक अनुवाद नहीं था। यह एक बड़ा मोड़ था। इस प्रक्रिया ने मेरे भीतर एक नया दरवाजा खोल दिया, मेरे जीवन को देखने के तरीके को बदल दिया, और मेरे भीतर एक गहरी जागरूकता को आमंत्रित किया। इस पुस्तक के अनुभव ने मुझमें कुछ शक्तिशाली जगाया जिसने मुझे इसे हिंदी और गुजराती दोनों में अनुवाद करने के लिए प्रेरित किया, जो मेरी पहली अनुवाद परियोजना थी।

अब, मैं अपनी दूसरी पेशकश पर काम कर रही हूं: “डेथ-लाइट ऑफ लाइफ एण्ड ध शेडो ऑफ डेथ” (भाग १ और २)। इस काम में जीवन, मृत्यु और उससे परे क्या है, इसका व्यापक दृष्टिकोण है। इन पुस्तकों के हिंदी

और गुजराती में अनुवादने न केवल मेरी समझ को बढ़ाया है बल्कि मेरे अस्तित्व के मूल को भी छुआ है। इन पवित्र शास्त्रों ने मुझे देखने के लिए नई आंखें दी हैं और सत्य, मौन और आत्मा के लिए अधिक खुला दिल दिया है।

लेखक द्वारा पुस्तके

जर्नी ऑफ सॉल -कर्म

“जर्नी ऑफ सॉल -कर्म” “हमारी अत्याधिक जटिल दुनिया में जीवन की गहन सच्चाइयों का हार्दिक अन्वेषण है। चुनौतियों, असमानताओं और अर्थ की खोज को संबोधित करते हुए, यह पुस्तक कर्म की कालातीत अवधारणा को ध्यान में लाती है। यह कर्म को न केवल दर्शन के रूप में, बल्कि हमारे दैनिक जीवन के लिए एक मार्गदर्शक सिद्धांत के रूप में जोर देता है, जो हमें ईमानदारी और उद्देश्य के मार्ग पर चलने के लिए प्रेरित करता है। इस यात्रा के

माध्यम से, पाठकों को अंतर्दृष्टि प्राप्त होती है कि कैसे कर्म नियति को आकार देते हैं, सत्य और करुणा के साथ गठबंधन जीवन को प्रोत्साहित करते हैं। यह उन लोगों के लिए एक प्रकाश है जो एक गहरे, अधिक पूर्ण अस्तित्व की तलाश में हैं।”

विस्पर्स ऑफ अ डाइंग सॉल: अनस्पोकन रिगरेट्स एण्ड अनलिव्ड ड्रीम्स।

"विस्पर्स ऑफ अ डाइंग सॉल :अनस्पोकन रिगरेट्स एण्ड अनलिव्ड ड्रीम्स।" एक गहन यात्रा पर निकलती है जो उन मूक लालसाओं में तल्लीन करती है जिन्हें हम अक्सर ले जाते हैं लेकिन शायद ही कभी व्यक्त करते हैं। यह शक्तिशाली अन्वेषण उन अनकही भावनाओं को उजागर करता है जो हमारे जीवन को आकार देती हैं- छूटे हुए अवसर, अधूरे सपने और प्रामाणिकता की खोज। हार्दिक प्रतिबिंबों और परिवर्तनकारी अंतर्दृष्टि के माध्यम से, यह पुस्तक आपको अपने पछतावे का सामना करने और उन्हें

विकास और उपचार के लिए शक्तिशाली उत्प्रेरक में बदलने के लिए आमंत्रित करती है।

बियोंड ध वेइल: अ जर्नी थ्रु लाइफ आफ्टर डेथ।

"मृत्यु के बाद जीवन के शाश्वत रहस्य की खोज करें, जब हम मरते हैं तो क्या होता है? क्या यह अंत है, या कुछ अधिक करने के लिए एक संक्रमण? बियोंड ध वेइल : अ जर्नी थ्रु लाइफ आफ्टर डेथ, में विज्ञान, आध्यात्मिकता और दर्शन के लेंस के माध्यम से मानवता के सबसे बड़े रहस्य का पता लगाएं। निकट-मृत्यु के अनुभवों से लेकर प्राचीन आध्यात्मिक शिक्षाओं तक, यह परिवर्तनकारी पुस्तक भौतिक और अनंत के बीच की खाई को पाटती है, जो बाद के जीवन में गहन अंतर्दृष्टि प्रदान करती है। चाहे आप आराम, उत्तर या प्रेरणा की तलाश कर रहे हों, यह

यात्रा जीवन, मृत्यु और उससे परे की आपकी समझ को गहरा करेगी।"

अ जर्नी इन टु स्पिरिच्युअल मेच्युरिटी - १२ गोल्डन रुल्स फॉर इनर ट्रांसफॉरमेशन।

अ जर्नी इन टु स्पिरिच्युअल मेच्युरिटी - १२ गोल्डन रुल्स फॉर इनर ट्रांसफॉरमेशन, में श्री शमबाव आत्म-खोज और आंतरिक शांति के लिए एक आत्मा-सरगर्मी मार्ग प्रदान करते है। व्यावहारिक उपकरणों के साथ कालातीत ज्ञान का सम्मिश्रण, यह पुस्तक आपको अनुलग्नकों को जारी करने, परिवर्तन को अपनाने और इरादे से जीने में मदद करती है। प्रेरक कहानियों और निर्देशित प्रतिबिंब के माध्यम से, आप आत्म-प्रेम का पोषण करना, अपने रिश्तों को गहरा करना और प्रामाणिकता में स्वतंत्रता पाना सीखेंगे।

प्रत्येक सुनहरा नियम एक प्रकाश है, जो एक अधिक सार्थक, दयालु जीवन की ओर मार्ग को रोशन करता है। यह सिर्फ एक मार्गदर्शक नहीं है- यह आपकी आत्मा के जागरण के लिए एक साथी है। इस यात्रा को, आपको अपने घर ले जाने दें।

www.ingramcontent.com/pod-product-compliance
Lightning Source LLC
LaVergne TN
LVHW090124061026
849519LV00016B/1203
* 9 7 8 9 3 5 5 9 2 9 6 6 2 *